뉴테러리즘과 국가위기관리

이 창 용

도서출판 대영문화사

항상 깊은 사랑으로 헌신해 준 아내 이송자(李松子),
나의 분신과 같은 아들딸 종은(李宗恩), 종원(李宗原), 종민(李宗珉)에게
이 책을 바친다.

머 리 말

2001년 미국에서 발생한 9·11 사건은 테러리즘이 국가 및 사회 전체에 미치는 영향이 전쟁만큼 파괴적일 수 있으며, 그 주체도 매우 복잡 다양한 성격을 갖고 있음을 보여 주었다. 즉 과거의 테러리즘은 하드 타깃(hard target)인 특정 국가를 대상으로 하는 반면 9·11 사건 이후의 뉴테러리즘은 소프트 타깃(soft target)인 불특정 다수를 대상으로 하고 있기 때문에 이에 대한 정책적 대응이 매우 모호하고 어려울 수밖에 없게 되었다. 따라서 테러리즘을 예방·저지·대응하는 대테러 활동도 단순한 위기관리 차원에서 벗어나 국가적 차원에서 총력 대응이라는 개념으로 전환되고 있다.

그 동안 우리는 남북 분단 상황 하에서 북한에 의해 자행될 수 있는 테러리즘에 대해서만 관심을 기울여 왔다. 그 이유는 전 세계적으로 증가하고 있는 민족주의적·분리주의적 테러리즘이 한국 사회에서는 발생할 가능성이 적었기 때문이다. 즉, 민족 구성에서 한민족은 세계에서 유례를 찾기 힘들 정도로 동질적인 단일 민족으로 구성되어 있으며, 또한 종교적인 면에서도 국가가 특정 종교 이념을 내세우지 않고 다양한 종교를 포용하고 있기 때문이다. 따라서 탈냉전 시대의 유일한 이데올로기적 대립을 겪고 있는 북한에 의해 자행되는 비정규전적 형태의 테러에만 초점을 맞추어 왔다. 하지만 미국의 9·11 테러에서 보듯이, 현대의 뉴테러리즘은 과거와는 달리 국가가 아닌 불특정 다수를 대상으로 무차별적으로 이루어지고 있어 더 이상 군사적으로만 대응하는 것은 불가능하게 되었다.

뉴테러리즘 하에서는 국경 없는 경제·운송·통신의 세계화로 폭력 행위의 주체가 다양해지고 공격 수단 또한 예측이 불가능하다. 또한 이라크 파병을 계기로 일부 회교 과격단체에서는 우리 나라에 대해서도 테러를 감행하겠다는 의지를 표명한 바 있으며, 이라크 현지에서는 지금까지 우리 국민들에게 직·간접 테러가 20여 건이 있었으며, 최근에는 아프간에서 대규모 인질 납치 사건이 발생함으로써 국가적인 어려움을 겪은 바 있다. 그 밖에도 세계 도처에서는 950여 개의 크고 작은 국제 테러조직들은 나이지리아·수단·필리핀·아프간·파키스탄·스페인·체첸·태국·인도네시아·스리랑카·태국·영국·프랑스·독일·이탈리아 등지에서 활동하고 있으며, 2007년 7월 한 달 동안에 323건의 테러를 자행해 사망자만 3,941명이 발생했다. 이제 더 이상 우리 나라도 테러 청정지역으로 남을 수 없게 되었으며, 따라서 뉴테러리즘에 대해 우리 나라도 국가 위기관리 차원에서 이에 대응하는 총체적 위기관리 시스템을 구축할 필요성이 강력하게 대두되고 있다.

이 책에서는 뉴테러리즘이 국가 위기에 큰 영향을 줄 수 있는 국가 위기의 범주로 분류되기 때문에 먼저 위기관리에 대한 이론을 기술하고, 다음으로 뉴테러리즘에 대한 이론과 방지 정책, 미국과 영국의 사례분석을 차례로 기술함으로써 독자들이 쉽게 이해하도록 배려했다.

책의 구성 내용은 먼저, 제1부에서는 국가 위기로서의 뉴테러리즘과 행정학적 접근에서 본 뉴테러리즘의 관리 방안을 제시했다.

제2부에서는 국가 위기관리의 이론으로서 위기 및 위기관리의 개념, 위기의 범위, 위기관리 이론 및 접근법, 위기관리 제약 요인 등을 기술했다.

제3부에서는 국가 위기관리의 효과성 제고를 위해 국가 위기관리의 통합적 체계 구축을 저해하는 장애 요인과 통합적 위기관리 시스템 구축의 성공 요인에 대해 기술했으며, 국가 위기관리 전문가를 대상으로 분석적 계층화 과정(AHP: Analytic Hierarchy Process) 기법을 적용해 국가 위기관리 정책의 우선순위를 분석·제시했다.

제4부에서는 뉴테러리즘의 이론적 기초로 테러리즘의 개념, 유형, 발생원인과 접근법을 종합적으로 기술했다.

제5부에서는 뉴테러리즘 방지 정책의 효과적 제고 방안을 도출하기 위해

국내외 위기관리 시스템 현황을 분석하고 한국형 테러 방지 시스템의 구축 방안을 제시했다. 이를 위해 국가 위기관리 부서에 종사하는 공무원의 위험 인지 수준을 분석하고 위기관리 시스템의 효과성 제고를 위한 법·제도, 조직기구, 프로그램 측면에서의 개선 방안을 제시했다.

제6부에서는 뉴테러리즘의 대표적 사례인 미국의 9·11 테러를 사건 개요, 알 카에다의 테러 준비 활동, 미국의 대응 활동, 테러 예방 실패한 원인, 개선 대책 등의 순서로 분석했다. 또한 7·7 런던 테러 사건도 뉴테러리즘의 유형으로 구분하고 9·11 테러와 비교해 그 차이점을 분석했다.

이러한 대표적 사례분석을 통해 우리 나라의 법·제도, 조직기구, 프로그램 측면에서의 효율적인 대테러리즘 정책을 수립·시행해야 할 때 고려해야 할 시사점을 도출했다.

저자가 테러리즘이 대해 학문적 관심을 갖게 된 것은 88올림픽 보안업무 담당, 국가정보 발전 방안 연구책임자인 발전연구관(21세기정보발전기획단장)을 역임하면서부터이다. 본격적인 연구는 영남대학교 대학원 박사 과정에서 시작되었으며, 2004년 6월에 「한국의 위기관리 시스템 구축 방안: 테러리즘 방지를 중심으로」라는 논문으로 박사학위를 취득하면서 첫 결실을 맺었다. 이번에 발간하는 이 저서는 뉴테러리즘에 초점을 맞추고 수행되었으며 본인 연구의 2차 결실로 그 의미가 크다. 이 책은 테러 업무를 담당하는 공무원, 테러 관련 학과 전공 학생들을 위한 필독서로서, 또한 뉴테러리즘이 일상화된 현대 사회에서 일반 국민을 위한 테러 대비 참고 도서로서도 활용될 수 있도록 집필했다.

이제 만학의 나이에 자식과도 같은 저서를 산고 끝에 독자들 앞에 내놓으니 많은 두려움이 앞선다. 하지만 뉴테러리즘에 관한 행정학 분야 연구가 일천한 시점에서 처음 시도된 저서인 만큼 보람도 크다고 생각한다.

그 동안 저자의 학문의 폭을 넓혀 주고 변함없는 관심을 보여 주신 서울대학교 행정대학원 정홍익 교수님과 이 책의 출간에 많은 관심을 가져 주신 학위논문 지도교수인 가톨릭대학교 박광국 교수님의 은혜에 깊이 감사드린다. 그리고 국가위기 관리에 관한 이론과 실제를 접목할 수 있도록 저자에게 인천대학교 위기관리연구센터 연구교수직을 맡도록 기회를 주신 인천대학교 이종열 교수에게도 심심한 감사를 표한다. 이 밖에도 이름을 일일이 밝힐 수는 없지만 많은 동료, 선·후배 교수님들이 원고를 읽고 귀중한 조언을 해 주었다.

또한 원고의 초안 단계에서부터 마지막 탈고 때까지 자료 정리를 도와준 가톨릭대학교 정부혁신·생산성연구소 선임 연구원 김옥일 선생, 동 연구소 이훈희 연구원에게도 고마움을 전하고 싶다. 마지막으로 이 저서의 출판을 흔쾌히 승낙해 주신 대영문화사 임춘환 사장님께 진심으로 감사드린다.

2007년 9월

인천대학교 위기관리연구센터 연구실에서

이 창 용

차 례

PART_Ⅴ 뉴테러리즘 방지 정책의 효과성

PART_VI 뉴테러리즘 사례 분석

제 1 부

서 론

제 1 장 국가 위기관리로서의 뉴테러리즘

21세기는 그 어느 세기보다 사회 변화가 큰 세기이다. 이른바 후기 산업 사회 또는 근대성이라고 일컬어지면서 사회가 더욱 복잡해지고 다원화되어 가고 있다. 정형성이 무너지고 규범 혼돈이 벌어지는 사회로 전이되고 있다. 이에 더해서 국가 간의 간극이 더욱 좁혀지고 이동이 더욱 증가하는 세계화 시대를 맞이하고 있다. 이러한 사회 변화는 고도 기술화 및 정보화가 촉진되면서 더욱 가속화되고 있다. 정보화는 종래 사회 생활에서 한계로 작용했던 시·공을 초월하는 새로운 사회혁명을 초래하고 있다. 이러한 새로운 대변혁은 사회를 그 이전 어느 때보다 더욱 불안전하고 위험하게 만들고 있다. 다시 말해 위험사회(risk society)가 도래한 것이다(Beck, 1992).

사회 혼돈으로 인한 국가 위기에는 여러 가지 형태가 존재한다. 오늘날 사회에는 재정 위기, 공공사업 위기, 서비스 전달 위기, 정책실패로부터의 위기, 국가 명성에 대한 위기, 경제 불황, 테러 공격, 정치·사회적 소요, 환경재난, 다자협상 결렬 위기 등이 상존한다. 이러한 위험사회에 대응하는 위기관리는 우리 생활에서 매우 중요한 국면이 되었다. 특히 21세기 지식과 정보가 지배하는 정보화 시대의 과학기술 발전은 현대 테러에도 많은 영향을 미치고 있다. 테러의 유형과 양상이 이러한 영향에 의해 근본적으로 변화하고 있다. 정보통신 기술과 과학의 발달로 인해 대량 살상이 가능한 생화학 무기, 폭탄, 핵, 사이버 테러 등이 이용되고, 인터넷의 발전은 세계성을 추구하는 새로운 테러조직의 연계를 통한 국제 테러 네트워크를 형성할 가능성을 높이고 있다. 이에 따라 각국의 테러 정책은 테러 형태의 진화 및 뉴테러리즘의 발생과 함께 테러 방지의 효과성 제고를 위해 변화, 발전하고 있다. 즉 현대 사회의 전쟁과 테러에 대한 두려움, 안전에 대한 위협이 전반적으로 만연해 있는 현 시점에서 테러에 대한 대응책 마련은 각국의 테러정책 환경에 중요한 변화를 야기하고 있다.

한편 미국에서 발생한 2001년의 9·11 사건은 테러리즘이 국가 및 사회 전체에 미치는 영향에서 전쟁과 같은 위기와 별반 차이가 없다는 것을 보여 주었다. 전쟁은 국가와 국가 사이에 갈등을 해결하기 위한 무력적 수단으로 그 주체는 국가인 반면에 테러리즘은 그 주체가 매우 복잡하고 다양한 성격을 가지고 있다. 다시 말해 과거의 테러리즘은 하드 타깃(hard target)인 특정 국가의 국가 시설을 대상으로 하는 반면 9·11 이후 테러리즘은 소프트 타깃(soft target)인 불특정 다수를 대상으로 다중 이용시설을 공격하고 있기 때문에 이에 대한 정책적 대응이 매우 모호하고 어려울 수밖에 없게 되었다.

최근에 인터넷을 통한 과학·기술의 발전으로 인해 개인도 국가에 버금가는 폭력의 수단과 능력을 확보할 수 있게 해 주었으며, 9·11 테러 사건에서 보여 준 바와 같이 그 피해의 정도는 전쟁 수준을 능가한다. 그 결과 테러리즘을 예방·저지·대응하는 대테러 활동도 단순한 위기관리 차원에서 벗어나 국가적 차원에서 총력 대응이라는 개념으로 전환되고 있다.

그 동안 우리는 남북 분단 상황 하에서 북한에 의해 자행될 수 있는 테러리즘에 대해서만 관심을 기울여 왔다. 그 이유는 전 세계적으로 증가하고 있는 민족주의적·분리주의적 테러리즘이 한국 사회에서는 발생할 가능성이 적었기 때문이다. 즉, 민족 구성에서 한민족은 세계에서 유례를 찾기 힘들 정도로 동질적인 단일 민족으로 구성되어 있으며, 또한 종교적인 면에서도 국가가 특정 종교 이념을 내세우지 않고 다양한 종교를 포용하고 있기 때문이다. 따라서 탈냉전 시대의 유일한 이데올로기적 대립을 겪고 있는 북한에 의해 자행되는 비정규전적 형태의 테러에만 초점을 맞추어 왔다.[1] 하지만 미국의 9·11 테러에서 보듯이, 현대의 뉴테러리즘은 과거와

1) 북한에 의해 저질러진 대표적인 테러 사건으로는 1960~1970년대에는 무장공비 침투로 김신조 사건, 울진·삼척 무장공비 침투 사건 등을 들 수 있으며, 1980년대에는 전두환 대

는 달리 국가가 아닌 불특정 다수를 대상으로 무차별적으로 이루어지고 있어 더 이상 군사적으로만 대응하는 것은 불가능하게 되었다. 뉴테러리즘하에서는 국경 없는 경제·운송·통신의 세계화로 폭력 행위의 주체가 다양해지고 공격 수단 또한 예측이 불가능하다. 또한 9·11 사건을 자행한 측에서는 미국을 돕는 그 어떤 국가도 그들의 적으로 간주한다는 것을 천명함으로써 우리 나라도 더 이상 테러 청정지역으로 남을 수 없게 되었다. 따라서 뉴테러리즘에 대해 이제 우리 나라도 국가 위기관리 차원에서 이에 대응하는 총체적 위기관리 시스템을 구축할 필요성이 강하게 대두되고 있다.

우리 나라에서 위기관리에 대한 관심은 1990년대 초기에는 해마다 반복적으로 발생하고 그 피해 규모도 점점 커지는 자연재해를 중심으로 정책적 관심과 논의가 이루어져 왔다. 그러나 1990년대 중반 이후 다양한 종류의 인위재난들이 계속적으로 발생하고 피해 규모도 커지게 되자 인위재난 쪽으로 자연스럽게 관심과 노력이 확대되었다. 이러한 맥락에서 자연재해 관리정책과는 별도로 인위재난 관리정책과 관련된 많은 연구들이 학계에서 이루어져 왔다(김영수, 1993; 박동균, 1995; 김영규, 1995; 이상팔, 1995, 1996; 임송태 외, 1996, 1997; 정익재·정창무, 1996; 이재은, 1997; 박광국, 1997; 박광국·주효진, 1999; 이재은, 2000).

그러나 이와 같은 인위재난 관리 방지를 위한 학계와 정부의 노력에도 불구하고 항공기 추락이나 대형 화재 참사 등 다양한 인위재난 사고가 연이어 발생함에 따라 국가 인위재난 관리정책의 효과성 전반에 대해 많은 의문이 제기되고 있다.

또한 우리는 일상 생활에서 어떤 형태로든 위기에 노출되어 있으며, 무의식적으로도 그러한 위기를 관리하며 생활하고 있다. 이처럼 각종의 위기상황에도 정부의 위기관리 대응 체계는 과거의 시스템을 습관적으로 고수함으로써 초동 대응 및 신속한 복구 지원 체계를 구축하지 못하고 있는 실

통령을 살해하기 위한 1983년 미얀마 아웅산 묘소 폭파 사건, 올림픽을 방해하기 위한 1987년 김현희에 의해 저질러진 대한항공기 858기 폭파 사건 등을 들 수 있고, 1990년대에는 1995년 중국 연길 안승훈 목사 납치 사건, 1997년 귀순자 이한형 총격 살해 사건 등을 들 수 있다.

정이다. 이와 함께 국가 위기관리 체계의 혼선으로 각종 위기 상황에 반복적으로 혼란 상황이 되풀이되고 있다.

이 책에서는 앞의 문제 의식에 따라 국가 위기관리 정책과 뉴테러리즘 방지정책에 초점을 두어 정책의 효과성을 평가하고, 이러한 평가 및 분석 결과를 토대로 국가 위기관리 정책과 테러리즘 방지 정책의 효과성 제고를 위한 방안을 모색하고자 한다.

제2장 뉴테러리즘의 관리 방안에 대한 행정학적 접근

2001년 미국에서 발생한 9·11 테러 이후 국제 사회는 신종 테러리즘으로 골머리를 앓고 있다. 테러는 가장 적은 인원, 가장 좁은 공간, 가장 짧은 시간, 가장 적은 재원을 가지고 가장 큰 효과를 낼 수 있기 때문에 마치 바이러스처럼 전 지구적으로 창궐하고 있다. 지난 1968년부터 2006년까지 <표 2-1>에서 보는 것처럼, 전 세계적으로 32,189여 건의 크고 작은 테러가 발생했으며 이로 인해 46,889명이 귀중한 목숨을 잃었다.

9·11 테러 이전만 하더라도 국가 간에 벌어지는 전쟁은 외교·안보 전문가가 다루는 중요한 주제였으나 이제는 과학·기술의 발달과 확대일로에 있는 미디어 산업의 영향으로 개인이나 조직도 자신들의 목적을 관철시키기 위해 한 국가나 세계를 상대로 테러와 같은 폭력 투쟁을 일삼는 것이 가능해졌다. 21세기 국제 사회의 환경 변화는 세계화·정보화에 의해 강한 영향을 받고 있는데, 이러한 환경 변수가 바로 뉴테러리즘이라고 불리는 신종 테러가 뿌리내릴 수 있는 강한 토양을 형성해 주고 있다.

첫째, 세계화로 인해 국가 간 접촉의 빈도가 더욱 많아짐에 따라 국가 간 부(富)의 편재로 인한 경제적 갈등과 이질적인 종교와 문화적 차이에 대한 편견으로 인해 발생하는 종교·문화적 갈등이 점차 심해지고 있으며, 이를 해결하기 위한 도구로서 테러가 선호되고 있다.

둘째, 인터넷과 같은 정보통신 수단의 발달로 테러리스트들 간의 정보 교환이 이전에 비해 훨씬 더 지능화되어 가고 있으나 국가 수준의 통제 수단은 아직도 산업화 시대의 패러다임을 크게 벗어나지 못하고 있다. 왜냐하면 산업화 시대의 구 테러리즘은 국가 대 국가의 통제에 주안점이 두어졌으나 정보화 시대의 뉴테러리즘에서는 국가 대 개인의 통제에 더 많은 초점이 모아지고 있다.

〈표 2-1〉 공격 대상별 세계 테러리즘 발생 건수(1968~2006년)

공격 목표	발생 건수	부상자	사망자
낙태 관련	7	9	3
공항 및 항공사	812	2,423	2,184
사업(기업 및 기업인)	3,608	13,858	5,524
외교관 및 시설	2,695	8,484	1,209
교육기관	711	1,530	623
식료품 및 상수원	12	5	0
정부(인사 및 시설)	5,048	10,371	5,291
기자 및 언론시설	612	410	305
해상 교통 수단 및 시설	133	293	130
군(군인 및 시설)	822	4,683	1,612
비정부기구 관련	352	310	331
기타	2,207	2,962	2,632
경찰	4,148	13,914	7,830
일반 시민 및 사유재산	5,705	24,798	11,882
종교인 및 종교기관	1,325	6,817	2,558
통신 관련	179	79	64
테러범(보복 테러)	274	544	464
관광객	260	1,875	676
교통 수단	1,271	13,869	2,667
미확인	790	1,149	422
시설	1,183	606	482
합계	32,189건	108,989명	46,889명

출처: US National Memorial Institute for the Prevention of Terrorism(MIPT), Terrorism Knowledge Base. (*Data for 1968-1997 covers only international incidents. Data for 1998-Present covers both domestic and international incidents.)

21세기에 새로이 등장한 뉴테러리즘에 효과적으로 대처하려면 뉴테러리즘이 갖고 있는 본질적 속성에 대한 근본적 이해가 필요하다. 이를 구체적으로 살펴보면 다음과 같다.

첫째, 뉴테러리즘은 위기관리의 한 하위 분야로서 다루어져야 한다. 현대사회가 고도의 복잡성을 띠게 됨에 따라 국가가 수행해야 할 가장 중요한 기능 중의 하나가 바로 위기관리이다. 흔히 'crisis management'라고 불리는 이 위기관리는 과거에는 유례를 찾아볼 수 없는 형태의 위기를 많이 내포하고 있으며, 이에 국가가 적절히 대응하지 못하면 국가의 안위가 크게 위협받을 수 있다.

둘째, 뉴테러리즘은 모더니즘적 시각이 아니라 포스트모더니즘적 시각에서 조망될 필요가 있다. 포스트모더니즘에서는 하나의 문제를 해결하기 위해 분파적 접근이 아니라 학제적 접근을 선호한다. 뉴테러리즘은 구(舊) 테러리즘과는 달리 외교·안보 분야에만 국한되는 것이 아니라 정치·경제·사회·문화를 망라하는 모든 사회 분야에서 발생할 수 있다. 따라서 이러한 문제를 해결하기 위한 접근법은 한 학문 분야의 전유물이 아니라 다양한 학문 분야를 통해 도출되어야 한다.

셋째, 뉴테러리즘은 과정적 측면에서 볼 때 사후 대응보다는 사전 예방단계에 초점을 맞추는 것이 중요하다. 뉴테러리즘의 피해 규모가 구 테러리즘에 비해서 상대적으로 크고 미치는 영향력의 범위가 넓기 때문에 사전에 이를 예방하는 것이 훨씬 더 비용효과적인 측면에서 실익이 있기 때문이다.

넷째, 뉴테러리즘을 근절하기 위한 노력은 행정부 수반을 중심으로 민간부문과 시민사회가 총체적으로 역할을 분담하고 맡은 바 역할을 수행해야 한다는 점에서 관료제적 관점이 아니라 거버넌스적 관점에서 조망되어야 한다.

그럼에도 불구하고 최근까지 이루어진 많은 국내외 문헌 연구를 보면 뉴테러리즘에 대해 피상적으로 접근한 경우가 대부분이었으며, 외교·안보·정치학 분야의 학자들을 중심으로 해결 방안이 모색되었다. 앞에서도 언급했듯이, 뉴테러리즘에 대한 좀더 근본적인 해결책이 제시되려면 행정학적 관점에서 대안 마련이 이루어지는 것이 중요하다. 왜냐하면 이제 뉴테러리즘은 행정학에서 중시하는 정책적 관점에서 조망되어야 하며, 동시에 행정학의 주된 대상 영역인 조직, 인사, 재무적 관점에서도 문제점이 적시되고 해결책이 마련될 필요가 있다.

구체적으로 보면, 위기관리의 한 하위 분야로 뉴테러리즘을 규정하고 효과적인 관리를 위해서는 위기관리 정책이론을 차용해서 활용할 필요가 있다. 한 예로 시스템이론을 원용해 보면, 뉴테러리즘의 근절을 위해 정부가 적절히 대응하고 있는가를 투입-전환-산출-환류 측면에서 분석해 볼 수 있다. 첫째, 투입 측면에서 적절한 조직구조, 인력, 예산을 확보하고 있는가? 둘째, 전환 과정에서 이러한 투입물이 어떻게 효과적으로 사용되고 있는가? 셋째, 산출 측면에서 뉴테러리즘 정책에 대한 국민의 만족도는 어느 정도이며 실제 정책 지표상으로 개선이 이루어지고 있는가? 끝으로 환류 측면에서 적절한 뉴테러리즘 정책에 대한 적절한 평가가 이루어지고 이것이 차후 정책에 잘 반영되어 개선이 선순환적으로 이루어지고 있는가 등등에 대해서 면밀하게 분석할 수 있으며, 이를 통해 뉴테러리즘에 효과적으로 대응하기 위한 많은 정책적 통찰력을 얻을 수 있다.

실제로 최진태(2006)에 의해 행해진 연구를 보면, 이제 뉴테러리즘은 항공, 해상, 사이버, 생화학, 폭발물, 자살 테러 등 그 범위가 한정할 수 없을 만큼 광범위하며 이의 근절을 위한 대책도 아직 불확실하다. 이런 점에서 정부가 중심이 되어 이의 대책을 위한 중지(衆智)를 국제적 혹은 국가적 수준에서 모색해야 한다. 뉴테러리즘의 발생 원인을 규명하기 위해서는 먼저 9·11 이후에 발생한 테러리즘이 그 이전의 테러리즘과 어떠한 차이점을 보이고 처방은 또한 어떻게 내려져야 하는가에 대해서 사례 중심으로 광범위한 연구가 행해져야 한다. 이러한 분석은 반드시 행정학적인 시각에서 조망되어야 하며, 구체적으로 다음과 같은 접근 방법이 고려되어야 한다.

첫째, 법·제도론적 관점에서 이에 적절히 대응하기 위한 법, 제도적인 조치가 강구되고 있는가?

둘째, 정부조직 내 뉴테러리즘에 대응하기 위한 부처의 위상은 어느 정도이며 중앙부처 수준에서 유관 기관 간, 정부 간 관계에서 중앙정부와 지방정부, 거버넌스적 관점에서 정부, 민간 부문, 시민단체 간에 상호 유기적 협조 체계가 구축되어 운영되고 있는가?

셋째, 뉴테러리즘 근절을 위한 예산은 다른 정부 정책과 비교해 볼 때 어느 정도 충분성(adequacy)을 갖고 있으며, 이에 종사하는 공무원의 전문성은 어떻게 확보되고 있는가?

끝으로, 뉴테러리즘 방지와 관련된 정부기관의 정책 효과성에 대한 평가는 어떠한 지표 체계를 가지고 이루어지고 있는가?

이제 뉴테러리즘 방지 대책은 그 중요성이 국가적 어젠다(agenda)로 설정되어 대통령의 최우선 정책 관심사로 놓여져야 한다. 다시 말해, 뉴테러리즘은 하나의 극적인 사건이 아닌, 잘못 다루면 국가 위기를 가져올 수 있는 사건으로 최고 국정 책임자나 국민들에 의해 인식되어야 하며, 이러한 점에서 정부의 적극적인 관여가 요구되는 영역이다.

제 2 부

국가 위기관리의 이론적 기초

제 3 장 위기와 위기관리

제 1 절 위기의 개념과 특성

전쟁, 인간 문제, 정치경제 문제 등의 사회 문제를 결부시켜 현대 사회를 '위기의 시대'로 표현하는 사상가들이 많다. 원래 위기(危機)라는 글자는 위태롭다는 말(危: danger)과 기회라는 말(機: chance)이 합쳐져서 만들어진 것이다. 위태롭기는 하지만 사태를 정확히 파악하고 옳게 대처해 가기만 한다면 좋은 기회가 올 수 있을 것이라는 뜻으로 풀이해 볼 수도 있는 말이라서 대비와 응전이 매우 중요함을 시사해 준다 (이극찬, 1999).

풍전등화(風前燈火)나 일촉즉발(一觸卽發) 또는 누란지세(累卵之勢)라는 비유적 표현에서 보듯이, '위기'란 심히 어려운 난관에 봉착해 즉각적인 대처 행동이 요구되는 아슬아슬한 상황 또는 어떤 사건의 전개 과정에서 사태 악화로 인해 파국이나 종언으로 치닫게 되려는 결정적인 국면 전환의 고비를 말한다 (백종천, 1993). 즉 위기란 시간적 급박함과 상황적 위태로움을 특징으로 하는 중대한 전환기적 상황을 의미한다.[1)]

1) 위기에 대한 다양한 정의 중에서 "이례적으로 광범위하게 또한 집중적으로 생긴 이상적 상태" 또는 "위협적 상황" 등으로 정의하는 경우도 있다. Richard G. Head, et al., *Crisis Revolution: Presidential Decision Making in the Mayaguez and Korean Confrontation*(Boulder: Westview Press, 1978), p. 4; James A. Robinson, "Crisis: An

"방관자에게 위험은 있어도 위기란 있을 수 없다"는 말에서 알 수 있듯이, 위기란 '위험'과 구별된다. 위기란 한 행위자가 자신이 위협을 받아 위험한 상황에 처했음을 인식하고 즉각적인 대응책을 강구해야 할 필요성을 느끼는 상황을 말한다. 즉 위기는 당면한 상황에 대한 행위자의 '주관적인 인식과 판단'이 개입된 것이라는 점에서 객관적인 상황을 지칭하는 위험과 구별된다. 이는 서양에서 위기(crisis)라는 말의 어원이 판단, 결단, 선택, 식별 등의 의미를 함축하는 그리스어 'krisis'[2]였다는 점을 감안하면 더욱 명확해진다(이극찬, 1999). 또한 위기는 적대 행위의 가능성이 현저하게 증가되고, 반응할 시간이 짧은 가운데, 중대한 목표나 가치가 심각한 위협을 받고 있다는 사실을 정책 결정자들의 마음속에 불러일으키는 국제적 혹은 국내적 환경의 변화 때문에 생긴 것이라고 말하기도 한다(조영갑, 1995).

현대 사회에서 위기는 항상 존재한다. 다시 말해 우리는 위기의 시대에 살고 있는 것이다. 사회 혼돈으로 인한 국가 위기에는 여러 가지 형태가 존재한다. 오늘날 사회에는 재정 위기, 공공사업 위기, 서비스 전달 위기, 정책실패로부터의 위기, 국가 명성에 대한 위기, 경제 불황, 테러 공격, 정치·사회적 소요, 환경재난, 다자협상 결렬 위기 등이 상존한다. 이러한 위험사회에 대응하는 위기관리는 우리 생활에서 매우 중요한 국면이 되었다. 우리는 일상 생활에서 어떤 형태로든 위기에 노출되어 있으며 무의식적으로도 그러한 위기를 관리하며 생활하고 있다(이종열 외, 2004). 하지만 이러한 위기의 정의와 개념은 매우 다양해 법적으로 규정하기가 어렵다. 왜냐하면 위기가 안정적인 상태에서 벗어난 특수한 상황이기 때문이다. 그렇기 때문에, 이를 제도적으로 고려한다는 것 자체가 불가능한 실정이다. 이 때문에 법적으로는 정상을 넘어선 예외적인 상황으로 위기를 이해할 수 있을 뿐인데, 이 경우 사회과학의 이해 수준에 따라 개념의 폭이 크게 차이가 난다(심익섭, 2003).

우리 나라의 경우 형식 논리에 치우친 나머지, 재난이나 방재 정도를 위

Appraisal of Concept and Theories," in Charles Hermann, ed., *International Crisis Insights from Behavioral Research*(New York : The Free Press, 1972), p. 5.

2) 위기는 '분리하다'를 뜻하는 그리스어의 'krinein'에서 유래되었으며, 본래는 회복과 죽음의 분기점이 되는 갑작스럽고 결정적인 병세의 변화를 가리키는 의학 용어로 사용되었다.

기로 이해한 반면에, 서구에서는 형식적이고 양적인 것만 아니라 실질적이고 질적인 것까지 포함하는 사회 체제의 급격한 변화와 발전까지도 위기로 이해한다. 결론적으로 위기는 정상적인 상태의 왜곡으로 이해할 수 있으며, 나아가 시스템의 항구적인 변화 과정에서 일탈된 특수한 관계로서의 질적인 변화가 초래된 상황으로 이해할 수 있다.

위기는 인간 개인의 육체적·정신적인 면에서부터 한 국가의 정치·사회 체제, 나아가서는 국가 간의 관계에서도 발생하며, 각각 다른 상황의 변화를 충격적으로 표현하는 말로 널리 쓰인다. 쿠바 위기·에너지 위기·식량 위기 등은 잘 알려진 예이며, 한국에서도 4·19 혁명 이후 정국의 불안정과 관련해 '4월 위기설', '5월 위기설'이라는 말이 한때 유행한 적이 있다.

위기는 사전적 의미에서 중요한 변화가 절박하게 요구되는 불안전한 상태이거나 혹은 하나의 사건 또는 행동 과정이 계속 진행되어야 하는지, 아니면 수정 또는 종결되어야 하는지의 여부가 결정되는 순간으로서의 전환점으로 정의된다.[3] 그 동안 이러한 위기에 대한 개념은 학자에 따라 다양하게 정의되고 있다.

허먼(Charles F. Herman) 교수는 위기를 ① 의사 결정 단위의 최우선 목표가 위협받고 있고, ② 반응을 취하는 데 소요되는 시간이 제한되어 있으며, ③ 정책결정자들이 전혀 예기치 못한 상황이라고 정의하고 있다(장지량, 2000).

이수훈(1994: 62)에 의하면, 위기란 변하지 않는 상황이나 주어진 상황이 아닌 가변적이고 불확실하며 새로운 상황 발생의 분기점을 뜻하며, 위기 개념 속에는 위험과 기회라는 두 가지 상반된 요소가 공존하는 것으로 본다.[4]

또한 이신화(2000: 2)는 정치·사회학적인 측면에서 위기적 상황을 "위험하고 불안정한 상황인 동시에 변동의 분기점 또는 선택의 상황이므로,

---

3) 위기는 비상 사태(emergency), 재난(disaster, hazard), 위험(risk, danger), 위협(threat), 재앙(calamity, catastrophe), 우발 상황(contingency), 사건(incident), 사고(accident) 등의 유사 개념을 지니고 있다(이종열 외, 2004).

4) 원래 위기(危機)라는 글자는 위태롭다는 말(危: danger)과 기회라는 말(機: chance)이 합쳐져서 만들어진 것이다. 따라서 위태롭기는 하지만 사태를 정확히 파악하고 옳게 대처해 가기만 한다면 좋은 기회가 올 수 있을 것이라는 뜻으로 해석할 수 있다.

결정을 통해서 불확실성을 줄이고 이해 관계를 조정하는 등 정치적 결단이 요구되는 시점"으로 파악한다.

그리고 김보현 · 박동균(1995: 128-129)은 위기를 광의와 협의의 개념으로 나누어 설명한다. 위기에 대한 광의의 개념은 "체계의 투입 요소에 나타나는 불길한 큰 변화"로 설명하고 있으며, 구체적인 위기의 개념으로는 "일정한 시간과 공간에서 체계에 위험과 손실을 주어 체계의 목표 달성을 어렵게 만드는 상태"로 파악한다.

사회적 위기는 자연재난과 재난의 피해가 사회 전반의 경제사회적 문제로 확산되거나 불특정 다수의 이익을 위한 집단행동으로 발생하는 사건이나 사고가 국가적인 경제사회로 피해가 확산되어 사회적 안정 파괴와 국가 기능의 마비가 우려되는 상황이다(행정자치부 국가재난관리시스템 기획단, 2003). 이러한 사회적 위기는 시스템의 영역과 수준에 따라 [그림 3-1]과 같이 분류할 수 있다.

위기는 다음과 같은 공통적 특징을 지닌다.

첫째, 위기는 체계의 일상적인 능력으로 해결하기 어려운 상황을 가져와 관련된 사람들의 협조와 노력이 필요하다.

[그림 3-1] 사회적 위기의 분류

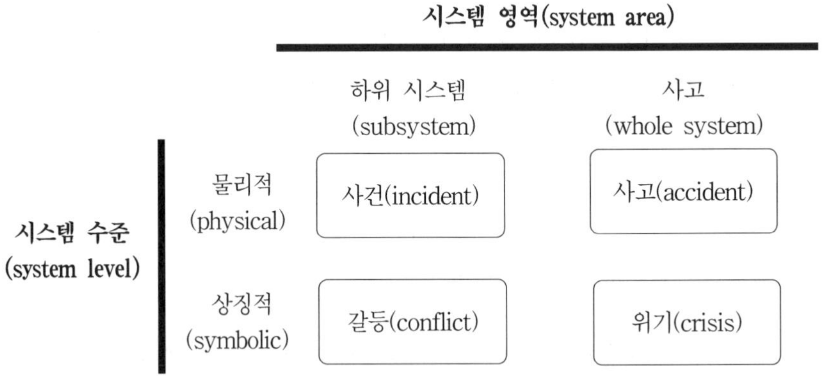

자료: 행정자치부 국가재난관리시스템 기획단(2003).

둘째, 위기는 사회구성원 어느 누구도 원치 않는 상황으로 돌발 사건적 성격과 사회 제반 가치와 규범·문화, 그리고 관계들을 변화시키는 역할을 한다. 그러나 동일한 위기라고 할지라도 사람에 따라 그 긴급성을 다르게 느낄 수 있기 때문에 위기에 대한 대응책은 상황에 따라 다르게 나타나는 경향이 있다. 따라서 위기의 결과도 대응 능력에 따라 긍정적일 수도 있고 부정적일 수도 있다.

셋째, 위기 대상은 한정되어 있지 않고 어떤 국가나 사회, 조직, 가정, 그리고 개인까지 위기로부터 자유로울 수 없다.

넷째, 위기는 반복적으로 발생한다는 점을 특징으로 한다. 과거에 발생했던 위기에 대한 학습과 관리가 미흡할 경우 동일 유형의 위기의 발생 가능성이 높다. 시랜드(Sea Land) 참사 이후 인천 호프집 참사 등을 예로 들 수 있다.

다섯째, 위기는 언제 어디서 발생할 것인지를 예측할 수 없으며, 발생 요건만 갖추어지면 시간과 장소에 관계 없이 발생한다. 위기가 발생하면 긴급한 대응책을 필요로 한다.

여섯째, 위기는 발생 원인이 복잡·다양하다. 하나의 원인으로 위기가 발생할 수도 있으나 대부분의 위기는 그 원인이 복잡하고 다양하다. 이와같이 위기는 고도의 불확실성과 복잡한 여건 하에서 긴급한 대응책을 요구하므로 총체적인 관리가 필요하다.

제 2 절 위기의 종류

1 체계별 위기의 종류

위기에 대한 분류는 다양한데 위기의 종류를 정치 체계, 경제기술 체계, 사회화 체계, 자연 체계 등 위기 발생 체계별로 나누어 살펴볼 수 있다. 각 체계별로 나타나는 위기의 종류를 살펴보면 <표 3-1>과 같다.

〈표 3-1〉 체계별 위기 분류

체 계	위 기 종 류
정치 체계	전쟁, 무력 시위, 쿠데타, 테러 및 파괴 활동, 비행기 납치
경제 · 기술 체계	위험물질 유출, 해양오염, 수질오염, 대기오염, 오존층 파괴, 방사능 오염 · 유출, 산성비, 일반 · 핵폐기물 매립, 구조물 붕괴, 폭발
사회 · 문화 체계	인종 · 민족 · 지역 간 폭력적 갈등, 전염병 · 괴질(怪疾)의 출현, 폭력적 파업, 폭동
자연 체계	홍수, 태풍, 지진, 가뭄, 폭염, 냉해, 한해, 우박, 해일, 화산 폭발

자료: 백영옥(2001).

이러한 발생 체계별 위기 분류를 정리하면 위기 유형은 크게 두 가지, 즉 자연재해(natural disaster)와 인위재난(man-made disaster or technological disaster)으로 구분할 수 있다.

첫째, 자연재해는 비정상적인 자연 현상에 의해 발생하는 가뭄, 홍수, 태풍, 폭설, 지진 등을 들 수 있다. 둘째, 인위재난은 인간의 무관심, 부주의, 실수 등으로 발생하는 화재, 폭발, 방사능 오염, 통신망 마비, 건물 붕괴 등을 들 수 있다. 그러나 자연재해나 인위재난은 관리 과정이 유사하고 또한 최근 재해의 복잡성으로 인해 천재(天災)와 인재(人災)의 성격을 동시에 띤 재해가 빈번하게 발생하고 있어 재해와 재난을 구분해 사용하는 것은 실익을 찾기 어렵다. 이러한 인식에서 주요 선진국과 우리 나라에서는 재해 · 재난 관련법이 일원화되어 있고, 재난을 일상적 비상 상황을 넘어서 피해의 영향이 다방면에 미치고 피해가 대규모인 경우로 정립해 자연재해와 인위재난의 구분 없이 통합 운영하고 있는 실정이다.

미국의 연방위기관리청(FEMA)은 재난이란 통상 사망과 상해, 재산 피해를 가져오고 또한 일상적인 절차나 정부의 자원으로는 관리할 수 없는 심각하고 규모가 큰 사건으로 이러한 사건은 보통 돌발적으로 일어나므로 정부와 민간조직이 인간의 기본적 수요를 충족시키고 복구를 신속하게 하고자 할 때 즉각적이고 체계적으로 효과적인 대처를 해야 하는 사건으로 포괄적으로 규정하고 있다.

일본의 재해대책기본법 제2조 1항에서는 재해를 태풍 · 호우 · 폭설 · 홍수 · 해일 · 지진 등과 같은 자연 현상 또는 대규모 화재 · 폭발, 기타 피해가 큰 방사능 물질의 대량 방출, 선박 침몰, 항공기 추락 등으로 생기는 피해로 정의함으로써 자연재난 및 인위재해를 구분해 사용하고 있지는 않다.

우리 나라에서는 재해와 재난 관련 법령을 구분해 사용하다가 최근 재해 및 재난 관련 법령을 통합했다. 법률 제7188호인 '재난 및 안전관리기본법'이 제정되고 기존의 자연재해와 인위재난의 2원적 재난관리 체계를 '재난'으로 통합해 관리하는 재난관리 체계의 일원화를 확립했다. 또한 이 법률에서는 대규모 재난의 예방 · 준비 · 대응 · 복구 등에 관한 사항을 총괄 · 조정하고 필요한 조치를 위해 행정자치부에 중앙재난안전대책본부를 두고 지역에는 지역재난안전대책본부를 두는 것을 규정했다.

최근에는 자연재해와 인위재난 외에 사회재난(social disaster)이 추가되고 있다. 사회재난은 종교적 · 정치적 · 이념적인 목적 달성을 위해서 개인이나 집단이 인간의 생명과 재산을 위협하거나 사회 질서를 파괴하기 위한 의도적 · 고의적인 범죄일 뿐만 아니라 인종적 · 종교적 · 지역적 이익을 위한 집단행동으로 발생하는 재난 상황으로 2001년 9월 11일 미국 무역센터에 가해진 테러 사건을 예로 들 수 있다. 사회재난은 자연 현상에 의해 발생되지 않는다는 점에서 자연재난과 구별된다. 인간에 의해 발생한다는 점에서 사회재난은 인위재난과 유사한 점이 있으나 사회재난은 고의성과 의도성, 즉 종교적 · 정치적 · 이념적인 목적 달성을 추구한다는 점에서 인간의 부주의, 실수, 무관심에서 발생하는 인위재난과 차이가 있다.

2 커티스 링크(Curtis Link)의 진행 양상별 분류

위기 발생을 인지하고 대응할 수 있는 시간의 정도에 따라 분류하는 것으로서 다음과 같이 네 가지로 분류할 수 있다(김재범, 1998: 10).

첫째, 폭발적 위기(exploding crisis)이다. 화재와 같이 비정상적이고 즉각적인 영향을 미치는 사태이다. 9 · 11 미국 무역센터 테러 사건, 삼풍백화점 붕괴 사고 등과 같은 재난 형태를 들 수 있다.

둘째, 즉각적 위기(immediate crisis)이다. 현대의 자연재난의 경우 어느 정도 일기예보가 가능하고 약간의 대처할 시간이 주어진다는 측면에서 이에 포함될 수 있다.

셋째, 점진적 위기(building crisis)이다. 노사 갈등과 같은 미리 예측이 가능한 문제를 방관한 채 시간이 흐르면 점차 대형화되거나 인접 문제로까지 번져 나갈 수 있는 가능성을 지닌 위기를 말한다.

넷째, 만성적 위기(continuing crisis)이다. 만성적인 위기란 시간이 흐른 후에 겉으로 드러나는 경우로 건설 부조리, 안전 점검의 소홀, 방만한 풍수해 관리 등이 위기로 이어질 가능성이 있다.

이 밖에도 발생 원인에 따라 자연에 의한 것과 인간에 의한 것으로 고의·우연적 사고로 나눈 후 다시 격렬·비격렬로 구분할 수도 있다. 삼풍백화점 붕괴 사고는 우연히 발생한 격렬한 위기에 속한다. 9·11 미국 테러 사건은 고의에 의한 격렬한 위기에 속한다.

제 3 절 위기관리의 개념과 특성

1 위기관리의 개념

위기관리[5]라는 용어는 바람직하지 않은 사건의 통제에 대한 좀더 넓은 접근 방법을 의미하는 것으로, 민간 부문에서 위기관리의 목적은 순수 손실의 최소화를 의미하는 것으로 인식하고 있으나 공공 부문에서의 위기관리는 돌발적으로 발생해 사회에 악영향을 줄 수 있는 자연적·인위적 사건의 위험을 인지하고 통제하는 것으로 이해된다(김보현·박동균, 1995: 131). 또한 위기관리는 위기로부터 국민의 생명과 재산을 보호해 주고 위험을 극복하기 위한 사업계획을 집행하는 일상화된 과정으로도 이해할 수 있다(Ciger, 1988; 이재은, 2000).

5) 위기관리는 비상관리(emergency management), 재난관리(disaster management), 위험관리(risk management), 우발사건관리(contingency management) 등의 유사 용어로 사용되고 있다.

이러한 위기관리란 사전적인 관리 기법과 사후적인 적극적 대처 방안을 개발해 우리 사회에 잠재되어 있는 우발적인 충격이나 위기의 발생 확률을 줄이고 발생시 피해를 극소화하는 것이다(이신화, 2000). 좀더 큰 국가 차원에서의 위기관리란 정치, 경제, 사회, 외교, 안보 등 각 분야에서 국가 전체를 아우르는 관리 체제의 내실을 다질 수 있는 총체적 국가 경영 능력을 제고함으로써 대내외적인 국가 위기 상황에 효과적으로 대처해 나가는 것을 의미한다. 따라서 예측 불허의 위기 상황에 대비한 사전 준비와 신속한 사후 대응 방안에 따라 위기를 기회로 전환할 수 있는 전략적 국가 위기관리 시스템(strategic national crisis management system)을 개발할 필요가 있다.

한편 후드(Hood, 2001)는 위기관리를 규제적 관점에서 접근해 위기 규제를 "보건(保健)에 대한 잠재적 악영향을 통제하기 위한 시장에의 정부 개입 또는 사회적 과정"으로 보고 있다. 그들은 위기 규제를 시스템으로 파악하고 시간상 지속성을 띠는 것으로 보고 있다. 또한 시스템을 분야별로 국한해 접근하는 적실성을 강조하고 있다. 그리고 거버넌스 시각에서 위기 규제에 사회 내 다양한 행위 주체들 간의 상호작용과 정책 네트워크 개념을 도입하고 있다.

2 위기관리의 특성

1) 공공재로서의 성격

사회의 안전은 하나의 가치로서 시장에 교환되기는 어렵고 사회구성원이 거의 공유하고 있는 공공재에 해당하기 때문에 하나의 공공적 가치로서 다루어야 한다. 그러므로 안전을 확보할 수 있는 비용과 안전의 이익에 대한 계산은 단순한 시장 교환의 비용·수익에 대한 계산과는 달리 국방의 비용과 이익처럼 포괄적이고 지속 가능성의 가치로 환산해야 한다. 따라서 안전을 확보하고 지키기 위한 재난관리를 위한 설비는 그 자체가 우리의 이익을 지켜 주거나 이익을 확장시켜 주기 때문에 중요한 사회적 자산이다(김재범, 1998: 15).

2) 경계성 · 가외성의 원리

재난관리는 위기를 관리하는 점에서 일상적 공공 서비스를 생산하는 행정 기능과 차이가 있는데, 일상적 공공 서비스에서는 능률성의 원리가 우선하지만, 위기관리 조직에서는 경계성(警戒性, alertness)의 논리가 우선해야 한다. 재난을 관리하는 경우 최악을 대비할 수 있는 모든 장비와 기술과 인력을 갖추고 있으면서, 그것을 전혀 쓰지 않도록 유도하는 경계성의 원리(principle of alertness)에 따라야 한다. 그러나 우리 나라 관리 조직들은 경계성의 원리에 철저하지 못해 위기관리 조직에도 능률성의 원리가 적용되고 있다. 따라서 위기관리 조직을 능률성의 논리에 따라 관리함으로써 재난 예방 노력이 약화되고 위기 발생에 적절히 대처하지 못하게 된다. 결국 1년에 눈 몇 차례 치우기 위해 제설 장비와 운전사가 연중 대기할 필요는 없지만 때와 장소에 맞는 재해 유형별 경계성의 원리가 도입될 필요가 있다(김재범, 1998: 15). 또한 위기관리 업무는 과업의 일상화 · 표준화가 불가능할 뿐만 아니라 소관 업무에 서로 중첩이 되어 있어야만 각종 위기 상태에 적절히 대응할 수 있으므로 가외성(加外性, redundancy)이 확보되어야 한다.

3) 결과 위주 운영의 필요성

재난관리의 경우, 위기 대응을 위해 관리자에게 최대한의 재량권을 허용해 필요한 조치를 추진할 수 있도록 해야 한다. 일선 공무원의 자유재량과 즉시강제 조치가 최대한으로 허용되는 것이 재난관리 행정이나, 우리 나라의 경우 소방차 출동시 교통 체증 등에 의한 사고는 소방공무원 자신의 책임으로 되어 있으며, 행정법상의 즉시강제와 재량권 범위의 축소로 인해 현장 관리자의 급박한 의사결정이 지연되고 있다. 이렇게 되면 공무원 스스로도 책임을 회피하려고 적극적으로 행동하려 하지 않게 된다. 따라서 재난관리 조직은 과정 위주로 운영되는 일상적인 관료조직과는 달리 결과 위주로 운영되어야 한다.

4) 현장 위주의 관리

재난관리는 대부분 현장에서 사태의 진전에 따라 대응 방법을 즉각적으로 모색해야 하며, 재난관리 조직의 최고위층에 결정 권한이 집중되어 있으면 재난에 효과적으로 대응할 수 없게 된다. 따라서 재난관리의 현장 지휘자에게 최종적인 권한을 부여해야 한다. 그에게 전권을 부여하지 않으면 시시각각으로 변하는 재난의 추이에 따라 현장 경험에 바탕을 둔 적합한 대응을 하기 어렵기 때문이다. 우리 나라의 경우 관할 소방서장·소방본부장 등이 현장을 지휘하다가 상급 지휘관이 나타나면 지휘권을 이양하며 책임에서 물러나는 경향이 있으나 현장 위주의 관리가 유지되어야 한다.

5) 불확실성의 관리

위기관리 조직은 미래의 불확실한 위기 상황에 대응할 도구, 장비, 기술을 갖추고 최악의 상황에 대비할 수 있는 유능한 인력을 확보해 놓고 있어야 한다. 그러나 정확한 인과 지식이 없기 때문에 항상 불확실성을 해결해야 한다. 불확실성 속에서 결과는 만족스럽게 도출해야 하는 어려움이 따른다.

6) 기타 특성

앞에서 제시한 다섯 가지 특성 외에도 다음의 네 가지 특성을 덧붙여서 설명할 수 있다.

첫째, 권위적 배분으로서의 재난관리의 특성이다. 정책적 측면에서의 재난관리, 그 중에서도 복구관리는 일종의 배분적 성격을 갖는다. 따라서 복구관리에 투자되는 재원이 어떤 기준에 의해 어디에, 그리고 누구에게 혜택이 돌아가느냐 하는 측면은 위기관리가 단순히 기술적 측면이 아니라 가치의 권위적 배분이라는 측면에서 정책적 중요성이 높다.

둘째, 사회복지로서의 재난관리의 특성이다. 재난관리가 소극적 측면에서의 응급 대응이라는 차원을 넘어서 장기적 국토 개발과 치수(治水) 사업과 연계 하에 이루어진다면 모든 국민에게 더욱 안전하고 쾌적한 생활 공간을 제공하고 인간의 삶을 향상시킬 수 있다는 복지 차원에서 그 중요성이 있다.

셋째, 과학적 관리로서의 재난관리의 특성이다. 재난의 완화, 준비, 대응, 복구 등 재난관리 행정의 과정이 더욱 과학적이고 효과적으로 이루어질 때

인적·물적 피해를 경감시킬 수 있다.

넷째, 정치적 과정으로서의 재난관리의 특성이다. 재난관리는 정책관리자들이나 행정관리자에게 특별한 중요성을 갖는다. 왜냐하면 돌발적 위기 상황의 발생에 대해 사회에서는 관련된 책임을 정책결정자들이나 행정관리자들에게 돌리는 경향이 있기 때문이다. 위기 상황에 어떻게 대처하고 수습하느냐에 따라 정책결정자로서의 생존 여부도 영향을 받는다.

제 4 절 위기관리의 범위와 유형

1 위기관리의 범위

1) 국가 안보위기: 공공 테러, 북핵

미국의 9·11 사태는 테러가 국가 안위에 얼마나 큰 위기 상황을 발생시킬 수 있는가를 보여 준다. 이러한 테러는 전쟁과 같은 영향을 미치는 위기 상황을 한 국가에 가져올 수 있는 위험 요소이다. 테러는 무고한 사람이나 정치적 적대자 또는 단체나 기관에 대해 파괴, 방화 따위의 다양한 폭력 수단을 행사해 상대를 위협하거나 공포에 빠뜨리는 비합법적 행위를 모두 포함한다. 따라서 테러의 개념은 테러(terror), 테러리즘(terrorism), 게릴라전, 비정규전, 준테러리즘(quasi-terrorism), 저강도 분쟁(low intensity warfare), 뉴테러리즘 등 다양한 형태로 사용되며(손동권 외, 1995: 397), 합의된 정의는 없지만 일반적으로 네 가지 공통적인 요소들을 포함한다. 즉 폭력의 사용 혹은 위협을 내포하고 있으며, 목표 지향적 행위이며, 직접적인 피해자들 이외의 사람들에게도 충격을 주도록 계획되어 있고, 테러 분자들이 피해자 선택시에 그들의 수단적 가치보다는 상징적인 가치를 고려해 선택한다는 것이다. 이러한 테러의 발발은 국가 안보의 위기에 직접적인 영향을 줄 수 있다. 이러한 테러의 위협과 함께 우리 나라에서는 최근 북한의 핵 보유 문제로 인해 정치·사회·경제적 측면에서 많은 부담을 가지고 있으며, 북핵 문제가 언제, 어떻게 한국의 안위(安危)에 영향을 미칠지 촉각을 세우고 있다. 이 또한 국가의 위기관리 체제 내에서 문제의 발생과 진행에 대한 대비가 절실히 요구되는 문제로서 위기관리의 대상이 된다.

2) 재난관리 위기: 자연재해, 인위재난

현실 생활에서 상존하는 위기 중 풍수해, 설해(雪害), 병충해 등 기상재난과 지진, 해일의 지질재난 등과 같은 자연 현상에 기인해 발생하는 자연재해와 간헐적으로 발생하는 가스 폭발, 화재, 건설 및 교통사고, 붕괴사고 등과 같이 인간의 실수나 기술 실패의 결과로서 혹은 인간에 의해 설계된 어떤 구조나 체계의 부작용으로서 나타나는 인위재난(man-made hazards)이 있다.

현대 사회는 사회적으로 각종 조직이 복잡해지고 있으며 교통·통신의 발달과 아울러 파생적으로 여러 형태의 부작용이 시·공간을 넘어 발생하고 있을 뿐만 아니라 인위재난과 자연재해를 유발하고 있어 커다란 문제점으로 대두되고 있다. 이러한 자연재해 및 인위재난 또한 위기로서, 발생시 피해를 최소화하기 위해 종합적인 관리 시스템이 필요하다.

[그림 3-2] 위기관리의 범위

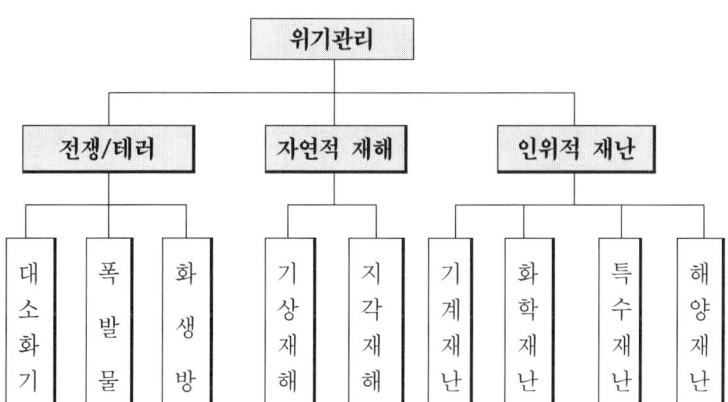

자료: 이종열 외(2004).

2 위기관리의 유형

'위기관리'란 당면한 위기 악화를 방지하기 위해 가용한 모든 수단을 동원해 사태를 수습함으로써 원상 회복 또는 상황 개선을 추구하는 행위이다. 그런데 국가 위기의 성공적 관리에는 잠재적으로 상충되는 두 가지의 목표, 즉 위협을 가하는 상대방을 제압하거나 아니면 적어도 자신이 확연한 패배자가 되지 않도록 해야 한다는 목표와 전쟁 발발과 같은 파국으로의 확대 상황을 방지해야 한다는 목표를 동시에 추구해야 한다는 어려움이 있다.

따라서 위기관리의 본질은 전쟁을 회피하면서 동시에 자신의 이익을 최대화하거나 손실을 최소화할 수 있도록 강압과 회유 두 가지의 전략을 최적(最適)의 비율로 혼합해 구사하는 데 있다(Winham, 1988).

다시 말해서, 위기란 위협을 받아 위기에 처했음을 인식한 상황으로서 위기관리란 결국 위기의 발단이 되는 위협의 근원을 해소 또는 제거하는 작업이라고 할 수 있다. 따라서 위기관리의 종류도 바로 이 위협의 근원을 해소하는 방식에 따라 ① 교섭적 위기관리, ② 수습적 위기관리, ③ 적응적 위기관리로 유형화해 볼 수 있다(이동훈, 1999).

첫 번째 유형인 교섭적 위기관리란 위협의 근원(sources of threat)이 상충된 이해 관계에 있는 상대의 고의적이고 직접적인 도발 행위에서 기인된 위기 상황을 해결하려는 노력을 말한다. 따라서 이 경우 위기관리 업무의 요체는 성공적인 위기 협상(successful crisis bargaining)의 수행이다. 다시 말해 교섭적 위기관리란 이익의 양보, 관철 또는 상호 조정을 위한 흥정이나 협상을 통한 상호작용적인 위기의 해결을 시도하는 것이다.

두 번째 유형은 수습적 위기관리인데, 수습적 위기관리의 대상이 되는 위기 상황은 타국의 실수나 오류 또는 무의식적인 행위로 인해 발생한 우발적인 사건에서 위기가 연유된 경우와 자연적·인위적 재난 재해 또는 대형사고로 인해 발생된 긴급 사태에서 위기가 야기된 경우의 두 가지로 분류된다. 이 경우 궁극적 위기관리의 요체는 조속하고 효과적인 사태 수습이라고 할 수 있는데, 물론 사태 수습의 최종 목표는 때에 따라서 원상 회복 차원을 넘어 원래보다 발전되거나 개선된 상태를 지향하는 경우도 있다.

수습적 위기관리에 포함되는 구체적 조치 내용을 살펴보면, 우선 첫째로 타국의 실수나 오류에 의한 우발적인 사태로 야기된 위기의 경우는 ① 유관 국가들과 상황 통제와 대책 논의를 위한 직접적인 대화 채널의 설치, ② 동맹국이나 관련 국제기구와의 긴밀한 협조 및 공조 체제 확립, ③ 사태 수습을 위한 관련 정보의 교환과 공동 노력에 의한 신속하고 효과적인 사태 해결 방안 강구, ④ 사후 보상 또는 재발 방지를 위한 대책 마련 등이 주된 위기관리의 업무 내용에 포함되며(이동훈, 1999), 둘째로 자연적·인위적 재해재난으로 인한 비상사태 발생시에는 ① 신속하고 체계적인 사태 수습을 위한 일원화된 상황지휘소의 설치와 비상 연락을 위한 통신망의 구축, ② 유관 기관들의 협조와 지원을 받아 피해 확산 방지를 위한 사태 진압과 응급구호 및 구난 조치를 위한 인원·장비 및 물자의 투입과 활동 전개, ③ 상황 발생 지역의 주변 정리 및 질서 유지, ④ 사태 수습 후 분석 및 평가와 개선 방향 검토 등을 주요 위기관리 업무로 들 수 있다.

위기관리의 세 번째 유형인 '적응적' 위기관리는 위협의 근원이 국제 및 지역 주변 질서나 구조의 갑작스러운 변화, 즉 상황적 변화(situational changes)에서 발단된 경우에 대처하는 것이다. 이러한 경우의 예로는 새로운 무기 체계의 개발이나 도입, 지역 또는 세계적 세력 분포나 판도의 변화, 주요 동맹 관계의 변화, 새로운 종류의 국제적 행위자의 등장, 국제적 행위를 규정하는 원칙이나 규범의 변화, 또는 인접 국가의 정치·경제·사회적 질서의 급작스런 변화 등이 있다.

적응적 위기관리의 핵심은 당면 상황에 대한 신속하고 정확한 실체 파악과 의미 분석, 그리고 이에 대한 장·단기적 대응 방안의 수립을 통해 변화된 새로운 환경과 질서에 효과적이고 효율적이며 원만하게 적응하도록 하는 것이다. 정확히 말하면, 상황적응적인 위기관리 노력으로서 좀더 능동적이고 주체적인 대응책의 마련을 위한 적응 노력을 의미한다고 할 수 있다.

상황적응적 위기관리 업무에 해당되는 구체적인 조치 내용은 ① 새로운 상황 변화나 사태 추이에 관한 신속·정확한 정보의 수집, ② 향후 전망에 대한 면밀한 관찰과 분석, ③ 정책적 대응 방향 정립과 구체적인 실천 방안 모색, ④ 결정된 대응 방안 집행과 실시에 대한 감독 및 분석·평가 등이 해당된다(이동훈, 1999).

제 4 장 위기관리 이론과 위기관리 제약 요인

제 1 절 위기관리에 관한 이론 논의

위기에 관한 연구가 본격적으로 시작된 것은 1960년대 이후로서 초기에는 개인이 중심이 되었으나 점차 집단, 조직, 사회, 국가, 세계에 대한 것으로까지 확장되었다. 따라서 위기관리 정책에 관한 이론적 연구 또한 초기에는 위기 자체에 국한되어 활발하게 논의되었으나, 이후에는 사회 집단이나 조직에 대한 위기의 영향과 위기 발생에 따른 집단이나 조직의 위기대응 노력을 중심으로 연구가 진행되어 왔다. 그리고 최근에는 위기에 대한 정부 차원에서의 위기관리 노력이 주된 연구의 대상이 되고 있다(남궁근, 1995; 박광국, 1997; 이재은, 2000). 이는 공공 부문 또는 정부를 관리의 주체로, 위기를 관리의 객체로 인식하게 되었음을 의미하는 것이다. 즉, 위기는 발생 전의 위기 예방과 준비, 발생 후의 위기 대응과 복구 노력을 통해 피해를 최소화시킬 수 있다는 인식의 발전으로 인해 효율적 관리 기법이나 절차 등에 관한 많은 연구가 이루어져 왔다. 그러나 관리 차원에서의 노력만으로는 다양한 위기에 대해 효과적으로 대처하지 못했다. 따라서 위기에 대한 관리 노력의 효과성을 제고하기 위해서 위기를 둘러싸고 있는 환경, 제도적인 틀, 체계 간의 협조와 조정, 의사 결정 및 집행 과정의 적절성 등과 같은 변수를 종합적이고 체계적으로 고려하는 정책적 수준에서의 노력들이 필요하게 되었다.

1 위기관리의 대응 과정

재난에 대처하기 위한 위기관리는 재난의 시간대별 진행 과정을 중심으로 대체로 네 단계로 나누고 있다. 재난의 발생을 중심으로 재난 발생 전(pre-disaster) 국면과 재난 발생 후(post-disaster) 국면으로 나누고, 재난 발생 전 국면은 예방과 완화(prevention and mitigation) 단계와 준비(preparedness) 단계로, 재난 발생 후 국면은 대응(response) 단계와 복구(recovery) 단계로 분류한다. 이 과정들은 서로 독립적이라기보다는 상호 유기적이며 순환적인 관계를 갖고 있다(McLouglin, 1985: 166; Petak, 1985: 3).

이러한 위기관리 4단계에서 제시된 전략은 기본적으로 시간별 재난의 진행 상황에 맞춘 관리전략을 제시할 뿐 아니라 위기관리 전략의 기본 전제에 대한 논의도 담고 있다. 따라서 이러한 4단계 위기관리 대응전략이 비록 자연적 재난을 염두에 두고 전개된 것이기는 하나 위험의 특성이 다소 다른 인위적 재난에 대한 위기관리의 논의에도 많은 시사점을 준다. 이러한 국가 위기관리의 대응 단계의 정부 활동 내용과 위기의 진행 상황은 <표 4-1>과 같이 나타낼 수 있다.

〈표 4-1〉 위기 진행과 국가 위기관리 대응 체계의 단계별 활동

위기의 진행	⇔	활동 단계	활동 내용
배 양	⇔	예 방	위험성 분석 및 위험지도 작성, 건축법 정비 제정, 재해보험, 토지이용관리, 안전 관련법 제정, 조세 유도
발 발	⇔	준 비	비상작전계획, 비상경보 체계 구축, 통합 대응 체계 구축, 비상통신망 구축, 대응자원 분배, 교육훈련 및 연습
진 행	⇔	대 응	비상계획 가동, 재해 진압, 구조 구난, 위급 상황에 대한 주민 홍보 및 교육, 긴급의료 지원, 사고대책본부 가동, 환자 수용, 간호, 보호, 수색, 구조 및 후송
소 멸	⇔	복 구	잔해물 제거, 전염병 예방, 이재민 지원, 임시주거지의 마련, 시설 복구

2 위기관리 체계에 대한 이론들

위기관리에 대한 사회학적 관점에서의 연구들은 주로 재난의 영향에 대한 조직화된 집단의 대응을 기술하고 분석하는 경향을 보이고 있다. 한편 정치학적 관점에서의 위기관리에 관한 연구는 국제 관계에서의 위기관리에 관한 연구가 주를 이루고 있으나 일부에서는 자연재난과 기술재난, 시민 소요, 테러 행위, 핵위협 등을 대상으로 위기에 대한 연구를 하고 있다. 위기관리 연구가 다른 분야보다 다소 늦게 시작된 행정학의 경우 자연재난과 인위재난이 주는 영향을 감소시키기 위해 통합적이고 총체적인 접근을 통한 체계적인 연구를 시도하고 있다. 따라서 국가 위기관리 체계를 설계하기 위한 기초적인 이론적 토대를 구축하기 위해 사회학, 정치학, 행정학 등 사회과학들로부터 많은 이론적인 시사를 얻고자 한다. 현대 사회의 재해재난 관리 혹은 위기관리와 관련한 대표적인 이론을 분류하면 대개 '재난배양이론(DIT)', '정상사건이론(NAT)', '고도신뢰이론(HRT)' 등을 들 수 있다(김태윤, 2000: 37-38).

우선 재난배양이론은 이 분야의 선구적인 이론가인 터너(Bary Turner)의 이론으로부터 시작된 논리로서 재해재난 발생의 사회적·문화적인 측면을 강조하는 내용이고, 이후에 이를 체계적으로 발전시킨 것이 페로(Charles Perrow)의 정상사건이론이다. 이 두 이론은 모두 복잡한 현대 사회의 속성 속에서 재해재난 발생의 필연성을 찾고 있으며, 그것에 대한 관리의 어려움을 강조한다.

먼저 터너의 재난배양이론(DIT: Disaster Incubation Theory)을 살펴보면, 터너는 재난이 발생하는 해당 사회의 사전 조건(precondition)들을 규명하는 데 관심을 보이며, 재난이 이미 사회 속에 내재되어 있다는 것을 강조한다. 즉, 재해재난 발전의 초기 단계인 배양(incubation) 단계에서부터 사회 속에서는 재난이 잠재되어 누적되어 가고 있다는 것이다. 이러한 재난의 배양에 대한 강조는 재해재난 그 자체보다는 재난을 야기하는 사회적 상황에 대해서 사전적인 관심을 기울여야 함을 의미한다(김태윤, 2000: 38-39).

이른바 '위험평가'에서 흔히 무시되었던 사회 문화적인 조건들을 제대로 인식하고서, 위험과 관련된 조직문화의 맹점, 부적절한 정보, 의사소통의 문제점, 오차 수정의 실패, 안전 규제 도입의 실패 등을 성찰해야 한다는 것이다. 즉, 재해 재난관리는 무엇보다도 위험이 외부에서 갑작스럽게 나타나는 것이 아니라 해당 사회의 내적 산물(inner products)이라는 인식을 바탕으로 해야 한다.

페로는 이후에 이러한 인식을 더욱 발전시켜서 다음의 정상사건이론을 제시한다. 페로는 현대 사회의 기술적·조직적 시스템의 특성을 복잡(complexity)하고, 꽉 짜여진(tightly-coupled) 것에서 재난 발생의 원인을 찾는다. 원자력발전소 등이 그 대표적인 예로 복잡하고 꽉 짜여진 기술적 체계는 필연적으로 사고(accidents)를 발생시킬 수밖에 없다는 것이 정상사건이론의 핵심 주장이다.

체계가 복잡하다는 것은 그 체계를 구성하는 요소들 간의 복잡한 상호작용으로 말미암아 인간이 요소들 간의 상호작용을 정확하게 이해하기 어렵게 되어, 결과적으로 불확실성이 높아지는 것을 의미한다. 또 체계의 요소들이 다중적(多重的)인 기능을 하기 때문에 그만큼 실패가 다양하게 나타나게 되며, 요소들 간의 관계가 밀접하기 때문에 그러한 실패는 연속적으로 발생하게 된다. 이 때 다수의 상호 통제 매개체가 서로 다른 많은 요소들과 연결되어 있기 때문에 어떤 하나의 통제 매개체의 분석만으로는 그 복잡성을 이해할 수 없다. 이렇게 복잡하고 꽉 짜여진 체계에서 예기치 않은 조그만 사건이 발생하게 되면 그것은 곧 가속화의 과정을 거쳐 거대한 재난으로 확대되는 경향이 있다. 즉 복잡성과 꽉 짜여짐의 조합은 사고의 발생과 그 확대를 불가피하게 만든다. 페로는 이렇게 발생하는 사고를 '정상' 사고(normal accident)라고 명명했으며, 이는 재해재난 발생의 필연성을 강조하는 것으로 그 재난관리에 대해 일종의 비관적 자세를 취하고 있다(Perrow, 1984).

그러나 1990년대 이후 이러한 비관적인 견해로부터 적극적으로 재해재난을 관리할 수 있다는 주장들이 제기되었는데, 이 중 하나가 고도신뢰이론(HRT: High Reliability Theory)이다. 뛰어난 안전 기록을 성취하고 있는 조직들의 독특한 조직 전략을 연구한 버클리(Berkeley) 학파가 고안한 고도신뢰이론은 사고 예방이 가능하다는 전제 아래, 복잡성과 꽉 짜여진 체계에서도 사고 발생 가능성을 낮출 수 있다는 시각을 담고 있다. 복잡하고 꽉 짜여진 조직이라도 조직의 전략을 발전시킬 수 있기 때문에 사고는 예방할 수 있고, 조직의 안전에 관한 신뢰성도 높일 수 있다는 것이 핵심이다(김태윤, 2000: 40-41). 이와같이 적절한 전략을 사용함으로써 체계의 안전성을 높일 수 있으며, 위기관리 전략으로 ① 가외성(redundancy) 전략, ② 의사 결정의 분권화(de-centralization) 전략, ③ 관점의 유연화(conceptual slacks) 전략, ④ 조직 학습(organization learning) 전략 등을 제시하고 있다(Rijpma, 1997).

위에서 살펴본 재해 재난관리와 관련된 주요 이론들을 중심으로 국가 재해재난 관리 체계 설계를 모색하고자 한다. 일반적 행정에서는 보통 법의 사무적 집행 체제로서 엄밀하고 정확을 기하는 절차를 거쳐 결정되며, 문서나 회의가 교섭에 의해 정리된다. 재해의 발생은 대개의 경우 거의 예측할 수 없으며 예상외의 사태로 확산된다. 정부는 이에 대해 긴급대응이라는 방식으로 피해를 줄이고 확대를 방지하는 데 주력하지만 사전 대책 수립시의 예상과는 달리 피해 규모가 커서 대응책도 별다른 효과를 거두지 못하는 경우가 종종 발생하게 된다. 예상하지 못한 규모로 재난이 발생해 우발적이며 막대한 피해가 발생한 경우에는 얼마간의 대비가 마련되었다 하더라도 혼란 상태는 피할 수가 없으며 행정조직은 이러한 돌발적 상황에서 모든 일상적 내용과 다른 조직적 대응이 필요하게 된다.

호지킨슨(Peter E. Hodgkinson)과 스튜워트(Michael Stewart)는 위기관리 조직의 이러한 특성을 강조하면서 재해재난에 대응하는 조직의 적응유형을 과업의 일상성(日常性) 여부와 대응 시점을 기준으로, 재해재난 조직을 ① 기존 조직(established organization), ② 확장조직(expanding organization), ③ 연장조직(extended organization), ④ 응급조직(emergent organization) 등 네 가지로 유형화했다(Hodgkinson & Stewart, 1991: 67; 이상팔, 1996: 114).

3 위기관리 체계의 설정

1) 위기관리 체계의 구조적 속성

국가 위기관리 체계가 갖추어야 할 구조적 속성으로 크게 ① 통합성, ② 유기성, ③ 협력성, ④ 학습성의 네 가지를 들 수 있다. 이러한 네 가지 구조적 속성들을 위기관리 체계 구축에 활용하는 방안을 살펴보도록 하겠다.

〈표 4-2〉 국가 위기관리 체계의 구조적 속성 및 그 전략적 효과

구조적 속성	전략적 효과
통합성	통합화, 효율화, 체계화, 통합된 중재 기능
유기성	중첩화, 분권화; 몰입감 및 책임감 강화; 내부 요소 간 소통 활성화
협력성	수평적 협력 체제, 외적 협력 네트워크 구축, 복합 협력적 관리 지향
학습성	지식 축적 기반 확충, 상황 중심적 대응력 향상

자료: 김태윤(2000: 50).

(1) 통합적 구조(coherent structure)

위기에 대한 관리는 분산형 관리와 통합형 관리의 두 가지 방식으로 구분된다. '분산형 관리'는 재난의 유형별 특징을 강조하는 것으로, 1930년대 전통적인 조직이론의 등장과 함께, 합리성과 전문화의 원리를 강조하는 이론적 분위기에서 나온 것이다. 그러나 분산형 관리 방식은 재난시 유사 기관 간의 중복 대응과 과잉 대응 또는 무대응의 문제를 야기했다. 조잡하고 의미가 없는 계획서의 과잉 생산과 다수 기관 간의 조정, 통제에 대해 반복되는 문제도 심각한 것이었다(유충, 1999: 40). 이러한 분산형 관리의 문제점을 보완하고자 제시된 것이 '통합적 접근법'이다. 이는 재난 유형의 차이에도 불구하고, 심각한 인위적 재난과 주요 자연재해에서 수행해야 할 과업들이 크게 다르지 않다고 보는 것이다.

이들 두 방식의 장·단점을 보면 분산관리 방식은 다양한 정보 채널, 책임과 관리를 분담할 수 있다는 장점이 있으나 반면에 자원의 동원과 배분이 복잡하고 일사불란하게 대응하는 데 어려움이 있다. 한편 통합관리

〈표 4-3〉 재난관리 방식별 장·단점 비교

	재난 유형별 관리 방식	통합관리 방식
관련 부처 및 기관	다수 부처 및 기관의 단순 병렬	단일 부처 조정하의 병렬적 다수 부처 및 기관
책임 범위와 부담	소관 재난에 대한 관리 책임과 부담의 분산	모든 재난에 대한 관리 책임, 과도한 부담 가능성
관련 부처의 활동 범위	특정 재난에 대한 관리 활동	모든 재난에 대한 종합적 관리 활동과 독립적 활동의 병행
정보 전달 체계	정보 전달의 다원화	정보 전달의 일원화
체계의 재난에 대한 인지 능력	미약, 단편적	강력, 종합적
장점	-한 재해 유형을 한 부처가 지속적으로 담당하므로 경험 축적 및 전문성 제고가 용이 -한 사안에 대한 업무의 과다 방지	-재난 발생시 총괄적 자원 동원과 신속한 대응성 확보 -자원봉사자 등 가용자원을 효과적으로 활용
단점	-복잡한 재난에 대한 대처 능력에 한계 -각 부처간 업무의 중복 및 연계 미흡 -재원 마련과 배분의 복잡성	-종합관리 체제를 구축하는 데 많은 어려움이 따름. -부처이기주의 및 기존 조직들의 반대 가능성이 높고 업무와 책임이 과도하게 한 조직에 집중됨.

방식은 신속하게 대응할 수 있는 장점이 있으나 정보의 수집 범위가 다양하지 못하고 책임이 과중하게 집중될 우려가 있다(김태윤, 2000: 51).

미국 FEMA(Federal Emergency Management Administration) 창설의 이론적 근거로 제시된 통합관리 방식은 재난관리의 전체 과정(예방-준비-대응-복구)을 '종합적으로' 관리한다는 의미를 지닌다. 이 때 종합적 관리의 개념은 모든 자원을 통합·관리한다는 의미가 아니라, 기능별 책임기관을 지정하고 그들을 조정, 통제한다는 의미이다. 즉 모든 재해재난이 수많은 요인들의 상호작용하면서 누적되어 일어난다면, 각각의 요인들을 책임지고 관리하는 개별적인 부처들의 관찰만으로는 재해재난의 발생을 예측하는 데 어려움이 따른다는 것이다. 따라서 재해 재난관리의 포괄적 책임을 지는 특정 정부조직이 개별적인 관리 주체와 적극적인 정보 교류를 통

〈표 4-4〉 비통합적 구조와 통합적 구조의 기능적 차이

기능적 범주	비통합적 구조	통합적 구조
총체성	임기응변적이며 관리가 산만하다.	재난관리의 네 단계를 총체적으로 조망하는 가운데 모든 단계를 통합적으로 중재할 수 있다.
효율성	전문조직에 의한 좀더 효율적인 결정이 유도될 가능성과 인적·물적인 낭비가 심하며 이에 대한 해결책을 마련하는 데에도 무능할 가능성이 병존한다.	분산적으로 진행되면서 발생하는 인적·물적 낭비를 최대한 효율적으로 관리할 수 있는 가능성이 높다.
신속성	현장에서 지휘 계통에 혼란이 있고 책임 소재가 불명확하므로, 현장에서 조직적이고 적극적인 대응 활동을 하기 어렵다.	지휘 계통과 책임 소재가 명확하며, 축적된 경험을 통합되게 동원하여 실효성 있는 현장 대응으로 나아갈 수 있다.
법적 일관성	관련 법령의 정비가 되어 있지 않고 여러 법들이 비체계적으로 작동함으로써 대응 과정에 혼선을 빚을 뿐 아니라, 유관 기관끼리 눈치를 보며 책임을 전가할 우려가 있다.	한 가지 체계로 정비된 관련 법규들이 활동과 책임의 소재를 명확히 해 주므로 혼선과 잡음이 있을 수 없다.

자료: 김태윤(2000: 53).

해 재해재난의 누적을 모니터링할 수 있어야 한다는 것이다. 남궁근(1995)은 미국과 한국의 재난관리 업무 성과에서 현저한 차이가 나는 것은 미국은 모든 위기관리를 전담하는 FEMA를 두고 있는데 반해 우리 나라는 재난 유형별 관리 방식을 택하는 데에서 기인한 것으로 평가하고 있다. 특히 이러한 통합관리 방식에서 강조되고 있는 점은 재난정보의 통합관리이며, 이것은 전체적인 대응 활동을 조정·통제하는 과정에서 의사 결정의 근원이 된다. <표 4-4>는 통합적인 체계와 비통합적인 체계를 총체성, 효율성, 신속성, 법적 일관성의 차원에서 비교 분석한 것인데, 통합적인 체계가 총체성과 신속성 및 법적 일관성의 차원에서 상대적으로 우수한 것으로 나타나고 있다.

(2) 유기적 구조(organic structure)

번스(Tom Burns)와 스토커(G. M. Stalker)는 공식화된 규범이나 중앙

집중적 의사 체계 및 위계 구조를 지닌 좀더 관료적인 특성을 지니는 조직을 기계적(mechanic) 조직이라고 유형화했고, 중앙집중도나 공식화의 정도가 낮으며 구성원의 활발한 참여가 이루어지는 특성의 조직을 유기적(organic) 조직이라고 구분했다(Burns & Stalker, 1961). 유기적 조직에서 과제들의 수행 방식, 임무 또는 권위 관계 등의 공식적 규정은 매우 약하며, 결국 과제를 수행하는 과정은 다른 사람들과의 밀접한 상호작용에 의해 끊임없이 재설정된다. 상호작용은 수직적으로뿐 아니라 수평적으로 활발히 이루어지며, 상이한 위계 구조상의 구성원들 간의 의사소통도 위에서 아래로 일방적 지시 하달이라기보다 수평적 자문과 유사한 방식으로 이루어진다(김태윤, 2000: 54).

재해의 원인은 상호작용성을 갖고 있어 개별적으로 파악하기 힘들고 예측과 통제가 극히 불확실성이 강한 상황에서 위기가 발생하므로 위기를 관리하기 위해서는 위기에 적절하게 대응할 수 있는 전문화된 조직원들의 능동적인 활동이 필수적이다. 따라서 국가 위기관리 체계는 상명하달식의 폐쇄적인 체계, 경직되고 복잡한 관료제의 기계적 조직에서 탈피해야 한다. 통제 불능의 재해재난 환경에 대처하는 조직의 대응력을 높이고, 경험과 지식을 갖춘 전문요원들의 능동적인 활동을 보장함으로써 기존의 관료제적인 복지부동과 경직성으로 인해 발생하는 비효율과 손실을 최소화하기 위해서 국가 위기관리 체계를 유기적으로 조직화하는 것이 중요하다. 이러한 유기적 조직화를 크게 중첩성과 분권성의 실현으로 나누어 살펴보면 다음과 같다.

① 중첩성

'중첩적 구조'란 전통적인 의미에서의 단일하고 명확한 계서제(階序制)의 원리에 입각한 조직 구조가 아니라 조직의 구성 요소를 의도적으로 중첩시켜 외부 환경에 대한 대응을 중첩적으로 수행할 수 있도록 고안하는 것을 의미한다(김태윤, 2000: 55). 재해재난을 예방하기 위해 대응 전략을 세우는 데에는 미래의 상황을 어떻게 예측하고 다양한 전략이 논의되어야 한다. 이를 위해서는 정보 수집이나 환경 분석이 중첩적으로 이루어져야 한다. 정보 수집이 중첩적으로 이루어진다는 것은 특정 개인이나 조직 하나만이 관련 정보를 수집하고 분석하는 것이 아니라 다양한 개인들과 조직들 역시 정보를 공유하면서 전략을 논의할 수 있게 되어 여러 시나리오 상황과 여건을 설정하고 대응 전략을 수립하는 데 기여할 수 있다. 또한 위험 요인을 간과할 수 있는 가능성을 줄인다는 점에서 위기관리 조직의 경우, 다소 비효율적으로 보이지만, 중첩적인 구조를 만들어서 오히려 가외적 장치를 적절하게 활용하는 것이다(Turner, 1978, 1997; Weick, 1998).

② 분권성

'분권화'란 조직원들의 의사 결정에의 참여를 증진시키고 권한의 위임을 확대하는 것을 의미한다. 분권화된 조직의 구성원들은 의사 결정 과정에 참여해 상황에 대한 정보를 가지고 있기 때문에 자기 책임 하에 현장 중심적으로 신속하게 대응할 수 있게 된다. 또한 책임감을 가지고 급변하는 상황 속에서 적극성으로 업무에 몰입할 가능성이 높다. 그러나 분권화가 낮은 조직의 구성원들은 의사 결정 과정에서 소외되어 정보를 가지고 있지 못해 불확실한 상황에서 능동적으로 대처하기 어려우며 권한과 자유재량권이 제한되어 있어 현장 중심의 대처 능력이 낮을 수밖에 없다.

또한 위기관리 조직은 여러 유관 기관에서 다양한 요원들이 파견되고 소속기관 간의 이해 관계도 복잡하게 연관되어 있을 가능성이 높아 많은 조직들이 전혀 관계가 없었던 다른 조직들과 전혀 경험해 보지 못한 상호작용을 수행해야만 하는데, 과도하게 중앙집권화되어 있는 조직은 이러한 상황에 적합하지 않다는 것이다. 분권화된 조직에서는 가능한 한 권한과 권력을 최고관리자나 조직의 핵심 부서에서 하부 조직으로 위임하게 되어 자연스럽게 조직의 구조가 수평화되면서 급변하는 환경에 신속하게 대응할 수 있다는 것이다.

(3) 협력적 구조(cooperative structure)

위기관리 조직은 위기 도래시 즉각적인 대응이 요구되므로 어떤 하나의 조직이나 단일 기관으로서는 해결하기 힘들다. 효과적인 위기 대응을 위해서 위기관리를 담당하는 조직과 중앙 및 지방정부 그리고 다수의 유관 기관들 사이에 위기와 관련된 정확하고 시의적절한 정보의 교환이 활발히 이루어져야 한다. 우리는 앞서 국가 위기관리 체계의 환경적 특성으로 상호작용성과 복잡성에 대해서 언급했다. 상호작용성의 경우 재해의 발발 이전과 재해 발생 이후에 재해 원인들이 상호작용하기 때문에 정부의 다양한 기관들이 다양한 차원에서 서로 협력해 재해재난을 관리해야 할 필요성이 제시된다. 또한 복잡성의 경우 환경이 극도로 복잡하고 예측 불가능한 속에서는 어떤 단일 조직의 독자적 대응의 경우 오히려 실효성이 떨어지기 때문에 현실적으로 국가 재해재난 관리 체계는 재해재난의 환경적 특성상 다양한 수준과 차원에서 여타의 정부기관, 지방자치단체, 시민단체 등과의 조직적·기관적 연계 활동을 모색해야 한다. 위기관리 조직을 "임시 통합된 조직", "수평적 조정을 중심으로 임시적으로 상호 관련된 기관들끼리 협조·조정해 위기를 해결하는 조직", "재해에 즉각적인 대응 행동을 취하기 위해 상호 유관된 기관들끼리 협조와 상호 조정을 통해 이 문제를 해결하려는

〈표 4-5〉 고립 구조와 협력 구조의 활동 단계별 차이점 비교

단계	고립 구조	협력 구조
예방 및 준비	- 재난 사안별로 상황 적합한 예방책들이 분산되어 존재하나 이를 실제 체계 안에 유기적으로 융화시켜 내지 못한다. - 부문별 산재한 경험과 지식을 올바로 모아내지 못하므로 적극적 예방성을 실현해 내기 어렵다. - 빈약한 외부 네트워크로 인해 비용상 효율적이지 못하다.	- 사전 예방 단계에서 다양한 기관들과의 협조 체제 속에서 상황에 가장 적합하고 효과적인 예방 활동을 수행할 수 있다. - 다양한 재난 발생 가능 부문에서 축적된 지식들이 국가 재해재난 관리 체계의 지식·경험 자원으로 적절하게 활용될 수 있다. - 전문기관들과의 유기적인 공조 체제로 준비 단계에서부터 첨단화·과학화를 실현할 수 있다.
대응 및 복구	- 신속한 대응을 위한 폭넓은 협조 시스템의 부재로 고립적인 활동을 소모적으로 진행할 우려가 있다. - 재난 대응시 필요로 한 적절한 자원 등의 폭넓은 동원이 여의치 못하다. - 복구 단계에서 가장 절실한 다른 부문, 다른 기관의 협조를 받을 준비가 되어 있지 못하다.	- 재난 대응 단계에서 요구되는 여러 가지 인적·물적·기술적 자원의 효과적인 동원이 용이하다. - 무엇보다도 복구의 단계에서 필요한 군·민 간의 활동 지원을 원활히 받을 수 있다.

자료: 김태윤(2000: 59).

임시적 성격을 가진 조직"이라고 이해하는 이유가 그것이다(Thompson, 1958: 52; 이종범, 1979: 263; 이상팔, 1996: 114). 즉 재해의 상호작용성과 복잡성은 조직의 협력적 구조를 필요로 함을 알 수 있다. 따라서 다양한 수준에서 재난관리에 참여할 조직과 기관들의 연계망과 동원망을 재난 발생 이전에 잘 갖추어 놓는 것이 필요하다.

국가 재해재난 관리 체계는 재난의 예방, 준비, 대응, 복구의 모든 과정을 전담하되 다른 기관들과의 적극적인 협조를 이끌어 내야 한다. 여기에는 군과 경찰 등 기존의 국가 위기관리 조직들과의 연계도 필요하며, 이를 위해 상설 위기관리기관이 설립되어야 한다. 위기관리 체제는 위기관리를 위해 행정환경에 적응하는 기능과 행정조직 내부에서 각 부문 요소들의 활동을 원활히 조직화하고 요소들 간의 활동을 상호 조정하여 통합하는 기능을 발휘해야 한다. 또한 전문요원들과의 긴밀한 상시 협조 체계를 마련하고 민간단체들과 자원봉사자들의 참여를 확대하고 이들의 활동을 보장할 수 있는 법적·제도적 개선이 필요하다.

(4) 학습적 구조(learning structure)

국가 위기관리 체계는 하나의 경직되고 폐쇄적인 행정 체계가 아니라 현장과 경험이 축적되는 가운데 계속해서 체계가 발전되어 가야 한다. 즉 학습을 통해 새롭게 펼쳐지는 환경에 적응하며 환경을 제어해 나가는 능력을 구비할 수 있도록 조직의 구조를 변화시켜야 한다. 삼풍백화점 붕괴 사고를 계기로 우리 나라의 재난 관련 법률이 상당히 정비되고 인위재난에 관한 조직 체계가 생겼으나 재난관리법을 비롯한 삼풍 사고 이후의 대응 조치들은 여전히 졸속이라는 비판을 받았다.

이상팔(1995)은 우리 나라의 위기관리 조직을 보면, 대형 재난을 경험하고 난 후에도 법·제도, 인력·예산·장비면에서 실질적인 변화가 이루어지지 못하고 상징적인 형식주의에 그쳐 재난 발생시 과업 성과가 높게 나타날 수 없다고 지적한다. 즉, 성수대교 붕괴 이후 인위재난 발생을 야기하는 구조적 문제점에 대한 오차 수정을 하지 않고 2년 3개월 동안 방치해 두었으며, 따라서 삼풍 사고가 발생했을 때 위기관리 조직의 낮은 과업 성과는 이미 예견된 것이었다고 주장한다. 삼풍 사고 이후에 위기관리 조직의 학습은 어느 정도 이루어졌다고 볼 수 있지만 아직도 근본적인 문제점에 대한 학습이 일어나지 못하고 있다고 주장한다.

〈표 4-6〉 반복적 구조와 학습적 구조의 차이

활동 단계	반복적 구조	학습적 구조
예방 및 준비	- 기존의 실패를 반복하면서도 원론적인 차원의 예방 조처에만 머문다. - 재난 유형별, 상황 특수적 실정에 맞지 않는 보편적인 규제만을 형식적으로 강조한다. - 위로부터의 수직적 교육 위주이다. - 밑으로부터의 반성과 지적이 조직적인 준비 단계에 반영될 여지가 적다.	- 복구 과정에서 얻은 노하우(know-how)가 예방 단계에서도 적절하게 활용되어, 실제 빈번한 예방 실패(prevention failure)를 중점적으로 포착, 예방의 질을 높일 수 있다(피드백 활성화). - 규제에서 좀더 실효성 있는 데이터를 가지고 현실적인 기준을 마련할 수 있다(데이터베이스화). - 재난 발생 대비 교육 훈련시 훈련생들의 참여가 더욱 능동적이다. - 이전 재난에 대한 대응 과정에서의 문제점을 좀더 심도 있게 분석해 준비 단계에 반영해 놓는다.
대응 및 복구	- 본부 설치 등 행정적이고 형식적인 대응을 소모적으로 반복한다. - 상명하달식의 관료적인 체계에 갇혀서 조직 내 활동 요원들의 능동적인 대응 및 복구 활동을 저해한다.	- 이전의 경험과 준비 단계에서의 분석을 자원으로 체득한 요원들의 능동적인 활동이 시간과 물자를 절약할 수 있고, 이는 곧 재난에 대한 좀더 효과적인 대응 및 복구 활동으로 이어질 수 있다.

자료: 김태윤(2000: 61).

2) 위기관리 정책의 효과성 제고를 위한 접근법

위기관리 정책의 효과성을 제고하기 위한 접근법은 제도적 접근, 의사결정 접근, 인지학습 접근, 집행 과정 접근 등으로 구분할 수 있다(이재은, 2000). 각각의 접근법에 대한 강조점과 특징을 살펴보면 다음과 같다.

(1) 제도적 접근

제도적 접근법은 국가 위기관리 정책의 목표를 효과적으로 달성하는 데 위기관리를 위한 행정 체계 및 제도를 확립하는 것이 무엇보다 중요하다는 점을 강조하고 있다. 제도적 접근법에 주장하고 있는 내용을 살펴보면 첫째, 정부의 가장 기본적인 역할을 사회구성원의 생명과 재산 보호에 있기 때문에 돌발 사고로 인한 결과를 자연 현상의 영향으로부터 입은 피해인 자연재해와 인위적으로 근절시키기 어려운 인위적 재해로 구분한다. 이러한 관점에서는 한국 위기관리 행정은 사후 대책적으로 피해에 대한 금전 보상에만 치중해 왔다는 비판이 제기되고 있으며, 사후적인 위험 처리 행정보다는 위험한 상태가 발생하지 않도록 사전에 방지하기 위한 위험 대비 행정 구축을 효과적 위기관리 정책의 중요 과제로 보고 있다(황윤원, 1989).

둘째, 재해 발생 직후의 현장 구조 활동은 재해의 종류에 관계 없이 유사한 성격을 지니기 때문에 통합·관리하는 것이 효율적이라고 강조한다. 또한 자연재해로 인한 피해를 최소화시키기 위한 예방과 재해 발생시 신속한 응급 조치, 복구 체계의 구축을 강조한다. 즉 재해 발생 이전에는 피해 규모를 증가시키는 원인을 사전에 제거하고, 재해 발생 이후에는 피해 규모 최소화를 위한 2차적인 제도적 방안 마련을 중요시하는 것을 지적하고 있다.

셋째, 신제도론적 관점에서는 재해관리를 담당하는 행정 체계의 성과를 중요한 요소로 보고 있다(남궁근, 1995). 이러한 관점에 따라 우리 나라의 위기관리 행정 체계의 문제점으로 제도적 틀 안에서의 담당 기구 이원화, 재해관리 상설기관의 부재, 규모와 전문성의 취약 등을 들고 있다. 이러한 문제 해결을 위해 전담기구 설치와 자연재해와 인위재해 관리 체계의 통합, 재해·재난관리의 단계별 기능 강화를 강조한다.

넷째, 재난 방지 목표 달성에 필요한 각종 인적·물적·사회적 자원의 동원이 충분히 이루어지지 못하고 있는 한편, 조직 구조적 측면에서도 재난관리 기구가 조직 내 문제뿐만 아니라 조직 간 문제도 지니고 있음을 강조한다(박광국, 1997: 581). 조직 내 문제점은 관료제적 절차, 위기 규범 간의 괴리, 부서별 업무 분장의 불명확성, 재난 부서의 엄격한 세분화에 의한 업무 협조의 결여 등을 지적할 수 있다. 조직 간 문제점으로 중앙정부 부처간의 수평적인 조정 문제와 지방정부에 대한 중앙정부의 획일적인 재난 정책 시행으로 인한 수직적 문제가 지적된다. 이러한 문제 해결을 위해 재난

정책 수립시 일선 재난담당 기관을 정책 결정 과정에 적극적으로 참여시키는 것이 중요하고 정책 집행 과정상의 재량권을 상당 정도 허용하는 제도적 장치 마련이 강조된다.

(2) 의사결정 접근

의사결정 접근법에서는 위기관리 정책의 목표를 효과적으로 달성하기 위해 위기 상황에서 의사 결정에 참여하는 조직이나 관료들이 보이는 행태에 초점을 두고 위기시 의사 결정의 질을 고양시키는 것이 정책 효과성을 제고할 수 있다고 본다. 의사결정 접근법의 특징은 다음과 같이 정리할 수 있다.

첫째, 위기 상황의 발생은 정책결정자들이나 행정관리자들에게는 특히 중요한 의미를 지닌다. 돌발적인 위기 상황의 발생에 대해 사회에서는 해당 위기 상황의 책임을 관련된 정책결정자나 행정관리자들에게 돌리는 경향이 있고, 위기 상황에 대해 어떻게 대처하고 수습하느냐에 따라 정책결정자로서의 유·무능 여부까지도 결정된다.

둘째, 행정의 관점에서 위기는 시간적 제약과 매우 불확실한 조건 하에서 중대한 의사 결정을 촉구하는 것으로 규정할 수 있다. 전통적 관점에 의하면 위기가 발생할 때 정부기관은 위기에 대해 공동으로 대처하기 위해 효과적이고 조정된 활동을 수행하며, 위기 상황 하에서 정부 공무원들과 공공기관들은 만장일치를 이루기 위해 편협한 이해 관계를 제쳐둔다고 한다. 그러나 이 같은 전통적인 견해는 좀더 정교한 위기의 의미와 위기관리의 의미와는 맞지 않는다. 즉, 위기관리에 대한 관료정치적(bureaupolitical)인 의사결정 접근법의 필요성이 제기된다. 위기관리 의사 결정 과정에서 관료정치적 특성이 나타나는 원인으로는 위기 상황에서도 정부기관들과 공공기관들은 권력과 명성의 서열 순위에 대한 관심을 갖고, 위기 의사 결정 과정에 참여하는 기관들은 위기 상황 이후의 인력과 예산의 재배분을 기대해 위기 상황에서 함께 과업을 수행하지 않았던 기관들 사이의 갈등과 대결이 있다(이재은, 2000).

셋째, 조직이 보유한 기술이 복잡해질수록 조직은 위기에 직면할 가능성이 높아진다. 즉, 복잡한 체계를 운영하고 관리하는 사람들이 그 체계에 의해 발생하는 문제들을 제대로 이해하거나 예상하지 못하기 때문에 조직의 위기가 발생한다는 것이다. 이러한 위기는 조직구성원에 의해 일어나기보다는 구성원들의 문제 인지가 의사 결정에 반영되지 못하는 집단 행태에서 비롯된다(Weick, 1987: 112).

넷째, 조직의 위기는 불확실성, 복잡성, 이익 갈등 그리고 감정의 개입이라는 특징을 지니는 문제이다. 조직구성원들은 이 같은 위기의 특징으로 인해 위기 상황에서 정보 처리 능력에 제한을 받는다. 위기는 조직의 최고 집행자, 관리자들의 비합리적인 대응과 정보 처리, 의사 결정에서의 편견이나 여타 제약들로 인해 발생한다.

(3) 인지 학습 접근

인지 학습 접근법은 위기관리 정책 목표를 효과적으로 달성하기 위해 위기에 대한 조직구성원의 인지도와 학습 능력을 파악하고 이를 교정해 나가는 노력의 필요성을 강조한다(이상팔, 1995; Smart & Vetinsky, 177; Schwartz, 1987). 인지 학습 접근 관점의 특징을 살펴보면 다음과 같다.

첫째, 위험에 대한 주관적 인지의 특성은 사회문화적 상황에 의해 다르게 나타난다. 동일한 위험이라 할지라도 사회문화적 상황의 상이성에 의해 위험에 대한 인지 형태나 반응 양식이 달라지며, 위험에 대한 객관적 사실과 주관적 인지가 일치하지 않기 때문에 위험관리는 단순히 과학기술적인 차원만이 아니라 사회문화적 차원까지도 포함해야 한다. 따라서 기술적 위험의 객관적 위험성과 주관적 위험 인지 사이의 차이에서 발생하는 정책적 한계성을 극복하기 위해서는 기술 위험에 대한 국민의 인지 특성을 분석하고 위험관리를 위한 정책적 시사점을 도출하는 것이 필요하다.

둘째, 행위자들의 상호작용, 제도적 변수, 그리고 지역공동체의 내적 특성 등과 같은 요소들을 주민들의 방사성 폐기물 처분장 건설이라는 위험 정책 수용에 대해 영향을 주는 요소로 파악할 수 있다. 과거 일반 국민들이 위험에 대한 기술적 평가만으로는 위험 정책을 수용할 수 있는 충분한 조건이 되었지만 최근에는 기술적 평가와 동시에 주관적인 기준의 다양성으로 인해 일반인들이 위험에 대해 다양하게 반응한다는 것을 인식할 필요가 있다. 즉 지역 주민의 위험 정책 수용은 고정적이지 않고 시간적·공간적 상황에 따라 변화한다.

셋째, 위기 대응을 위한 의사 결정은 인지적 차원에서 다섯 가지 병리 현상에 의해 제약을 받고 있다. 즉, 위기 대응을 위한 의사 결정은 인지 과정의 협소, 정보의 왜곡, 집단 병리 현상, 프로그램의 경직성, 그리고 의사 결정 준비의 결여로 인해 제약을 받는다. 이 같은 병리 현상을 극복하기 위해서는 의사 결정 과정에 투입되는 정보의 질을 높이고, 목표에 대한 신뢰성을 제고하며, 의사 결정 집단의 인지 능력을 고양시킬 필요가 있다(이재은, 2000).

넷째, 조직이 위기 상황에 대응하는 의사 결정 과정에서 개인의 위기를 인식하는 것은 다양한 방법을 통해 이루어진다. 즉 조직의 주요 구성원이 위기를 인식하게 되면, 조직의 위기에 대응하기에 앞서 자신의 위기 인식을 타인들과 함께 공유하고자 한다. 이 같은 사건의 진행은 설득, 연합, 형성 그리고 협상과 같은 개인들 사이의 과정을 포함하는 한편, 그와는 반대로 개인의 인식이 오히려 사회적 과정의 결과일 수도 있다. 그러므로 개인의 위기에 대한 인식은 사회적인 인식의 공유를 가져오거나 또는 사회적 인식의 공유로부터 나오는 것이다.

다섯째, 위기 발생 원인은 조직구성원들이 문제의 심각성을 제대로 이해하지 못하는 데에 기인한다.

(4) 집행 과정 접근

집행 과정 접근법은 위기관리 정책의 효과성을 제고하는 것은 궁극적으로 집행 과정에 달려 있다고 보는 견해이다. 즉 위기관리 정책의 설정된 목표를 달성하기 위한 조직이나 시스템의 노력들이 실제로 집행 과정에서 적절성을 유지해야 위기관리 정책의 효과성을 제고할 수 있다는 것이다. 집행 과정 접근법의 특징을 살펴보면 다음과 같이 정리할 수 있다.

첫째, 정책집행 과정에 영향을 주는 위기를 주기적 위기, 간헐적 위기, 새로운 위기로 구분하고, 위기관리 4단계인 완화, 준비, 대응, 복구 단계를 위기 상황에서의 정책 집행 과정으로 본다.

둘째, 위기가 조성된 급박한 분위기에서는 기존의 정책보다 강화된 대안이 선택되는 경우가 많다. 그러나 이러한 결정만으로는 위기 상황이 해소된 것으로 간주하기 어렵기 때문에, 위기 대응 정책의 집행 과정을 살펴보는 것이 필요하다(정준금, 1995: 23-46).

셋째, 위기에 대한 정부 대응의 성공 여부는 위기 상황에서 사회적 상호작용을 지도하는 위기 규범과 정부 활동을 지배하는 관료 규범 사이의 격차 크기에 달려 있다. 즉, 이들 사이의 격차 크기는 정부의 재난구조 노력의 성공 여부에 관한 공중 인식을 결정하는 요인이 된다. 정부 계획과 시민 행태 사이의 격차가 클 경우 공중은 대응 과정을 실패로 인식하고, 재난 상황이 정부의 예상과 합치할 경우에는 관료 규범과 위기 규범 간의 격차가 상대적으로 작아지고 공공조직들은 재난에 대해 효과적으로 대처할 수 있기 때문이다(Schneider, 1992: 135-145). 이러한 맥락에서 관료 규범과 위기 규범 간의 격차 크기는 재난 상황에서 정부 활동의 효과성을 설명한다.

제 2 절 위기관리의 제약 요인

1 재난 속성상의 제약 요인

각종 대형 사고를 경험하고도 정부에서 위기관리에 대한 근본적이고 종합적인 대비책이 마련되지 못한 데에는 재난이 갖는 본질적인 속성에도 그 원인이 있다.

첫째, 재난이 발생한 직후에는 재난관리에 대한 인식과 대비 의식에 대한 문제 제기가 높아지다가 시간이 흐름에 따라 그 중요성에 대한 인식이 망각되면서 대비의 소홀로 재난 발생의 악순환이 계속된다. 이는 재난의 위험은 상존하지만 재난 발생은 잠재적이며 돌발적이기 때문이다. 특히 우리 사회는 쉽게 흥분하고 쉽게 잊어버리기 때문에 유비무환(有備無患)의 정신으로 종합적인 대책을 세우기 어려운 현실이다.

둘째, 피해 지역 및 피해 대상이 일부에 국한되어 위기관리 정책에 대한 전국가적 지지를 도출해 내기 어렵기 때문에 정책의 우선순위에서 밀리는 결과를 초래한다.

셋째, 재난 발생 예측의 불확실성에서 오는 제약 요인이다. 이는 재난 자체에 대한 방재 의식을 약화시키는 결과가 되어 재난관리를 어렵게 하는 요인으로 작용한다(김재범, 1998: 17-18).

2 재정적 제약 요인

재난관리에 투자되는 각종 경비는 짧은 시간에 그 효과가 나타나는 것이 아니고, 장기적인 계획에 맞춰 설계하고 건설하는 경우가 많아서 우선순위에서 밀려나게 된다. 설령 사전 대비 투자의 노력으로 재난의 발생이 방지 예방되더라도 그것이 사전 대비 결과라는 것이 국민에게 쉽게 보이지도 않기 때문에 다른 업무에 비해서 예산을 확보하기 어렵다.

3 정치적 제약 요인

위기관리가 효과적으로 이루어지기 위해서는 위기관리에 정책적 우선순위가 주어져야 하는데, 이를 위해서는 정치적 지원이 절대적으로 필요하다. 그러나 정치권은 눈앞에 닥친 현안 문제에 온 정신을 집중하며 당장 국민에게 현시적(顯示的)인 결과를 보여 주기 어려운 재해재난 예방 분야에는 관심이 적다. 따라서 대형 재난이 발생한 이후 사후 수습책으로 위기관리 대책을 마련하나 해당 사안에 대해서만 불충분한 정보 하에 땜질 방식으로 급조하다 보니 체계적이고 종합적인 위기관리가 이루어지지 못하고 있다.

제 5 장 위기관리 행정환경과 관리 사례

제 1 절 위기관리 행정환경의 특징

재난관리 행정 체제를 둘러싼 환경, 즉 자연적·인위적 재난의 발생 환경은 국가 재해재난 관리 체계와 관련되어 있는 다른 조직이나 체계의 대상과는 달리 독특한 특성을 지니고 있다.

컴포트(Louis K. Comfort)는 위기관리 행정 체제를 둘러싼 환경은 일반적 행정의 환경과는 달리 불확실성(uncertainty), 상호작용성(interaction), 복잡성(complexity)이라는 세 가지 특성을 가지고 있다고 주장한다(Comfort, 1988: 6-8). 현대 사회에서 재난은 여러 가지 인적·물적·사회적·자연적 요소들이 상호작용을 하는 가운데 전개되어 가는 측면이 강하고, 그러한 상호작용의 과정을 인간이 완벽하게 이해하고 통제할 수는 없기 때문에 그 결과 실제로 발생한 재해재난의 파급력, 규모, 분포와 정도 등은 사전에 예측하기가 어려우며, 예기치 않은 요소들 간의 복잡한 상호작용을 동반하며 진행하게 된다고 본다.

한편, 터너(B. Turner)는 MMD(Man-Made Disaster) 모형에서 재난이 인간의 비의도적 부주의로 인해 발생함을 강조하고 있는데, 문화적·도덕적 요인들의 일상적 상호작용 속에서 재해재난의 발생 요인들이 배양(incubation)

또는 누적(cumulation)되어 간다고 보고 있다(Turner, 1978). 지진 등의 거대한 천재지변을 제외하고 재해의 발발 요인들은 우리가 그것을 인식하든 못하든 간에 일상 속에서 누적되어 간다고 할 수 있다. 재난을 유발할 수 있는 요인을 인식하고 재빨리 예방 조처를 취할 경우 재난을 예방할 수 있지만 인간 인식의 기술적·사회적 한계 및 부주의, 관리의 체계적 실패로 말미암아 재해재난의 요인들은 인간 인식의 영역 밖에서 누적되어 갈 수 있다. 그것이 언제 어떠한 모습으로 드러날지는 불확실하며, 결국 누적된 재난 요소들은 일정 시점에 이르러서 사고로 드러나게 된다.

이러한 MMD 모형을 적극적으로 수용해 컴포트의 세 가지 요인에 '배양성' 또는 '누적성'의 요인을 추가한다면 재난재해는 네 가지 특성, 즉 상호작용성, 불확실, 복잡성, 누적성으로 볼 수 있다(김태윤, 2000: 24).

1 불확실성

재난 발생의 불확실성은 위기관리 문제에 내재된 중요한 특징이다. 재난 발생의 '불확실성(uncertainty)'이란 재난이 발생할 때 이로 인해 일정한 유형의 피해가 초래된다는 사실은 알려져 있지만, 실제로 재난이 발생할 확률, 규모 및 시기가 사전에 알려지지 않은 상태를 의미한다. 따라서 재난관리 행정 체제는 재난을 대처하는 데 필요한 대응의 규모, 범위 및 시기를 사전에 알 수 없는 불확실성 속에서 재난 발생의 환경을 관리해야 한다.

재해재난 발발 요인들이 언제 어떤 모습으로 나타날지 대단히 불확실하며, 또한 발발한 사고가 어느 정도로, 어떤 범위까지 피해를 남길지 역시 미지수이다. 이렇게 재해재난은 그 '발발'과 '진행' 과정에서 불확실성을 특징으로 하며, 어느 정도 확률적인 예상이 가능하다고 하더라도 그것은 결코 시간적·공간적으로 엄밀한 확실성(authenticity)의 수준에까지 이르지는 못한다.

그렇다면 재해재난이 지니고 있는 이러한 불확실성에 대응해야 할 것인가? 불확실성에 대응하기 위해서 위기관리 행정 체제의 제반 업무와 위기관리 활동은 일반 행정조직에 적용되는 경제적 능률성의 논리와는 대립되는 경계성의 원리(principle of alertness)에 의해 계획되고 평가되어야 한다. 위기를 관리하는 일은 적을수록 더 성공적인 조직이다. 만일의 사태에 대비해 철저한 준비를 해놓고 한번도 사용하지 않는 경우가 가장 성공적인 관리이기 때문이다. 특히 준비와 대응 단계에서 구조적·기능적으로 특화된 전문성을 지닐 것을 요구한다. 우선 그 발생이 우발적이고 불확실하므로 이에 대해서 신속하고 조직적인 기능을 갖춘 시스템이 필요한 것은 당연하다. 언제 어떤 형태로 일어날지 모르는 비상 사태를 대비하기 위해, 항시 준비 태세를 갖추고 있는 정예 요원들이 재난 발생 이후에 현장에 투입되어 수행하는 능동적인 활동이야말로 현실적으로 가장 필요하다.

2 상호작용성

'상호작용성(interaction)'이란 실제로 재난이 발생한 경우 재난 자체와 피해 주민 및 피해 지역의 기반시설(infrastructure)이 서로 영향을 미치면서 여러 가지 사건이 전개될 수 있다는 것을 의미한다. 예를 들면, 이번 여름 국지성(局地性) 집중호우로 홍수가 발생한 경우, 이에 대해 피해 주민이 어떻게 반응하는가, 피해 지역의 가스·전기·도로·교량 등 도시 기반시설이 어느 정도 파괴되었는가에 따라 총체적인 피해의 강도와 범위가 달라질 수 있다.

이와같이 재난은 상호작용성을 지니고 있다. 상호작용성은 '발생 단계'에 존재하는 재해 발발의 원인 요인들의 상호작용과 '발생 이후'의 진행 과정에서 생기는 다양한 요인들 간의 상호작용으로 나누어 볼 수 있다.

먼저 재난의 발발은 대체로 단일한 원인에 기인하지 않는다. 물론 어떤 특정한 결정적인 원인이 있다고 하더라도 그것은 또 다른 요인들과 재해의 발발을 향해 상호 상승작용을 하는 것이다. 하나의 예로, 도심의 대형 호텔에서 발생한 대형 화재를 들 수 있다. 만일 그것이 쓰레기통에 버려진 담뱃불에서 기인했다고 했을 때, 그것만으로는 즉 한 사람의 부주의한 행동만으로 곧바로 재해재난으로 이어질 수는 없다. 화재경보 시스템, 자동소화 장치의 문제점, 호텔 내부 장식의 인화성 물질 사용, 대피 시스템과 동원 체계의 문제점 등 여러 가지 요인들이 다양하게 상호작용하면서 대형 재해재난으로 진행되어 가는 것이다. 발생 이후에도 재해재난은 피해 주민, 피해 지역의 기반시설 등의 계속된 상호작용을 동반하면서 진행되어 총체적인 피해의 강도와 범위가 정해지는 것이다. 또 다른 예로서 지진의 경우, 지진의 발발은 현대의 과학기술로도 정확히 예견할 수 없는 불가예측적인 현상이지만, 그러한 재해재난의 피해 양상은 어느 지역에 발생했느냐에 따라 판이하게 달라진다. 한적한 농촌 지역과 인구 밀집 지역인 서울에서 발생하는 지진의 양상은 너무도 다를 것이다. 지진으로 인한 화재, 가스 폭발, 단전 등은 또 다른 형태의 재해재난을 야기하면서 실제로 어떤 형태의 재해재난이 경제사회적으로 더욱 심각한 손실은 초래했는지는 알 수 없는 노릇이 되었다. 이렇게 현대 사회의 재해재난은 어떤 한 형태의 재해재난이 다른 형태의 재해재난을 야기하고, 또 그 반대의 방향으로 원래의 재해재난이 강화되는 등 그 상호작용의 밀도와 복잡성이 증대되고 있다(김태윤, 2000: 27).

이와같이 복잡하게 상호작용을 해 나가는 환경을 일상화된 과업, 고정된 관할과 표준 운영 절차(SOP) 하에 있는 경직된 조직구조를 통해서 관리하는 것은 불가능하다. 즉 재해재난의 상호작용성에 대응하기 위해서는 우선 조직의 구성 요소들과 그것의 역할을 일대일 대응 관계로 경직시키지 않고 이른바 가외성의 원리(principle of redundancy)를 도입해 현실의 상황과 조직의 대응의 대응 관계를 다차원화할 수 있어야 한다. 위기관리의 업무는 소관 업무에 서로 중첩이 되어 있어야만 각종 위기 상태에 적절히 대응할 수 있으므로 상당한 정도의 가외성이 확보되어야 한다. 또한 의사 결정을 분권화하거나 다원화해서 경직적인 상호작용의 고리를 상쇄하고 현실에 대처하는 조직의 역량을 극대화시키는 것이다.

재해관리 행정 체제가 담당해야 할 업무의 환경은 불확실성의 상황이 지배하고 있으므로 재해관리 행정 체제의 행정 활동과 제반 업무는 일반 행정조직에 적용되는 경제적 능률성의 논리와는 대립되는 경계성의 원리에 따라 계획되고 평가되어야 하며 상당한 정도의 가외성이 확보되어야 한다.

유기적인 체계와 더불어 다양한 기관들 간의 협력적인 구조를 마련해 통합성을 증진시키는 것도 상호작용성을 제어하는 주요한 방법일 것이다. 이는 다양한 차원에서 재해재난을 관리하는 협력 네트워크를 구축하는 것을 의미하며, 바로 상호작용하는 재해재난의 축적 및 발발과 그 진행을 효과적으로 제어하기 위한 것이다.

또한 재난관리 행정 체제의 경계는 매우 유동적이다. 재해 발생 이전과 비교할 때 재해 발생 이후 단계에서 그 영역이 대폭 확장된다. 예방 단계와는 달리 재해 발생 이후에는 정책 결정 이후뿐만 아니라 정책 집행도 복수의 기관이 협력해서 이루어진다. 그러므로 재난관리 행정 체제의 구성원들은 단일의 상관이 아니라, 여러 명의 직속상관 또는 기관을 갖는 반격자(semi-lattice) 형태의 조직구조를 가진다. 사후관리를 위해 경계가 크게 확장된 재해관리 체계는 목적이 완료됨과 동시에 경계가 축소되어 팀(team)이 해체되거나 구성원들이 본래의 조직이나 집단으로 돌아가므로 그 존속기간이 잠정적인 프로젝트 조직의 성격도 가지고 있다. 첫째 및 둘째의 특징과 관련해서 재난관리의 모든 과정에서 여러 구성원들 간의 신속한 정보의 교환, 그리고 상호 협조 조정 및 지휘 통솔이 매우 중요한 과제이다.

3 복잡성

위기관리 환경의 '복잡성(complexity)'이란 불확실성과 상호작용의 산물로서 이들 두 요인이 복합적으로 작용해 행정 체제가 처리해야 할 업무를 사전에 전부 파악하는 것이 불가능하다. 위기는 그것이 발생하게 되는 요인에서부터 발생한 이후의 전개 과정과 그 수습 혹은 복구 과정의 전체에서 매우 복잡한 것이 하나의 특징이다. 또한 위기의 진행과 관련된 요인들이 다른 국면의 요인에 직접 · 간접적으로 영향을 미치므로 상호작용적인 특성을 지닌다. 그러나 이러한 상황에서도 위기관리 행정 체제는 불확실성 및 상호작용의 정도를 추정하는 기능을 담당해야 한다(남궁근, 1995). 복잡한 위기 상황에 대처하기 위해서는 관련 기관 간의 협력과 정보의 공유가 이루어져야 할 것이다. 또한 전문적 능력 배양을 통해 새롭게 변화하는 환경에 대응해야 하며, 이를 위해서는 위기관리 조직의 구조를 변화시켜야 한다.

재난관리 행정 체제는 자연적 · 인위적 재해에 대응하기 위해 존재하는 하나의 네트워크 체제로서 구성 요소들 간의 연계 관계를 통해 재난관리 기능을 수행한다. 이러한 네트워크 체제는 정부간 관계(intergovernmental relations)를 포함할 뿐 아니라 이질적 분야의 조직들(interdisciplinary organizations)이 관여된다. 즉 지방정부, 때로는 국제기구와 적십자사 등의 비정부조직(NGOs: nongovernmental organizations)까지도 참여하는 정부간 관계와 각 수준의 정부 내에서는 재난대책기관과 함께 교통, 경찰, 토목 및 건설, 응급의료 서비스 등 이질적인 분야의 조직들이 관여한다.

따라서 재난 대응의 완전한 조직(임시조직)은 그 전체가 어떤 장점을 중심으로 완전히 계층화되기는 불가능하다. 왜냐하면 중심 대응 조직에 자원 또는 통합되는 각 기능별 지원조직은 각각의 계층제를 가지고 있으며, 대응 활동에 참가하는 구성원 또한 민간인에서 기술자, 전문관료 등 다양성을 띠고 있기 때문이다.

재난 대응 및 복구 조직은 재난 규모에 비해 조직 능력이 열세하므로 관련 기능을 가진 주변 조직(구성원)을 임시로 통합해 대응하는 보충적 성격을 띤다. 이러한 특성은 조직관리의 경계성 원칙에 근거한 것으로 발생 사실이 불확실한 대규모의 재난에 대응할 수 있는 만족할 규모의 조직을 구성해 상시 유지한다는 것은 현실적으로 불가능하다. 그러므로 보충된 재난 대응 조직을 체계적이며 효율적으로 동작화시키는 제도 개발과 훈련은 재난관리를 하는 데 중요한 부분이다. 이러한 재난관리 조직을 행정조직과 비교하면 다음과 같다.

첫째, 과업상의 차이로서 재해관리 행정 체제는 과업의 성격이 정상적으로 해결이 어려운 특수하고 복잡하며 비결정적이고 불확실성이 내포되어 있으므로 관련된 많은 사람들의 노력과 협조가 요구된다. 반면, 일반조직은 과업의 성격이 결정적이고 불확실성이 낮으며 정형화되어 있는 것이 특징이다.

둘째, 조직 구조면에서 재해관리 행정 체제는 다분히 유기적인 형태를 띤다. 그러므로 이런 조직은 융통성이 있으며, 유연하고 수평적인 조직 구조를 가진다. 이에 비해서 일반조직은 조직의 구조가 기계적이고 수직적이며 계층적이다.

셋째, 구성원의 차이로서 재해관리 행정 체제의 구성원은 유동적이며, 평소의 본래 조직과 재해시 소속되는 조직 등 이중적인 성격을 지닌 반면 일반조직은 구성원이 고정적이다.

넷째, 문제 해결 방법상의 차이로서 재해관리 행정 체제는 문제의 성격에 따라 다양한 운영 방법이 제기되며, 관련 기관 간의 상호 협조나 조정에 의해 문제를 해결한다, 그렇지만 일반조직은 인과된 지식에 따라 미리 정해진 해결 방법으로 문제를 해결한다. 표준 운영 절차(SOP)나 규칙의 적용 등이 대표적인 해결의 방법이다.

〈표 5-1〉 재난관리 행정조직과 일반조직 비교

구 분	재난관리 행정조직	일반조직
과 업	복잡·특수한 과업 성격으로 정상적으로 해결이 어렵고 협조와 노력이 필요함.	과업의 성격이 결정적이고 불확실성이 낮으며 정형화되어 있음.
조직 구조	수평적·유기적 구조로 융통성이 있으며, 유연함.	수직적·기계적 구조로 대체로 경직성이 높음.
구성원	평소 본래 조직에 소속, 비상시 파견되는 유동적인 이중적 구조	항상 고정적
문제 해결 방법	문제의 성격에 따라 다양한 운영 방법이 제기되며, 관련 기관 간의 상호 협조나 조정에 의해 문제를 해결	인과 지식에 따라 정해진 해결 방법으로 문제를 해결하고 표준 운영 절차나 규정의 적용을 받음.

자료: 이재은(2000: 61).

4 누적성

위기는 갑작스럽게 돌발적으로 발생하는 것 같지만, 사실 그것은 가시적인 발생 이전부터 오랜 시간 동안 누적되어 온 위험 요인들이 특정한 시점에서 표출된 결과라고 볼 수 있다. 자연재해들조차도 많은 경우 '인재(人災)'의 성격이 강한데, 이는 발생 자체는 불가항력적이라 하더라도 재난의 규모와 강도, 빈도 등은 사회적인 요인들의 직접적인 영향을 받고 있기 때문이다. 예를 들면, 지진의 경우 멕시코 시티에서 일어난 지진과 고베(神戶) 지진의 규모는 비슷했으나 그 피해는 엄청나게 달랐던 점은 멕시코의 경우 지진을 대비한 건축이 잘 이루어지지 않음으로써 피해가 더 커졌기 때문이다. 즉 비가시적으로 누적되고 있는 위험 발발 요인들이 관리 체계의 산만

하고 체계적이지 못한 시스템, 교육과 훈련의 부재, 조직과 개인의 대응 능력의 미비 및 대충주의 등, 여러 가지 요인과 결합해 재난화(disasterizing) 되는 것이다.

이러한 재난의 '누적성(cumulativity)'을 제어하려면 먼저 체계의 구조적인 결함을 극복하기 위해 통합된 조직 체계를 도입할 필요가 있다. 통합된 조직이 필요한 이유는 재해재난 요인이 여러 부문에 걸쳐서 배양되고 있기 때문에 각각의 부문과 관련된 정부 부처나 기관이 소관 요인을 관찰, 파악하고 있다 하더라도 그 각각의 요인을 좀더 종합적·통합적으로 판단, 관찰해야 할 필요가 있기 때문이다. 통합된 조직 체계는 위험 발생 요인을 체계적으로 관리할 수 있으므로 상대적으로 위험 요인의 누적을 막을 수 있다(김태윤, 2000). 더불어 통합된 체계를 통해 축적된 경험과 지식을 토대로 예리하고 실효성 있는 재난분석(Petak, 1985)을 수행할 수 있고, 이는 재난관리 능력 향상에 직접적으로 반영되어, 재난 요인의 누적을 사전에 억제하는 데 이바지할 수 있다. 또한 통합된 조직 체계가 첨단 과학기술을 기반으로 위기관리 시스템을 구축한다면, 여러 곳의 출처에서 나온 데이터를 결합하고 관제하는 과정을 통해 더 많은 정보를 얻고 체계적으로 관찰하고 통제하는 데 기여할 수 있게 된다.

제 2 절 위기관리 사례

심익섭(2003)은 위기의 유형을 크게 물리적 위기와 사회적 위기로 분류했다. 물리적 위기가 위기 정보를 얻기 어렵고 위기 발생시 빠른 대처가 필요하다는 특성을 갖고 있는 반면, 사회적 위기는 지속적으로 정보 수집이 가능하고 그에 따라 예방과 위기 발생시 피해 최소화가 가능하다는 특징을 갖는다.

지진, 폭풍, 화재 등 안전사고와 전쟁, 테러 등 물리적·신체적 피해 유발 상황들이 물리적 위기의 구체적 사례라면, IMF 구제금융, 의약 분업, 유가 폭등 등이 사회적 위기의 사례라고 할 수 있다.

위기의 유형을 나누는 데 가장 보편적인 것은 자연적 위기와 인위적 위기로 나누는 것이다. 자연적 위기는 우리 주위에서 흔히 볼 수 있는 자연현상에 의해서 발생하는 위기를 말하며, 인위적 위기는 인간의 잘못된 기술 이용에 기인해 발생한다. 자연적 위기의 특성은 완전 통제가 어렵다는 것이다. 다시 말해, 불가항력적인 특성을 지니고 있다는 것이다. 반면에 인위적 위기는 인간의 제도나 노력, 관리에 의해서 적절히 통제할 수 있다.

인위적 위기는 사회 상황이나 경제 발전 정도에 따라 발생 빈도나 피해 규모가 정해지는 반면에, 자연적 위기는 불규칙한 발생 특성을 가지고 있다. 그러므로 인위적 위기는 어느 정도 통제의 가능성이 있지만, 자연적 위기는 통제가 불가능한 특성을 가지고 있다.

지금까지 언급한 것 외에도 위기의 유형에는 다양한 것들이 있다. 다음에서는 위기의 다양한 국·내외 사례에 대해서 살펴보고자 한다.

1 IMF 구제금융

IMF 구제금융은 1997년 말 한국이 외환 위기를 극복하기 위해 국제통화기금(IMF)으로부터 금융 지원을 받은 사례이다. 발생 원인을 살펴보면, 1997년 한보그룹의 부도와 금융기관 부실·삼미·진로·대농 등 굴지의 대기업들의 부도로 경제 위기가 발생했다. 이러한 경제 위기가 발생함에 따라 국제 금융기관들의 한국 경제의 위험 상황 발생 염려와 함께 빌려 준 돈의 회수 여부에 대한 논의를 시작하면서 주가 하락과 환율 폭등 등으로 총체적인 국가 위기 상황이 발생하게 되었다.

이러한 경제 위기에 대한 대응으로 1997년 11월 22일에 정부가 IMF에 구제금융을 공식 요청했으며, 1997년 11월 23일에 재정경제부 산하에 IMF 협의단을 편성했다.

IMF 구제금융의 사회적 영향을 살펴보면, 부실 기업을 처리하는 과정이 난항을 겪으면서 외국 기업의 투자가 감소했으며, 기업들의 투자 의욕 또한 상실되었다. 그리고 사회적 문제가 되고 있는 실업자 양산이라는 문제를 등장시켰다.

2 의약 분업

의약 분업은 2000년 7월 의약계의 집단 이기주의와 정부의 조율 미비로 인해 발생한 대표적인 국가 정책 실패 사례이다. 발생 배경을 살펴보면, 의약 분업 제도의 시행으로 그 동안 약사의 임의 조제에 대해 적용하던 약국 의료보험제도가 폐지되고, 의사의 처방전에 의해 조제하는 경우에만 건강보험을 적용하게 되었다. 이러한 의약 분업 제도의 시행을 둘러싸고 의료계가 장기간 진료 행위를 거부함으로써 국민 의료 서비스에 심각한 불편을 야기했으며, 약계 또한 자신들의 이익만을 지나치게 고집하는 등 의약계의 집단이기주의로 인해 전 국민적 문제로까지 파급되었다.

의약 분업 정책에서 보건복지부 역시 정책에 혼선을 빚었고, 국민건강보험공단은 보험비의 과다 지출로 인해 국민들의 불신을 사는 등 의약 분업에 대한 찬반 양론이 거듭되었다. 또한 계속되는 건강보험료 인상도 국민들의 부담을 가속시켰다.

의약분업의 사회적 영향을 살펴보면, 사상 초유의 대규모 의사 파업과 건강보험 재정 파탄을 촉발한 의약 분업의 성과는 효과에 비해 희생이 컸다는 것이 전문가들의 분석이다. 의약 분업의 시행으로 인해 항생제 처방과 판매량이 감소 추세에 들어섰는데 의사협회는 의약 분업의 효과라기보다는 항생제 처방에 대한 정부의 약값·진료비 대거 삭감에 따른 현상으로 해석했다.

3 급성호흡기 증후군(SARS)

SARS는 2003년 3월에 중국 베이징(北京), 광둥성(廣東省)과 홍콩 쪽에서 발생했다. 감염자의 90%는 일주일 내에 쉽게 회복되나 노인, 만성질환자 등 허약자는 중증으로 진전되어 약 3.5%가 사망에 이르렀다. 또한 독감과 같이 급속하게 확산되지 않고 여행객을 통해 국내 유입이 가능했다.

SARS 발생에 따라 우리 나라는 2003년 3월 13일에 급성호흡기 증후군 감시 체계를 가동했으며, 전국 127개 응급의료기관 및 47개 감염 전문가 네트워크를 가동했다. 또한 2003년 3월 16일에 전국에 급성호흡기 증후군 주의보를 발령하고 방송을 통한 예방 요령에 대해 대국민 홍보를 시작했다.

SARS로 인한 사회적 영향은 아시아 경제 위축으로 인한 전반적인 경제 위축을 가져왔으며, 중국을 비롯한 동남아시아 관광 자제 및 관련 무역이 크게 감소했다.

4 물류대란

물류대란은 2003년 5월 포항, 마산 등지에서 화물차를 동원해 포스코 공장을 봉쇄하면서 시작되었다. 물류대란의 발생 원인은 화물 수송량에 비해 과다한 화물 차량의 증가, 전근대적인 다단계 운송 체계에 의한 알선 비용 증가, 경유가 상승으로 인한 화물 자동차의 원가 상승으로 인한 화물노조 파업이라고 할 수 있다.

물류대란에 따른 사회적 위기 대응을 위해 2003년 5월 6일 국무총리 주재로 긴급장관회의가 열렸고, 5월 7일에는 합동대책반과 화물운송과의 협상이 시작되었다. 5월 12일에는 비상수송 대책이 실시되었다.

물류대란에 따른 위기는 5월 15일 노·정 간 협상을 통해 화물연대가 요구한 11대 정책 개선 요구 사항에 대해 정부에서 대부분 수용하기로 하면서 종료되었다.

물류대란은 파업에 대해 협상 시기를 놓쳐 사회적 위기 상황까지 몰고 갔다는 비판을 받고 있다. 또한 친노(親勞) 성향을 보이고 있던 정부가 법과 원칙을 우선하는 쪽으로 선회함으로써 노동정책에 혼선을 주었다.

5 유조선 좌초 남해 기름오염

폭풍우를 동반한 태풍 페이(Faye)가 제주도와 남해안 일대를 강타해 길이 313m, 폭 56m에 무게 14만 4천 5백 톤급의 대형 원유 수송선인 시 프린스 호를 좌초시켰다. 1995년 7월 23일에 발생한 이 사건으로 유조선 내 기름 유출로 인해 반경 16km까지 퍼졌으며 사고 인근 지점인 소리도와 대바위섬 등의 바닷가 바위 등에 검은 기름이 뒤덮였다.

관계 당국은 8만 3천 톤의 원유를 적재한 시 프린스 호의 원유 탱크가 파손되어 기름이 쏟아져 나오면 1989년 미국 알래스카 해안의 생태계를 초토화시킨 액슨 발데즈 호 오염 사건처럼 대형 환경재앙이 초래될지 모른다고 긴장했다.

시 프린스 호에서 유출된 기름띠는 해류와 남서풍을 타고 인근 다도해와 한려해상국립공원으로 번져 여천군 관내 6천 5백여 ha의 양식장은 물론, 남해안 일대 양식장과 해수욕장에 막대한 피해를 입혔다.

유출된 기름 제거를 위해 국방부는 7월 25일 구조전문함 1척을 포함한 소해함 등 함정 9척과 헬기 2대 등을 사고 해역에 급파해 기름 제거 작업을 실시했다. 해군은 이 날 함정 등에서 기름 제거용 유화제 1천 2백ℓ를 살포하고 오일 펜스를 설치하는 작업에 착수했다. 환경부는 25일 전남 여천 앞바다의 기름 유출 사고와 관련, 기름띠의 제거와 2차 오염 방지 등을 위해 비행기를 동원해 기름 제거 약품 등을 뿌리도록 관계 기관에 건의했다.

유조선 기름 유출로 인한 사회적 영향을 살펴보면, 사고의 특성상 해안 지역 어민의 생활에 치명적이 영향을 미침과 동시에 해양오염이라는 환경 파괴를 가져온다.

6 낙동강 페놀 방류 사건

낙동강 페놀 방류 사건은 두산전자 구미공장의 페놀 원액 30톤이 낙동강으로 유출되어 정수장의 염소 소독 과정에서 클로로페놀로 변하면서 대구시에 공급되는 수돗물에 악취를 발생시킨 사건이다. 사건 발생 원인을 살펴보면, 두산전자는 공장 가동 과정에서 발생하는 페놀 함유 폐수 찌꺼기를 처리하는 데 필요한 페놀 소각 보일러 1기가 고장나는 바람에 정상 처리하지 못한 3백 25톤의 페놀 함유 폐수를 수시로 공장 인근 옥개천을 통해 낙동강으로 방류했기 때문이다. 이 사건으로 인해 검찰은 두산전자가 페놀을 장기간 불법 처리하는 과정에서 공무원들의 묵인이 있었을 것으로 보고 환경처와 경북도 및 구미시 관계 직원들을 전원 소환해 수사했다.

이 사건으로 두산전자는 보상비로 200억 원을 지불했고, 관계자는 형사 처벌을 받았으며 기업 이미지에도 막대한 손상을 가져왔다.

7 2000년 동해안 산불사고

2000년 4월 7일에 발생한 동해안 산불사고는 4월 15일까지 발생해 사망 2명, 부상 15명의 인명 피해를 발생시켰다. 또한 850명의 이재민이 발생했으며, 건축물 800여 동, 가축 6,000여 마리, 농기계 등의 영농자재, 공공시설 등의 재산 피해가 발생했다. 동해안 산불사고는 고성을 시작으로 강릉, 동해, 삼척 등 13개 지역에서 동시다발적으로 발생했다. 산불을 진압하기 위해서 군인, 공무원, 예비군, 경찰 등 12만 명의 인력이 동원되었으며, 헬기 270대, 소방차 650대 등 총 920대의 장비가 투입되었다.

산불 발생에 따라 4월 8일에 중앙대책본부를 설치했고, 4월 9일부터 산불 예방 및 진화를 위한 산림청, 시・도, 시・군, 농・산조 직원 비상 근무를 시작했다. 산불 발생에 따른 주택 피해자들을 위해서 컨테이너 하우스를 준비했으며, 전기・통신・농협 등 유관 기관 협의회를 운영해 종합 지원 체계를 강화했다.

동해안 산불사고로 인한 피해 복구액은 총 1,671억 원으로 직접 지원이 135,153백만 원, 간접 지원이 31,795백만 원이다.

8 O-157 대장균 발견

1997년 9월 미국에서 수입된 쇠고기에서 치명적인 독성을 가진 병원성 대장균인 O-157균이 검출된 사건으로 당시 검역에 문제가 있었던 것으로 드러났다. 미국산 쇠고기와 아이스크림에서 병원성 대장균 O-157, O-26과 식중독 원인균인 리스테리아균 등 각종 세균이 잇달아 검출된 가운데 보건 당국이 시중에 유통중인 피자・햄・아이스크림 등 외국산 가공 식품에 대해 정기적으로 수거 검사를 실시하지 않은 것으로 밝혀졌다. 식품의약품안전청은 국산 가공 식품에 대해서는 2개월에 한 번씩 정기검사를 실시하고 있으나 외국에서 수입된 가공 식품은 지금까지 단 한 차례도 수거 검사를 하지 않은 것으로 드러났다.

농림부는 O-157대장균 검출과 관련해 대책회의를 열고, 미국 측에 문제가 된 네브래스카 주 수출작업장에서 생산된 쇠고기 수출을 중지해 주도록 요청했다. 또한 미 농무부와 관련 업체에 엄중 항의하는 한편 오염된 쇠고기의 수출 경위를 조사·통보해 주도록 요구했다.

이 사건으로 인한 쇠고기 판매 감소로 축산 농가가 가장 큰 타격을 받았다.

제 3 부

국가 위기관리 정책의 효과성

제 6 장 국가 위기관리 시스템 통합 체계 구축

제 1 절 효과적인 위기관리에 대한 장애 요인

복잡 다기한 위기 대응 프로그램이 다양한 위기 유형에 따른 각 단계별로 효과적으로 작동하기 위해서는 상당한 정치적·경제적 자원이 요구된다. 하지만 일반적으로 자원 결핍시에는 위기관리 기능이 정책의 우선순위에서 밀려나기 쉬우며 정책결정자나 일반 대중의 관심에서도 멀어진다.

현실적으로 효과적인 위기관리 프로그램을 설계하거나 집행 또는 조정하는 것도 매우 어려운 과제이다. 이러한 어려움이 발생하는 이유로서 다음과 같은 것들이 지적된다.

① 위기관리 이슈는 실제 위기가 발생하기 전까지는 관심도가 낮다.

② 위기관리 프로그램을 위해서 지지해 주는 강한 지지층이 부족하다.

③ 재난 완화나 감축 프로그램에서 일반적으로 나타나는 규제 조치들에 대해서는 매우 강한 저항이 따른다. 특히 위기관리 프로그램으로 인한 편익의 추정이 용이하지 않은 반면 경제적 손실은 매우 높을 때 그러하다. 그리고 효과적 대응을 위해 필요한 계획 수립에도 매우 저항이 크다.

④ 위기관리 프로그램 설계에서 더 나은 기준 설정이나 또는 위기관리자들의 더 나은 전문성을 지원하고 지지해 주는 영향력 있는 행정 지지 기반

을 일반적으로 결여하고 있다.

⑤ 위기관리 프로그램의 효과성을 측정하는 것은 매우 어렵고 비가시적인 반면, 그에 수반되는 비용은 매우 가시적이다.

⑥ 위기관리 체계 계획의 기술적 복잡성으로 인해 일반 대중이나 행정관리자의 지지나 이해를 얻기가 어려우며 효과적인 프로그램을 설계하는 것도 어렵다.

⑦ 행정 시스템에 내재하는 관할권의 모호성과 조정의 문제가 있다.

⑧ 지방정부 수준에서 재정적·행정적 정책결정 능력이 불균등하게 분포되어 있기 때문에 고도의 기술적 문제를 간과하는 경향이 있으며, 비용이 많이 들면서도 복잡하고 정치적으로도 취약한 위기관리 프로그램을 멀리하는 경향이 있다.

⑨ 국방 관련 사안을 제외하고는 중앙집권적 역할보다 분권을 강조하는 정치 분위기가 강하다. 따라서 중앙집권을 가정하는 통합적 위기관리 시스템이 그만큼 어렵다.

⑩ 재정분권이 강조되면서 중앙정부의 이전재원이 축소될 수도 있다.

⑪ 현재 경제적으로 어려운 상황 속에서 정부의 재정이 궁핍하면 위기관리 프로그램을 위한 대규모 재정 지출에 대한 거부 반응이 일어나며, 이러한 거부 반응은 대규모 재난이 발생해 그것이 '정책의 창' 역할을 하여 위기관리 프로그램을 위한 강력한 지지 역할을 수행하지 못하는 한 발생한다.

⑫ 재난의 유형이 다양하기 때문에 재난평가나 위기관리 프로그램의 설계 등이 어렵다.

제 2 절 통합적 위기관리 시스템의 효과적 구축

사회 내에서 발생하는 재난의 유형은 매우 다양하다. 하지만 이들 모두에 효과적으로 적용될 수 있는 통합적 위기관리 시스템(IEMS: Integrated Emergency Management System)의 개발이 필요하며 또한 가능하다. 중앙정부 수준에서 전국을 담당하는 이러한 IEMS가 구축된다면 지방정부 수준에서 위기관리 기능을 담당하는 다양한 조직들을 조정하는 역할도 가능하다. IEMS에 의하면 위기관리 프로그램은 다음의 단계를 취해야 한다.

1) 1단계: 재난 분석

여기에는 재난의 식별, 재난이 발생할 가능성과 강도 및 발생 지점의 결정, 지역사회에 미칠 잠재적 영향에 대한 평가, 인적·물적 위험 및 위험의 지역 범위, 위험 노출에 따른 위험도 우선순위 결정 등이 포함된다.

2) 2단계: 대응 능력 평가

여기에는 현 위기관리 조직 및 계획, 경계 및 경고 체계, 위기통신 체계, 대피시설, 소개(疏開) 계획, 긴급의료 서비스, 긴급구조 인력의 훈련 및 교육 수준 등이 포함된다. 대응 능력 평가에서 가장 중요한 점은 이러한 평가가 대응 능력면에 부족한 점이나 결점을 식별하는 작업과 연결되어야만 한다. 또한 위기관리기관은 중앙과 지방의 가용 자원을 분석 평가하고 이를 고려한 대응 능력 향상을 위한 장·단기 계획을 수립할 수 있다. 연간 업무 증가에 따른 연차 발전계획을 담은 5개년 계획의 수립이 필요하다.

3) 3단계: 위기 계획

여기에는 위기관리자들뿐만 아니라 위기와 관련해 대응 책임이 있는 모든 관리자들을 포함한 조정된 계획의 수립, 재난의 특수한 측면에 초점을 맞춘 계획, 현재 준비된 대응 상태의 수준이 측정되어 평가될 수 있는 대응 능력 기준의 마련, 대응 능력 향상을 위한 계획 등이 포함된다.

4) 4단계: 대응 능력 유지

여기에는 시험 및 최신 자료로의 수정계획, 시험 및 서비스 제공 장비, 긴급구조 인력의 훈련 및 교육, 일반 관리자 및 일반 대중의 교육 등이 포함된다.

5) 5단계: 위기 대응

여기에는 위기 계획을 실행으로 옮기는 것, 예상치 못한 결과들을 식별

하고 그에 따라 즉시 대응 조치를 평가해 위기 계획이나 대응 조직에서 필요한 공식적 조정이 이루어질 수 있도록 하는 것 등이 포함된다. 위기 대응 조치를 평가함으로써 재난 분석과 대응 능력 평가를 향상시킬 수 있는 정보를 얻게 된다.

6) 6단계: 복구 노력

여기에는 주요 실생활 지원 시스템을 가능한 한 빨리 최소 한도의 운영 수준으로 돌리는 것, 재난을 통해서 얻은 경험을 완화 노력과 재난 분석을 향상시키는 데 사용하는 것, 복구로부터의 경험을 재난 대응 그 자체의 향상을 위해 사용하는 것 등이 포함된다.

[그림 6-1] 통합적 위기관리 시스템

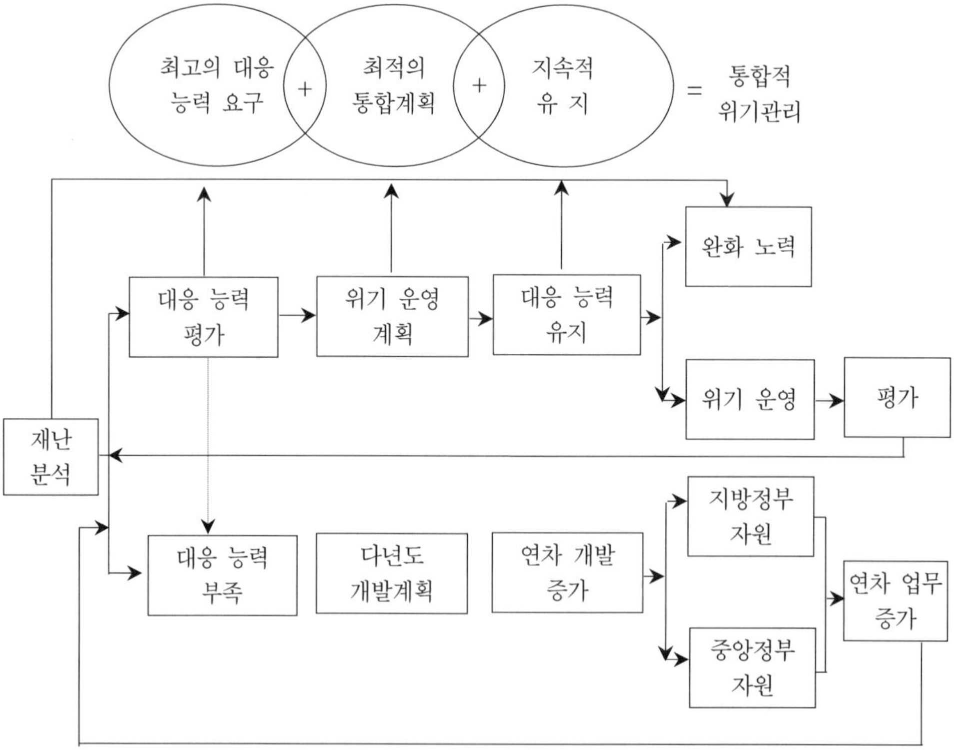

제 3 절 통합적 위기관리 시스템의 성공 요인

1 효과적 리더십

통합적 위기관리 시스템(IEMS)의 구축은 대통령에 대한 책임성의 증가, 조직 내 의사소통의 단순화, 단일 리더십 하의 주요 기능들의 통합으로 인한 집행력 증진, 법적 및 재정적 권위의 보장 등의 이점을 가져온다.

한국의 경우 IEMS가 국방부나 국가정보원 또는 NSC 등을 포괄하지 못할 경우 통합에 따른 중앙집권화의 이점은 상당히 제약을 받게 된다. 따라서 이들 기관들과의 협상이나 조정 등의 기술을 발휘할 리더십이 요청된다. 그뿐만 아니라 IEMS는 속성상 지방정부, NGO, 기업 등과 빈번한 접촉을 해야 하는데 이 때에도 무엇보다 효과적인 리더십이 요구된다. 정책 결정에서 많은 기관의 관련성, 갈등 상황의 대두, 결과에 대한 불확실성 등은 효과적 리더십을 더욱 중요하게 만든다. 효과적 리더십은 협동성을 요구하며 시간이 걸리는 문제이다. 때로는 융통성을 발휘해야 하며, 결정을 신속히 내려야만 하는 어려운 과업이기도 하다(Luke, 1980).

2 네트워킹 및 조정

효과적 리더십을 어렵게 하는 요인으로는 고도의 네트워킹 및 조정의 필요성을 들 수 있다. 위기관리에는 많은 지방정부 단위와 NGO, 민간기업 등이 관련되며 이들과의 파트너십이 매우 중요하다. 그러나 현실적으로 이들과의 효과적인 파트너십을 형성한다는 것은 쉬운 일이 아니다. 많은 법적인 제약, 예산상 제약, 조직 구조상의 제약, 인력상의 제약 등이 해결되어야 할 과제이다.

우리 나라에서 재난관리를 위한 상호 연계 조직들은 재난관리의 단계마다 약간의 차이가 있을 수 있지만 중앙의 행정기관과 광역 기초자치단체로부터 재난연구기관, 학회, 시민단체까지 이를 수 있다. 이렇게 연계된 조직들은 재난관리계획 수립시 더욱 현실성 있는 계획 수립을 가능하게 할 수 있고, 재난 발생에 대비한 훈련과 연습도 진정한 훈련이 되도록 할 수 있다. 재난 관련 연구기관과 시민단체도 중요하다. 연구기관의 연구개발 성과는 대응 단계에 반영되거나 사전 위험 요소 제거에 사용될 수 있다. 또한 시민단체는 '안전문화운동'과 같이 언론 홍보나 학교 교육, 캠페인을 통한 의식개혁운동에서 중요한 역할을 담당할 수 있다(박석희·노화준·안대승, 2004: 125-126).

3 성공적인 재조직화와 조직 목표의 양립 가능성

정부조직 개편의 성공적인 요인으로서 다음과 같은 요인들이 지적되고 있다(Hult, 1987).

첫째, 성공적인 조직 개편을 위해서는 통합적인 접근이 필요하다.

둘째, 조직 개편 계획은 구체적이며 식별 가능한 목표 달성이 선결 과제이다.

셋째, 정책결정자나 기관 계획가들은 목표 달성을 위한 적절한 수단을 선택해야만 한다.

넷째, 조직 개편이 성공하기 위해서는 집행이 성공적이어야 한다.

다섯째, 집행이 성공하기 위해서는 적절한 감시·감독이 필요하다.

이러한 관련된 요인들의 집행 과정에서 가장 중요한 두 가지 이슈는 조직 목표의 양립 가능성과 적절한 집행 메커니즘이다. 기관 통합이 성공을 거두기 위해서는 기관 통합·목표들을 명확히 하는 것이 무엇보다 중요하다. 여기서 명확성이란 통합되는 기관들의 목표들 간에 구체성과 양립 가능성의 정도를 의미한다. 다시 말해 IEMS 내로 통합되는 기관들이 위기관리 기능과 일치하는 기능들로 구성되어 있느냐의 정도를 의미한다.

4 관리상의 융통성

IEMS의 성공 요인 중의 하나는 관리상의 융통성을 확보하는 것이다. 이를 위한 중요한 수단 중의 하나는 전략적 인적 자본관리이다. 이러한 관리 기법은 효율적인 인력 개발과 유지를 가능하게 해 주며 변화에의 적응력을 높여 준다. 이러한 관리 기법에는 대안적 업무 스케줄, 고용인 지원 프로그램, 보육, 교통비 보조, 재택근무 등의 업무 생활 정책이 포함된다. 그 밖에도 금전적 충원 유인정책, 특별고용 권한, 유인적 보상정책 등이 포함된다.

제 4 절 정책적 시사점

우리 나라의 위기관리 대응 체계는 선진국 등과 달리 위기의 발생 원인을 기준으로 자연재해와 인적 재난을 중심으로 구성되어 있다. 이로 인해 재난 발생 원인에 따라 소관 부처별로 각각 관리하는 분산형 위기관리 대응 체계의 다원화 문제와 상황관리 체계의 다원화 문제를 야기하고 있다. 따라서 국가적 위기 상황에 효과적으로 대처하기 위해서는 통합적 위기관리 시스템의 구축이 무엇보다는 중요하다.

통합적 위기관리 시스템을 구성할 때의 장애 요인은 ① 위기관리에 대한 낮은 관심도, ② 지지층의 부족, ③ 위기관리 규제 프로그램에 대한 저항, ④ 행정 지지 기반의 결여, ⑤ 프로그램 효과성 측정의 어려움, ⑥ 위기관리 체계 계획의 기술적 복잡성으로 인한 지지층 확보의 어려움, ⑦ 행정 관할권의 모호성과 조정의 문제, ⑧ 능력의 지방적 불균형으로 인한 기술적 문제의 소홀, ⑨ 분권적 정치 분위기, ⑩ 중앙정부의 이전재원의 축소, ⑪ 경제적 어려움으로 인한 위기관리 프로그램을 위한 재정 지출에 대한 거부 반응, ⑫ 재난평가나 위기관리 프로그램의 설계 등의 어려움 등이 지적되고 있다.

통합적 위기관리 시스템(IEMS) 구축을 위해서는 위에서 살펴본 위기관리 대응 체계의 장애 요인을 제거하고 합리적인 단계별 프로그램 개발이 중요하다. 이러한 통합적 위기관리 프로그램의 단계는 ① 재난 분석, ② 대응 능력 평가, ③ 위기 계획, ④ 대응 능력 유지, ⑤ 위기 대응, ⑥ 복구 노력으로 구성되는 것이 적합할 것이다. 또한 이러한 통합적 위기관리 시스템이 성공하기 위해서는 효과적 리더십, 네트워킹 및 조정, 성공적인 재조직화와 조직 목표의 양립 가능성, 관리상의 융통성 등이 필수적이다.

따라서 한국형 위기관리 모형 구축을 위해서는 현 분산형 시스템의 문제점을 극복하고 통합형 시스템으로 나아가야 한다. 다만 통합적 시스템이 가지고 있는 한계점을 인식하고 이를 보완하는 한국형 시스템 구축이 필요하다. 특히, 리더십 문제, 조정의 문제, 구조 개혁의 문제 등이 우선적으로 해결되어야 할 선결 과제이다.

제 7 장 국가 위기관리 정책의 우선순위 분석

이 장에서는 국가 위기관리 효과성 제고를 위한 정책 우선순위 결정을 위해 국가 위기관리 전문가를 대상으로 한 AHP[1] 설문조사 및 국가 위기관리 정책 우선순위 분석을 실시하고 이에 대한 정책적 함의를 제시한다.

제 1 절 국가 위기관리 시스템 구축 방안의 계층구조 설계

사티(Saaty, 1995)는 분석 대상 계층의 정교한 설계를 위한 지침 열 가지를 제안[2]하면서 이러한 지침에 따라 계층을 성공적으로 구성하는 방법은

1) 여러 대안 중에서 최적의 대안을 결정해야 하는 의사결정 문제에 직면하게 되면 대안 간의 상호 비교 평가가 이루어져야 하나 평가 기준이 정서적 요소와 정량적 요소가 혼합되어 있는 경우 간단하면서도 합리적인 의사 결정에 많은 어려움이 있다. 따라서 여러 대안들 중 최적의 대안을 선택하기 위해 평가 기준의 상대적 중요성을 결정하는 방법을 필요로 하는데 이를 위해 AHP가 유용한 것으로 평가된다.

2) 설계를 위한 열 가지 지침은 다음과 같다. ① 전체적인 목표를 파악하라. ② 전체적인 목표의 하위 세부 목표를 파악하라. ③ 전체적인 목표의 하위 세부 목표를 충분히 만족시키는 기준을 파악하라. ④ 각 기준 하에 있는 하위 세부 기준을 파악하라. ⑤ 관련된 이해당사자를 파악하라. ⑥ 이해당사자의 목표를 파악하라. ⑦ 이해당사자의 정책을 모두 파악하라. ⑧ 선택 사항이나 결과를 파악하라. ⑨ 가부 결정을 위해 가장 선호되는 결과를 취하라. ⑩ 한계가치를 이용해 편익·비용분석을 하라.

여러 사람이 참석해 모든 관련 항목과 대안을 열거하는 등 주제에 대해 브레인스토밍(brainstorming)을 실시하는 것이라고 했다. 그리고 관련된 요소를 적절히 군집화하고 하나의 계층 속에 배열하는 것이라고 주장했다.

여기에서는 기존 문헌에서 나타난 국가 위기관리 시스템 구축 전략을 대상으로 관련 전문가 4인의 브레인스토밍을 거쳐 [그림 7-1]과 같은 구조도

[그림 7-1] AHP 구조도

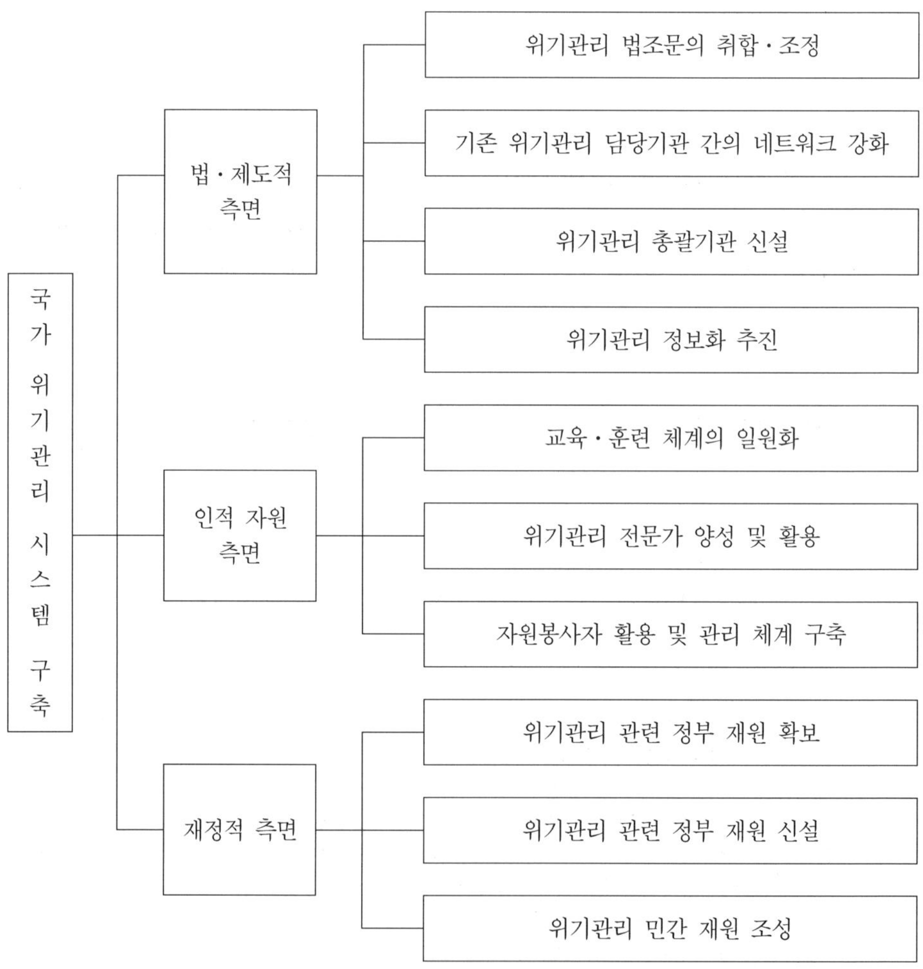

를 작성했다.[3)]

[그림 7-1]은 AHP 분석의 첫 번째 단계인 계층 구조를 나타낸 것으로 의사 결정의 최종 목표는 효과적 국가 위기관리 시스템 구축 전략 설정이다. 이것을 다시 법·제도적 측면, 인적 자원 측면, 재정적 측면의 세 가지로 구분했다. 마지막으로 법·제도적 측면에 네 가지 세부전략, 인적 자원 측면에 세 가지 세부전략, 재정적 측면에 세 가지 세부전략을 설정했다.

제2절 국가 위기관리 시스템 구축 방안의 우선순위 분석

이 AHP 조사는 국가 위기관리 시스템 구축 관련 전문가 17명에게 조사를 실시해 일관성 비율에 문제점이 제시된 1명의 응답 결과를 제외하고, 16명의 전문가들의 의견을 대상으로 분석했다.

1 1단계 분석 결과

국가 위기관리 시스템 구축을 위한 1단계 분석 결과는 <표 7-1>과 같다. 우리 나라 국가 위기관리 시스템 구축에서 가장 중요한 것은 법·제도적 측면의 전략적 노력인 것으로 나타났다. <표 7-1>에서 살펴볼 수 있듯이 법·제도적 측면은 다른 요인들에 비해 상대적으로 높은 중요도를 나타내고 있다.

〈표 7-1〉 국가 위기관리 시스템 구축을 위한 1단계 분석 결과

요 인	중요도	순위
법·제도적 측면	0.49155	1
인적 자원 측면	0.33478	2
재정적 측면	0.17366	3

3) 구조도 작성을 위한 브레인스토밍에 참여한 관련 전문가는 학자 2명, 연구소 연구원 1명, 국가 위기관리 담당공무원 1명 등이다.

과거 우리 나라의 위기관리는 위기 유형별로 구분해 자연재해와 인위재난으로 구분한 관리 주체를 달리하는 방식을 채택해 왔다. 특히 1990년대 이전까지는 자연재해에 비중을 크게 두었다. 이는 매해 반복해서 발생하는 자연재해에 의한 피해 규모에 비해서 인위재난에 의한 피해 규모가 상대적으로 적었기 때문이다. 따라서 자연재해 관리와는 달리 인위재난은 특별한 관리 체계 없이 주로 행정자치부를 중심으로 민방위국, 소방국, 방재국에서 분담해 왔었다. 인위재난에 대해서는 교통 안전, 건설 안전, 노동 및 산업 안전, 가스 안전 등 해당 행위나 시설 운용에 대한 사안별로 해당 관청에서 관장해 왔다. 이러한 상황으로 인해 각각의 재난에 따른 근거법들도 상이해 위기에 대한 완화 · 준비 · 대응 · 복구 기능의 총괄적인 관리가 어려웠다.[4)]

위기관리 법 · 제도적 측면의 전략적 노력 다음으로는 인적 자원 측면과 재정적 측면의 순서로 중요도를 부여했다. 특히 재정적 측면의 중요도는 다른 요인들과 비교했을 때 매우 낮게 나타나 현재의 국가 위기관리 시스템 구축에서 법 · 제도적 측면과 인적 자원 측면의 전략적 노력이 재정적 측면의 전략적 노력에 비해 상대적으로 중요하게 나타났다.

2 2단계 분석 결과

1) 법 · 제도적 측면의 분석 결과

이 연구에서는 법 · 제도적 측면의 세부 전략으로 위기관리 법조문의 취합 · 조정, 기존 위기관리 담당기관 간의 네트워크 강화, 위기관리 총괄기관 신설, 위기관리 정보화 추진의 네 가지를 제시했다. 법 · 제도적 측면에서 2단계 분석 결과는 <표 7-2>와 같다.

---

4) 최근 법률 제7188호인 '재난 및 안전관리기본법'이 재정되었다. '재난 및 안전관리기본법'에서는 기존의 자연재해와 인적 재난의 이원적 재난관리 체계를 '재난'으로 통합해 관리하는 재난관리 체계의 일원화를 규정하고 있다. 또한 이 법률에서는 대규모 재난의 완화 · 준비 · 대응 · 복구 등에 관한 사항을 총괄 · 조정하고 필요한 조치를 위해 행정자치부에 중앙재난안전대책본부를 두고 지역에는 지역재난안전대책본부를 두는 것을 규정하고 있다.

〈표 7-2〉 법·제도적 측면의 2단계 분석 결과

요 인	중요도	순위
기존 위기관리 담당기관 간의 네트워크 강화	0.33658	1
각 법령에 흩어져 있는 위기관리 법조문의 취합·조정	0.33395	2
위기관리 총괄기관 신설	0.21162	3
위기관리 정보화 추진	0.11784	4

법·제도적 측면의 2단계 분석에서 전문가들은 기존 위기관리 담당기관 간의 네트워크 강화를 가장 중요한 것으로 선택했다. 또한 위기관리 법조문의 취합·조정이 중요도에서 기존 위기관리 담당기관 간의 네트워크 강화와 근소한 차이를 나타내 전문가들은 기존 위기관리 담당기관 간의 네트워크 강화와 위기관리 법조문의 취합·조정 둘 다를 매우 중요시하고 있는 것으로 나타났다.

현재 우리 나라는 재난 유형별 관리 방식을 채택하고 있어 재난에 대한 관리의 책임과 부담의 분산이라는 문제점이 있다. 또한 복잡한 재난에 대한 대처 능력에 한계, 각 부처 간 업무의 중복 및 연계 미흡, 재원 마련과 배분의 복잡성이라는 한계점을 가지고 있다. 이러한 문제점을 극복하기 위해서는 기존 위기관리 담당기관 간의 네트워크 강화 및 통합 관리 방식을 도입해 재난 발생시 총괄적 자원 동원과 신속한 대응성을 확보해야 할 것이다. 아울러 1단계 분석에서 살펴보았듯이 각각의 재난에 따른 근거법들의 취합·조정을 통해 위기에 대한 완화·준비·대응·복구 기능의 총괄적인 관리가 필요할 것이다. 전문가들은 다음으로 위기관리 총괄기관 신설과 위기관리 정보화 추진의 순서로 중요도를 부여했다. 법·제도적 측면의 2단계 분석 결과 전문가들은 기존 위기관리 담당기관 간의 네트워크 강화를 가장 우선시했으며, 그에 따른 위기관리 법조문의 취합·조정이 뒷받침되어야 한다고 인식하고 있는 것으로 나타났다.

2) 인적 자원 측면의 분석 결과

이 연구에서는 인적 자원 측면의 세부 대안으로 교육·훈련 체계의 일원

〈표 7-3〉 인적 자원 측면의 2단계 분석 결과

요 인	중요도	순위
교육·훈련 체계의 일원화	0.45836	1
위기관리 전문가 양성 및 활용	0.35756	2
자원봉사자 활용 및 관리 체계 구축	0.18407	3

화, 위기관리 전문가 양성 및 활용, 자원봉사자 활용 및 관리 체계 구축을 제시했다. 인적 자원 측면의 2단계 분석 결과는 <표 7-3>과 같다.

인적 자원 측면에서 전문가들은 교육·훈련 체계의 일원화를 가장 중요한 전략으로 인식했다. 다음으로는 위기관리 전문가 양성 및 활용, 자원봉사자 활용 및 관리 체계 구축의 순서로 중요도를 부여했다.

인적 자원 측면의 2단계 분석 결과 교육·훈련 체계의 일원화가 가장 높은 중요도를 나타낸 것은 현재 우리 나라의 국가 위기관리의 교육·훈련 체계가 미비함을 단적으로 나타내는 것이다. 좀더 효과적인 국가 위기관리 시스템 구축을 위해서는 법·제도적 정비와 더불어 위기관리의 교육·훈련 체계의 일원화가 무엇보다도 중요하다.

3) 재정적 측면의 분석 결과

이 연구에서는 재정적 측면의 세부 대안으로 위기관리 관련 정부 예산의 확보, 위기관리 관련 정부 재원 신설, 위기관리 민간 재원 조성을 제시했다. 재정적 측면의 2단계 분석 결과는 <표 7-4>와 같다. 재정적 측면의 2단계 분석 결과 전문가들은 위기관리 관련 정부 예산 확보에 가장 높은 중요도를 부여했다. 다음으로는 위기관리 관련 정부 재원 신설에 높은 중요도를 부여했으며, 위기관리 민간 재원 조성은 상대적으로 낮은 중요도를 부여했다.

전문가들은 위기관리 관련 정부 예산 확보를 위한 방안으로 위기관리 관련 정부 재원의 신설이 바람직하다고 생각하고 있는 것으로 나타났다. 반면에 위기관리 민간 재원 조성은 가장 낮은 중요도를 나타내어 현재의 실정에서는 실효성이 떨어지는 전략인 것으로 판단된다.

〈표 7-4〉 재정적 측면의 2단계 분석 결과

요 인	중요도	순위
위기관리 관련 정부 예산 확보	0.47099	1
위기관리 관련 정부 재원 신설	0.38791	2
위기관리 민간 재원 조성	0.14109	3

3 1·2 단계 통합 분석 결과

1·2 단계 통합 분석 결과는 1단계에서 쌍대 비교를 통해서 조사된 가중치를 하위 세부 항목에 적용해 각 요인별 중요도를 파악하는 것이 아니라 전체적 중요도의 산정을 의미하는 것이다. 1·2단계 통합 분석 결과는 1단계에서 도출한 각 요인의 중요도를 2단계 세부 대안들의 중요도에 곱해 나온 값을 기준으로 하여 산정했다. 1·2단계 통합 분석 결과는 <표 7-5>와 같다.

국가 위기관리 시스템 구축에 관한 AHP 설문 1·2단계 통합 분석 결과 전문가들은 기존 위기관리 담당기관 간의 네트워크 강화를 가장 중요하게

〈표 7-5〉 1·2단계 통합 분석 결과

요 인	중요도	순위
기존 위기관리 담당기관 간의 네트워크 강화	0.16544	1
각 법령에 흩어져 있는 위기관리 법조문의 취합·조정	0.16415	2
교육·훈련 체계의 일원화	0.15345	3
위기관리 전문가 양성 및 활용	0.11970	4
위기관리 총괄기관 신설	0.10402	5
위기관리 관련 정부예산 확보	0.08179	6
위기관리 관련 정부 재원 신설	0.06736	7
자원봉사자 활용 및 관리 체계 구축	0.06162	8
위기관리 정보화 추진	0.05792	9
위기관리 민간 재원 조성	0.02450	10

생각하고 있는 것으로 나타났다. 다음으로는 위기관리 법조문의 취합·조정에 높은 중요도를 부여했다. 1·2단계 통합 분석 결과 중요도에서 1, 2위를 차지한 세부 대안들은 모두 법·제도적 측면의 세부 대안으로 전문가들은 국가 위기관리 시스템 구축시에 법·제도적 정비가 가장 먼저 완비되어야 하는 것으로 인식하고 있었다.

1·2단계 통합 분석 결과 교육·훈련 체계의 일원화가 세 번째 중요한 것으로 나타났으며, 그 다음으로 위기관리 전문가 양성 및 활용의 순으로 나타났다. 교육·훈련 체계의 일원화와 위기관리 전문가 양성 및 활용은 인적 자원 측면의 세부 대안으로 전문가들은 국가 위기관리 시스템 구축을 위해 법·제도적 측면 다음으로 인적 자원 측면을 중요시하고 있는 것으로 나타났다. 분석 결과에서 볼 수 있듯이 재정적 측면의 세부 대안들은 중요도 면에서 다른 요인들에 비해 낮게 나타났다.

제 3 절 정책적 시사점

위험사회에 대응하기 위한 국가 위기관리 전략들의 상대적 중요도를 실증적으로 분석하고 현재 우리 나라 국가 상황에서 우선적으로 실천되어야 할 위기관리 전략이 무엇인가에 대해 파악하고자 했다. 그리하여 AHP 분석을 통해 다음과 같은 분석 결과 및 함의를 도출할 수 있었다.

첫째, AHP 분석 결과 우리 나라의 국가 위기관리 체계를 구축할 때 가장 시급한 사안은 법·제도적 측면의 개선 노력인 것으로 나타났다. 이와 관련해 2004년 3월 '정부조직법 개정안' 및 '재난 및 안전관리기본법'이 국회에서 통과 과정을 거침으로써 국가 재난관리의 법·제도적 측면에 대한 개선 노력이 있었다. 또한 이 법률을 근거로 통합적 재난관리를 위한 소방방재청, 중앙재난안전대책본부, 지역재난안전대책분부 등이 신설되었다. 그러나 우리 나라 국가 위기관리의 전반적 체계는 여전히 분산형 관리 형태를 취하고 있다. 이에 대한 법·제도적 개선 노력이 있어야 할 것으로 판단된다.

둘째, 기존 위기관리 담당기관 간의 네트워크 강화와 위기관리 법조문의 취합·조정의 필요성이 제기된다. 특히 위기관리 담당기관 간의 네트워크 강화 및 조정은 좀더 실효성 있는 국가 위기관리 체계 구축 전략으로 판단된다. 재난관리를 예로 들면 우리 나라에서 재난관리를 위한 상호 연계 조직들은 재난관리의 단계마다 약간의 차이가 있을 수 있지만 중앙의 행정기관과 광역, 기초자치단체로부터 재난연구기관, 학회, 시민단체까지 이를 수 있다. 이렇게 연계된 조직들은 재난관리계획 수립시 더욱 현실성 있는 계획 수립을 가능하게 할 수 있고, 재난 발생에 대비한 훈련과 연습도 진정한 훈련이 되도록 할 수 있다.

셋째, 국가 위기관리 체계 구축 전략에서 현재의 위기관리 및 재난 관리·교육·훈련 체계의 일원화 및 재조정이 필요할 것으로 판단된다. 좀더 효과적인 통합적 국가 위기관리를 위해서는 위기관리에 대한 지식 축적 기반 확충 및 위기에 대한 상황 중심적 대응력 향상이 무엇보다도 중요하다. 이를 위해서 우선적으로 추진되어야 할 전략이 위기관리의 교육·훈련 체계의 일원화이다.

제 4 부

뉴테러리즘의 이론적 기초

제 8 장 뉴테러리즘의 개념과 기원

제 1 절 뉴테러리즘의 개념

테러리즘은 오늘날 국제 사회가 당면한 가장 심각한 문제 중의 하나임에도 불구하고 테러리즘이 무엇인가에 대한 보편적인 정의는 존재하지 않는다. 그 이유는 테러리즘의 동기, 대상, 범위, 주체 이념 등에 따라 다르게 정의되고, 연구자들과 전문가들의 시각에 따라 다르게 정의되기 때문이다. 따라서 테러리즘 정의에 관한 연구와 논쟁은 끊임없이 계속되고 있다. 즉 동일한 사건이라 하더라도 관점에 따라 테러리즘으로 규정되기도 하고, 단순한 일반범죄로 취급되기도 하며, 애국적 행위로 평가되기도 하는 것이다.[1) 또한 같은 국가 내에서도 기관에 따라 그 정의를 달리하기도 한다.[2) 이러

1) 예를 들어 영국 정부는 아일랜드 공화군(Irish Republican Army: IRA)의 모든 공격을 테러리즘으로, 그리고 IRA 요원들을 테러리스트로 규정하고 있다. 반면에 IRA를 추종하는 사람들이나 리비아 등 IRA를 직접 혹은 간접적인 방법으로 지원하고 있는 국가들은 IRA의 행위를 민족주의 해방운동(national liberation movement)으로, IRA 요원들을 자유투사로 규정하고 있다.

2) 미국의 경우 국무부는 『세계 테러보고서(*Patterns of Global Terrorism*)』에서 테러리즘을 "준국가 단체 혹은 국가의 비밀요원이 다수의 대중에게 영향력을 행사하기 위해 비전투원을 공격 대상으로 하는 사전에 치밀하게 준비된 정치적 폭력"이라고 정의했으며(US CODE TITLE 22 Section 2656f(d)), CIA(Central Intelligency Agency)는 "개인 혹은 단체가 기존의 정부에 대항하거나 혹은 대항하기 위해서든지 간에 직접적인 희생자들보

한 테러리즘을 전통적인 테러리즘과 뉴테러리즘으로 구분해 개념상의 차이점을 살펴보면 다음과 같다.

1 전통적인 테러리즘

1937년 국제연맹에서 테러리즘의 예방과 처벌을 위한 협약(Convention for Prevention and Punishment of Terrorism)을 통해 최초로 테러리즘에 대한 정의 도출이 시도된 이후 지금까지 테러리즘에 관한 많은 정의가 시도되었지만 보편적인 정의로 받아들여진 것은 없다. 이는 오히려 혼란을 가중시키는 원인으로 작용하고 있다. 또한 테러, 게릴라전, 범죄[3] 등의 개념과 혼동되기도 한다.

먼저 테러리즘의 동의어로 테러라는 용어가 빈번하게 사용되고 있는데 두 용어의 개념에는 현격한 차이가 있다. 즉 심리학자들에 의하면 테러란 "특정한 위협이나 공포로 인해 모든 인간들이 심적으로 느끼게 되는 극단적인 두려움의 근원이 되는 것"으로 발생 원인이 무엇이든지 간에 극도로 불안한 심리적 상태를 말하며 자연적인 현상이다.

그러나 테러리즘은 조직적인 폭력을 사용함으로써 복종을 요구하는 것, 특히 정치적 무기나 정책으로서 폭력이 사용되는 것을 말한다. 결국 테러는 자연적 현상이며 테러리즘은 폭력의 조직적·의도적 이용으로 강압적이며 희생자 혹은 희생자와 연루된 모든 사람, 그리고 대중들의 의지를 이용하기 위한 의도적인 총체적 행위이며, 이를 위해 강제·협박·위협을 통해 폭력을 체계적으로 활용하는 것이라고 할 수 있다.

이러한 차이점에 따라 테러는 테러리즘이 없이도 발생 가능하며, 테러는 테러리즘의 중요한 요소가 된다. 그리고 게릴라전과 테러리즘은 국제 정치

다 더욱 광범위한 대중들에게 심리적 충격 혹은 위협을 가함으로써 정치적 목적을 달성하기 위해 폭력을 사용하거나 혹은 폭력의 사용에 대한 협박을 행하는 것이다"라고 정의하고 있다.

3) 폭력이나 폭력 사용에 대한 협박을 통해 목표 달성을 도모한다는 측면에서 강력 범죄도 테러리즘과 그 특성을 같이하지만 이를 통해 달성하고자 하는 목적이 개인적 욕구 충족이며, 그 수단이 되는 폭력이나 협박의 사용이 테러리즘과 비교할 때 체계적이라기보다는 즉흥적인 경우가 많아 테러리즘과는 구별된다.

체제의 성격과 현대 사회의 구조적 여건상 정치적 목적 달성의 도구로서 매우 효과적이라는 공통적인 특성을 가지고 있다. 첨단무기의 기동성을 살린 저강도 수준의 폭력을 사용하는 게릴라전과 테러리즘은 최소의 인원과 경비로 최대의 효과를 거둘 수 있는 수단으로 간주되고 있다. 게릴라전은 "적 지역 또는 적이 점령한 지역 내에서 현지 주민들에 의해 생성 발전된 유격 작전부대가 적의 전투력과 산업시설 및 적의 사기를 감소시키기 위해 공개적으로 수행하는 군사적 또는 준군사적 전투작전"이라고 규정하고 있다(합동참모본부, 1994: 10). 즉 게릴라전은 일반적으로 대규모의 정규군에 대항해 제한된 장비와 인원으로 소규모의 지역을 중심으로 벌이는 일종의 전투 행위로 군사적 방법으로 정치적 목적을 달성하려는 수단으로 사용된다. 따라서 게릴라전은 국제법이 규정하고 있는 교전규칙을 최대한 준수하면서 정부군과 전투를 하고 통제권을 확보한 지역에서 그들이 내세우는 제도를 정착시키고 정치적 선전전을 펼친다. 또한 그들이 추구하는 목표 달성을 위해 대중의 지지를 바탕으로 장기적 활동을 하므로 공격 목표 설정에 분별 있고 사려 깊은 경향을 보인다.

이에 비해 테러리즘은 정치적 목적을 가진 단체가 체계적인 폭력 사용과 사용 위협을 통해서 공격 대상에게 공포심과 심리적 추격을 가함으로써 목적 달성을 추구하는 행위이다. 따라서 테러리스트들은 극적 효과를 위해 대중매체를 교묘하게 이용하며, 테러리즘을 통해 단체 규모의 확대를 기대할 수 없으므로 대중의 지지를 염두에 두지 않고, 공격 양상은 무고한 시민을 대상으로 무차별적으로 이루어지게 된다. 이와같이 게릴라전과 테러리즘은 정치적 목적 달성의 수단으로 이용된다는 유사성을 가지고는 있으나, 본질적으로 커다란 차이를 보인다. 즉 테러리즘은 게릴라 단체와 비교할 때 규모면에서 작은 집단에 의해 자행되며 폭력의 행사 대상도 게릴라전이 작전중인 군대나 경찰을 주(主) 대상으로 삼는 데 비해 테러리즘의 공격 목표는 비전투원인 민간인을 주 대상으로 하고 있다.

이러한 테러리즘의 개념에 대해 여러 학자들의 주요한 개념 정의를 살펴보면 다음과 같다.

『브리태니커 백과사전』(1986: 904)에서는 테러리즘을 "정치적 목적 달성의 수단으로 폭탄 공격, 살해, 납치와 같은 폭력을 조직적으로 사용하는 것이며, 정부가 이를 사용할 때는 폭도를 진압하는 탁월한 효과를 얻을 수 있으며, 폭도나 게릴라가 사용할 때는 정치적 변혁에 영향을 주는 노력의 일부가 된다"라고 정의하고 있다. 그리고 『사회과학사전』(1984: 575-576)에서는 "조직화된 단체나 정당이 그들이 추구하는 목적을 달성하기 위해 체계적인 폭력을 사용하는 방법이나 이론을 설명하는 용어로서 테러리스트 단체가 추구하는 목적 달성에 방해가 되는 정부나 정부 요인에 의해 사용된다"라고 정의하고 있다. 이러한 사전적 의미의 두 가지 테러리즘의 개념은 테러리즘이 일정한 단체나 조직의 목적 달성을 위해 폭력을 체계적으로 사용한다는 수단적 속성에 대해서는 입장을 같이하나 정부에 의해서 국민 대중을 상대로 행해지는 관제 테러리즘에 대해서는 입장을 달리하고 있다.

테러리즘의 또 다른 정의로 태크라(Thackrah, 1987: 38)는 테러리즘이란 "민주주의 국가 내부에서 불안정을 창출하기 위해 행해지는 폭력적이고 극단적인 협박의 조직적 체계"라고 정의하고 있고, 슈미드와 용맨(Schmid & Jongman, 1988: 1)은 "폭력의 희생자 발생이 무작위적이고 상징성을 띠는 조직적인 전투 방법"이라고 했다. 그리고 클라인과 알렉산더(Cline & Alexander, 1984: 3)는 "정치적 목적을 달성하기 위한 수단이며 폭력 사용의 한 형태로 저강도 수준의 폭력을 사용하는 전쟁이다"라고 했으며, 윌킨슨(Wilkinson, 1986: 51)은 "조직적인 살해 및 파괴 그리고 살해와 파괴에 대한 협박을 함으로써 개인, 단체, 특정 공동체 혹은 정부를 공포의 분위기로 몰아넣어 테러리스트 집단의 정치적 목적을 달성하려고 하는 행위"라고 정의했다.

이상과 같은 테러리즘에 대한 정의를 분석해 보면 상이한 시각의 존재에 따라 달라진다는 것을 알 수 있다. 즉 슈미드와 용맨, 그리고 윌킨슨의 정의는 테러리즘이란 정치 목적을 가진 단체에 의해 테러리즘이 체계적으로 사용되는 것으로 보고 있다. 또한 체계적인 테러리즘의 사용은 면밀한 계산에 의거해서 계획적으로 폭력을 사용하며, 테러리즘 자체를 정치적 목적 달성을 위한 간접적인 전략의 수단으로 인정하고 있다. 하지만 태크라, 클라인과 알렉산더는 테러리즘을 목적 달성을 위한 순수한 도구로서 목적 달성을 위한 전략으로 간주하고 있다.

이와같이 테러리즘에 대한 개념 정의가 다양하게 나타나고 있는 이유는 연구에 임하는 학자나 연구자 혹은 관련 국가의 이해 관계에 따라 다양한 시각이 존재하고, 나아가 다양한 개념 정의가 내려지고 있기 때문이다.[4] 이것이 바로 테러리즘의 폭력 사용에 대한 상대적 인식이며 일반적 개념의 도출이 어려운 근본적 원인이 되고 있다.

2 뉴테러리즘[5]

전통적인 테러리즘에 대한 정의는 일반적으로 어떤 정치적 목적을 달성하기 위해 직접적인 공포 수단을 이용하는 주의나 정책을 의미하는데, 세계화가 본격적으로 이루어지고 테러의 규모, 수단, 파괴력이 대규모화되면서 그 개념도 변하게 되었다. 특히 9·11 테러를 기점으로 뉴테러리즘에 관한 정의가 시도되고 있다.

뉴테러리즘은 전통적인 테러리즘에 대한 정의와 비교해 볼 때 다음과 같은 특징을 지닌다.

첫째, 요구 조건·공격 주체 불명으로 추적이 곤란하다는 점이다. 즉 과거의 테러는 식민지 세력의 잔재를 청산한다든가 자본주의 체제를 타도한다든가 하는 뚜렷한 목표와 이념을 가지고 있었으며, 이들은 테러를 자행한 뒤 통상 성명을 통해 자신들의 얼굴을 알리면서 요구 조건을 떳떳이 밝혔다. 하지만 뉴테러리즘에서는 극단주의자들이 서방에 대한 반감, 특히 미국에 대한 적대감이나 거대한 사탄의 문화와 지역 패권에 대한 반대 등 추상적인 이유를 내세워 테러를 감행하는데, 테러집단 자신과 비호 세력을 보호하고 공포 효과를 극대화하기 위해 요구 조건 제시도 없고 정체도 밝히지 않는 이른바 얼굴 없는 테러를 자행해 이들을 색출하고 근절하는 것이 어렵다.

---

4) 일반적으로 테러리즘의 개념 정립이 어려운 이유는 첫째, 국가마다 자국의 이해 관계에 따라 테러리즘에 대한 견해가 상당히 다르다는 점, 둘째, 테러리즘은 일반적으로 정치적 목적이나 동기가 있어야 하는데 정치적 목적이나 동기에 대한 범위 규정이 모호하다는 점, 셋째, 테러리즘은 유·무형의 폭력이나 위협이 수반되는데 강력 범죄에 수반되는 폭력 행위와 구별이 어렵다는 점 등을 들 수 있다.

5) 뉴테러리즘에 대한 개념은 1999년 미 국방부 등의 후원을 받은 미국의 민간연구소 랜드(RAND)에서 정립되었다.

둘째, 전쟁 수준의 무차별 공격으로 피해가 상상을 초월한다. 과거의 테러는 요인 암살, 항공기·인질 납치, 중요 시설 점거 등 상징성을 띤 대상을 공격함으로써 자신들의 대의 명분을 선전하고 공포심을 유발하는 수법을 선택해 많은 희생자를 내기보다는 극단적인 수단을 동원한 의사 전달의 극대화를 도모했으나, 뉴테러리즘은 전쟁의 한 형태로서 자행되며 전쟁에서는 적의 괴멸이 목적이므로 무차별적인 인명 살상으로 상대방에게 최대한의 타격을 가하려고 기도해 피해가 상상을 초월하고 있다.

셋째, 그물망 조직으로 무력화(無力化)가 곤란하다는 점이다. 과거의 전통적인 테러조직은 카리스마적인 지도자가 지배하는 수직형 체제로서 정점의 지도부를 제거하면 테러조직을 무력화할 수 있었지만, 뉴테러리즘에서는 상대가 단일화된 조직이 아니라 여러 국가·지역에 걸쳐 그물망 조직으로 연결된 이념 결사체로서 인터넷 비밀 사이트·전자 우편·채팅룸 및 이동통신 등을 연락 수단으로 활용하며, 중심이 다원화되어 하나의 중심을 제거해도 다른 중심이 그 역할을 대신하므로 조직의 무력화가 어려운 특징이 있어 정보화 시대의 망전쟁(net war)으로 불린다.[6]

넷째, 테러의 긴박성으로 대처 시간이 부족하다는 점이다. 즉 9·11 테러의 경우 수년에 걸쳐 항공기 조종술을 습득하는 등 치밀한 준비 과정을 거쳤으나, 정작 테러 시간은 초대형 여객기를 납치해 빌딩에 자살 충돌하기까지 40~50분 만에 상황이 종료되어 대처할 수 있는 시간이 절대 부족하다는 점이다.

다섯째, 테러 장비가 따로 없어 방어가 곤란하다는 점이다. 즉 전통적인 테러 장비로는 저격용 총기나 폭발물 등이 사용되어 공항이나 행사장 보안 검색을 강화하면 어느 정도 색출이 가능했으나 미국 테러에서는 별도의 테러 장비가 없이 서류 절단용 칼만으로 여객기를 납치해 빌딩에 충돌시키는 수법을 구사하는 등 우리 생활 주변의 모든 문명의 이기들이 그 지배권만 탈취하면 모두 테러 장비가 될 수 있어 방어·색출이 어렵다는 점이다.

여섯째, 대량 살상무기 사용으로 새로운 대처 방식이 필요하다는 점이다. 즉 과거 화생방 무기의 사용은 제1·2차 세계대전, 걸프전 등 주로 전쟁이

---

6) 그 예로 오사마 빈 라덴의 조직은 세계 34개국에 세포조직을 보유하고 있어 동인(動因)을 제거해도 조직의 무력화는 어렵다.

나 대규모 분쟁에서 사용되었는데 1995년 일본 옴 진리교의 도쿄 지하철 독가스 살포 사건을 시작으로 미국 테러에서는 처음으로 세균 무기(탄저균)를 사용함으로써 인명 피해를 극대화했다. 특히 세균을 사용하는 생물테러는 저렴한 비용과 엄청난 인명 살상 효과로 빈자(貧者)의 핵(核)으로 불리며, 전통적인 테러와는 전혀 다른 대처 방식이 필요하다는 것이다.

일곱째, 언론매체의 발달로 공포의 확산이 용이하다는 점이다. 즉 현대는 개방화 시대로 언론에 대한 상황 통제가 어려울 뿐만 아니라 지구촌 어느 한쪽에서 발생한 사건도 전 세계에 신속히 전파되는데 9·11 테러의 경우 CNN 방송이 24시간 상황을 보도했고 국내에서도 거의 전 방송국이 정규 프로그램을 중단하고 보도함으로써 테러범들이 노리는 공포가 확산되었다.

여덟째, 사건의 대형화로 정치적 부담을 증대시킨다는 점이다. 즉 종전의 테러는 협상팀 특공대의 투입으로 대부분 현장 처리가 가능했으나, 뉴테러리즘에서는 사건이 국가적 재난으로 인식될 만큼 대형화됨에 따라 최고 통치자의 결심을 받아야 할 경우가 많아져 정치적 부담이 증대되었다.[7)]

아홉째, 중산층·인텔리들의 충원으로 인해 테러가 지능화되고 있다. 즉 1990년대까지 테러의 행동대원은 대부분 사회의 소외계층 출신으로 기초교육조차 받지 못한 경우가 많았다. 하지만 뉴테러리스트들은 비교적 풍요로운 중산층 출신들로 대부분 대학 재학생 이상이고, 특히 공학이나 과학 분야 전공자들이 선호되는데, 이 경우 비행기 조종이나 폭탄의 기능 등에 대한 이해도가 높아 임무 성공률이 높아진다.[8)] 또한 과거에는 중동과 아프리카, 서남아시아 등 이슬람권 국가에서 테러 행동대원들을 직접 모집했으나 최근에는 유럽과 미주권의 이민 2세들을 충원하는 경향으로 바뀌고 있다. 따라서 과거의 테러리스트들은 테러리즘 실행 전부터 각종 범죄 기록을 가지고 있었으나, 뉴테러리스트들은 범죄 행적이나 정치적 활동이 없어 경찰과 정보기관의 감시망에 좀처럼 드러나지 않고, 광적인 종교적·정치적 신념으로 무장하고 테러를 감행하는 경우가 많아 더욱 위험한 실정이다.

---

7) 9·11 사건 이후 부시 대통령은 테러리즘의 긴박성을 감안해 피랍 항공기 격추 명령 권한을 공군 장성들에게 위임했는데 실제 민간 항공기 격추시 정치적 문제가 야기될 가능성이 있다.

8) 실제 미국 테러범 중의 한 명인 무하마드 아타 역시 변호사인 아버지와 대학교수인 형제들 사이에서 유복하게 자란 함부르크대학의 도시공학과 학생이었다.

3 테러리즘의 개념화

모두가 동의하는 보편적인 테러리즘의 정의를 도출하는 것은 결코 쉬운 일은 아니다. 앞에서 살펴본 여러 학자들의 테러리즘에 대한 정의를 살펴 보면 공통적인 요소들이 있는데 그것은 폭력 혹은 폭력 사용에 대한 위협, 정치적 동기, 조직적인 사전 준비, 무차별적인 공격 양상 등이다. 또한 최근의 학자들이 논의하는 테러리즘의 개념에는 전통적인 테러리즘과 뉴테러리즘을 구별하기보다는 복합적으로 사용한다는 것을 알 수 있다. 따라서 이러한 점을 종합해서 테러리즘이란 "주권 국가 혹은 특정 단체가 정치적, 종교적, 이념적 또는 민족주의적 목적 달성을 위해 수단과 방법을 가리지 않고 상대방에게 최대한 타격을 입혀, 개인부터 정부에 이르기까지 인식 변화와 정책의 변화를 유도하는 상징적이고 심리적인 폭력 행위의 총칭"으로 정의하고자 한다.[9)]

제 2 절 뉴테러리즘의 기원

테러리즘은 1960년대 이후 또는 제2차 세계대전 후에 나타난 현상이 아니라 인류의 역사와 그 맥을 같이하는 정치사적 문제였다. 테러리즘이란 용어가 최초로 사전에 등장한 것은 1798년에 프랑스에서 발간된 한 사전(*Dictionnaire of the Academie Française*)의 증보판으로 "조직적인 폭력의 사용"으로 정의되어 있다. 그리고 1796년에 발간된 프랑스 사전에는 자코뱅당의 지도자들이 연설할 때 긍정적인 측면에서 그들의 활동을 언급하면서 종종 사용한 것으로 기록되어 있다(Laquer, 1987: 6).

일반적으로 테러리즘은 1793년부터 1794년까지의 프랑스혁명 기간을 지칭하는 것으로 언급되었으며, 곧 공포정치(reign of terror)[10)]와 동의어로

9) 따라서 폭동도 테러리즘의 한 수단으로 본다.

10) 공포정치라는 용어는 프랑스혁명 당시 주도적인 역할을 했던 마라(Jean Paul Marat),

사용되었다(민석홍, 1989: 290-297). 프랑스혁명 시기에 테러리즘은 국가가 정치적 억압과 사회의 통제를 위해 사용한 수단으로 합법적인 권력을 가진 지배층에 의해 자행되는 관제 테러리즘(state terrorism)의 성격을 띠고 있었다(Friedlander, 1979: 6). 이후 관제 테러리즘은 위로부터의 테러리즘(terrorism from the above)과 아래로부터의 테러리즘(terrorism from the below)이 공존한다.

이와같이 많은 전문가들이 테러리즘이라는 용어의 출현을 있게 한 프랑스 혁명기에서 테러리즘의 기원을 찾고 있지만, 사적인 테러리즘(private terrorism)의 기원은 프랑스 혁명기 이전으로 거슬러 올라간다. 조직적인 폭력의 사용으로 정의되는 고전적 의미의 테러리즘은 기원전부터 있어 왔다. 기원전에 있었던 시저(Gaius Julius Caesar)의 암살도[11] 정치적 목적 달성을 위해 자행된 일종의 테러리즘이었다. 또한, 로마 황제 티베리우스(Tiberius)나 갈리굴라(Galigula)는 정적의 기세를 꺾어 자신들의 지배에 복종시키는 수단으로 추방 및 재산 몰수, 고문, 처형을 일삼았다.

기원전 66년부터 77년 사이에 팔레스타인 종교집단들은 시카리(Sicarri)라는 테러리스트 단체를 결성해 로마의 통치에 협력하는 유대인들에 대한 공격을 자행하기도 했다.[12] 11세기에서 13세기까지는 페르시아에 흩어져

당통(George Jacques Danton), 로베스피에르(Maximilien François Marie Isidore de Robespierre) 등이 공화파(共和派) 집권정부의 혁명 과업 수행을 위해 왕권 복귀를 꾀하던 왕당파(王黨派)를 무자비하게 암살, 고문, 처형하는 등 공포정치를 자행했던 사실에서 유래했다.

11) 시저는 기원전 81년 당시의 권력자 술라(Lucius Cornelius Sulla)로부터 사형을 선고받고 로마를 탈출했으나, 기원전 78년 술라가 병사하자 로마로 돌아와 평민당의 일원으로 정계에 진출했다. 기원전 60년 현재의 스페인 지역에서 눈부신 무공을 세운 시저는 폼페이우스(Gnaeus Pompeius Magnus), 크라수스(Marcus Licinius Crassus)와 함께 제1차 삼두정치를 했다. 후에 크라수스가 동방 정벌에서 전사하자 폼페이우스는 원로원과 짜고 우세한 시저의 세력에 대항했다. 기원전 49년 시저는 갈리아(현재의 프랑스)에서 로마로 복귀하라는 원로원의 명령을 무시하고 휘하의 군대를 지휘해 루비콘 강을 건너 로마로 진군해 폼페이우스를 몰아내고 독재자가 되었다. 기원전 48년 시저는 로마를 출발해 동방을 정벌한다는 계획을 세우자 귀족 계급은 시저가 성공하면 자신들을 제거할 것이라는 판단 아래 공화파와 제휴해서 시저를 제거하기로 계획을 세웠다. 그리고 기원전 44년 3월 14일 시저는 만찬 석상에서 암살되었다(신상준, 1995: 256-259).

12) 시카리 소속 테러리스트들은 주로 일요일 혹은 특정 기념일을 기리기 위해 예루살렘에 집결해서 종교적 행사를 벌이는 유대인들을 대검을 이용해 살해하거나, 농작물 재배지

있던 이슬람 과격 종교단체들이 암살자(Assassins)를 고용해 자신들의 종교적 자유와 확산을 위해 고위 기독교 지도자들을 적으로 간주하고 이들을 살해해 공포 분위기를 확산시키는 수단으로 이용했다. 암살자들은 비교적 막강한 군대를 보유하고 있는 십자군을 상대로 정규전의 방식으로 대항하는 것은 패배를 초래한다는 인식 아래 장기적인 테러리즘 캠페인 전술을 채택했던 것이다. 암살자로 불리는 테러리스트들은 철저한 비밀을 유지하면서 군사령관, 지사, 칼리프 등을 살해했고, 이들의 투쟁은 영웅적으로 미화되었으며 작전에 투입되어 전사한 자들은 순교자로 추앙을 받기도 했다(Laquer, 1987: 11-12). 종교적 목적 달성을 위해 시작된 투쟁의 역사적 유산은 지금도 중동의 정치적 혼란 속에서 계속되고 있다.

또한 스페인의 종교재판소는 종교적 이단으로 간주된 사람을 처벌하기 위해서 임의적인 체포, 고문, 처형을 일삼았다. 이처럼 정치적 그리고 종교적 요인이 작용해 테러리즘은 확산되었다. 이러한 역사의 유산이 16세기와 17세기의 폭군시해이론(暴君弑害理論)으로 이어졌다. 이 당시 암살은 이데올로기적인 성명 발표이면서 정치적 무기 구실을 했다. 미국에서는 남북전쟁(1861~65)이 끝난 후 정부에 도전하는 일부 극우파 남부인들이 쿠 클럭스 클랜(Ku Klux Klan: KKK)이라는 테러리스트 단체를 결성해 남부 각 주의 재건론자들을 협박했다.

역사적으로 테러리스트 운동을 가장 활발하게 전개한 단체는 19세기 말에 러시아에서 활동했던 인민주의자(Narodniki)의 비밀조직이었던 인민 의지파(Narodnaya Volya)이다.[13] 이후 테러리즘은 서유럽, 러시아, 미국 등

혹은 공공 건물에 대한 방화 등 원시적인 테러리즘 전술을 동원했다(Laquer, 1987: 12).

13) 이 단체는 사회혁명의 실현을 위해서는 정치혁명이 선행되어야 한다고 선언하고 차르(tsar)를 중심으로 한 제정 러시아의 전제적(專制的)인 정치 체제를 타도하기 위해 테러리즘을 가장 중요한 투쟁 수단으로 삼았다(Wardlaw, 1989: 19-20). 라브로프(Pyotr Lavrovich Lavrov), 미하일로프스키(Nikolai Konstantinovich Mikhailovskii)의 학설을 이론적 기초로 삼고, 1879년 11월 황제의 열차 폭파를 계획했으며, 1880년 2월 동궁(冬宮) 폭파를 시도하고, 1881년 3월 알렉산드르 2세를 암살하는 등 테러리즘으로 시종일관했다. 그러나 1884년까지 이 단체의 핵심 인물들이 거의 모두가 체포됨으로써 대중에 뿌리박지 못하고 개인적 혁명운동의 한계를 벗어나지 못했다. 이 조직은 뒤에 마르크스주의자, 특히 레닌에 의해 비판받았으며, 러시아 혁명운동의 수단으로서의 테러리즘은 이들에게서 볼셰비키로 옮겨졌다.

지에서 무정부주의자들에 의해 채택되었다. 이들은 혁명을 위한 정치적·사회적 변화를 효과적으로 이루어내기 위한 가장 좋은 방법은 권력을 장악하고 있는 요인들을 암살하고,[14] 무자비한 파괴를 하는 것이라고 믿었다(Wardlaw, 1989: 20-22).

20세기에 들어서자 테러리즘의 사용 목적과 실행 방식도 크게 변했다. 테러리즘은 극우에서 극좌에 이르는 수많은 정치운동에 공통으로 나타나는 하나의 특징이 되었다. 또한 테러리즘은 히틀러 치하의 나치 독일이나 스탈린 치하의 구(舊)소련과 같은 전체주의 국가에서 국가 정책 수단으로 채택되었다. 프랑스혁명 당시 시작된 관제 테러리즘이 이들 국가에서 계승되었다. 이들 국가에서는 국민들에게 공포 분위기를 조성하고 공표된 국가의 정치·경제·사회 목표 및 국가 이데올로기에 대한 충성심을 고취하기 위해 체포·구금·고문·사형 등이 가해졌다. 또한 20세기 중반에는 제2차 세계대전 후 신생국들이 탄생함으로써 식민 제국에 대항하는 민족운동의 일환으로 테러리즘이 활용되기 시작했고, 일부 지식층과 급진주의자들에 의해서 자유와 해방을 위한 수단으로 테러리즘이 합리화되고 필연적인 것으로 간주되어 이론화되기 시작했다.

1 시대별 추이

1) 1960년대

1960년대는 현대적 의미의 테러리즘 태동기로 볼 수 있다. 그 이유는 테러리즘의 시대적 변화 추이를 살펴볼 때 프랑스 혁명기의 정치적 억압과 제정 러시아 시기의 혁명분자들에 의한 테러리즘, 그리고 제2차 세계대전 후의 관제 테러리즘의 만연기를 거쳐 테러리즘이 그 성격과 규모면에서 국제화·대형화되기 시작한 시기이기 때문이다. 1960년대에 테러리즘이 국제

14) 이 시기의 대표적인 예는 1914년 6월 28일에 발생한 오스트리아 황태자와 황태자비 암살 사건이었다. 세르비아의 청년 가브리엘로 프린체프(Gavrilo Princip)를 포함한 6명의 테러리스트들이 오스트리아 프란츠 페르디난트(Franz Ferdinand) 황태자와 황태자비를 자동 소총으로 살해했다(Mickolus, 1980: 5). 이 사건의 여파는 세계의 역사를 바꾸어 놓은 제1차 세계대전으로 이어졌다.

화되고 대형화된 원인은 국제 정치 상황과 밀접한 연관성을 가지고 있다. 즉 중동에서의 아랍과 이스라엘의 팔레스타인 문제로 인한 갈등과[15] 동남아에서의 베트남전쟁으로 인한 갈등[16]을 들 수 있다.

2) 1970년대

1970년대는 테러리즘이 전 세계적으로 확산되는 시기이다. 즉 팔레스타인 테러리스트 단체들에 의한 테러리즘이 중동 지역을 중심으로 확산되면서 이들의 투쟁에 동조하는 테러리스트 단체 간에 상호 지원이 이루어지기 시작한다. 이 시기에는 테러리즘이 전 세계적으로 확대되기 시작했다. 1972년 5월의 로드 공항 학살사건, 1973년 7월의 싱가포르 셸석유 저장고 습격사건, 1975년 12월의 빈에서의 석유수출국기구 회의장 점거사건 등은 팔레스타인의 PFLP와 일본 적군(Japanese Red Army: JRA), 서독의 바더 마인호프(Baader-Meinhof) 그룹 등 국제 테러리스트 단체들 간의 유기적인 합동작전에 의해 자행된 대표적인 사건들이다.

테러리즘이 점차 전 세계적으로 확산되자 공격 목표가 되었던 서독·이스라엘·미국 등은 1976년을 고비로 대응책을 강화하고 테러리즘 관련 정보 교환 등 노력을 강화하기 시작했다. 미국의 델타포스(Delta Force), 서독의 GSG-9 등 대(對)테러 특공대가 이 기간 중에 창설되었다. 또한 미국에서는 INTERATE (International Terrorism Attributes of Terrorist Event)로 지칭되는 컴퓨터 데이터베이스가 개발되어 테러리스트의 행동 양태를

---

15) 1967년 6월 전쟁에서 이스라엘에 패한 아랍인들은 군사력으로 팔레스타인의 정치적 목적 달성이 불가능하다고 인식했다. 전면적인 무력 투쟁으로는 이스라엘에 대항할 수 없으며 세계에 팔레스타인 문제를 알리고 정치적 목적을 달성하는 유일한 방법은 테러리즘이라는 결론에 도달했다. 이에 따라 팔레스타인들을 주축으로 테러리스트단체들이 조직되기 시작했고, 테러리즘을 통해 이스라엘에 대항하기 시작했다. 팔레스타인 테러리스트단체들은 가장 효과적이고 극적인 방법의 테러리즘 유형인 항공기 납치를 자행하기 시작했다. 1968년 7월 조지 하바시(George Habash)가 이끄는 팔레스타인 해방인민전선 소속의 테러리스트들이 이스라엘 엘 알(El Al) 항공기를 공중 납치한 이래 1968년 한 해 동안 무려 35건의 항공기 납치를 단행했다.

16) 서유럽·일본·미국 등지에서는 베트남전 반대와 이에 따른 반정부 시위가 격화되었고, 이들 유형의 시위에 대한 정부의 극단적이고 성급한 대응은 불만 세력의 응집의 계기가 되었다. 이들 중 급진적 성향의 학생들과 일부 흑인단체들이 반전·반미 감정의 조성을 위해 테러리즘을 자행하기 시작했다.

분석하기 시작했다.

3) 1980년대

1980년대에 들어서면서 나타나기 시작한 테러리즘의 가장 두드러진 특징은 무차별적이고 대형화되었다는 것이다. 1983년 4월의 베이루트 주재 미국 대사관 차량 폭탄 공격, 1983년 10월의 베이루트 미 해병대 사령부 및 프랑스 대사관 차량 폭탄 공격, 1984년 9월의 동베이루트 미 대사관 차량 폭탄 공격 등 4건의 테러리즘으로 400명 이상의 사상자가 발생했다.

테러리즘의 대형화 원인은 무기 체제의 고성능화에 따른 파괴력의 강화에서 찾을 수 있지만, 또 다른 이유는 국가 지원 테러리즘이 두드러지게 나타났다는 것이다. 테러리즘 사건 중에 주권 국가에 의한 혹은 지원에 의한 것이 1980년 이후에 90% 이상 발생한 것으로 나타나고 있다. 1980년부터 본격화되기 시작한 테러리즘으로 인한 사상자 수의 증가 원인은 다음과 같이 설명할 수 있다.

첫째, 공격 수단이 되는 무기의 성능 향상에 기인한다. 과학기술의 발달로 인해 무기의 소형화가 달성되어 은닉이나 운송이 용이해짐과 동시에 파괴력이 상상을 초월할 정도로 증가되었다는 것이다.

둘째, 테러리즘이 마약과 같은 중독성이 있다는 것이다. 테러범들은 과거와 같은 수준의 테러리즘으로는 관심을 끌 수 없다는 믿음을 가지고 있다. 계속되는 테러로 인해 일반 대중과 언론이 단련되었고 충격에 무감각해졌다는 것이다. 따라서 과거에는 사상자의 수가 적어도 사건 자체만으로 관심의 집중을 받을 수 있었지만, 이제는 더욱 극적이고 파괴적이지 않으면 과거에 얻을 수 있었던 상징적·심리적 효과를 거둘 수 없다고 테러범들이 인식하고 있다는 것이다. 이는 곧 테러리즘의 대규모화 및 무차별성으로 이어지고 있다(Lesser et al., 1999: 13).

셋째, 국가 지원 테러리즘의 지속이다. 주권 국가의 테러리즘 지원으로 인해 평범한 테러리스트 단체의 공격 능력과 파괴력이 향상되었다. 과거에는 조잡한 수준의 무기를 이용한 공격이 전부였다면 현대에는 이들 단체들이 특수 정예부대의 수준으로 발전했다.

넷째, 종교적 동기에서 자행된 테러리즘의 증가가 사상자 수의 증가와 관련이 있다는 것이다. 1980년대 이슬람 시아파(Shia) 테러리스트 단체의 테러 활동과 1990년대의 많은 대형 사건이 종교적 동기에서 비롯된 것이라는 사실에서 알 수 있듯이 종교적 동기를 지닐 경우 더욱 과격화 양상을 보인다. 일반적인 목적의 테러리즘과는 달리 종교적 테러 단체는 극단적인 가치 체계, 합법화 및 정당화 기제, 윤리관 등으로 인해 더 많은 인명을 살상하는 경향이 있다는 것이 전문가들의 지배적인 견해이다. 즉 폭력은 성스러운 행동이며 신성한 의무(divine duty)로서 종교적인 요구나 필요에 의해 자행되고 성전(聖戰)을 통해 정당화되고 있다(Lesser et al., 1999: 14-20).

1980년 초에 테러리즘이 대형화되기 시작하고 테러리즘의 안전지대는 없다는 인식이 확산되면서 국제 사회는 여러 가지 대응책 마련에 고심했고, 이에 따라 테러리즘을 지원하는 국가들에 대한 정치·경제적 제제 조치를 취했다. 이러한 노력에 따라 1980년대 중반 이후 테러리즘이 점차적으로 감소하는 경향을 보이기 시작했다. 그러나 1990년부터 1995년까지 전 세계적으로 2,574건의 테러리즘이 발생해서 문제의 심각성은 여전히 계속되고 있다. 특히 1990년대에 들어서면서 일본 지하철 사린가스 공격과 같은 새로운 유형의 테러리즘이 나타나기 시작했다는 것이 중요한 특징 중의 하나이다.

4) 1990년대

1990년대부터 2000년까지 테러리즘 발생 건수는 4,681건으로 1980년대와 비교하면 1,113건이나 증가했다. 사망자 수도 1,795명이 늘어난 5,747명이 사망한 것으로 나타났다. 그리고 부상자 수도 16,426명이 늘어난 25,810명으로 나타나 큰 폭으로 증가했다. 또한 1991년에는 사상자 발생이 14%에 불과했으나, 1993년에는 24%로 10% 이상 증가했으며, 1995년에는 29%로 증가했다. 1970년대와 1980년대의 평균이 17%와 19%인 것에 비유하면 훨씬 높은 수치임을 알 수 있다(Lesser et al., 1999: 12-13).

1990년대 후반에는 알 카에다가 활동 영역을 전 세계로 확대하면서 이슬람 과격 세력의 테러가 급증하기 시작해 현재까지 주류를 이루고 있다.

1998~99년의 테러 사건 증가는 알 카에다가 미국과 동맹국을 대상으로

테러를 전 세계로 확대하겠다고 선언(1998. 2)한 이후, 실제 케냐·탄자니아 미대사관 폭탄 테러가 발생(1998. 8)하는 등 세계 도처에 이슬람 과격세력에 의한 동조 테러가 증가한데 기인한다.

〈표 8-1〉 세계 테러리즘 발생 현황(1968~2006년)

연도	사건	부상자	사망자	연도	사건	부상자	사망자
1968	103	183	29	1988	377	1,832	706
1969	103	85	8	1989	361	468	348
합계	206	268	37	합계	3,448	9,384	3,952
1970	180	142	101	1990	286	320	122
1971	157	91	66	1991	421	236	192
1972	212	154	184	1992	273	556	146
1973	175	146	69	1993	272	2,677	471
1974	237	303	187	1994	312	1,082	435
1975	214	369	87	1995	267	6,507	461
1976	331	704	346	1996	237	2,957	567
1977	241	296	173	1997	182	933	259
1978	225	375	142	1998	1,272	8,187	2,245
1979	248	1,055	255	1999	1,159	2,355	849
합계	2,220	3,635	1,610	합계	4,681	25,810	5,747
1980	241	317	168	2000	1,138	2,536	777
1981	306	1,138	323	2001	1,732	6,374	4,555
1982	365	765	177	2002	2,650	7,344	2,759
1983	290	845	603	2003	1,897	6,153	2,347
1984	326	450	165	2004	2,571	10,807	4,969
1985	441	1,168	736	2005	3,991	12,544	15,407
1986	378	1,236	351	2006	6,653	20,969	12,065
1987	363	1,165	375	합계	20,699	66,783	34,444
총계	사건: 32,189건			부상자: 108,989명		사망자: 46,889명	

출처: US National Memorial Institute for the Prevention of Terrorism(MIPT), Terrorism Knowledge Base.

4) 2000년대 이후

2001년 9·11 알 카에다에 의해 전대미문의 항공기 충돌 테러가 발생하는 등 국제 사회 전반에 걸쳐 이슬람 테러 위협이 확산되면서 테러도 증가했으나, 미국이 '테러와의 전쟁'을 선포(2001. 10)하고 국제 사회와 함께 알 카에다 와해를 위해 아프간을 공격하면서 2002년에는 진정 국면에 들어서는 듯했다.

그러나 2003년에 들어 미국이 '테러와의 전쟁' 연장선상에서 이라크전(3. 20~5. 1)을 시작하자 알 카에다를 주축으로 한 이슬람 과격 세력들이 이라크로 집결, 지하드(Jihad)의 전초기지를 삼아 파병국 등을 대상으로 테러 공세를 강화하면서 2003년도 1,897건, 2004년도 2,571건에 이어 2005년도 3,391건, 2006년도 6,653건으로 테러 사건이 증가 양상을 보였다.

특히 2005년에는 아프간·이라크전을 계기로 형성된 미국 등 서방 국가와 이슬람 간의 갈등이 심화되면서 향후 문명 충돌로 비화될 가능성이 제기되었다.

이와같이 테러리즘의 역사적 변천 과정을 통해 테러리즘은 중동과 유럽의 몇몇 국가에 국한된 문제가 아니고 테러리즘의 안전지대(free zone of terrorism)는 존재하지 않을 정도로 전 세계 모든 국가들이 직면해 있는 심각한 문제이다.

2 지역별 추이

테러리즘의 역사적 변천 과정을 통해 이제 테러리즘은 중동과 유럽의 몇몇 특정 국가에 국한된 문제가 아니고 테러리즘의 안전지대는 존재하지 않을 정도로 전 세계 모든 국가들이 직면하고 있는 심각한 문제가 되었다. 1970년에 48개국에서 테러리즘이 발생한 것으로 나타났다. 1981년에는 91개 국가에서 테러리즘이 발생한 것으로 나타났다. 1970년에 비해 50% 이상 증가한 것이다. 1960년부터 1995년까지 140개국 이상이 테러리즘으로 인해 직·간접적으로 피해를 입었다(최진태, 1997).

테러리즘의 지리적 발생 현황을 살펴보더라도 테러리즘은 전 세계적인

〈표 8-2〉 세계 지역별 테러리즘 발생 현황(1968~2006년)

지 역	사 건	부상자	사망자
아프리카	1,070	9,247	3,503
동중아시아	242	4,584	253
동유럽	1,474	5,122	1,995
남미	3,627	3,867	2,326
중동/페르시아 만	13,146	47,088	23,591
북미	588	4,344	3,568
남아시아	4,781	22,683	8,283
남동아시아/오세아니아	1,753	5,383	1,929
서유럽	5,508	5,671	1,441
계	32,189	108,989	46,889

출처: US National Memorial Institute for the Prevention of Terrorism(MIPT), Terrorism Knowledge Base.
(*Data for 1968-1997 covers only international incidents.
Data for 1998-Present covers both domestic and international incidents.)

문제라는 것이 여실히 드러난다. 지난 1968~2006년 동안 테러리즘이 발생한 지역을 살펴보면 중동/페르시아 만(13,146건), 서유럽(5,508건), 남아시아(4,781건), 남미(3,627건), 동유럽(1,474건), 아프리카(1,070건), 남동아시아/오세아니아(1,753건), 북미(588건), 동중아시아(242건) 순으로 발생했다. 유럽 지역은 북아일랜드의 평화 진척과 적군파 등 독일 극좌파 세력의 해체에 따라 점진적으로 감소 추세에 있다. 지금까지 테러리즘의 중심지였던 중동 지역에서는 이라크 사태의 악화, 이스라엘-헤즈볼라 전쟁 등 국제 사회의 이목을 집중시킨 대형 사건들이 지속되면서 테러 위협도 고조되고 있으며, 알 카에다가 중동 지역을 기반으로 테러를 확산시키려는 징후를 보이고 있는 가운데 이라크 종파 분쟁이 내전의 양상으로 전개되고, 이스라엘-헤즈볼라 재충돌 개연성도 제기되고 있어 테러 정세는 지속적으로 악화될 것으로 예상된다. 1994년을 고비로 중동 평화의 진전에 따라 점진적으로 발생 건수가 줄어들고 있다. 그러나 아시아 지역은 1990년에 92건을 기록한 이후 점진적으로 줄어들다가 1998년부터 다시 급격하게 증가하고 있다. 이러한 증가 양상은 아시아 지역에서 종교적 갈등 및 민족 대립이 더욱

격화되고 있으며, 반정부 단체들의 활동이 더욱 과격화되고 빈번해짐에 따른 것으로 아시아 지역이 새로운 테러리즘 다발 지역으로 인식되고 있다.

3 공격 목표 및 수단별 추이

테러리즘은 시간의 흐름에 따라 그 공격 목표 역시 변하고 있다. 1960년대와 1970년대까지는 주로 항공기 납치가 주를 이루었다. 1968과 1972년 사이에 절정을 이룬 항공기 납치는 1969년 한 해 동안 85건이 발생해 주당 약 2건이 발생한 것으로 나타났다. 항공기 납치가 이 시기에 주공격 유형이 된 것은 테러리스트들이 그들의 정치적 목적을 주장하는 데 적은 비용과 인력으로 짧은 시간에 효과를 극대화할 수 있기 때문이다. 특히 국제 교류의 증대로 인해 항공기 이용객은 다양한 국적을 보유하기 때문에 항공기 납치가 발생하면 국제적인 이목을 모을 수 있었다는 점이 공격 목표로서 매력을 가지고 있었다. 또한 통신 체계의 발달로 전 세계 구석구석까지 TV 등을 통해 테러리스트들의 정치적 목적을 손쉽게 알릴 수 있었으며, 항공기 이용객을 인질로 삼아 공격 목표가 되는 대상 국가를 위협할 수 있다는 것은 항공기 납치의 선호 원인이 되었다. 항공기 납치가 국제 사회에서 커다란 이슈가 됨에 따라 각국은 자국 항공기에 대한 보안시설을 강화하는 등 항공기 납치에 대한 대책을 꾸준히 마련했고, 이것이 항공기 납치 감소로 연결되었다고 할 수 있다. 그러나 아직도 테러리스트들이 항공기를 납치하는 것이 가장 용이하다고 간주하고 있어 항공기 납치는 근절되지 않고 있다. 실제로 항공기는 일단 이륙하고 나면 그 성질상 고립되어 있을 뿐만 아니라 승무원만 제압하면 승객 및 승무원을 인질로 할 수 있다. 또한 항공기에 탑재되어 있는 통신시설로 테러리스트들이 요구하는 어느 지점과도 통화가 가능하고, 그들의 은신처가 될 만한 곳은 세계 어느 곳이라도 비행이 가능하다(최진태, 1995: 80).

이러한 추세에 대비하기 위해 국제 사회는 항공 보안 대책을 마련하기 시작했고 항공기 납치의 가능성이 낮아지자 테러리스트들은 공격이 용이한 목표에 대한 공격을 감행하기 시작했다. 이에 따라 1970년대 후반부터 주로 대사관 점거나 외교 시설에 대한 공격이 주를 이루었다. 이러한 공격 유형의 변화에 따른 대표적인 예는 1979년 11월 4일에 발생해 무려 444일 동안 계속되어 최장기 점거 및 인질 억류 사건으로 기록된 이란 주재 미 대사관 점거 사건이었다. 이 사건은 전 세계적으로 커다란 충격을 주었다. 대사관 점거 사건에 효과적으로 대처하지 못한 미국 정부는 테러리스트들의 요구 조건을 모두 수용하는 치욕을 겪었으며, 카터(Jimmy Carter) 대통령은 위기관리 능력의 부재로 재선에 실패하고 정치 생명이 끝나는 결과를 맞이했다.

이 사건을 계기로 국제 사회의 관심은 이들 시설과 외교관에 대한 보호에 주목했으며, 테러리스트들은 또다시 방어가 상대적으로 미약해 공격이 용이한 목표를 선호하기 시작했으며, 뉴테러리즘에서는 소프트 타깃(soft target)인 불특정 다수를 대상으로 다중 이용시설을 공격 목표로 하고 있다.

공격 수단도 폭탄을 이용한 무차별적 공격으로 변화하고 있다. 미국 국무부의 자료(1996)에 의하면, 1996년의 총 237건의 테러리즘 사건 중 폭탄 공격이 116건으로 거의 40%에 해당한다. 2000년에는 미국을 대상으로 한 테러리즘 사건 200건 중 179건이 폭탄 공격이었다(US Department of State, 2000: 132). 폭탄을 이용한 공격이 증가하는 이유는 테러리즘의 무차별성과 깊은 연관성을 가지고 있으며, 폭탄 공격의 경우 예방은 물론 사후 대처도 불가능하다는 문제점을 가지고 있다. 또한 일단 폭탄 공격이 성공적으로 이루어지면 증거 확보상의 어려움으로 인해 그 배후 세력을 밝히는 것조차 어렵다.

이와같이 테러리즘의 기원과 변천 과정을 보면 테러리즘의 양상이 끊임없이 변해 왔다는 것을 알 수 있다. 미국에서 발생한 세계 경제의 심장부인 세계무역센터와 미국의 국방과 안보의 요체인 국방부 등에 대한 동시 다발적인 공격은 피해 규모로 보면 전쟁 수준이며, 사건의 치밀성과 계획성, 불특정 다수를 대상으로 한 점 등에 비추어 볼 때 테러리즘의 변화 양상을 알리는 사건이라고 볼 수 있다. 이러한 테러리즘의 양상에 대한 변화의 파악은 테러리즘의 미래에 대한 전망을 가능하게 하는 기초가 된다. 최근에 발생하고 있는 일련의 테러리즘 사건들은 앞으로 전개될 테러리즘의 공격 유형에 대한 전망을 가능하게 하는 여러 가지 특징들을 보여 주었다. 앞으로 전개될 수 있는 테러리즘의 유형은 과연 무엇일까?

전통적으로 테러리즘의 수단으로 총기류, 폭탄 등이 주로 이용되었다. 이러한 무기들을 사용하는 경우 최신 금속탐지기 등과 같은 장비의 출현과 보안 검색을 통해 어느 정도 색출이 가능했었다. 그러나 최근에는 이러한 탐지 장비에는 전혀 노출되지 않는 플라스틱 무기가 등장하고 있다. 9·11 미국 테러리즘 사건의 경우 항공기 납치에 이용된 것은 플라스틱 칼이었고, 납치한 여객기가 바로 무기였다. 이는 앞으로 쉽게 접근이 가능한 문명의 이기를 이용한 테러리즘이 흔히 발생할 것임을 예고하는 것이다. 또한 대량 살상 무기가 테러리즘의 수단으로 빈번하게 이용될 가능성이 높은 실정이다. 특히 저렴한 제조 비용에 비해 막대한 파괴력을 발휘하는 생화학 무기를 이용한 테러리즘이 가장 큰 위협이 될 수 있을 것이다.

20세기 말부터 시작된 정보기술(information technology: IT)의 급진적인 발전은 정보의 수집, 관리 및 이용 능력이 국가 경쟁력을 좌우하는 이른바 정보화 시대를 도래케 했다. 정보기술은 인류에게 고도의 합리화를 추구할 수 있게 했으며, 시·공(時空)을 초월해 다양한 혜택을 누리게 만들었다. 정보가 자원인 사회에서 정보기술의 발달이 인간의 발전에 크게 기여하고 있다는 사실을 부인할 사람은 아무도 없을 것이다. 그러나 한편으로는 정보화가 진행되면서 나타난 역기능을 어떻게 극복할 것인가 하는 문제가 대두되고 있다. 모든 문제들이 순기능과 역기능을 동시에 갖고 있듯이 정보통신 기술의 발달이 인류를 위협하는 역기능을 수반하고 있다. 정보화의 대표적인 역기능은 정치·경제·군사 등의 특정 목적을 가진 개인, 단체 혹은 주권 국가가 불법적으로 정보 시스템에 침투해 그 기능을 중단 또는 파괴해 사회 혼란과 국가 경제에 막대한 손실을 초래케 하는 사이버 테러리즘이라고 할 수 있다. 즉 정보 시스템이 행정, 금융, 군사 분야 등 국가 사회 전반에 보급되어 활용됨에 따라 그 정보 시스템을 파괴하거나 무력화시키는 사이버 테러리즘은 앞으로 전개될 테러리즘의 한 유형임에 분명하다.

사이버 테러리즘을 자행하는 테러리스트들은 폭발물을 가득 실은 트럭을 몰고 우리를 공격하지 않는다. 이들은 눈에 보이는 물리적 방법이 아니라 가상 공간을 통해 우리를 공격한다. 현재 인류는 첨단 기술의 발달로 대부분의 물리적 세계가 가상 공간의 세계로 쉽게 전환되는 시대에 살고 있다. 물리적 세계가 가상 공간의 세계로 전환되는 대표적인 예는 주변에서 쉽게 찾아볼 수 있다. 차고의 문을 열고 닫는 것, 전자레인지의 작동, 교통 통제, 항공기 관제 통제, 금융 업무의 처리, 식료품 공정 처리, 의약품 제조 공정 처리, 국방 관련 통제 처리 등 거의 모든 분야가 물리적 세계에서 가상 공간의 세계로 전환되어 있다. 첨단 정보통신 기술을 이용해 물리적 세계가 가상의 세계로 전환되어 있는 공간을 무차별적으로 공격하는 사이버 테러리즘은 이미 현실의 이야기가 되어 있다(최진태, 1999: 225-226).

테러리즘의 공격 유형에서 항공 테러리즘, 선박 납치 및 해상 테러리즘, 외교관과 요인에 대한 암살, 주요 시설에 대한 사보타주 등은 일반적으로 잘 알려져 있는 것들이다. 위에서 언급한 유형들은 일정 부분 현실 속의 문제로 이미 등장했다. 9·11 테러 사건과 미국의 탄저균 사태는 앞으로 전개될 수 있는 불특정 다수를 대상으로 한 또 다른 테러리즘 공격 유형의 도래를 알리는 서막에 불가한 것으로 보인다. 파괴력과 테러 무기로 사용될 경우 피할 수 없는 국제적 비난과 보복에 대한 우려로 인해 아직까지는 사용된 적이 없는 핵무기 혹은 핵물질을 이용한 테러리즘 가능성을 결코 배제할 수 없는 근거가 바로 여기에 있다.

제 9 장 뉴테러리즘의 유형[1)]

제 1 절 체제 연계 유무에 의한 분류

모든 테러리즘의 수행 주체는 조직이다. 특정 개인이 본인의 목적 달성을 위해 추구하는 폭력 행위는 대개 테러리즘이라 지칭되지 않는다. 테러리즘을 수행하는 모든 조직들은 나름대로의 신념과 목표를 가지고 있고, 이러한 신념과 목표는 조직의 행태를 결정하는 바탕이 된다. 현대의 테러리즘은 사회를 지배하고 있는 체제에 반대하는 성향을 가진 조직에 의해 행해지는 반체제 테러리즘과 사회 지배 체제, 또는 그 체제에 호응하는 조직에 의해 행해지는 체제측 테러리즘으로 양분될 수 있다(김상범, 2002: 136-139).

1 반체제 테러리즘

사회 지배 계층에 반대하는 그룹이 기존의 질서 파괴, 국가 전복, 권력 획득 등을 목적으로 자행되는 폭력 행위를 반체제 테러리즘이라 한다. 이

1) 뉴테러리즘과 테러리즘은 개념상의 차이가 존재하지만, 유형 분류에서는 뉴테러리즘과 테러리즘을 구별하는 데 실익이 없는 것으로 판단된다.

는 수행 조직의 성격에 따라 다시 범죄 형태, 허무 형태, 혁명 형태 등으로 구분된다.

1) 범죄 형태 테러리즘

범죄집단으로 분류되는 조직에 의해 자행되는 테러리즘을 의미하며 주로 인질을 미끼로 몸값 획득이나 구속자 석방 등을 요구하는 것이 보편적 형태이다. 최근 들어 콜롬비아 등 주로 남미 국가에서 마약 거래시의 이권 획득을 목적으로 빈번하게 발생하는 이른바 마약 테러리즘, 이탈리아 마피아집단의 테러리즘 등을 대표적인 예로 들 수 있다. 대부분의 범죄 형태 테러리즘 수행 조직들은 일관적이고 체계적인 정치 행동계획을 가지고 있지 않다. 그들은 현 체제를 진보시키는 것보다는 오히려 테러리즘을 수단으로 기존 체제의 중심으로 침투하고자 하는 다소 예외적인 성향을 공통적으로 가지고 있다. 따라서 사회의 지배 계층과는 공존 또는 기생(寄生)의 관계를 유지하기도 한다.

2) 허무 형태 테러리즘

범죄 형태 테러리즘 조직보다는 비교적 체계적인 정치 행동계획을 가지고 있으나 구체적인 전망이나 목적이 다소 결여된 허무주의 조직에 의해 행해지는 테러리즘을 의미한다. 기존의 체제를 부정하는 그들은 단순히 조직 의사 표출을 위해 현 체제 파괴를 기도하며, 현 체제가 해체되면 새로운 좋은 체제가 등장하게 될 것이라는 막연한 기대를 한다. 기존의 질서에서 소외된 반체제파가 적극적인 혁명을 시도할 역량을 가지고 있지 못할 경우 혁명의 대체 또는 우선 수단으로 테러리즘을 자행하기도 한다. 신좌익운동으로부터 파생된 독일의 적군파(RAF), 일본의 적군, 붉은 여단 등이 대표적인 허무주의적 경향의 테러리즘 조직으로 분류되고 있다.

3) 민족 형태 테러리즘

국가로부터의 분리 독립을 요구하는 집단에 의해 주로 자행되는 테러리즘이다. 민족 형태의 테러리즘은 대부분 피지배를 당하고 있는 소수 민족이 그들을 지배하는 국가 또는 체제를 상대로 실시되지만 마르크스주의의 계급적 귀속 의식, 이슬람 교리 등과 사상적 연계가 동반될 경우에는 전 세계가 공격의 대상이 되기도 한다. 바스크 조국과 자유(ETA), 브르타뉴 해방전선(FLB), 시크교도 분리독립파, 아르메니아 해방 비밀군(ASALA), 모로 민족해방전선(MNLF) 등이 이러한 형태를 가진 대표적인 조직으로 현재 지구촌에서 발생되고 있는 반체제 과격운동의 근원으로 평가된다.

4) 혁명 형태 테러리즘

지배국 또는 소속된 국가의 전제정치로부터 해방을 목표로 하는 집단에 의해 주로 자행되는 테러리즘이다. 이러한 집단들은 '현 정치 체계로부터의 이탈' 차원을 넘어 정치 체제 탈취 및 국가 또는 세계 질서의 근본적인 변혁까지도 궁극적인 목표로 삼는다. 따라서 이들 조직이 추구하는 혁명사상은 자주 독립의 구상은 물론 때로는 세계적인 규모에 이르기도 한다. 테러리즘 집단이 특정 종교 이념이나 마르크스주의 이데올로기와 결합될 경우 주로 이러한 양상의 테러리즘이 발생된다. 종교 이념과 결합된 대표적인 조직으로는 팔레스타인해방기구(PLO), 하마스(HAMAS), 이슬람성전운동(Islamic Jihad Movement) 등을 들 수 있다. 이러한 조직들은 대개 이스라엘 지역 유대인의 존재를 부정하고 이스라엘을 격멸해 팔레스타인 지역에 이슬람 국가를 건설하는 것을 궁극적인 목표로 하여 극단적인 테러리즘을 자행하고 있다.

2 체제측 테러리즘

체제측 테러리즘이란 국가 또는 조직의 지배 계층이 자신의 권력과 권위에 대한 반대파의 도전을 억압하기 위해 수행하는 무력 행사를 말한다. 이러한 체제측 테러리즘은 수행 조직의 성격에 따라 다시 자경단(自警團) 형태, 비밀 공작원 형태, 공무 집행 형태, 대량 살상 형태 등으로 세분된다.

1) 자경단 형태 테러리즘

체제측에서 주도하는 테러리즘 중에서 가장 제도화되어 있지 않은 것으로 테러리즘 수행의 주체는 조직 또는 단체보다는 개인인 경우가 대부분이다. 원래 자경(自警) 행위란 현행 체제를 옹호하는 행위로서 설사 폭력이 수반되더라도 대개 극단적인 방법은 사용하지 않는다. 특히 공격의 대상이 현행 체제를 파괴하려는 불순 세력일 경우 그 행위를 폭력이라고 칭할 수는 있어도 테러리즘으로 구분하지 않는 것이 보통이다. 그러나 국제적으로 그 존재 가치를 인정받고 있는 인종 그룹, 문화 그룹, 정치 그룹 등에 대한 자경단의 폭력 행위는 테러리즘의 수준으로 발전할 소지가 높다. 지난 1995년 쿠데타에 실패한 공산당원에 대한 말레이시아 정부의 대규모 학살, 1984년 10월 인디라 간디(Indira Gandhi) 수상 암살사건 후 인도 정부의 시크교도 수천 명 처형 등을 자경단 형태 테러리즘의 전형적인 예로 들 수 있다. 최근 활동 중인 대표적인 조직으로는 IRA에 대항해 결성된 북아일랜드 프로테스탄트계 과격파 조직 아르스타 방위협회(UDA), 아르스타 자유전사단(UFF), 아르스타 의용군(UVF) 등을 들 수 있다.

2) 비밀공작원 형태 테러리즘

국가기관에 공식적 또는 비공식적으로 소속된 개인이나 단체에 의해 비밀리에 자행되는 테러리즘을 의미한다. 다른 형태의 테러리즘과 비교되는 특징적 양상은 폭력 행위가 대부분 비밀리에 수행되고 그 행위의 주체 역시 미궁으로 처리되는 경우가 많다는 점이다. 이 형태의 대표적인 예로는 1981년 중미 과테말라에서 1만 명 이상을 희생시킨 암살부대 '흰손', '보라색 장미' 등을 들 수 있다.

3) 공무 집행 형태 테러리즘

정부기관이 국가 질서 파괴를 주도하는 개인이나 단체를 대상으로 공공연하게 행사하는 폭력 행위가 이 범주에 속한다. 대부분 사회를 지배하는 법과 질서의 범위 안에서 일종의 치안 유지 수단으로 수행되기 때문에 그 행위를 테러리즘으로 규정할 것인가에 대해서는 논란의 소지가 있을 수도 있다. 이 형태의 대표적인 예로는 중국 혁명기에 정권을 장악하고 있던 장제스(蔣介石) 국민당 정부가 혁명 세력을 대상으로 실시한 탄압, 쿠바 혁명기에 바티스타(Fulgencio Batista y Zaldivar) 정권의 반대 세력 숙청 등을 들 수 있다.

4) 대량 살상 형태 테러리즘

가장 극단화된 체제측 테러리즘의 형태로 정부의 이익을 위해 또는 목적 달성을 위해 특정 조직이나 단체를 말살시켜 버리는 폭력 행위를 의미한다. 때로는 작은 목적 달성을 위해 필요 이상의 무고한 인명을 희생시키기 때문에 주변의 여론이 극도로 악화될 수도 있으며, 테러리즘을 계획하고 실행하는 주체들에 대한 역테러 가능성도 배제할 수 없다. 따라서 소수의 책임자에 의한 주도면밀한 계획 수립이 요구되며, 계획과 전달, 집행의 과정이 철저히 통제된 체제 속에서 이루어져야 한다. 20세기 중반 유럽계 유대인에 대한 나치스의 학살, 1980년대 중반 이라크 후세인 정권에 의한 쿠르드족 학살 등을 대표적인 예로 들 수 있다.

제 2 절 수단별 분류

1 폭탄 테러리즘

1) 폭발물과 폭탄 테러리즘

폭탄 테러리즘은 테러리즘에서 가장 일반적인 수법이라 할 수 있다. 세계의 테러리즘 및 게릴라 사건에서 폭탄을 이용한 테러는 약 30%에 이른다. 폭발물은 목적에 따라 방화용·파괴용·살상용으로 구분되며, 이 때의 폭발물이란 열역학적으로 불안정한 물질이 인위적인 방법으로 평형 상태를 유지하는 화합물 또는 혼합물이 외부의 열, 충격, 마찰 등에 의해 물리적·화학적 변화를 일으키고 주위에 급격한 압력의 상승을 일으켜 폭발[2]하는

---

2) 폭발이란 파괴와 동시에 커다란 폭음이나 발광을 수반하는 현상이라고 정의할 수 있다. 폭발이란 안전 공학상 압력의 급격한 상승으로 순간적인 폭발의 본질인 압력 상승은 단지 물리적 원인에 의한 것만이 아니고 보통 화학 반응 또는 물리화학적인 변화에 기인해 일어나는 것이다. 이 폭발의 원인이 되는 화학 반응 중에서 연소 반응, 분해 반응, 폭굉 반응 등이 포함되고, 또한 물리화학적인 변화에는 액상(液狀) 또는 고상(固狀)에서 기상으로 변하는 변화가 포함된다.

물질을 일반적으로 지칭한다(최진태, 2006). 폭발물은 크게 주 폭약(main charge), 보조 폭약(booster charge), 기폭 장치(detonator), 그리고 발화 장치(firing device)로 구성된다.

이러한 폭탄 테러리즘은 용기에 충전된 폭약을 폭발시킴으로써 시설 파괴 및 인명 살상을 목적으로 하는 것으로 테러 조직의 상투적인 전술이라 할 수 있다. 건물은 물론 인명 피해를 노리며, 대중교통 수단인 열차나 차량 등을 주요 목표로 삼기도 한다.

테러 조직이 폭탄 테러를 선호하는 이유로는 첫째, 테러를 준비하는 시간이 다른 테러 방식에 비해 상대적으로 짧으며, 둘째, 제조 방법이 간단하고 원료도 손쉽게 구입할 수 있다는 점이다. 셋째, 목표물의 은밀한 곳에 은닉하거나 위장이 용이하며, 넷째, 목표물에 접근하기 쉽다는 점, 다섯째, 다수 인원에 대한 살상 효과가 있다는 점, 여섯째, 성공률이 높으며 흔적 제거가 쉽다는 점 등을 들 수 있다.

2) 폭탄 테러리즘의 유형

(1) 우편물 폭탄 테러

우편물 폭탄이란 일반적으로 우편물 속에 폭발물을 은닉해 목표물을 공격하는 방법이라 할 수 있다. 우편물 폭탄 테러는 우편물의 크기에 따라 편지 폭탄과 소포 폭탄으로 나눌 수 있으며, 소포 폭탄은 편지 폭탄에 비해 다량의 폭탄을 설치할 수 있으므로 상대적으로 편지 폭탄보다 더 파괴력을 지닌다. 폭발물의 전달 방법은 사람이 직접 배달하는 방식과 보통 우편물과 같이 배달되는 방식으로 나뉜다. 일반적으로 우편 폭탄은 우편물을 개봉한 자를 목표로 삼거나 건물 전체를 목표로 삼아 발생하기도 한다.

우편 폭탄은 그 사용이 비교적 용이해 테러 단체들에 의해 자주 이용되고 있다. 그 예로 1995년 일본에서 옴 진리교가 도쿄 도지사 앞으로 소포 폭탄을 보낸 사건과 2003년 나이지리아의 라고스에서 발생된 사건을 들 수 있다. 나이지리아 사건의 경우 아파트 주민 등 50여 명이 사망하고 40여 명의 부상자가 발생한 사건이었다.

이러한 우편 폭탄 테러에 대응하기 위해서 공공기관 및 기업의 우편물 담당자는 폭발물 위험 방지를 위한 교육을 받을 필요가 있다.

(2) 차량 폭탄 테러

차량 폭탄(bombing up car)은 우편 폭탄에 비해 상대적으로 다량의 폭탄을 탑재할 수 있고, 비밀리에 설치하기 쉽기 때문에 테러 단체들이 비교적 자주 사용하고 있는 수단이다. 차량 폭탄 테러는 목표물에 접근하는 방식에 따라 첫째, 차량에 폭탄을 설치하고 목표 대상이 차량에 탑승했을 때 폭파하는 방법, 둘째, 차량에 폭탄을 설치하고 목표물로 직접 돌진하는 방법, 셋째, 폭탄이 설치된 차량을 원격 조정해 목표물로 이동시켜 폭파시키는 방법이 있다.

첫 번째 방법의 경우는 주로 엔진이나 트렁크 등의 공간에 폭탄을 장치하는 일이 많다. 그러한 이유로는 유심히 살펴보지 않으면 폭탄이 장치되어 있는 것을 발견하기 어렵기 때문이다. 그리고 마지막 방식의 경우는 원격 조정에 의해 자신들의 안전을 확보할 수 있으며, 폭파 시간을 자유로이 설정할 수 있다는 이점이 있다.

이러한 차량 폭탄 테러의 대표적인 사례로는, 1995년 4월에 168명의 사망자와 5,000여 명의 부상자를 낸 탄자니아와 케냐의 미(美) 대사관 동시 폭파 사건 등을 들 수 있다. 그리고 지난 2003년에는 콜롬비아의 수도 보고타에서 주요 인사들의 전용 클럽인 '엘 노갈'이 차량 폭탄 테러에 의해 폭파된 사건이 발생하기도 했다. 이 때의 폭발로 인해 32명이 숨지고 200여 명의 부상자가 발생했다. 또한 2004년 6월 7일에는 아프가니스탄의 수도 카불에서 버스를 대상으로 한 폭탄 테러가 발생해 4명이 숨지고, 29명이 부상당한 사건도 있었다.

(3) 시한폭탄 테러

시한폭탄(time bomb)이란 일정한 시간이 경과하면 자동적으로 폭발하도록 발화(기폭) 장치를 한 폭탄을 시한폭탄이라고 한다(임한욱, 1993: 150). 테러리스트들이 시한폭탄을 자주 사용하는 이유로는 폭발 시간을 불규칙하게 설정할 수 있으며 누가, 언제 장치했는지를 모르기 때문에 불안과 혼란을 야기할 수 있다는 점이다. 그리고 폭발물 장치 후에 테러리스트들의 대피 시간도 충분히 확보할 수 있다. 시한 폭탄의 용도는 군용 외에도 게릴라, 테러리즘, 파괴 활동 등 범죄 등에도 사용된다.

(4) 자살 테러리즘

자살 테러리즘 또한 폭탄 테러리즘의 일종으로 분류할 수 있다. 자살 테러리즘은 폭탄을 자신의 몸에 지님으로써 자신과 함께 표적을 폭파하는 방식을 말하기 때문이다. 자살 테러리즘은 주로 과격파 조직에서 자주 사용되고 있다.

이러한 자살 테러리즘을 과격파 조직에서 자주 사용하는 이유로는 첫째, 테러범이 사망해 배후 조직을 파악하기 어렵다는 점과 둘째, 공격 후의 탈출 방법이나 공격자의 구출 수단을 고려할 필요가 없으며, 셋째, 비교적 준비 기간이 짧아 필요시에 수시로 시도할 수 있으며, 넷째, 비용이 저렴하고, 다섯째, 세계의 미디어를 집중시켜 과격파 원리주의자들의 이목을 끌 수 있다는 점을 들 수 있다.

자살 테러리즘은 1983년 레바논에서 미 대사관과 해병대 사령부에 자동차로 돌진해 300명을 사망시킨 사건을 계기로 전 세계로 확대되었다. 이 사건 이후에 스리랑카에서 독립을 요구하는 타밀이슬람해방호랑이(LTTE)는 2002년 2월까지 168건이나 자살 테러를 자행했다. 또한 팔레스타인에서는 순교를 정당화화는 신앙과 어우러져 자살 테러리즘을 순교 공격[3]이라 부르며, 자살 테러는 점차 과격화되고 있는 실정이다.

2 핵 테러리즘

오늘날 테러 집단은 자신들의 목적을 달성하기 위해서는 수단과 방법을 가리지 않고 있으며, 생화학 무기를 이용한 테러, 컴퓨터망을 이용한 테러 등 갖가지 신종 테러가 발생하고 있고, 특히 핵무기를 이용한 테러리즘 발생 가능성을 전문가들은 가장 크게 우려한다. 대형 테러리즘 가운데서도 핵무기 테러리즘은 가정할 수 있는 최악의 상황을 야기할 수 있는데 아무

3) 자살을 금지하는 이슬람교에서는 자폭 테러리즘을 순교라고 부른다. '지하디스트'가 자폭 테러리즘을 고집하게 된 배경에는 많은 이슬람교 법학자들이 자폭 테러리즘을 순교라고 인정하고 있는 이슬람법상의 사정도 있다. 특히 팔레스타인 서민층에서는 순교가 천국행을 약속한다는 의식이 침투되어 있으며, 이스라엘 군의 봉쇄와 분열이 계속되는 팔레스타인에서는 이교도(異敎徒)의 침략에 맞서 싸운다는 지하드(聖戰)가 적용되는 견해가 일반적이어서 성전 중의 죽음은 순교가 되는 것이다(김두현, 2004).

리 조잡한 수준의 핵폭탄이라 할지라도 1~2만 톤에 이르는 TNT의 폭발력으로 수십만 명의 생명과 주요 시설물에 대해 일시에 막대한 피해를 끼칠 수 있다.

9·11 뉴욕 세계무역센터 테러리즘 사건 이후 핵무기를 사용한 대규모 테러리즘도 실제로 발생할 수 있을 것이라는 우려를 감안해 국제원자력기구(IAEA)는 2001년 10월 29일부터 11월 2일까지 오스트리아 빈에서 핵 테러리즘 대책 방안을 논의하기 위한 특별회의를 개최했는데 여기서 IAEA 사무총장인 모하메드 엘바라데이(Mohamed ElBaradei)는 "테러리스트들이 자신들의 사악한 목적을 달성하기 위해 목숨도 기꺼이 희생할 수 있다는 의도를 보여 줌에 따라 대테러리즘 활동의 새로운 장이 열렸다"고 언급하면서 핵 테러리즘의 발생 가능성을 지적한 바 있다. 또한 2002년 6월 26일부터 27일간 캐나다에서 개최된 G8 정상회의는 러시아 내의 해체될 핵시설들로부터의 핵물질 유출 위험이 높음을 감안해 'G8 대테러 협력에 관한 선언'을 채택하고 낡은 핵 시설 해체 과정에서 발생될 수 있는 핵물질의 유출과 테러 분자들로의 유입을 차단하기 위한 종합적인 대책을 마련해 시행하기로 했다.[4)]

4) 한편 2003년도 G8의 주요 의제는 테러전·무기 확산 금지이다. 즉 테러리즘과의 전쟁, 무기 확산 금지 등이 오는 6월 프랑스에서 열릴 서방 선진 7개국과 러시아 등 주요 8개국(G8) 정상회담의 주요 의제가 될 것이라고 자크 시라크(Jacques Rene Chirac) 프랑스 대통령이 밝혔다. 시라크 대통령은 프랑스 주재 외교사절들을 위한 전통적인 신년 리셉션에서 이같이 말한 뒤 책임 있는 시장경제와 물, 에이즈(AIDS: 후천성면역결핍증) 등도 주요 의제에 포함될 것이라고 공개했다. 주요 8개국 정상회담은 6월 1일부터 3일까지 현재 G8 순환 의장국인 프랑스의 에비앙 레뱅 시에서 열었다. 시라크 대통령은 "기동력 등을 갖춘 테러 조직들이 현대 기술의 장점을 이용하는 방법을 알고 있다"고 우려한 뒤 "우리는 모든 수단을 동원해 그들이 핵과 생화학 무기들을 획득하는 것을 제지해야 한다"고 강조했다. 시라크 대통령은 또 북한을 거론하며 무책임한 행동을 하는 국가들을 비난한 뒤 "무기 확산에 대항하기 위한 좀더 강력한 다각적 수단들"을 촉구했다. 시라크 대통령은 경제 분야와 관련, G8이 금융·사회·환경 등 모든 분야에서 책임 있는 시장경제를 위한 원칙들을 수립해야 한다고 제안했다. 그는 아르헨티나를 지적하면서 부채 문제로 어려움에 직면한 국가들의 지원과 관련된 논의에 대한 결론을 내리는 것이 긴급한 현안이라고 강조했다. 시라크 대통령은 또 G8이 인간의 근본적인 요구 중에 하나인 물에 대해 관심을 가져야 한다고 제안했으며 미국을 겨냥해 작년 말 '이기주의' 국가가 빈곤 국가들에게 에이즈와 다른 전염병들을 치료하는 의약품에 대한 접근을 허용하는 세계무역기구(WTO)의 합의를 무너뜨렸다고 비난했다. 시라크 대통령은 이 밖에 지구촌의 다

핵 테러의 유형으로는 핵무기 공격, 원자력 시설에 대한 공격, 방사능 물질 투하를 통한 재래식 공격 등 크게 세 가지로 나누어 볼 수 있다. 이 중 특히 현실적 발생 가능성이 높은 유형은 이른바 '더러운 폭탄(dirty bomb)'으로 불리는 방사능 물질 투하를 통한 공격이다. 즉 재래식 공격 무기에 방사능 물질을 장착해 공격함으로써 순식간에 방사능 오염을 초래하는 것이다.

핵 테러의 가능성은 현재로서는 그다지 높은 것으로 평가되고 있지는 않지만 최근 미국 정보기관은 알 카에다의 조직원이 미국에 대해 '히로시마식 테러'를 계획하고 있다는 것을 자랑스럽게 얘기하는 통화 내용을 감청한 적이 있다고 밝힌 바 있다. 게다가 미국의 9·11 테러 사태를 통해 대규모 테러 행위를 자행할 능력과 의지를 가진 테러 조직이 존재한다는 사실이 재확인된 만큼 국제 사회는 핵 테러 대응 활동을 강화해 나가야만 한다.

이러한 핵 테러리즘을 방지하기 위해서는 무엇보다도 광범위한 국제적 협력이 이루어져야 한다. 핵 테러리즘의 피해 대상은 이 지구상 어느 국가나 일부 시민으로 특정될 것이 아니다. 언제 어디서 무슨 이유로 핵 테러가 일어나 선의의 피해자가 될지 모르는 상황이다. 따라서 국가 간에 긴밀한 협조 체제를 구축해 핵물질 밀거래 봉쇄를 위한 국경지역 통제를 엄격히 실시하는 한편 국제적인 불법 무기 거래에 대한 정보 수집 및 단속 활동을 강화해야 한다. 그리고 알 카에다와 같은 핵 테러를 자행할 가능성이 있는 테러리즘 조직을 분쇄하기 위한 국제적인 대테러리즘 공조 활동을 강화할 필요가 있다. 이러한 협력에는 정치·외교·경제·군사적인 노력과 함께 관계 기관 간 국제적인 정보 교환을 활성화함으로써 테러리즘 조직의 하부 세포망 색출 및 핵물질 입수 기도 방지에 총력을 기울여야 한다.

3 생화학 테러리즘

생화학 무기에 의한 테러는 1995년 일본 사이비 종교집단인 옴 진리교에 의한 도쿄지하철 사린(sarin)가스 살포 사건, 2001년 미국의 9·11 테러 사건 후 미국을 비롯한 전 세계 각국에서 발생한 탄저균(Anthrax) 배달 소동

양성을 반영하기 위해 신생 국가와 빈곤 국가 정상들도 일부 참석할 것이라고 전했다(연합뉴스, 2003. 1. 8).

등에서 그 위험성과 파급 효과가 매우 크다는 것이 이미 입증된 바 있다.[5)]

화학무기는 핵무기나 생물학 무기보다 취득이 훨씬 용이하다. 전쟁용 유독성 화학무기를 제조하기 위해서는 상당한 전문성과 어느 정도 전문화된 장비가 필요하므로 일부 국가에서만 이러한 무기를 생산·보관하고 있으나, 모든 국가가 최소한의 화학무기를 제조·사용하는 데 필요한 기술적 전문성과 자원을 보유할 수 있다. 그뿐만 아니라 개인이나 테러 집단들도 어느 정도 기초적인 기술적 능력만 갖추고 있으면 국가의 경우나 마찬가지로 쉽게 화학무기를 취득할 기술적 가능성이 있다.

생물학적 무기 즉 생물무기는 인구가 밀집된 도시에 약간의 세균 살포만으로도 다수의 사상자를 낼 수 있다는 점에서 가장 위협적인 테러 무기라고 할 수 있어, '가난한 자의 핵무기'라고 하기도 한다.[6)] 또한 생물학적 무

---

5) 실제로 지난 해 9월 11일 뉴욕의 세계무역센터(WTC) 건물에 충돌한 첫 테러 항공기에 탑승한 테러범들은 승객들과 승무원들을 제압하기 위해 최루신경가스나 다른 화학물질이 든 스프레이를 사용했을 가능성이 높다고 미 CNN 방송 인터넷 판이 2002년 12월 11일 보도했다. 테러범들은 또 한 승객의 목을 흉기로 베고 승무원 2명을 칼로 찔렀다고 미 국연방수사국(FBI) 소속 수사관인 매튜 월시가 밝혔다. 월시 수사관은 이 날 독일 함부르크에서 열린 한 공판에서 증인으로 참석, 여객기 납치 직후 한 여 승무원의 전화 통화를 인용해 이같이 밝혔다. 이 날 공판은 9·11 테러범 일부가 포함된 함부르크 지역 알카에다 조직에 물자 지원을 제공한 혐의로 기소된 모로코인 무니르 엘 모다사데크(28)의 혐의를 심리하기 위해 열린 것이다. 월시는 이 날 공판에서 WTC 건물에 충돌한 아메리카항공 소속 여객기에 탑승한 이 여 승무원이 지상의 공항 관계자들에게 "숨을 제대로 쉴 수가 없다. 범인들이 최루신경가스나 다른 가스를 사용했을 것 같다"고 전해 왔다고 증언했다. 그는 또 이 여 승무원이 "10B 좌석에 있던 승객 한 명이 바로 앞좌석의 승객을 칼로 찔렀는데 피해자는 벌써 사망한 것 같다"는 말을 전했다. 이와 함께 월시는 "범인이 앞 승객의 목을 자른 것이 분명하다"는 여 승무원의 말도 인용했다. 월시는 이어 다른 2명의 승무원들이 범인들의 칼에 찔렸는데, 이 가운데 한 명은 경상이지만 나머지 한 명은 중상을 당했다는 말을 여 승무원이 전해 왔다고 덧붙였다. 월시의 이런 증언은 이 여객기 나포 과정에 대한 새로운 사실을 밝혀 주고 있다는 점에서 관심을 모으고 있다. 사건 발생 수 개월 후 나온 FBI의 진술서에 따르면 보스턴에서 출발한 이 여객기의 한 승무원이 휴대폰으로 로건국제공항 직원에게 전화를 걸어 와 9번과 10번 줄의 좌석에 있는 남자 몇 명이 칼로 무장했으며 다른 승객들에게 부상을 입힌 뒤 항공기를 납치하고 있다고 되어 있다. 한편 이 날 공판에서 재판장은 로스앤젤레스 국제공항에 대한 폭탄 테러를 기도한 혐의로 기소된 알제리인 아메드 레삼을 심문하기 위해 재판부가 다음 주 미국으로 출장을 갈 계획이라고 밝혔다(중앙일보, 2002. 12. 12).

6) 서방 선진 7개국(G7)은 내년 6월 천연두균을 이용한 생물 테러 가능성에 대한 회원국 간 공조 태세를 점검하기 위한 가상훈련을 실시한다고 G7 보건장관들이 6일 밝혔다. 토미

기를 제조하기 위해서는 대학에서 미생물학을 전공한 자와 에어로졸 살포기 제조 기술을 가진 기계공학자만으로도 가능하다고 하며, 현재 세계 100여 개국에서 생물학적 무기를 제조할 역량이 있고, 몇몇 테러 집단들도 이러한 능력이 있다고 한다.[7)]

4 인질 테러리즘

인질 테러리즘이란 주로 인질을 이용해 자신들의 물리적인 이윤이나 개인 혹은 단체의 목적을 달성하고자 하는 것을 말한다(Bartol, 2002). 인질 테러리즘이 빈번히 발생하는 이유로는 테러범들 자신의 협상력을 높이고, 선전 효과도 최대화할 수 있기 때문이다. 비록 납치는 테러 단체들이 성공하기 어려운 방법 중 하나이지만, 일단 이것이 성공할 경우 테러 자금을 얻을 수 있고, 수감되어 있는 동료들을 석방시킬 수도 있으며, 장시간 동안 자신들의 대의명분을 널리 선전할 수도 있다. 이러한 인질 테러의 전형적인 방식으로는 그들의 요구를 정해진 시간 안에 관철시키지 않으면 인질을

톰슨 미국 보건장관은 멕시코 시티에서 열린 G7 보건장관 회의를 마친 뒤 이같이 밝히고 "천연두 확산 가능성에 대비한 계획을 마련하는 데 많은 시간을 썼다"면서 "그런 공격이 있을 경우 미국에서 인구의 3분의 1이 사망할 것"이라고 말했다. 데이비드 바이른 유럽연합(EU) 보건담당 집행위원은 가상훈련이 6월 말 실시될 것이라고 말하고 "공포가 무기라면 그런 공격에 대한 대중의 신뢰가 해독제가 될 수 있을 것"이라고 밝혔다. 앨런 밀번 영국 보건장관은 "우리를 향한 구체적 위협은 알지 못하지만 천연두 바이러스가 좋지 않은 사람들의 수중에 들어갈 가능성은 알고 있다"면서 "가장 우선하는 의무는 최악의 상황에 대비하는 것"이라고 강조했다(연합뉴스, 2002. 12. 7).

7) 최근 유럽에서는 독극물 테러 경계령이 내려지고 있다. 영국에서 최근 맹독성 물질인 '라이신' 테러 가능성이 고조되고 있는 가운데 『파이낸셜 타임스(*FT*)』는 10일 서유럽의 한 도시가 조만간 화학무기나 비재래식 무기 공격을 받을 가능성이 있다고 보도했다. 또한 영국 대(對)테러 경찰은 지난 주 런던의 한 아파트에서 라이신의 흔적과 원료, 제조 장비를 발견하고 7명의 용의자를 체포하면서 알 카에다의 화학무기 테러 공격이 임박했다는 우려가 고조됐다. 정보 당국은 영국에서 제조된 라이신의 원료가 해외에서 유입되었을 가능성이 있으며 라이신이 이미 테러범들의 손에 넘어갔을 것으로 우려하고 있다. 미 연방수사국(FBI)도 10일 라이신을 이용한 테러 가능성을 우려해 경찰에 특별 테러 경계령을 내렸다. 전문가들은 라이신은 해독제가 없어 생물 테러 물질이나 대량 파괴 무기로 이용될 가능성이 있지만 런던 지하철 등과 같은 혼잡한 민간 목표물에 대한 대규모 공격보다는 요인 암살 등에 스프레이 형태로 이용되기에 가장 적당한 물질이라고 설명했다(중앙일보, 2003. 1. 11).

살해하겠다고 위협하는 것이 대부분이다.

정치적 혹은 종교적 동기를 지닌 인질 테러 사건들은 과격한 정치·종교 집단 혹은 개인들이 무고한 민간인들을 볼모로 하여, 자신들의 정치 목적을 달성하기 위해 또는 종교 교리를 설파하기 위해 자행된다.

우리 나라의 경우 김선일 피랍 사건과 최근에 문제가 불거진 샘물교회 교인 피랍 사건 등이 인질 사건의 가장 전형적인 예이다.

아프간에서 피랍된 민간인들은 경기도 성남시 분당 샘물교회 교인들로서, 이들은 의료와 봉사 활동을 위해 2007년 7월 13일 아프간에 도착해 23

[그림 9-1] 아프가니스탄 한국인 피랍 일지

출처: 연합뉴스 그래픽(2007).

일 귀국할 예정이었다. 이들은 19일 오전에 아프간의 수도 카불에서 1대의 버스를 이용해 남부 칸다하르 주로 이동하던 중 가즈니 주에서 탈레반[8]에게 납치되었다. 탈레반은 한국군의 즉각적인 철군과 탈레반 인질들과의 맞교환을 요구하기도 했다. 결국 8월 28일 40여 일 만에 억류되었던 인질들이 공식적으로 석방되었으나, 배형규 목사를 포함한 2명의 희생과 국민적인 충격, 그리고 국가적·외교적 손실 등은 우리 나라의 대테러 대응 체제의 보완 대책이 시급함을 드러내었다.

탈레반(Taleban)은 계속적인 외국인 납치를 시도할 것이다. 그 이유는 앞에서 살펴본 바와 같이 인질 테러가 성공한다면, 테러리스트들은 최소의 비용으로 최대의 효과를 볼 수 있기 때문이다.

제 3 절 대상별 분류

1 항공 테러리즘

항공 테러리즘은 비행중이거나 이륙 준비 단계에 있는 항공기 및 기내에 있는 사람들에 대한 테러 행위를 주로 의미한다(유광의, 1996). 오늘날의 항공 테러리즘은 단순한 항공기 납치에서 벗어나 더욱 다양한 형태로 발생하고 있다. 그 중 대표적인 것으로 비행중인 항공기의 폭파 및 공항, 터미널, 항공기 이용객에 대한 공격 그리고 항공 외부 시설에 대한 공격 등을 들 수 있다. 이러한 항공 테러리즘은 항공기 안전 운행 및 국제 평화 유지에 위협을 주고 있다.

---

8) 탈레반은 아프간 남부 칸다하르에서 1994년 2만 5천여 명의 학생들이 중심이 된 수니파(派)의 무장 이슬람 정치조직을 말한다. 미국의 9·11 테러 사건의 배후자인 오사마 빈 라덴(Osama bin Laden)과 그의 추종 조직인 알 카에다(Al-Queda)를 숨겨둔 채 미국에 인도하지 않음으로써 미국과 동맹국들의 반발을 사기도 했고 결국 아프간을 전쟁의 도가니로 몰아넣었다. 그리고 2007년 7월에는 우리 나라의 샘물교회 교인들을 납치해 잘 알려진 조직이기도 하다.

1) 납 치

1931년 페루의 혁명분자들이 그들의 혁명 강령을 살포하기 위해 팬암(Pan Am) 항공기를 납치한 이래 2005년까지 995회의 항공기 납치 사건이 발생했다. 항공기 납치는 초창기에는 주로 동구 공산권 국가에서 서방 자유국가로 탈출해 정치적 망명을 하기 위한 수단으로 사용되었다. 제2차 세계대전 이후 공산권 국가들과 심각한 이데올로기 대결을 벌였던 서방 국가들은 그들 체제의 우월성을 과시하기 위해 공산국가에서 서방 자유 진영으로 항공기를 납치하는 하이재커(hijacker)에 대해 대부분 아무런 처벌 없이 정치적 망명을 허락하거나 심지어 이들을 영웅시하기도 했다. 이러한 경향은 항공기 납치를 촉진하는 요소로 작용하기도 했다.

1960년대 중반 이후 점차 테러리스트 단체들이 항공기 납치를 통해 그들의 정치적 목적을 달성하기 위한 수단으로 이용함으로써 항공기 납치는 심각한 문제로 등장하게 되었다. 1968년과 1972년 사이에 절정을 이룬 항공기 납치는 1969년 한 해 동안 85건이 발생해 주당 약 2건이 발생한 것으로 나타났다.

항공 테러리즘 중 항공기 납치가 수적으로 많은 이유[9]는 테러리스트들이 그들의 정치적 목적을 주장하는 데 적은 인력과 비용으로 짧은 시간에 최대의 효과를 발휘할 수 있는 방법이 항공기 납치임을 잘 알고 있기 때문이다. 특히 국제 교류의 증대로 인해 항공기 이용객은 다양한 국적의 국민들이 섞여 있어서 항공기 납치가 발생하면 국제적인 이목을 모을 수 있고 통신 체계의 발달로 전 세계 구석구석까지 TV 등을 통해 테러리스트들의 정치적 목적을 손쉽게 알릴 수 있다는 점이다. 또한 항공기 이용객을 인질로 삼아 공격 목표가 되는 대상 국가를 위협할 수 있다는 것이 항공기 납치의 증가 원인이 되고 있다.

항공기 납치 사건은 1931년에 처음 시작되어 1931년부터 1967년까지 10자리 미만의 사고 건수를 기록했지만 1968년 이후로 항공기 납치 건수는

9) 1960년 중반 이후 점차 테러리스트 단체들이 항공기 납치를 통해 그들의 정치적 목적을 달성하기 위한 수단으로 이용함으로써 항공기 납치는 심각한 문제로 등장하게 되었다. 1968년과 1972년 사이에 절정을 이룬 항공기 납치는 1969년 한 해 동안 85건이 발생하기도 했다.

폭발적으로 증가하게 된다. 1968년에 항공기 납치 사건은 35건이나 발생했으며 1969년도에는 85건의 항공기 납치가 발생했다. 이는 월평균 약 7건의 항공기 납치가 발생한 것이라고 할 수 있다.

하지만 1974년 이후로 항공기 납치는 점차 줄어들고 있는 추세이다. 항공기 납치가 국제 사회에 커다란 문제로 부각됨에 따라, 각국은 자국 항공기에 대한 보안시설을 강화하는 등 항공기 납치에 대한 대책을 꾸준히 마련했고, 이것이 항공기 납치 감소로 연결되었다고 할 수 있다. 그렇지만 여전히 항공기 및 공항의 보안시설이 완벽하지 못하고, 테러리스트들은 항공기 납치가 비교적 용이하다고 생각하고 있어 항공기 납치는 아직도 근절되지 않고 있는 실정이다.

2) 공중 폭파

1969년 최고조에 달했던 항공기 납치가 줄어들면서 비행중인 항공기에 대한 공중 폭파가 증가하기 시작했다. 최초의 항공기에 대한 공중 폭파는 1949년 5월 7일 필리핀에서 일어난 이래 1995년까지 97회의 항공기 공중 폭파가 일어나 2,261명의 무고한 생명을 잃었다.

항공기 공중 폭파 사건은 항공기 납치 사건과 비교해 볼 때 발생 빈도수는 낮지만 막대한 인명 피해를 초래하게 되어 그 어떤 형태의 테러리즘보다 위협을 더해 주고 있다.

우리 나라의 경우에도 테러리스트 김현희가 대한항공 858기를 폭파한 사건이 있었다. 이 때 폭파에 사용한 컴포지션 C-4는 위력이 TNT의 1.34배나 되는 고성능 폭약으로서 단지 350그램으로 거대한 항공기를 단숨에 폭파시킬 수 있다. 또한 컴포지션 C-4는 형태 변경이 용이하고 금속탐지기로도 검색이 불가능한 비금속 물질이기도 하다. 이렇듯 폭발물의 발전에 따라 최근에 발생하는 항공기 폭파 사건의 경우에 과거와는 비교할 수 없을 정도로 희생자의 수가 급격히 늘고 있다. 1949년부터 1969년까지 20년 동안에 25건의 항공기 공중 폭파 사건으로 384명이 사망한 반면에, 1988년 12월에 스코틀랜드의 로커비(Lockerbie) 상공에서 발생한 팬암 103기 폭파 사건으로 270명이 희생되는 결과를 초래했다(국방부, 2001).

항공기 폭파 사건은 1970년대 초부터 증가하고 있는데 그 이유는 다음과 같다. 먼저, 항공기 납치가 1968년부터 급격하게 증가하자 각국은 탑승자에 대한 검색 강화와 함께 항공기에 무장 보안요원(sky marshall)을 탑승시킴으로써 항공기 납치가 상대적으로 어려워지게 되었다. 이에 테러리스트들은 항공기의 납치보다는 공중 폭파라는 극단적인 전술을 채택하게 되었다. 둘째로는 항공기 납치와는 달리 공중 폭파는 그 배후를 밝히기가 어렵다는 이점이 있다. 이러한 예로, 대한항공 858기 폭파 사건을 들 수 있다. 만약에 김현희가 858기 폭파 후에 탈출에 성공했다거나 자살에 성공했더라면 이 사건은 물적 증거가 없는 사건이 되었을 수도 있다. 셋째로는 재래식 금속 탐지기로는 발견이 어려운 플라스틱 폭발물을 손쉽게 구할 수 있다는 점이다.

3) 항공시설과 이용객 공격

항공기 납치와 공중 폭파에 대비한 각국의 대응책이 강화되자 테러리스트들은 상대적으로 공격하기가 용이한 항공시설과 항공기 이용객을 그들의 공격 목표로 삼게 되었다. 이에 따라 1970년대 초까지는 거의 없었던 항공시설 및 이용객에 대한 공격이 1970년대 중반부터 급격하게 증가하게 된다.

1972년 이스라엘의 로드 공항(Lod Airport)에서 발생한 에어 프랑스(Air France) 항공기에 대한 공격 사건은 민간 항공 역사상 가장 심각한 항공시설 및 이용객에 대한 테러 사건이었다. 에어 프랑스 항공기 편을 통해 이스라엘에 도착한 승객들을 향해 3명의 일본적군(Japanese Red Army: JRA) 소속의 테러리스트들이 자동소총 및 수류탄으로 무차별 공격을 가한 것이다. 이 사건으로 인해 성지 순례 중인 28명의 민간인이 사망하고 70여 명이 부상을 당했다. 이 사건은 전형적인 대리 테러리즘(proxy terrorism)으로서 팔레스타인에 있는 테러 단체들은 자신들의 요원들의 신분이 이스라엘 정보기관에 노출되어 이스라엘에 대한 테러리즘 공격이 어렵게 되자 팔레스타인 테러리스트 단체들은 그들과 네트워크를 가지고 있던 일본적군 소속의 테러리스트들을 고용해 에어 프랑스를 공격한 사건이다.

이스라엘의 로드 공항에서 발생한 사건은 항공기 납치와 항공기 공중 폭파에 대한 이스라엘의 보안책이 강화되자 테러리스트들이 공격이 용이한 공항과 이용객을 상대로 자행한 것이었다. 테러리스트들은 조금이라도 허점이 있거나 보완 대책이 미비한 곳은 언제든지 자신들의 공격 목표로 삼을 수 있다는 것을 보여 준 사건이다.

지금까지 각국 정부들은 항공기 납치 및 공중 폭파의 방지를 위한 대책 마련에만 고심해 왔다. 이는 1960년대에 항공기가 공중 납치에 노출되었던 것과 같이 현재는 공항과 항공사 사무실이 테러리스트 공격에 거의 무방비 상태로 노출된 것과 같다. 이러한 상황에서 1975년부터 1995년까지 항공사 사무실에 대한 공격이 343회나 된다는 것은 그리 놀라운 것이 아니며, 1990년 이후 항공시설과 이용객에 대한 공격이 급격하게 증가하고 있어 이에 대한 대책이 시급한 실정이다.

4) 항공기에 대한 미사일 공격

항공 테러리즘의 역사를 살펴보면 테러리스트들의 항공기에 대한 공격 양상이 변해 왔음을 알 수 있다. 즉 항공기 납치에서 공중 폭파로 그 다음 항공시설에 대한 공격으로 변모해 왔다. 이러한 세 가지 형태의 테러리즘이 동시에 존재하는데 또 다른 형태의 테러리즘이 나타나고 있다. 즉 항공기에 대한 미사일 공격을 들 수 있다.[10)]

항공기에 대한 미사일 공격은 현재 심각한 수준에 와 있다고 볼 수 있다. 실제로 테러리스트들은 지대공 미사일(surface-to-air missile)로 무장하고 있으며, 민간 항공기를 공격하기 위해 화생방 무기뿐만 아니라 핵무기를 사용할 가능성도 배제할 수 없다.

민간 항공기에 대한 테러리스트의 미사일 공격은 전혀 새로운 것이 아니다. 1973년 9월에 소련제 미사일로 무장한 4명의 팔레스타인 테러리스트들은 공항 근처에 있는 아파트를 비밀리에 전세내어 미사일 발사대를 설치하고 이스라엘 항공기를 공격하려 한 사건이 있었다. 비록 이 사건은 실패로 돌아갔지만 2년 후에 또다시 이스라엘 항공기에 대한 미사일 공격 사건이

10) 실제로 많은 테러리스트들이 지대공 미사일로 무장하고 있다. 테러리즘 전문가들은 민간 항공기를 공격하기 위해 화생방 무기는 물론 핵무기를 사용할 가능성도 배제할 수 없다고 지적하고 있다. 민간 항공기에 대한 미사일 공격은 1980년대에 들어서면서 수적으로 증가하고 있는데 1973년부터 1995년까지 45회의 미사일 공격 중 38회가 1985년 이후에 발생했다는 것에 주목할 필요가 있다.

프랑스의 오를리 공항에서 발생했다. 1975년 1월 13일에 2명의 테러리스트들이 136명의 승객을 태우고 이륙하는 이스라엘 항공기를 향해 미사일을 발사했지만 이스라엘 항공기가 아닌 유고슬라비아 항공기에 명중되어 탑승을 기다리고 있던 승객과 항공기가 피해를 당한 것이다. 테러리스트들은 이스라엘 항공기에 대한 공격이 실패로 끝나자 공항 시설을 향해 미사일을 또다시 발사한 후 사라졌다.

항공기에 대한 미사일 공격은 1980년대에 들어서면서 증가하고 있는 추세이다. 1973년부터 1995년까지 발생한 45회의 미사일 공격 중 38회가 1985년 이후에 발생했다. 1987년과 1992년에는 각각 7회가 발생했으며, 1993년에는 9회, 그리고 2006년은 1973년 이후 가장 많은 40회의 민간 항공기에 대한 미사일 공격이 있었다.

이처럼 민간 항공기에 대한 미사일 공격이 증가하고 있는 이유는 몇 가지로 요약할 수 있다.

첫째, 1980년대에 들어서면서 항공기 공중 폭파가 심각해지자 각국 정부는 이에 대한 대비책을 강화하기 시작했고, 이에 따라 테러리스트들은 좀 더 작전이 용이한 미사일 공격으로 전환하는 양상을 보이기 시작했다는 점이다.

둘째, 미사일 공격으로 항공기 공중 폭파에서 얻을 수 있는 파괴적 결과를 얻을 수 있다는 인식을 테러리스트들이 하고 있다는 점이다.

셋째, 많은 테러리스트 단체들이 미사일을 보유하고 있고, 현대의 미사일 제조 기술이 급격하게 발달해 운반 및 조작이 간단해 미사일을 이용한 항공기 공격이 용이해지고 있다는 점이다.

넷째, 현대의 주요 국제 공항은 수많은 대형 항공기의 이착륙을 수용할 수 있는 거대한 규모로, 공항 주변의 둘레가 거의 수 킬로미터에 달해 테러리스트들이 미사일을 발사할 수 있는 지점의 선정이 매우 용이하고 보안요원들에게 발각될 가능성도 매우 낮다는 것이다.

이상과 같은 기술적 요소들이 복합적으로 작용하고 있고, 목적 달성을 위해서는 수단과 방법을 가리지 않는 테러리스트 단체들의 극단적인 사고 역시 민간 항공기에 대한 미사일 공격의 증가 원인이 되고 있다.

지금까지 항공 테러리즘에 대한 대응책을 마련하면서 각국 정부는 당시에 나타나는 공격 유형에 대한 대책 마련에 급급하는 양상을 보여 왔다. 이에 따라 테러리스트보다 항상 한 단계 앞서지 못하고 알려진 공격 유형에 대한 대처 방안 마련에만 치중하는 허점을 드러내 왔다. 지금까지 항공기에 대한 미사일 공격의 발생 빈도는 높지 않지만, 이에 대한 적극적인 대응책이 마련되지 않을 경우 민간 항공기의 안전 운행은 크게 위협받을 수도 있다(국방부, 2001).

2 해상 테러리즘

1) 해상 테러리즘의 개념

각종 수송 수단의 발전에도 불구하고 여전히 해상 교통의 중요성은 증대하고 있다. 여전히 물류 이동의 90% 이상을 해상 수송이 담당하고 있으며, 이는 해상 교통이 항공 및 육상 교통에 비해 운송 비용이 저렴하고 대량 수송이 용이하다는 점 때문이다. 이렇듯 해상 교통의 중요성이 증대되고 있는 가운데 해상 테러리즘 및 해적 행위가 안전한 해상 교통의 발전을 위협하고 있다.

해상 테러리즘을 좁게 해석해 바다에서 발생하는 폭력적 행위만을 논의의 대상으로 하면, 해적 행위 역시 바다에서 발생하는 폭력적 행위와 연관이 있는 대표적인 용어라는 점에서 양자는 개념상의 공통점을 찾을 수 있을 것이다(신창훈, 2005). 하지만 아시아 태평양 안전협력 심의회(CSCAP)의 해상 협력 작업반의 해상 테러리즘의 정의에 의하면, ① 해상 테러리즘을 해상 환경의 범주 내에서, ② 해상 또는 항만에서 선박 또는 플랫폼을 이용하거나 이에 대해 또는 여객이나 사람에 대해, ③ 관광시설, 항만 및 항만과 인접한 도시를 포함한 해상 시설물에 대해 행하는 테러 행위라고 정의해 단순히 해상에서 발생한 폭력 행위와는 구별해 정의내리고 있다.

2) 해상 테러리즘의 주요 유형

해상 테러리즘과 관련 주요 유형으로 화물선이나 여객선을 폭파함으로써 공격 대상 국가에 경제적·정치적 타격을 가하거나, 인질 석방을 조건으로 체포되어 있는 동료 테러리스트의 석방이나 금품을 요구하는 시도와 아울러 사적인 목적을 위한 폭력 행위인 해적 행위가 있다.

전자의 경우 알 카에다의 소행으로 추정되는 2001년 10월 예멘 아덴 항에서 발생한 미 구축함 콜 호에 대한 소형 보트 자살 폭탄 테러(미 해군 17명 사망)와 1985년 10월 이탈리아 호화 여객선 아킬레 라우로 호 납치 사건이다. 4명의 팔레스타인 해방전선 소속 테러리스트들이 지중해를 돌면서 순항하는 아킬레 라우로 호를 납치해 180명의 승객과 331명의 승무원을 인질로 잡고 50명의 팔레스타인 테러리스트들의 석방을 요구한 대표적인 해상 테러리즘 사건이다.

후자의 경우 최근에 발생한 2007년 5월 15일에 소말리아 해역에서 발생한 한국 국적의 마부노 호 사건이 대표적인 사례이다.

이와 더불어 2001년 9월 12일에 채택된 UN 안전보장이사회에 결의 제1368호에 직접적으로 테러리즘이란 용어로 언급되지는 않았지만, 테러 행위의 주요 수단과 대상이 되는 핵물질, 가소성 폭약, 항공, 항해, 국제적 보호인물, 인질 문제 등의 광의의 개념도 포괄해서 언급되고 있다.

3) 해상 테러리즘의 대응 방안

(1) 국제 협력 체제 강화

1960년 이후 거의 발생하지 않았던 해상 테러리즘은 1970년 중반기부터 급증하는 추세를 보이고 있다. 이는 그간 항공 테러리즘이 짧은 시간 내 테러리스트 지원국으로의 탈출의 용이성, 밀폐된 공간에서 다국적 승객을 인질로 잡음으로써 협상의 용이성과 더불어 테러 단체의 정치적 목적을 널리 알릴 수 있는 세계 언론매체를 쉽게 끌어들일 수 있다는 점에서 해상 테러리즘의 비중이 낮았으나, 국제 사회가 항공 테러리즘에 대한 대비책을 마련해 점점 항공기 납치가 어려워져 상대적으로 해상 선박을 공격하는 것이 용이하다는 판단을 내렸다는 것이다.

따라서 해상에서의 법과 질서의 보장, 그리고 해상 운송의 안전 확보를 위해 국제 사회가 총체적 대응 의지를 가지고 대책 마련을 위해 노력을 경주할 때 해상 테러리즘은 최소화될 수 있다는 것을 각국은 인식해야 할 것이다.

(2) 정보 교류 강화

해상 테러리즘의 근절은 발생 후 위기관리나 사후 처리에 있는 것이 아니라 사전에 해상 테러리즘을 감행할 가능성이 높은 테러리스트 단체의 정체를 정확히 파악하고 사전 점거, 자금 및 무기 지원 경로의 차단이 선행되지 않으면 해상 테러리즘의 근절은 불가능할 것이다.

따라서 각국 정보기관 및 해군 당국은 해상 테러리즘에 관한 정보 활동을 강화함은 물론 각국 해군 간에 비군사적 선박의 위치와 자국 선박에 대한 불법적 공격 행위에 대한 정보를 교환하는 것이 필요하다. 이러한 목적을 달성하기 위해 각국은 기존의 다자간 안보 협력 체제를 통해 해상 테러리즘에 대한 심각성을 인식하고 해상 교통로의 안전을 위협하는 모든 불법적 행위에 대한 정보 협력 체제를 유지하도록 노력해야 될 것이다.

(3) 가칭 연합해상보안군 창설

각국 또는 선박이 공해나 영해에서 무해(無害) 통행을 보장받기 위해 국가별로 해상 테러를 예방하기 위한 협력 체제가 필요하다.

따라서 각국은 해상 테러리즘의 특수성을 감안해 테러리즘의 근절을 위한 최선의 방법으로 국가 간 공동 작전을 수립, 실행해야 할 것이다.

예를 들어 관련 국가들이 군사적 그리고 외교적 노력을 통해 해적 소탕, 해상 테러리즘 예방, 해상을 통한 마약 거래 근절, 돌발적 사고 방지, 그리고 해난구조 등 다목적 임무를 수행할 수 있는 가칭 연합해상보안군을 창설해 운영해야 한다. 광범위한 해역을 특정 국가 해군만의 노력으로는 감시 및 정찰이 불가능하므로 연합해상보안군에 참여한 국가의 지리적 위치에 따라 그 범위를 설정해 역할을 분담하는 방법은 군사적인 물리력을 사용하지 않더라도 해적 및 테러리스트들에게 심리적 억제 효과를 거둘 수 있을 것이다. 연합해상보안군의 운영의 핵심은 물리력의 행사보다는 문제 해역을 정기적으로 감시하고 정찰 활동을 하는 데 있으며, 연합해상보안군의 운영이 국제해사기구(IMO) 산하에 있는 지역통제센터와의 긴밀한 협력하에 이루어진다면 효과적인 성과를 거둘 수 있을 것이다.

(4) 대(對)해상 테러리즘 특공대의 전력 강화

테러리즘의 안전지대는 존재하지 않는다는 인식 하에 많은 국가들이 테러리즘 근절을 위한 최선의 방법을 수립·시행하고 있으며, 이를 실현하고자 대테러리즘 특수부대를 보유하고 있다.

1960년대 중반 이후 테러리즘이 급격하게 증가하자 미국, 독일, 이스라엘 등 국가들이 대테러 특공대를 창설했다. 한국도 1982년 공포된 대통령 훈령 47호에 의해 마련된 국가 테러리즘 활동지침에 따라 대테러 특공대를 창설해 운영하고 있다.

하지만 이들 특수부대들은 육상에서의 인질 납치 및 항공기 납치 등에 효과적으로 대처할 목적으로 창설되어 있어, 작전 환경이 다른 해상 테러리즘 발생시 효과적으로 작전을 수행하는 데는 제한점이 있다. 이러한 인식에 따라 미국은 해상 테러리즘 발생시 이에 효과적으로 대응하기 위해 SEALS팀, 영국은 해병대 내에 해상 테러리즘 기동대를 구성해 대해상 테러리즘을 전담하는 특수부대도 운용하고 있다. 한국도 해군 내에 해상 테러리즘을 전담할 특수부대를 두고 있는데, 3면이 바다인 우리 나라 실정을 고려할 때 대해상 테러리즘 전담 특수부대의 규모를 확대해 운영하는 방안을 마련해야 한다고 본다.

대해상 테러리즘 능력을 향상시키기 위해서는 우방국 대해상 테러리즘 특공대와 연례적으로 연합 훈련을 지속적으로 실시해 선진 대테러리즘 전술 및 신교리를 습득함은 물론 상호 정보 교환을 활성화시켜 나가야 할 것이다. 성공적인 작전 수행을 위해서는 평소에 실질적인 훈련이 실시되어야 하며, 정확한 정보의 수집, 그리고 이를 바탕으로 치밀한 작전 계획이 수립되어야 할 것이다.

3 사이버 테러리즘

1) 사이버 테러리즘의 개념

인터넷이 전 세계적으로 보급되면서 개인이나 기업은 컴퓨터에 의한 네트워크 시스템으로 연결되어 있다. 이러한 공간은 사이버 공간(cyber space)이라고 불리며, 사이버라는 말은 통신 기술과 컴퓨터 시스템 제어를 총괄한 용어로 '사이버네틱스'에서 파생된 말이다(안보 카츠야·시모하타 노리치카, 2003)).

사이버 공간에서는 어떠한 정보도 국경을 손쉽게 넘을 수 있으며, 군사 기밀에서부터 기업 데이터, 개인 정보까지도 자유롭게 이동하고 있다. 그 결과 각국의 방위 시스템은 사이버 기술을 네트워크 시스템 내로 전략적·전술적으로 접목하고자 시도하고 있다.

이러한 사이버 공간의 등장에 따라 테러리즘 또한 변화를 맞고 있다. 즉 테러리즘을 자행하는 동기는 여전히 과거와 같지만, 과거에는 없었던 새로운 유형의 무기들이 인류를 위협하고 있는 것이다. 과거의 테러리즘으로부터 인류를 지켜 주었던 정보 체계, 전술, 보안 절차 등은 새로운 위협에는 거의 무용지물이다. 그뿐만 아니라, 과거의 테러리즘에 대항해 인류의 평화와 인권을 보호하던 대테러 특공대도 이 새로운 유형의 테러리즘에는 아무런 효과를 거두지 못한다.

이 새로운 유형의 테러리스트들은 물리적인 방법이 아닌 사이버 공간을 통해 우리를 공격한다. 첨단 정보통신 기술을 이용해 물리적 세계가 가상의 세계로 전환되어 있는 공간을 무차별적으로 공격하는 행위를 사이버 테러리즘이라고 한다. 지난 4월 26일 CIH 바이러스 사건으로 사이버 테러리즘의 심각성은 이미 증명된 바 있다. CIH 바이러스 사건으로 국내에서만 1천억 원 이상의 금전적 손실을 입은 것으로 나타났다.

사이버 테러리즘은 정보전(information warfare)이라고도 불리는데 크게 세 가지 유형으로 분류할 수 있다. 먼저 개인적으로 활동하는 해커[11]들에 의해 자행되는 것이며, 둘째는 범죄 조직화된 집단에 의한 것이다. 이러한

11) 해커(hacker)란 '해킹하는 기술자'를 가리키며 그 어원은 1960년대 미국의 MIT까지 거슬러 올라간다. 해커는 원래 열심히 연구하는 사람들을 표현하는 용어였다. 즉, '해킹'이란 'hack'한다와 같이 열심히 연구한다고 하는 의미이며, 컴퓨터의 구조나 이용 기술 등을 상세하게 연구하는 것이 유래라고 할 수 있다. 이에 구미에서는 고도의 기술을 가진 선량한 기술자인 해커를 '화이트 햇(white hat)', 반대로 악의적으로 범죄 행위를 반복하는 자를 '블랙 햇(black hat)'이라고 구분해 사용한다. 여기에서의 해커는 부정적 의미의 블랙 햇을 지칭한다. 또한 해커와 크래커를 구분해 사용하기도 하는데, 둘 다 모두 기술을 구사하지만 배경이나 행위에서는 차이가 있다. 요컨대 기술 수준을 열심히 추구하고 있는지 혹은 기술을 악용하는지에 차이가 있다는 것이다. 따라서 컴퓨터 바이러스를 배포하는 것과 같은 비인도적인 행동을 하는 사람들은 해커가 아니고 크래커라 할 수 있다.

집단으로는 네덜란드의 '트라이언트' 그리고 러시아의 '지하 해킹 마피아' 등을 들 수 있다. 마지막으로는 정치적, 민족적 혹은 종교적 목적 달성을 위해 조직된 단체 또는 주권 국가에 의해 행해지는 것으로서 이 세 번째 유형의 사이버 테러리즘이 가장 우려할 만한 것이다.

사이버 테러리스트들은 국가 기간산업 통제 시스템, 군사 관련 통제 시스템, 핵발전소 통제 시스템, 각 은행의 금융 통제 시스템, 항공기 통제 시스템, 철도 통제 시스템 등 국가 전반에 혼란을 자초할 수 있는 공간의 세계를 무차별적으로 공격하고자 한다(국방부, 2001). 그들이 노리는 것은 단순한 범죄자들의 대상과는 다르다. 사이버 공격을 테러 행위의 수단으로 사용한 경우, 폭탄 등으로 공격·파괴까지는 하지 않더라도 전자 공격을 전개해 컴퓨터의 제어를 불가능하게 함으로써 정보 서비스를 마비시킬 수 있으며, 그 결과 사회를 혼란에 빠뜨릴 수 있다. 금융에 관련된 온라인 시스템을 다운시키는 경우 현금 인출이 불가능하게 되며, 항공기 통제 시스템을 해킹해 항공기들을 고의적으로 충돌하게 만들고, 핵무기를 발사시켜 핵전쟁을 발생시킬 수도 있을 것이다. 또한 핵발전소 통제 시스템에 침투해 핵발전소가 파괴된다면, 그리고 도시가스 통제 시스템에 침투해 평화롭게 잠들어 있는 도시 전체를 화염에 휩싸이게 한다면 보나마나 참혹한 결과를 가져올 것이다. 과거에 인도에서는 원자력발전소의 컴퓨터 시스템에 대한 해킹이 실제로 발생한 적이 있었다. 다행히 원자력발전소 폭발까지는 이르지 않았지만, 정보가 도청되는 등 보안에 문제가 발생한 사건이다. 사이버 테러리스트들이 이러한 가상 공간에 침투해 전 세계를 혼란과 죽음의 세계로 만들 것이라고 하는 것은 현실적으로 발생 가능한 시나리오인 것이다.

2) 공격 수단 및 유형

사이버 테러리즘의 수법도 점차 고도화되고 있다. 사이버 테러리스트들이 가장 많이 사용하는 수단으로는 바로 해킹을 들 수 있다.

해킹은 시스템이나 네트워크에 침입해 시스템의 정상적인 작동을 방해하고 시스템을 공격하는 방식의 사이버 테러를 뜻한다. 또 다른 시스템 파괴 수단으로는 컴퓨터 바이러스를 들 수 있다.

컴퓨터 바이러스는 컴퓨터에 이상을 일으키거나 파일을 손상시키는 프로그램을 의미한다. 이러한 컴퓨터 바이러스는 마치 생명체인 바이러스처럼 감염되기도 하고, 컴퓨터를 파괴시키기도 한다. 컴퓨터 바이러스는 1970년대에 처음으로 발견된 이래 최근에는 하루에 5~10개씩 새로운 종류가 만들어지고 있다고 한다. 특히 인터넷의 보급과 함께 인터넷의 성능 및 속도가 향상되면서 컴퓨터 바이러스는 전 세계적으로 급속히 확산되고 있다. 특히, 최근에는 e-mail을 이용해 매크로 바이러스(macro virus)가 널리 퍼지고 있기도 하다.

비록 컴퓨터 바이러스는 아니지만 컴퓨터 바이러스만큼이나 컴퓨터에 치명적인 피해를 주는 웜(Warm)이나 트로이 목마(Trojan Horses) 등도 존재한다. 웜은 네트워크에 침입해 컴퓨터, 네트워크, 그리고 사용자에 대한 정보를 입수한 뒤, 다른 시스템의 소프트웨어적 취약점을 이용해 해당 시스템에 침투하고, 자신의 복사본을 만들어 또 다른 시스템으로 옮기는 방법으로 컴퓨터의 정상적인 작동을 방해하고, 네트워크 전체를 마비시킨다. 반면에 트로이 목마는 정상적으로 보이는 프로그램 내부에 숨어서 시스템이나 네트워크에 피해를 미치는 기능을 하는 코드이다(국방부, 2001).

또한 멀리 떨어진 곳에서 사용자의 ID나 비밀번호를 알아내는 '스니핑(sniffing)', 전산 시스템의 운영권을 완전히 장악하는 '스푸핑(spoofing)' 등도 사이버 테러의 수단 중 하나이며, 강력한 전파를 발사해 전산망의 정상적인 작동을 파괴하는 고출력 전자총[12] 또한 가장 위험한 사이버 테러리즘의 무기이다. 실제로 아일랜드 공화군(IRA)이 고출력 전자총을 이용해 런던 금융가를 공격하려는 계획을 수립한 적이 있다고 알려지기도 했다.

이 밖에도 칩(chip)의 일부분에 특정 조건이 만족되면 동작하도록 하드웨어적으로 삽입하는 치핑(chipping), 개미보다 작은 크기의 로봇으로 적의 정보센터 등에 살포되어 컴퓨터의 하드웨어를 파괴하는 나노 머신(nano machine) 등이 사이버 테러리즘에 쓰일 것이라고 전문가들은 예상하고 있다.

---

12) 강한 전자기를 발생하는 이 고출력 전자총은 컴퓨터의 전자 회로에 충격을 가해 전파 체계를 교란시킴으로써 사람에게는 피해를 주지 않지만 국가 기간전산망을 일시에 무력화시킬 수 있다.

3) 사이버 테러의 대책

사이버 테러리즘은 앞으로 인류가 해결해야 할 시급한 과제이다. 또한 사이버 테러리즘이 가지고 있는 특성상 점차적으로 확대될 것이 분명하다. 이러한 사이버 테러에 대응하기 위해서는 첫째, 법・제도적 장치의 마련이 필요하고, 둘째, 사이버 테러에 대한 대응 기술이 개발되어야 하며, 셋째, 전문 인력을 체계적으로 조성하고, 마지막으로, 국내외의 협력 체제를 강화해야 할 것이다. 이에 아래에서는 세계 최고 수준의 정보통신망을 갖춘 우리 나라의 사이버 테러리즘에 대한 대책을 중심으로 논의하고자 한다.

우리 나라는 정보통신망을 기반으로 정치・경제・외교・국방에 관련된 국가의 중요 정보가 정보통신망을 통해 전송・저장되고 있으며, 이에 따라 특정 국가나 집단에 의해 국가기관 전산망을 대상으로 중요 자료를 절취하기 위한 해킹 등 사이버 테러가 급증하는 추세에 있다. 사이버 테러리스트들은 자신들의 공격지를 은폐 또는 위장하기 위해 상대적으로 사이버 공간의 통제가 느슨한 중국, 인도, 브라질 등 제3국의 컴퓨터를 경유 거점으로 활용하는 치밀함을 보이고 있다. 국정원의 국가사이버안전센터는 공격자 전산망 주소(IP)를 파악, 24시간 감시 체계를 갖추고 공격을 시도할 경우 접속을 차단하는 등의 대응을 하고 있으나 사이버 테러리스트들이 전산망 주소를 은폐・위장하면서 수시로 바꾸기 때문에 대응이 어렵고, 접속을 차단하는 것만으로는 한계가 있다. 따라서 접속 차단과 함께 은폐・위장된 주소를 역추적해 실제 공격지를 알아내거나, 유인 시스템을 구축하는 등 적극적인 대응 전략이 필요하다.

현재의 기술 수준 및 현실적인 활용성을 고려해 사이버 테러 응징을 위한 다음과 같은 기술적 방법들을 제안할 수 있다.

첫째, 은폐・위장된 공격지를 역추적해서 사이버 테러리스트 및 공격지를 추적하는 것이다.

둘째, 유인 시스템을 활용하는 것이다. 즉, 컴퓨터에 가짜 비밀 등 중요 자료가 저장되어 있는 것처럼 위장해 유인 시스템을 구축하고 사이버 테러를 유도해 공격 행위, 공격 기법, 의도 등을 파악해 대응 자료로 활용하는 것이다. 또한 이 시스템에 공격지를 역추적할 수 있는 '특수 코드'를 삽입해 사이버 테러리스트들이 접속할 경우 추적하는 것이다.

셋째, 역공격을 시도하는 것이다. 사이버 테러는 회사 동료나 친구 등 지인을 가장한 이메일을 발송해서, 이메일을 열람하면 해킹 프로그램이 설치되도록 하여 PC에 저장된 자료를 탈취하는 방법을 주로 사용하고 있다. 따라서 공격자에게 이메일 발송 등 동일한 방법으로 역공격을 실시할 수 있을 것이다.

그리고 사고 조사, 보안 관제 등 방어 위주의 대응 업무와 병행해 사이버 테러리스트 해킹 등 적극적인 응징을 위해 국가정보원(사이버안전센터), 국방부, 관련 연구소 간의 역할 분담 및 협력이 필요하다.

먼저, 국가사이버안전센터는 범국가 차원에서 사이버 공격에 대한 응징 계획 수립 등의 총괄기관 역할을 수행하고, 사이버 테러리스트 추적, 사이버 테러의 기법 및 의도 파악을 위한 유인 시스템을 구축·운영하는 등 방어 차원의 응징 업무를 강화해야 한다. 또한 사이버 테러리스트의 추적에 필요한 사이버 테러리스트에 대한 해킹 등의 적극적인 응징 대응도 수행해야 한다.

그리고 국방부는 정보전(cyberwar) 차원에서 유사시 적의 전산망을 무력화할 수 있는 사이버 공격 기술을 개발해야 한다. 그리고 적국에 대한 해킹 등 사이버 공격을 통한 정보 입수 등을 통해 적극적 응징 업무를 수행해야 한다.

마지막으로 정보보안 관련 연구기관은 국익 차원에서 사이버 테러에 활용 가능한 전산망 보안 취약점, 역추적 기술 등의 연구·개발에 노력해 필요 기관에 제공해야 할 것이다.

제10장 뉴테러리즘의 발생 원인과 접근법

제1절 뉴테러리즘의 발생 원인

1 국제 정치적 원인

국가에 의한 정치 목적 달성의 수단으로서 테러리즘의 수용은 힘의 추구라는 정치 현실주의가 지배하는 국제 정치의 구조적 속성에 그 근원을 두고 있다고 하겠으며, 여기에다 테러리즘 사용에 따른 비용 대 효과면에서 합리성이 존재하고, 사용을 용이하게 해 주는 현대 사회라는 환경적 조건이 존재하기 때문에 테러리즘의 수용이 쉽게 이루어지고 있다. 따라서 국제 정치가 이상주의(idealism) 논리에 의해 지배되지 않는 한 테러리즘의 발생은 지속될 것으로 보이며, 이런 추론의 전제는 테러리즘이라는 저강도 수준의 폭력 사용 현상에 대한 비대칭적 시각의 존재이고, 이 결과는 테러리즘에 대한 국제적 대응 노력의 한계를 표출한 것이라고 할 수 있다.

1) 주권 국가 간 인식 차이

현실적 측면에서 기인되는 테러리즘의 발생 원인은 국제 사회가 주권 국가라는 주요 행위자로 구성되어 있다는 사실에서 찾을 수 있다. 즉 주권 국가 중심의 국제 사회는 국가 간 자국 이익 추구란 면에서 정치 현실주의에 그 행동 양태의 근간을 두고 있어, 정치 목적 달성을 위한 다양한 형태의 폭력 사용을 합리화시킬 수 있는 조건을 가지고 있다. 따라서 고도로 복잡하게 형성되어 있는 현대 산업사회는 테러리즘이라는 폭력 사용을 통해 효과를 가져올 수 있는 다양한 환경적 조건을 가지고 있다는 것이다.

국제 정치에서 기본적인 행위의 주체가 주권 국가이고, 이 주권 국가는 자국의 이익을 합리적으로 추구하며, 국가 이익은 힘(power)으로 표현되는 것이 국제 정치를 보는 현실주의자들의 시각이라 볼 수 있다. 즉 주권 국가는 타국과 발생하는 이해 관계를 해결할 때 가능한 수단과 방법을 가리지 않고 현실주의적으로 국가 이익을 추구하는 것이 국제 사회의 공통된 속성이라 볼 수 있다. 따라서 일부 주권 국가들에 의해 정당한 수단으로서 테러리즘의 수용이 이루어지는 것은 테러리즘의 발생 원인이 제3세계의 탈식민지화 과정에서 폭력 사용에 기인한다고 하는 주장과 일치하는 것이며, 이는 테러리즘이란 폭력 사용 양태에 대한 주권 국가 간의 인식의 차이에 그 뿌리를 두고 있다.

국가 간 인식의 차이는 테러리즘이란 폭력 사용 현상에 대한 시각에서 "한 사람의 테러리스트, 다른 한편에서는 자유의 전사(one man's terrorist, one man's freedom fighter)"가 되고 있는 현실을 의미한다. 이같이 동일한 현상에 대한 비대칭적이고 이중적인 사고의 존재는 일부 주권 국가로 하여금 테러리즘을 정치 목적 달성을 위한 합리적 도구로 간주하고 사용하는 사태를 가져왔고, 동시에 정치 목적 달성의 도구로서 테러리즘의 마키아벨리안적 수용을 유발하게 되었다. 일부 국가에 의해 테러리즘이 정치 목적 달성의 전략적 도구로 수용되어 국가들에 의한 테러리스트 단체에 대한 무기, 자금, 피난처 제공과 같은 다양한 양태의 직·간접적인 지원을 하고 있으며, 테러리즘을 범죄로 규정하고 있는 일부 국가들조차도 테러리스트 단체에 의한 보복의 두려움 때문에 발생된 테러리즘을 묵인하고 있는 현상이 초래되고 있다. 즉 많은 주권 국가들은 "나의 적의 적은 나의 친구인가?"라는 물음이 제기될 경우 자국의 영향권 하에서 테러리즘의 행위가 발생할지라도 국익 추구라는 측면에서 발생된 테러리즘 행위와 국익의 일치가 이루어진다면, 이에 대해 묵인하거나 인내하는 풍토가 국제 사회에 존재하고, 이러한 관행으로 인해 수단적 테러리즘의 발생을 사전에 억제하지 못하거나, 심지어는 국가에 의한 의도적인 테러리스트 단체에 대한 지원이나 후원 현상까지 나타나고 있는 것이다.

결국 주권 국가 사이에 존재하는 테러리즘이란 이를 억제하는 데 요구되는 의견 통일에 불일치를 야기해 국제적인 차원의 완벽한 폭력 근절을 불가능하게 하고 있으며, 이는 주권 국가 중심의 국제 정치 체제가 배태된 테러리즘 발생의 근원이라 볼 수 있다. 그러나 무엇보다도 테러리즘이 국가 정책 도구로 수용되어 발생이 증가하게 된 원인은 세계적인 전략 선택의 경향과 연계되고 있다는 사실일 것이다. 이러한 경향은 첫째, 제2차 세계대전부터 금세기까지 진행되고 있는 제국의 붕괴와 해체 추세이고,[1] 둘째는 핵무기 보유국의 증가와 재래식 전쟁의 무력 수단으로서 효용성 상실 현상이다.[2]

2) 대리전적 성격

정치 현실주의에 의거한 강대국의 행동 패턴 결정은 타국에 대한 자국 이익 추구 차원의 군사 개입 형태로 표출되고 있는데, 현재 미국의 경우 저강도 분쟁(low intensive conflict)[3]에 대한 강조 추세에 이러한 경향이 잘

1) 제3세계 지역 국가들의 독립에 따른 구 제국의 해체는 이전 식민지와 보호국에 대한 영향력 증대를 위한 초강대국 간의 경쟁을 야기했으며, 이러한 영향력은 시장 개척, 천연자원이나 군사 기지의 확보 등에 중요한 것으로 작용하고 있다. 강대국의 영향력 획득은 해당 국가에서 친정권의 출현과 유지에 의존하고 있기 때문에 여러 국가들은 국제 사회에서의 힘의 획득을 위해 타국가 내에 자국에 유리한 정보를 지원하려고 시도한다. 이런 추세 때문에 국제 사회의 대부분의 국가들은 초강대국의 영향력 하에 있거나, 보호국이 되고 있으며, 이는 국가 간 공식적 협약이나 정치 현실주의 논리에 따라 이루어지고 있다.

2) 제2차 세계대전 후 핵무기 등장에 따른 핵무기 보유 국가들의 증가는 국제 사회에서 무장 평화 상태인 '공포의 균형(balance of terror)'을 출현시켰고, 이는 재래식 전쟁이 핵대결로 증폭될 수 있다는 가능성을 높여 존재하고 있는 핵균형 상태를 파괴하는 것은 위험하고 불가능하다는 인식을 배태케 하고, 결과적으로 강대국 간의 직접적인 군사 대결을 불가능하게 만들었다. 정치 목적 달성의 수단으로서 재래전의 경우 강대국들의 핵심 이익이 연결되지 않은 곳에서는 용인되고 있지만 유럽과 같은 강대국들의 이해가 첨예한 지역에서는 이미 정치 목적 달성의 합리적 도구로서 받아들여질 수 없는 형편이 되었고, 약소 국가 간의 전쟁도 과학기술의 발달에 따른 재래식 무기의 파괴력 증가로 감당할 수 없는 대규모의 전쟁으로 발달되어 그 희생이 엄청날 수 있기 때문에 이미 수단으로서 효용성의 상실을 가져왔다.

나타나고 있다. 테러리즘의 대리전적 수용은 국가 정책 추구의 합리적 수단으로 저강도 수준 분쟁의 유용성을 높이고 있으며, 이러한 변화에 대해 미국 랜드(RAND)연구소의 브라이언 젠킨스(Brian M. Jenkins)는 "정부가 테러리스트의 업적을 인정할 것이고, 그들 또한 자신들의 전략을 다른 국가와의 대리전의 수단으로 사용한다. 현대의 전통적인 전쟁의 대체 방안은 군사적 경쟁을 약화시키고, 군사적 승리가 전통적인 의미를 상실하는 저강도 수준의 장기전이다. 비록 전통적인 기존의 군사기관에 의해 합법적인 전쟁 형태로서는 거부되었지만, 테러리즘은 미래에 인정될 전쟁의 한 형태가 될 수 있다. 정부는 자신들의 적을 공격하기 위해 현존하는 테러리스트 단체를 고용하거나, 자신들을 위한 테러리스트들을 만들어 낼 수가 있다"고 지적한다.

이와 같은 상황 조건은 정치 목적 달성의 수단으로서 국가 간 상호 직접 대결의 회피가 가능한 테러리즘의 대리전적 수용을 야기했다. 이러한 경향의 증가는 국제적 기준에 따르면 테러 활동에 대한 정치·군사적 지원은 지원 행위가 은밀하고 간접적으로 이루어지고 있어 개전(開戰)의 정당한 이유가 되지 못하기 때문에, 이 전략은 재래식 전쟁에 비해 인력·장비·재정 지출면에서 사용자에게 비용이 아주 저렴하다는 이유에서 비롯된다. 따라서 국제 사회에서 기존 질서의 변화를 원하는 국가는 환경 조건에 적용 가능한 저강도 수준의 폭력을 사용하는 분쟁 형태의 수용[4]을 필연적으

3) 미국은 저강도 분쟁이란 "적대국에게 특정한 정치·군사적 조건을 받아들이도록 강요하고 영향력을 행사하기 위해 군사 개입을 하는 쪽에서 분쟁 스펙트럼의 저수준에서 작전하는 활동 범위를 말한다"라고 정의하고 있는데, 이는 저강도 분쟁이 혁명에 대한 대응(countering revolution) 교리로서 대반란전(counter insurgency)과 친반란전(pro insurgency)으로 구분되며, 여기에는 특수작전(special operation), 특수활동(special activities), 그리고 비정규전(unconventional warfare)이라 묘사되는 은밀한 정치·심리적 작전들이 포함되어 있다. 즉, 미국 입장에서 저강도 분쟁은 반란자에 의해 공격받고 있는 친미국 정부나 적대국 정부로부터 자유를 희구하는 반란단체에 대한 외교·정치·경제·군사적 지원을 말하며, 이는 국익 추구 차원에서 게릴라전이나 테러리즘, 반란전 등과 같은 저강도 수준의 폭력 수단을 대리전(proxy warfare)으로 수용, 제3국에 대해 개입하는 것으로 볼 수 있다.

4) 핵무기 출현에 따라 테러리즘과 같은 저강도 수준의 폭력을 사용하는 국가전략 출현은 "제2차 세계대전은 재래식 전쟁의 중요성이 강조된 마지막 전쟁이었다. 총체적이며 아마도 영원한 과거의 망령은 미묘한 무장 평화의 균형을 만들어 냈고, 이런 무장 평화의 균

로 받아들여야만 하게 되었다.

≫ 사례 1 ≪ 팔레스타인의 일본 적군파를 이용한 이스라엘 공격

대리 테러리즘의 전형적인 예로는 1972년 5월 30일 이스라엘 로드 공항에서 발생한 에어 프랑스 항공기에 대한 공격으로, 민간 항공 역사상 가장 심각한 항공시설 및 이용객에 대한 공격 사건을 들 수 있다. 이 사건은 에어 프랑스 항공기 편으로 이스라엘에 도착해 입국 수속을 받고자 터미널을 빠져나오는 승객을 향해 3명의 일본 적군 소속 테러리스트들이 수류탄과 자동소총으로 무차별 공격을 가해 28명이 사망하고 70명이 부상을 당한 전형적인 대리 테러리즘이다. 대부분의 희생자들은 푸에르토리코인들로 이스라엘에 성지 순례를 위해 입국하는 사람들이었고, 테러리스트 2명은 이스라엘 보안요원의 반격으로 사살되었으며, 나머지 한 명인 고조 오카모토는 생포되어 재판에 회부되었다. 이 사건은 팔레스타인 테러단체들이 그들 요원의 신분이 이스라엘 정보기관에 의해 노출되자 그들과 연계를 가지고 있던 일본 적군 소속의 테러리스트들을 고용해 공격한 것이다(최진태, 1997: 259).

≫ 사례 2 ≪ 이란 정부가 과격파 학생들을 이용한 미국 대사관 점거 사건

1979년 11월 4일 이란 정부의 배후 조종으로 무장한 이란의 과격 학생들이 테헤란 중심가에 위치한 미국 대사관을 점거하고 100명을 인질로 삼아 444일간 대치한 최장기 점거 및 인질 억류 사건이다. 인질의 안전 보장과 석방을 담보로 정권에서 물러난 후 치료차 미국에 머물고 있는 이란의 팔레비 국왕의 이란 내에서의 재판을 위해 송환을 요구했다. 협상에 의한 평화적 해결 가능성이 희박하고 대사관 점거가 장기화되자 이에 대항해 미국은 다수의 미국 거주 이란인을 추방하고 이란산 석유의 수입 금지, 미국 내 이란인 자산 동결, 경제적 제재 그리고 외교 관계 단절 등의 조치를 단행하는 한편 사건의 종결을 위해 특공대를 투입해 인질 구출 작전을 계획했으나 실패했다. 1980년 7월 점거범들이 송환을 요구했던 팔레비가 최종 망명지인 카이로에서 암으로 사망하자 그들은 팔레비의 재산을 이란으로 환수할 것을 요구함과 동시에 미국 내 이란인 자산의 동결을 해제하고 이란 문제에 대한 간섭을 배제하라고 요구했다. 1980년 11월 미국 부통령 에드먼드 머스키(Edmund S. Muskie)는 이란의 이러한 요구를 원칙적으로 수락하고 1981년 1월 19일 알제리에서 각서에 서명하는 굴욕을 당했다. 억류되었던 인질들은 1981년 1월 20일 444일 만에 석방되었고 대사관 점거 사건에 효과적으로 대처하지 못한 카터 대통령은 위기관리 능력의 부재로 재선에 실패하게 된다(최진태, 1997: 273).

형 상태는 가장 위험하고 조직적인 새로운 유형의 전쟁인 테러리즘의 출현을 촉진시켰다"라는 지적을 통해 쉽게 알 수 있다(Schamis, 1980: 35).

3) 약소국가의 저항

강대국의 지배 논리 하에서 약소국가는 자신의 의사에 반해 정치적 해결이 진행될 때 이에 대해 공식적이고 직접적인 군사력으로써 대항할 수 없기 때문에 비공식적이고 간접적인 폭력에 의해서 대항할 수밖에 없는 환경이 존재한다는 점이다. 따라서 대부분의 약소국가를 형성하고 있는 제3세계 국가들이 강대국에 의해 유지되고 있는 기존 질서를 파괴하거나 영향을 줄 수 있는 방법은 저강도 폭력 사용 양태인 비정규적인 테러리즘이며, 이런 현상의 대표적인 본보기가 준(準)국가적 단체로서 인정되고 있는 팔레스타인 해방기구의 테러리즘 사용이고, 이들에 대한 중동 산유국의 정치·경제적 지원 현상인 것이다.

≫ 사례 3 ≪ 팔레스타인 테러리스트에 의한 최초의 항공기 납치 사건

1967년 7월 22일 승객과 승무원 45명이 탑승, 로마를 이륙해 아테네로 운항하던 이스라엘 엘 알(EL AL) 보잉 707기를 중무장한 5명의 PFLP(Popular Front for the Liberation of Palestine) 테러리스트들이 공중 납치해 알제리 공항에 강제로 착륙시킨 사건이다. 납치한 항공기를 팔레스타인 해방호로 명명한 테러리스트들은 알제리에 도착 직후 22명의 유대인을 제외한 나머지 23명의 인질을 석방했다. 알제리에 급파된 PFLP와 PLO의 대표단은 인질 석방 조건으로 이스라엘 감옥에 투옥되어 있는 1,000명의 아랍인 석방을 요구했다. 7월 27일 10명의 유대인을 추가로 석방한 테러리스트들은 이스라엘 정부가 16명의 아랍인을 석방한다는 약속이 있은 후 나머지 인질을 석방하고 사건은 종결되었다(최진태, 1997: 254).

4) 게릴라의 신화: 정권 탈취

이른바 게릴라의 신화(myth of guerrilla)가 국제 테러리즘 발생의 한 요인으로 작용하고 있다. 이는 마오쩌둥(毛澤東)의 농촌 게릴라, 호치민(胡志明)의 게릴라전, 팔레스타인의 시오니즘(Zionism) 등이 정권 탈취 투쟁에서 성공을 거두었다는 역사적 사실에 기인하고 있는 신화이다. 즉 제2차 세계대전을 기점으로 형성된 탈식민지화 과정의 독립 투쟁은 제국주의 세력인 서구 열강에 대항한 토착 민족 세력의 유일한 투쟁 수단으로 테러리즘이란 폭력 사용을 수용했고, 이 결과 독립 쟁취에 성공한 저항 세력의 지도자가 적대 국가의 승인을 받은 주권 국가의 지도자로서 변신하게 되었다는 점이다. 이와 같은 정치 목적 달성의 도구로서 테러리즘 활용의 역사적 선례는 오늘날의 국가 간 테러리즘의 수평적 사용을 증가시키고 있고, 오늘날 국제 테러리즘의 발생에 고무적인 영향을 미치고 있다.

≫ 사례 4 ≪ 체첸 반군의 그로즈니 정부청사 자살 테러

체첸 수도 그로즈니의 정부 청사에 2002년 12월 27일 오후(현지 시간) 폭탄을 적재한 차량 2대가 돌진하는 자살 테러가 발생, 최소 40명이 숨지고 60여 명이 부상했다고 이타르타스통신 등 러시아 언론들이 보도했다. 루슬란 차카예프 체첸 내무장관은 인테르팍스 통신과의 인터뷰에서 이 날 오후 2시 30분께 폭탄을 실은 트럭과 지프형 자동차가 정부청사 건물로 잇따라 돌진해 폭발, 다수의 사상자가 발생했다고 전했다. 이타르타스통신은 체첸 검찰의 소식통을 인용, 사망자가 최소 40명 이상이라고 보도했으며, 병원 소식통은 20명이 숨지고 40여 명이 부상했다고 확인했다. 특히 테러가 발생한 정부청사는 평일 150~200명이 상주하는 것으로 알려져 사상자 수는 더욱 늘어날 것으로 전망된다고 언론들은 전했다. NTV 등 러시아 방송들은 이 날 폭발로 체첸 정부청사 정면에 직경 5~7m의 구멍이 생기고 유리창이 파괴되는 등 건물이 심하게 파손됐다고 전하면서 파괴된 건물의 잔해 속에서 구조대원들이 사상자를 후송하는 장면을 상세히 보도했다. 폭발 당시 아흐마드 카디로프 대통령과 미하일 바비치 부통령은 청사 안에 없어 화를 모면했지만 청사 안에 있던 많은 정부 관리들의 피해가 우려된다고 방송들은 덧붙였다. 모스크바에 머물고 있는 카디로프 대통령은 이 날 테러의 배후로 체첸 반군의 민선 대통령 아슬란 마스하도프를 지목했다고 인테르팍스 통신은 전했다. 그러나 마스하도프 대통령의 특사인 아흐메드 차카예프는 영국에서 가진 러시아 라디오 방송과의 인터뷰에서 이 같은 사실을 부인했다. 한편 체첸 반군의 인터넷 사이트인 카프카스센터에는 익명의 체첸 반군 지휘관이 이 날 테러를 '체첸 순교자'들에 의한 공격이라고 주장했다. 러시아 보안당국은 테러가 발생하자 공항과 지하철역 등 모스크바 전역의 공공시설에 대한 경계를 대폭 강화하고 추가 테러 공격에 대비했다. 이 날 폭탄 테러는 인질범과 인질 170여 명의 목숨을 앗아간 지난 10월 모스크바 극장 인질극 이후 가장 강도가 높은 체첸 반군의 공격으로 체첸 사태 안정을 공언해 온 블라디미르 푸틴 러시아 대통령의 입지도 이 날 테러로 약화할 전망이다. 체첸 반군은 지난 1999년 러시아가 분리주의 운동을 진압하기 위해 체첸에 군을 투입한 뒤 친 러시아적인 현 정부를 배신자로 규정, 정부 관리들 일부를 살해하기도 했다(동아일보, 2002. 12. 29).

2 사회 · 경제적 요인

1) 상대적 박탈감

사회 · 심리적 측면에서 비합법적 폭력의 원인, 즉 테러리즘의 발생 원인은 거(Gurr, 1970)가 체계화한 상대적 박탈감이론(relative deprivation theory)이 가장 설득력을 가지고 있다. 좌절-공격이론(frustration-aggression theory)으로 지칭되는 상대적 박탈감이론은 기대와 실익 간의 괴리 또는 가치 기대와 가치 능력 간의 차이에 대한 인식을 말하며, 박탈감은 개인적이거나 집단적일 수가 있다고 한다. 제2차 세계대전 이후 식민 지배에서 벗어나 독립한 신생국들이 정치적 독립과 근대화 과정에서 급격한 정치·사회·경제적 변화를 겪으면서 발생하는 다양한 문제점, 즉 기대치와 현실 사이의 불일치에서 야기되는 문제가 상대적 박탈감의 개념이다.[5] 여기서 기대치란 그들이 당연히 차지해야 한다고 생각하는 생활의 조건이나 가치를 의미한다. 따라서 상대적 박탈감이란 누구나 마땅히 누려야 한다고 스스로 생각하는 이상적 삶의 모든 조건과 실제로 그가 향유하는 현실적 조건 간의 격차에서 비롯되는 사회·심리적 긴장을 말한다.

이러한 거(Robert T. Gurr)의 상대적 박탈감이론은 다음과 같은 이론적 결론을 도출시킨다. 만약 사회적 욕구 형성도가 사회적 욕구 만족도를 크게 초과할 경우, 결과적으로 사회·심리적 좌절감이 형성되고, 이것은 곧 폭력적 사태로 발전될 가능성이 있다는 것이다. 이 주장에 의하면, 세계사의 흐름에서 소외되어 왔고 국내적으로 지배 계급의 피동적 객체였던 제3세계 민중이 정치적 독립이 달성되고 근대화되는 과정에서 야기된 박탈감의 돌파구를 폭력에서 찾고 있다는 것이다(Evans, 1979: 18). 또한 이러한 시각은 테러리즘이 탈식민지화 과정에서 제3세계 국가들이 제국주의와 식민주의에 반대하는 폭력 행사의 연장선상에서 기인한다고 하는 주장과 연결되어 있다. 제3세계 국가들은 1960년경을 기점으로 해서 서구 제국의 식민지 지배 상태에서 독립함으로써 그들의 공식적인 지배에서 벗어난 듯 보

5) 이러한 상대적 박탈감을 야기하는 박탈감의 전형적인 유형을 살펴보면 열망적 박탈감, 점감적 박탈감, 점진적 박탈감을 들 수 있다. 열망적 박탈감(aspirational deprivation)이란 시간의 흐름에 따라 국민들의 기대치는 계속 상승하는 데 비해 이 기대치를 만족시켜 줄 수 있는 체제 능력이 한정적인 데서 빚어지는 박탈감이다. 점감적 박탈감(decremental deprivation)이란 국민의 기대 수준이 급격하게 높아진 것이 아님에도 불구하고 그들의 기대치를 받쳐 줄 국가의 능력이 점차 퇴보하는 상황에서 나타나는 박탈감이다. 점진적 박탈감(progressive deprivation)이란 일정 기간 동안 삶의 조건이 개선되어 왔고 앞으로도 점진적 개선이 이루어질 것으로 기대하고 있으나 점진적 개선이 실제로 불가능하다는 것을 인지했을 때 나타나는 박탈감이다.

였다. 그러나 이른바 식민주의가 상존하며, 대부분 제3세계 국가들의 경제적·사회적 불평등에 대한 불만이 테러리즘의 원인으로 작용했고, 무엇보다도 남북 문제가 심화됨에 따라 테러리즘이 가난으로 고통받고 있는 국가의 문제 해결을 위한 정당한 수단이라는 시각이 강화되었다는 점이 테러리즘 발생의 큰 원인 중에 하나라고 볼 수 있다.

2) 동일시화

동일시란 사회심리학에서 개인에 의해 다른 사람의 행위에 영향을 미치는 영향력을 설명하는 데 사용되는 용어로서, 일단의 개인이 테러리즘을 선택하는 것을 심리적 측면에서 설명이 가능한 현상이라고 보고 있다 (Schmid & Jongman, 1988).[6]

이러한 동일시 현상이 왜 테러리즘 발생의 원인이 되는가를 살펴보면 다음과 같다. 동일시의 적용은 일반적으로 인질이 자신을 인질로 잡은 자에게 연민을 느끼는 것과 같은 '공격자와의 동일시'에 한정되어 왔다. 그러나 다른 동일시 과정도 존재한다고 볼 수 있다. 즉 인질극에 대한 일반 대중의 관심은 인질극을 보는 대부분의 사람이 희생자의 운명과 자신을 동일시하며, 감정이입에 의해서 희생자의 고통을 공감한다는 점이 테러리즘의 촉진 원인이 되며 테러리스트들이 바라는 것이라고 볼 수 있다. 그러나 모든 관

6) 동일시는 두 가지 다른 현상을 의미한다. 하나는 다른 개인이나 단체와 같이 존재하거나 똑같이 되려는 희망이며 다른 하나는 좋든 싫든지 간에 자신과 동일시 대상 간에 존재하는 유사성을 인정하려는 것이다. 전자의 경우 다른 개인이나 단체가 이상적인 가치를 가지고 있지만 문제가 되는 것은 이러한 바람직한 속성의 보존 내지 획득을 추구하는 것이며, 후자의 경우 문제가 되는 것은 개인은 단순히 다른 개인이나 단체가 가지고 있는 바람직하지 못한 가치까지도 인정한다는 것이다. 또한 전자의 경우 문제가 되는 것은 부정적 동일시이다. 이는 많은 바람직하지 못한 현상을 가진 다른 개인이나 단체로부터 가능한 한 이탈하려는 욕망을 말하며, 후자의 경우 문제가 되는 것은 단순한 차이의 인정이나 동일시의 부족에서 나타난다. 쉽게 말하면, 두 가지 동일시 의미의 차이는 "사람이 어떻게 적대하는 현상을 인식하느냐?" 그리고 "현상이 어떻게 되기를 바라느냐!" 하는 것의 차이라 볼 수 있다. 전자는 현재에 존재하는 일에 대한 평가이며, 후자는 미래의 목표와 소망에 관련된 것이다. 그리고 이들 의미들은 때때로 고의적이든 아니든 간에 혼합되는 경우가 있다. 즉 개인의 동일시는 자신 해석의 총체로서 정의되며, 이는 개인이 자신을 해석할 때 현재의 상황 하에서 어떻게 과거 자신의 해석과 미래에 소망하는 것 사이에 연결시키느냐를 말한다.

중이 자동적으로 희생자에 대한 연민을 가지는 것은 아니다. 관중의 일부는 테러리스트들이 자신들을 위해서 강력한 힘을 보여 주고 있다고 간주하고 테러리스트와 자신을 동일시하며, 특히 관중은 희생자가 자신들의 눈에 죄가 있는 것으로 비칠 때에는 희생자의 굴욕과 고통으로부터 쾌락을 얻는 것이다.

동일시의 방법이 희생자에 의하든 가해자에 의하든 간에 동일시에서 나오는 태도적 결과는 연민이나 학대를 가져온다고 볼 수 있다. 또한 이런 연민과 학대의 양극화 현상은 관중 사이에서 나타나게 되며, 이 양극화는 희생자와 가해자에 대한 동일시 현상이 강하냐 약하냐에 따라 발생한다. 사람의 감정적 반응이 얼마나 이러한 양극화된 행위에 강하게 나타나느냐는 사건과 개인 및 상황 사이의 심리적·공간적 거리 그리고 다른 요인들에 의해서 결정된다.

공격자와의 동일시는 관중을 약하게 하거나 복수심을 품게 만들 수 있다. 양극화 현상에 따라 편을 드는 과정은 소극적인 관중에 강력히 작용함으로써 일단의 관중들로 하여금 새로운 양극화 행위에 자신들이 직접 참여하는 현상으로 발전될 수 있게 한다. 이런 점에서 '희생자와의 동일시'에 근거한 복수심이 테러리스트를 만들어 낼 수 있으며, 이런 동일시 현상에서 발생한 테러리즘의 실제적인 본보기는 미국이 월남전에서 행한 베트남 농민에 대한 학살에서 야기되었다. 독일 적군파(Red Army Faction: RAF)의 공동 창설자인 마흘러(Horst Mahler)는 "베트남에서 미국에 의해 범해진 잔악 행위에 대한 독일 정부의 소극성이 적군파로 하여금 저항과 복수에 의존하도록 했다"라고 언급하고 있다(Nagel, 1980: 221-222).

또한 동일시 과정에 의한 연민의 발생 현상은 반란자 단체에 의한 수단적 도구로서 테러리즘의 선택을 설명해 주고 있다. 게릴라들에 의한 테러리즘의 도구적 사용은 동일시 과정을 일으키게 된다. 동일시 과정은 테러리스트 단체에 대한 연민을 유도해 테러리스트 단체의 존재 여부와 관련되고, 이는 그들의 적인 정부에 대한 불신 세력의 증가를 의미한다.

어떤 의미에서 보면 테러리즘이란 수단으로 사회 혼란을 야기해 종국적으로 권력 탈취를 목적으로 하는 반란형 테러리스트들은 테러리즘에 의해 정부 당국의 과도한 대응을 야기, 정치적 상황을 군사적 상황으로 전환시켜 국민 생활을 핍박케 함으로써 테러리즘을 주도하는 행위자에 대한 국민의 동일시 감정을 자극해 지지를 획득함으로써 자신들의 목적을 달성한다고 볼 수 있다.

결국 테러리스트들은 국민들이 자신들에 대해 동일시를 느끼도록 유도하며, 이를 통해 자신들의 조직을 강화시킬 수 있기 때문에 사회·심리적 측면에서 동일시 현상은 테러리즘의 선택 배경으로 작용되기도 한다. 하지만 기존의 테러리스트 조직에게 동일시 현상은 자신들의 테러리즘 행위 원인에 대한 지지 획득과 대정부 불만 세력 조장 과정에서 필요한 것이라 하겠다.

3) 저렴한 비용

수단적 속성을 가진 테러리즘이 여러 주권 국가에 의해 정치적 도구로서 선택되고 있는 매혹적인 이유는 과학기술의 발달에 따라 엄청난 비용이 드는 재래식 전쟁에 비해 비용이 저렴하다는 점이며,[7] 테러리즘은 핵전이나 재래식전에 비해 결점이 적다는 이점을 가지고 있다. 즉 제한된 투자에 의해 적대국으로 하여금 상당한 자원을 투입하지 않을 수 없도록 강요할 수 있으며,[8] 국제 테러 단체를 지원하는 국가는 지원에 대한 책임을 용이하게

---

7) 그 예로 190명이 넘는 인명 피해와 수백만 달러의 물적 손실을 야기한 발리 폭탄 테러를 일으키는 데 든 비용은 고작 3만 달러에 불과한 것으로 밝혀졌다. 마데 망쿠 파스티카 수사팀장은 이번 사건 용의자 중 한 명인 무클라스가 수사 과정에서 완 민이라는 말레이시아인으로부터 두 차례에 걸쳐 현금 3만 달러를 받은 사실을 시인했다고 발표하면서, 무클라스는 동남아시아 테러조직인 제마 이슬라미야(JI)의 작전 책임자로, 지난 12월 3일 당국에 체포되었다(중앙일보, 2002. 12. 6).

8) 9·11 테러로 가장 큰 타격을 입은 미국 뉴욕 시의 피해액이 최대 950억 달러에 이르는 것으로 집계됐다고 뉴욕 시 당국이 발표했다. 뉴욕 시 재무책임자인 윌리엄 톰슨 재무관은 2002년 「1년 후, 9·11이 뉴욕에 미친 재정적 충격」이라는 제목의 보고서를 통해 "이 사건이 단지 몇몇의 숫자들로 계량화될 수는 없지만 뉴욕 시와 미국이 앞으로 수년간 충격파에서 헤어나지 못할 것이라는 점은 분명하다"고 지적했다. 보고서는 9·11 테러로 인한 뉴욕 시의 피해액은 모두 830억 달러에서 950억 달러 사이에 이르는 것으로 집계하고 궁극적인 액수는 테러 여파로 얼마나 많은 직장이 시외로 이전하는가에 주로 달려 있다고 설명했다. 구체적인 피해 내역을 보면 빌딩과 기반시설 등의 파괴로 인한 물적 손실이 218억 달러, 인적 손실이 87억 달러로 각각 집계됐다(인적 손실은 9·11로 인해 숨진 사람들이 근로 가능한 연령까지 일했을 경우 뉴욕 시의 시내 총생산(GCP)에 기여했을 금액을 추정해 계산했다). 이처럼 한순간에 그치는 피해 이외에 직장의 역외 이전으로 인

회피할 수 있다는 점이다.

4) 경제적 빈곤

세계는 20세기 후반에 사회주의 체제가 붕괴되는 국제 질서의 정치적 재편과 더불어, 경제적 질서도 변화하고 있다. 국제 사회가 경제적 우선주의로 변화되면서 각국에서는 경제가 가장 큰 문제로 부각되고 있다.

자국의 경제 사정이 궁핍하면 해당 정부는 국민으로부터 불신을 받을 수 있다. 이렇게 되면 정부는 윤리적인 정책보다는 감성적인 정책을 추구하게 되고, 감성적인 정책은 도덕적인 것보다는 비도덕적인 것으로 전환하게 되어 정책의 속전속결을 양산하게 된다.

이러한 경향은 테러리즘으로 흐를 가능성도 있다. 한 조사에 의하면 경제적인 부진 국가의 정책 추진자와 독선적이고 근엄한 유형의 기업체장이 테러리즘 기획에 순응하는 경향이 있는 것으로 나타났다.

많은 테러리스트들은 자기 회사의 발전을 위해 상대방 회사 혹은 상대국의 유명 인사를 납치하거나 살해한다. 그러므로 대부분 비도덕적으로 운영되고 있는 회사나 국가들은 표면적으로는 테러리스트를 비호하거나 양성하지 않더라도 폭력조직을 관리하는 범법 행위를 하고 있는 상태이다.

테러리스트 단체의 테러리즘 행위가 실패했을 경우 모든 책임은 테러리스트 단체에 돌아온다. 또한 많은 테러리스트 단체는 테러리즘 행위를 연속적으로 지속하기 위해 테러리스트들을 암살단 형식으로 운영하며 그들의 생계를 위해 마약을 밀거래하고 있다. 그 대표적인 단체로는 페루의 빛나는 길(SL)과 콜롬비아의 M-19가 있다(구상회, 2002: 49-50).

한 일자리 축소 등으로 GCP에 지속적으로 미치는 부정적인 영향은 오는 2004년까지 최소 523억 달러, 최대 643억 달러에 이르는 것으로 추산되었다. 보고서는 9·11로 인한 뉴욕의 GCP 감소액은 2001년의 경우 9·11 이후 연말까지 약 3개월간 115억 달러, 2002년에는 158억 달러, 2003년과 2004년에는 250억~370억 달러로 각각 추정했다. 9·11 이전까지 실재했던 일자리 8만 3천 100개가 테러 이후 사라졌으며 그 이전까지 추세가 이어졌더라면 이후 10개월간 늘어났을 일자리 6만 3천 개까지 감안할 경우 9·11로 뉴욕 시가 잃은 일자리는 모두 14만 6천 100개에 이르는 것으로 보고서는 집계했다. 이 같은 여러 측면의 피해로 인해 뉴욕 시는 30억 달러 가까이 세입이 줄었을 뿐만 아니라 테러 복구 등을 위해 5억 달러를 추가 지출해 재정적으로 큰 타격을 입은 것으로 분석했다(동아일보, 2002. 9. 5).

3 문화적 요인

1) 문명의 충돌

문명충돌론은 1993년 헌팅턴(Samuel P. Huntington)이 제기한 명제로 그는 공산주의의 몰락과 더불어 이념의 시대가 끝난 이후의 국제 정치적 갈등은 주로 문명적 단층선을 따라 전개될 것이라고 주장했다. 그는 문명은 "가장 포괄적인 수준에서 비슷한 문화를 묶는 범주"라고 정의한다. 냉전이 끝난 세계에서 문명 간의 갈등 혹은 충돌이 증가할 것이라는 그의 전망은 다음과 같은 이유 때문이다. 첫째, 문명적 차이는 오랜 시질에 길쳐 형성된 것이기 때문에 정치 이념이나 체제의 차이보다 더 근본적이다. 둘째, 각기 다른 문명권에 속한 사람들 간의 인류가 증대함에 따라서 마찰의 기회도 많아지고 자신의 문명적 정체성에 대한 의식도 커지고 이것이 또한 다른 문명에 대한 적대감을 증가시킨다. 셋째, 세계화에 의해 국민 국가적 일체감은 약화되고 그 대신 문명적 일체감 내지 종교적 일체감이 증가한다. 넷째, 오늘날 비서구 문명권에서는 탈서구화와 자신의 문명 정체성을 되찾으려는 움직임을 보이고 있다. 다섯째, 경제적 지역주의가 증가하고 있으며, 이러한 지역주의는 문명 간 갈등을 약화시킬 수 있다(박형, 2002: 81-82).

따라서 9·11 테러는 이슬람 사회의 일체감과 이에 기인한 다른 문명에 대한 적대감이 어느 정도 반영되어 있다. 그리고 그만큼 이 사건에는 문명 충돌적인 요소가 들어 있다고 보고 있다.[9]

---

9) 그 이유는 다음과 같다. 첫째, 테러 이후 빈 라덴이 기자 회견을 통해 9·11 테러 사건 이후 뒤이은 미국의 아프가니스탄 공격 등 일련의 사태를 성전(Jihad)으로 규정하고 이슬람 전체가 동참할 것을 촉구했으며 이러한 주장은 이슬람권에서 많은 반향을 불러일으켰다. 둘째, 문명적 차이는 세계관 가치의 차이이고 이것은 같은 상황을 다르게 인식한다는 것을 의미한다고 해석할 때, 서구적 관점에서는 9·11 테러가 이슬람 사회에서는 지하드가 될 수 있다. 이러한 인식의 차이는 어느 정도 서구와 친서방적인 이슬람 국가들의 경우에도 존재한다. 예컨대 빈 라덴과 알 카에다 조직이 불법화되어야 한다는 점에서는 아랍 국가들도 동의하지만 이들 국가들은 미국이 이 단체와 다른 이슬람 저항운동 단체들, 예컨대 헤즈볼라, 팔레스타인 해방인민전선 등을 같이 취급하는 태도에 대해서는 동의하지 않는다. 셋째, 헌팅턴은 9·11 테러가 문명에 대한 야만의 공격이지만 이것이 문명 충돌로 발전할 잠재력을 가지고 있다고 진단했다. 그 증거로서 그는 빈 라덴의 서방 세계에

헌팅턴은 비서구권에서의 민주주의와 근대화의 확산은 보편적인 세계 질서 구축이 아닌 문명 간 충돌이라는 역작용을 초래했고, 비서구권에서의 민주주의의 확산은 민족주의 및 극단주의 세력의 집권을 통해 국제적 분쟁 발생 가능성을 증대시키고, 또한 경제 · 사회적 근대화는 전통 사회의 기반을 붕괴시킴으로써 수구 세력의 반발을 초래하고 있다고 보고 있다. 특히 그는 이슬람 문명의 공격성 성향을 감안할 경우 향후 미국이 직면할 최대 위협은 이슬람 문명 간의 대립이며, 이런 점에서 "서구의 적은 이슬람이 아닌 이슬람 근본주의 세력"이라는 부시 대통령의 견해에 반대하고, 이라크에 대한 군사 행동시 서구와 이슬람 간의 대립이 더욱 명확하게 될 것으로 전망했으며,[10] 실제 미국의 이라크 침공 이후 이슬람 테러 집단에 의한 테러는 계속 자행되고 있다.

≫ 사례 5 ≪ 이슬람 근본주의 세력을 서구의 적으로 간주하는 데 대한 보복 테러

조지 부시 미국 대통령이 이라크 전쟁의 핵심 동맹국인 영국을 방문한 시점에 때맞춰 터키 북서부 이스탄불에서 20일 오전(현지 시간) 영국 시설을 겨냥한 강력한 연쇄 차량 폭탄 테러가 발생, 로저 쇼트(Roger Short) 이스탄불 주재 영국 총영사를 포함 적어도 26명이 숨지고 약 450명이 부상했다. 즉 2003년 11월 20일 오전 11시쯤 터키 수도 이스탄불 중심부에서 영국계 초대형 은행과 영국 영사관 등 영국계 건물만을 겨냥한 2건의 폭탄 차량 테러가 5분 간격으로 발생해 최소 25명이 숨지고 400여 명이 부상했다. 시내 번화가인 베요글루 지역 내 영국 영사관 정문에서 폭탄 차량이 터지면서 영사관 벽이 무너졌고, 로저 쇼트 총영사가 행방 불명되고 3~4명의 영사관 직원들을 비롯해 10여 명이 숨졌다. 이에 앞서 고급 상가와 건물, 학교 등이 밀집한 시내 르벤트 지역의 영국계 HSBC 은행 건물 앞에서도 폭탄 차량 테러가 발생해 은행의 전면 일부가 부서지고 최소 10명이 숨졌다. 이번 동시 다발 폭발 테러는 지난 15일 최소 23명이 숨지고 320여 명이 부상한 이스탄불 유대교 회당 2곳에 대한 자살 폭탄 테러 이후 불

대한 전쟁 선포가 서구의 일체감을 증진시키고 또한 결속을 자극했다는 점을 들었다. 헌팅턴은 결국 서구와 비서구 간의 대결은 해소되지 않을 것이기 때문에 테러전쟁으로 말미암아 미국과 유럽의 통합은 가속화될 것이고, 따라서 서구는 이슬람, 중국 문명연합과의 갈등 가능성에 대비해 서구의 문화적 친화성이 높은 중남미와 일본을 가담시키는 연합을 형성해야 한다고 충고했다.

10) 헌팅턴은 이미 1993년에 ① 서구 문명의 상징물에 대한 테러 공격, ② 아프가니스탄 체류 이슬람 용병 문제, ③ 이슬람 근본주의 부상에 따른 미 · 러 관계 긴밀화, ④ 공군력에 대항한 테러 전술 사용, 그리고 대량 파괴 무기를 주요 수단으로 한 중동과 동아시아 간 반미 · 반서방 동맹 결성 가능성을 예측했다.

과 5일 만에 발생했다. 이 날 테러의 배후는 아직 드러나지 않았으나, 영국의 잭 스트로(Jack Straw) 외무장관은 이번 테러가 "국제 테러집단인 알 카에다와 연관 조직들의 모든 특징을 갖고 있으며, 현재 3~4명의 영사관 직원들의 행방이 파악되지 않고 있다"고 밝혔다. 또 압둘 카디르 아크수(Abdul Kadir Aksu) 터키 내무장관은 이 날 테러가 "유대교 회당 폭탄 테러에 이은 2차 공격"이라고 말했다. 또 터키의 반(半)관영 아나톨리아 통신사에는 이 날 테러가 "알 카에다와 터키 내 지하 이슬람 단체인 IBDA- C의 합동 공격"이라는 전화가 걸려왔으나, 별도로 확인되지는 않았다고 외신은 전했다(동아일보, 2003. 11. 21).

그러나 헌팅턴의 문명충돌론을 부정하는 논거로는 하나의 문명은 다른 문명과 구별하기 힘들 정도로 복합적이며, 근대화는 문명 간의 해체를 가속화시키고 있음을 들고 있다. 또한 문명충돌론은 9·11 테러가 문명 간 대립의 시작이 아닌 민주화와 근대화의 계기가 될 수 있다는 측면을 간과하고 있다. 즉 탈레반 축출 및 파키스탄의 친서방 정책 전환, 대(對)테러전 승리 등을 통한 서구적 민주주의의 확산 가능성을 배제하고 있다.

2) 강력한 민족주의의 출현

강력한 민족주의의 출현과 종족 폭발(ethricity explosion)에도 테러리즘의 원인이 있다고 볼 수 있다. 주로 종교적이며 종족적인 민족 간의 갈등에서 생기는 폭력 발생을 말하는 것으로, 이러한 유형의 폭력과 테러리즘은 이미 1960년대부터 확대되기 시작해 오늘에 이르기까지 폭력으로 나타나고 있으며, 이는 인종, 종교 및 지역 집단들 간의 동질 의식과 단결 의식이 강화되고, 이에 따른 기대의 불균형 및 이해 관계를 해결하는 가장 손쉽고 극적인 방법이 폭력 사용이란 인식과 연결되어 있다.

이러한 폭력의 사용은 주로 종족을 달리하는 문명권 간의 문제였으며, 그 대표적인 것은 동남아시아의 회교 문제, 말레이시아, 필리핀, 태국, 인도네시아 등지의 문제이다. 또 다른 예는 아프리카의 흑백 갈등에서 발생되고 있는 문제, 팔레스타인 문제도 여기에 그 근원을 두고 있으며, 개혁과 개방의 결과로 해체된 구소련의 대체국인 독립국가연합 내의 국가들에서 일어나고 있는 독립 시위나 민족 간의 충돌도 그 맥을 같이하고 있다고 하겠다.

≫ 사례 6 ≪ 스리랑카 대통령 피격 사건

1993년 5월 1일 스리랑카 프레마다사 대통령이 콜롬보 시내 갈페이스 광장에서 노동절 기념 행사에 참석하기 위해 진입하는 순간 폭탄 조끼를 착용하고 자전거를 탄 테러리스트 한 명이 대통령을 향해 돌진해 자폭함으로써 대통령을 포함한 14명이 사망하고 20여명이 부상을 입은 사건이다. 이 사건은 타밀족 테러리스트 단체인 타밀이슬람해방호랑이(Liberation Tigers of Tamil Eelam: LTTE)에 의해 저질러진 것으로 밝혀졌다(최진태, 1997: 283).

≫ 사례 7 ≪ 체첸 반군의 모스크바 인질 사건

'3일 천하'로 끝난 모스크바 인질 사건은 지난 10년 여를 끌어온 체첸 문제를 재인식시키는 것은 물론 향후 처리 방향에 큰 전환점으로 작용할 전망이다. 또 집권 3년 여 동안 높은 국민 지지율을 토대로 탄탄대로를 걸어온 블라디미르 푸틴 대통령 행정부의 향후 행보 및 소수 민족 정책에도 적지 않은 영향을 미칠 것으로 예상된다. 러시아 사상 최대 유혈 사태 가운데 하나로 기록될 이번 인질극 사건은 우선 그 동안 해묵은 골칫거리로 잠복해 온 체첸 문제를 다시 수면 위로 부상시키는 계기가 됐다. 모스크바의 한 극장 관람객 700여 명을 볼모로 잡고 경찰과 대치해 온 체첸 무장 세력은 사태 해결 조건으로 체첸 전쟁의 신속한 종결을 요구, 체첸 문제를 국제 현안으로 재부각시켰다. 1991년 소련 해체 이후 시작된 체첸 문제는 1994~96년 1차, 1999년 이후 2차 전쟁을 거치며 러시아 내 최대 골칫거리로 작용해 왔으나 여러 굵직한 국제 현안들에 가려 제대로 주목받지 못해 왔다. 국제 인권단체와 서방측은 그 동안 러시아군에 의한 체첸 내 인권 유린 상황 등을 이유로 끊임없이 문제를 제기해 왔으나 국제 정치상 역학 관계 등에 막혀 지루한 소모전만 계속돼 왔다. 최근에는 미국 주도의 대(對)테러 전쟁과 이라크 사태 등에 묻혀 또 하나의 희생양이 되는 듯한 모습도 연출됐다. 러시아가 미국의 대테러 전쟁을 지원하는 대신 미국은 체첸 인권 문제에 눈을 감기로 하는 '빅딜'이 이뤄지고 있다는 분석이 이를 뒷받침한다. 그러나 이번에 인질극을 주도한 체첸 무장 세력이 러시아군의 즉각 철수와 전쟁의 빠른 종식을 요구하며 체첸 문제의 심각성을 재인식시켰다. 얼굴 전체를 '부르카'로 가리고 인질극에 참여한 여성 요원들은 특히 자신들의 신분을 그 동안 체첸전에서 숨진 체첸 전사들의 아내라고 밝혀 국제 사회의 양심을 환기시켰다. 인질범들은 또 만 이틀 반 동안 지속된 대치 과정에서 어린이와 임산부, 노약자를 풀어 주는 등 나름의 원칙과 규율을 지켜 러시아 내 동정심과 반전 의식을 유발하는 효과도 거뒀다. 인질극 과정에서 발생한 희생자는 극장 점거 첫날 영문도 모르고 극장에 들어가다 총격을 받고 숨진 여성 1명에 불과하며, 인질들에 대한 가혹 행위도 드물어 인질 가족들의 반전(反戰) 시위를 유발했다. 일부에서는 인질 가족의 반전 시위가 이들의 종용에 따른 것으로 밝히고 있으나, 실제 시위에 참여한 사람들은 이 같은 주장을 일축하고 있다. 또 이번 사건을 계기로 러시아 내 체첸전 반대 여론이 크게 높아진 것으로 나타나는 등 평화를 원하는 목소리가 더욱 고조되고 있다. 따라서 단기적으로 인질범들의 위협에 굴복하지 않고 단호히 진압한 푸틴 대통령의 결연한 대테러 의지가 국내적으로 평가를 받을 수는 있지만 대(對)체첸 정책은 앞으로 상당한 수정 과정을 거치게 될 것으로 전문가들은 예측하고 있다. 예를 들어 러시아 정부가 앞서 발표한 체첸 내 군사 작전의 유연성 및 체첸 정부의 자치 영역 확대 등 조치가 앞으로 더욱 가속도를 받을 수밖에 없을 것이라는 분석이다. 탄압 일변도의 강경 정책은 그만큼의 반발을 야기할 수 있다는 것이 러시아와 국제 사회가 이번 사태에서 얻어야 할 교훈이라는 것이 전문가들의 공통 지적이다. 푸틴 대통령도 이번 사건을 계기로 대테러 의지는 평가를 받을 수 있겠지만 장기적으로 강경 탄압에 대한 국내 및 국제 사회, 특히 이슬람권의 부정적 여론으로 명성에 타격을 받을 것으로 보인다. 체첸에 대한 강경 정책으로 취임 이후 줄곧 70% 안팎의 높은 국민 지지율을 누려온 푸틴 행정부는 그 동안 자신들의 정책에 문제가 많았다는 점을 실감하는 계기가 될 전망이다. 지난 해 '9·11 테러' 이후 국제 사회에 가장 큰 충격을 안겨준 이번 인질 사건은 러시아는 물론 전 세계 분쟁 및 소수 민족 문제의 심각성을 다시 한 번 일깨우는 계기가 될 것으로 분석된다(동아일보, 2002. 10. 24).

3) 종교적 신념 차이

이는 기존의 종교 질서가 부패했거나 또는 사악하다고 판단해 종교 원래의 정신으로 되돌아가고자 하는 데 그 목적이 있거나, 또는 다른 종교와 화합하지 못하는 상황에서 자신의 종교적 이념을 고수하는 데 그 목적이 있다. 종교 내에서의 테러는 새로운 종교를 강요하는 것이 아니라 기존의 종교 현상을 쇄신하는 데 그 목적을 둔 것으로서, 이란혁명 이후 회교 근본주의자들에 의해 수행되는 테러리즘에서 그 원형을 찾을 수 있다. 다른 종교에 대한 테러리즘은 자신의 종교를 비판하는 상대를 대상으로 테러를 가하는 것으로서 종교적 갈등이 진행되는 과정에서 일어난다(김수열, 2002: 2-3).

≫ 사례 8 ≪ 회교 원리주의자들의 그랜드 모스크 점거

1979년 11월 20일 이른 아침 전 세계에서 몰려든 회교도의 성지 순례자 4만 명이 사우디아라비아에 있는 가장 성스러운 사원으로 알려진 그랜드 모스크(Grand Mosque)에 운집해 예배를 보고 있는 순간 중무장한 2백여 명의 회교 원리주의자 테러리스트들이 사원에 침입해 회교도의 이맘(Imam: 회교 최고의 성직자) 한 명을 사살하고 사원을 점거하는 사건이 발생했다. 경악과 분노에 가득 찬 사우디아라비아 정부 당국은 모든 출입을 차단하고 평화적 해결이 불가능하다고 판단하자 즉시 근위병과 경찰을 투입해 사원 점거 5일 만인 11월 25일 진압작전에 나섰다. 테러리스트들의 완전한 진압에는 4일이 소요되었으며 진압 과정에서 260명이 사망하고 600여명이 부상을 당했다. 이 사건은 종교 갈등으로 인해 발생한 테러리즘의 대표적인 사례로 지적되고 있다(최진태, 1997: 274).

4) 현대 사회구조의 변화

수단으로서 선택되어 사용되고 있는 테러리즘에 도구적 합리성과 타당성을 부여하고, 이를 촉진하는 환경적 배경은 인류가 생활을 영유하고 있는 현대의 생태학적 상황 조건에 있다고 하겠다. 다시 말해 현대적 상황들이 테러리즘 수단 사용을 용이하게 만들어 주고 있다는 것이다.

고도로 집중화된 현대의 도시 자체는 테러리스트가 목적 달성에 필요한 공격 표적을 제공해 주고 공격 후 용이하게 은신할 수 있게 해 주며, 자행한 테러리즘 행위 원인을 전파할 수 있는 대중이 거주하고 있기 때문에 테러리스트의 활동 무대가 되고 있다. 즉 고도의 밀집된 현대의 생활 양식은 목적 의식을 가진 테러리스트에게 심리적 효과와 상대방을 억압할 수 있는 최적의 공격 표적을 도시에 집중시켜 놓았다는 사실이다. 예컨대 시민 생활의 근간이 되는 상수도원, 도시 가스 저장소, 발전소, 거대한 대형 건물, 주요 공공건물 등과 같은 목표는 선택된 대상에게 압박을 가할 수 있고, 엄청난 반향을 불러일으킬 수 있는 선택 가능한 목표물이 접근이 용이한 상태로 산재해 있는 것이다.

4 기술적 요인

과학기술의 발달, 교통 및 통신 수단의 발달도 테러 발생의 원인으로 고려될 수 있다. 과학기술의 발달로 무기 제조 기술이 발전했으며 무기 체제도 고도로 정밀화함으로써 살상 능력과 정확도가 매우 향상되었다. 교통통신의 발달로 테러리즘 기술의 전파가 용이해졌고 테러리스트들 간의 유대 협력도 매우 강화되어 테러의 국제화가 크게 진전되고 있음을 주목할 필요가 있다.

1) 과학기술의 발달

과학기술 발달의 결과가 제공해 주고 있는 테러리즘 발생의 촉매적 요인은 접근 가능한 다양한 구식 무기가 산재해 있다는 점, 그리고 무기 체계의 정밀화, 소형화, 고성능화 및 제조 기술의 증대로 소형 무기 사용을 통한 테러리즘의 효과성을 높여 주고 있다는 사실에 있다.

강대국들에 의한 거대한 양의 무기가 과학기술에 편승해서 지속적으로 생산되고 있으며, 이 결과 신형 무기에 의한 구형 무기 대체 현상은 국제 암시장과 제3세계 지역 국가 등에 대한 구식 무기의 할인 판매를 성행시키고 있다. 특히 일부 국가의 비밀정보기관에 의한 친반란(pro-insurgency), 대반란(counter insurgency) 성격의 활동을 하고 있는 단체에 대한 의도적인 무기 지원은 상대적으로 테러리스트로 하여금 테러리즘 활동에 필요한 무기의 획득을 용이케 하여, 폭력의 자유화 현상을 초래하고 있다.

또한 무기 체계의 고도 정밀화는 테러리스트에게 테러리즘 행위에 대한 안전성을 향상시켜 주고 있다. 즉 테러 목표에 대한 접근, 시행, 탈출 과정에서 테러리스트에게 생존 가능성을 높여 주었으며, 파괴력의 향상은 테러리즘을 더욱 합리적인 도구로서 선택하게 만드는 요인으로 지속적인 작용을 하고 있다. 특히 과학기술을 바탕으로 한 제조 기술의 증대는 화학작용제를 생산, 사용했다는 점에서 테러리즘에 대한 공포를 새로운 차원에서 확산했다고 하겠다.[11)]

---

11) 그 예로 2002년 6월 어두운 겨울(dark winter)로 명명된 미 정부의 시뮬레이션 결과 3개 도시에 천연두 공격이 발생하면 2개월 안에 300만 명이 감염되어 이 중 100만 명이 사망하는 것으로 나타났다. 시사주간지 『이코노미스트』는 2002년 11월호에서 "생물학 무기는 사전 방지와 사후 조치 모두 핵이나 화학무기보다 어렵다"고 경고했다. 2002년 말 미국에서 '공포의 백색가루' 탄저균 소동 후 생물 테러 대비법이 통과되었다. 이 법은 42개의 주요 위험 포자를 특별 관리하도록 규정했다. 그러나 국제전략연구소 테렌스 테일러(Terence Taylor) 소장은 "현재의 생물·유전공학 기술은 전혀 다른 유전체를 조합해서도 위험 포자를 만들 수 있으므로 '위험 포자 리스트'는 무용지물"이라고 말했다. 생물학 무기의 원료는 본래 쓰임새가 다양해 '악한 의도'를 가려내기 어려우며 쉽게 위장 보관할 수 있다. 1998년 이라크 사찰 당시 유엔 사찰 팀은 생물학 무기 개발 기관으로 보이는 연구소를 상당 부분 폐쇄했지만 이라크는 연구소를 이동식으로 만들거나 민가로 위장하고 있는 것으로 알려졌다. 이에 맞서 휴대용 병원균 탐지기, 원거리 미생물 탐지기 등의 첨단 장비가 개발될 전망이다. 『이코노미스트』지는 "그러나 이 장비로 무엇인가를 찾아낸다 해도 이것이 무기 용도인지를 밝히려면 결국 이라크 과학자에게 물어보는 수밖에 없다"고 전했다. 생물학 공격은 발생 즉시 그 사실을 알 수 없다. 발견하려면 일단 어느 정도 감염자가 생겨야 한다. 이것이 테러에 의한 것인지 바로 파악하기도 힘들다. 미국 정부는 공기 물 등을 모니터링하고 특정 징후를 보이는 환자 수, 전염성 질병에 대한 치료제 판매량, 특이한 곡물이나 가축 증상 등을 점검하는 조기경보 시스템을 개발중이다. 이 시스템은 질병관리센터(Center for Disease Control: CDC)가 11억 달러의 예산을 배정받아 구축하고 있는 '보건 조기경보 네트워크'로 연결된다. 전

≫ **사례 9** ≪ 옴 진리교 독가스 테러

1995년 3월 20일 일본 도쿄 중심부의 지하철에서 독가스인 사린가스 공격 사건이 발생해 12명이 사망하고 5,500여 명이 중·경상을 당하는 사건이 발생했다. 이 사건은 옴 진리교의 교주인 아사하라 쇼코가 자신의 교단에 비판적인 인사들에 대한 공격과 탈퇴하는 신자들의 납치 및 살해에 대한 경찰의 수사망이 좁혀져 오자 공권력에 대항하기 위해 독극물인 사린가스를 이용해 테러를 자행한 것으로 밝혀졌다. 이 사건은 이들이 사용한 사린가스가 비록 순도면에서 본격적인 살상무기에 이를 정도로 높지는 않았지만 화학전문지, 대학교 수준의 화학 교육을 받은 자 그리고 자금만 있으면 생산할 수 있다는 점에서 과학기술의 테러리즘 이용을 보편화하는 데 커다란 전환점을 이루는 계기가 된다(최진태, 1997: 286).

2) 매스컴의 발달

매스컴은 현대 문명의 핵심 요소라고 할 만큼 현대 사회에서 중요한 역할을 하고 있다. 매스컴이 발달하기 이전 사회의 엘리트 계층들은 정보를 통제하고 지배해 자신들의 이득을 위해 때로는 정보를 인위적으로 꾸며내기도 했고, 시간이 지나면서 걸러지고 변형된 소식들을 대중에게 전했다. 그러나 이제 지구촌 사람들 모두가 공유하는 정보통신 수단이 생겨났다. 이러한 요인들은 이미 대중과 민주주의 체제에 적잖은 타격을 주고 있으며 우려할 만한 또 다른 현상이 나타나고 있다. 각종 집단이 자신들의 목적과 목소리를 높이기 위해 영상 미디어를 도구로 활용하는 현상, 즉 미디어의 도구화(instrumentalization of the media)이다.[12] 이들은 매스컴의 조명을

국 약국의 재고 상황이 한눈에 들어와 긴급 상황이 생겼을 때 항생제나 백신이 미국 어디라도 12시간 안에 공급되도록 할 방침이다. 그러나 『이코노미스트』지는 "가장 먼저 징후를 감지해야 할 지역보건소나 병원이 적자에 허덕이고 있어 지역의료기관을 지원하지 않으면 재난 방지 네트워크는 효과가 없을 것"이라고 지적했다.

12) 현대 민주사회에서 치러지는 선거와 시민권을 확립하는 데 신문의 역할은 컸다. 하지만 신문은 비교적 값이 비싼 데다 실시간으로 정보를 전해 주지 못하고 상당한 시간이 지난 후에야 소식을 접할 수 있다는 약점을 지녔다. 그 후 전화와 라디오, 텔레비전이 등장하면서 매스컴은 또 다른 변화를 맞게 됐다. 인쇄매체와 영상매체가 공존하는, 더욱 다양한 환경이 형성되었고 전문적이고 정확한 보도 기준이 성립되는 듯했다. 대중은 질적으로 향상된 정보와 뉴스를 전달받을 수 있을 것으로 보였다. 그러나 최근 들어 언론이 전문적이고 윤리적인 기준에 맞춰 임무를 제대로 수행하고 있는지에 대해 의심할 만한 현상들이 나타나고 있다. 첫째는 방송사들의 민영화로 유럽에서 이 같은 상황이 두드러진다. 공익 방송으로 공공을 위해 운영되었던 방송사들이 이제는 이윤을 추구하는 사기업들에 의해 지배되고 있다. 그나마 생존해 있는 공영 방송사들도 민영 방송사들과

받기 위해 더욱 자극적이고 폭력적인 방법을 동원하고 있다. 이런 방법이 대중의 관심을 끌려는 미디어의 속성을 만족시키기 때문이다. 9·11테러도 그러한 예의 하나이다.13)

이와같이 매스컴의 발달은 발생한 테러리즘 행위가 테러리스트가 의도한대로 일반 대중에게 신속하고 정확하며 생생하게 전달이 가능하도록 함으로써 테러리즘 발생 지역에 관계 없이 테러리스트가 의도한 목적의 전파가 가능해졌다. 이에 따라 테러리즘 행위에 대한 의사 전달을 잠재적 테러리스트에게 제공해 주고 있으며, 테러리스트 상호간의 정보, 기술, 무기, 훈련 등의 협력 강화를 가능케 함으로써 국제 테러리스트 조직 간에 정치·사상적 친화력의 강화를 통해 테러리즘이 더욱 용이하게 실행되고, 실행 후 신속히 도피할 수 있는 환경을 제공해 주고 있다는 사실이다. 특히 통신수단의 고도화에 따른 발달된 대중전달 매체(mass media)는 테러리스트의 의사 전달과 발생된 사건에 대한 신속 정확한 보도라는 속성 속에서 "테러분자들의 가장 좋은 친구"가 되고 있다. 이와같이 테러리즘과 대중 전달매체는 상호 상징적인 관계를 가지고 있으며, 이는 "테러리즘은 TV가 없으

의 경쟁에서 이기기 위해, 시청률을 높이기 위해 프로그램의 질을 희생시키는 경우가 자주 생기고 있다. 이는 질적인 측면에서 분명히 퇴보한 것이다. 둘째, 새로운 위성방송과 케이블 TV, 인터넷 등 다양한 매체가 등장하면서 다양한 성향의 독자(시청자)가 나타나고 있다. 하지만 이들의 기호가 세분화하는 만큼 독자들의 수요는 분산되고, 그 결과 매스컴의 수입도 줄게 되었다. 따라서 매스컴은 높은 시청률을 확보하는 데 커다란 관심을 보이고 있으며, 이것은 매우 위험한 부작용을 초래한다. 셋째, 인터넷 매체를 사용하는 이들이 늘면서 수많은 정보들이 범람하고 있다. 그러나 얼마만큼 이 정보들이 정확하고 진실한 내용들인지에 대한 우려가 크다. 정보 브로커들이 정보를 질에 따라 선별해 준다고는 하지만 이들이 아직은 활성화되고 있지는 못하다. 네 번째로 정치인들과 언론인들이 점차 밀접해지고 있다는 점이다. 이들은 서로의 이익을 충족시켜 준다. 정치인들은 자신이 갖고 있는 정보를 기자들에게 주는 대신 자신들을 부각시키고 목소리를 국민 전체에게 전달하기 위해 이들을 이용한다. 정작 중요한 민생 안정이나 복잡한 정치적 이슈 등에 대해 대중의 이해를 도모하는 일 등은 자연히 뒷전으로 밀리곤 한다.

13) 자극적이며 폭력적인 이미지로 가득한 9·11 테러는 그 어느 뉴스보다 중요하고, 심지어 다른 모든 뉴스들을 무의미하게 만드는 긴급 뉴스(breaking news)였다. 모스크바 극장의 체첸 인질극도 그렇다. TV를 통해 보도되는 극단적인 이미지는 이전까지만 해도 별다른 관심을 얻지 못했던 체첸과 러시아의 갈등에 대해 세계의 이목을 집중시켰다. 대대적인 긴급 뉴스 때문이었다. 자신들의 목소리를 내고 그 목적을 달성하고 싶어하는 각종 집단은 언론 매체의 관심을 끌기 위해 극단적인 수단과 방법을 동원하게 되는 것이다.

면 존재 이유를 상실하며, 테러리즘이 없으면 TV는 가장 극적이고 인기가 있는 대상을 상실한다"라는 표현을 통해 알 수 있다. 양자의 상징적 관계에 대해 해커(Hacker)는 "만일에 테러리즘 발생의 대중 전달을 차단할 수 있다면 국내 그리고 국제 테러리즘의 75%를 줄일 수 있다"라고 언급하고 있는 실정이다. 이와 같은 국제 테러리즘의 발생이 가능한 토양의 제공은 테러리즘의 성장과 국제화에 수많은 방법으로 기여해 왔는데, 이 같은 현상에 대해 젠킨스(B. M. Jenkins)는 "국제 테러리즘은 우리 시대의 기술에 잘 맞는다. 현대의 제트기 여행은 테러리스트들을 어느 대륙에서도 마주칠 가능성이 있게 한다. 라디오, 텔레비전, 그리고 통신 위성들은 거의 실시간적인 접근을 전 세계 추종자들에게 제공한다. 무기와 폭약은 점증적으로 유용하고, 현대 산업 사회는 공격받기 쉬운 수많은 목표들을 제공한다"고 지적하고 있다(Kegley, 1980: 106).

제 2 절 뉴테러리즘의 접근법

1 위기 단계별 접근법

위기는 그 속성상 발생 원인이 복잡 다양하기 때문에, 위기관리 시스템을 이해하기 위해서는 다수의 조직이 복합적이고 총체적인 노력을 기울이는 과정에 대한 고찰이 요구된다(이재은, 2002). 따라서 위기관리 시스템을 단계별로 접근해 봄으로써 테러리즘과 같은 위기관리를 위해 각 단계별로 어떠한 활동을 해야 하는지에 대해 알 수 있으며, 또한 각 단계가 개별적으로 독립되어 있는 것이 아니라 상호 밀접하게 연관되어 유기적인 관계를 유지해야 위기관리에 대한 효과성을 극대화할 수 있다.[14] 이러한 각 단계

14) 이러한 논의를 전개하는 데 전제가 되는 것은 위기관리 활동에 참여하는 기관의 수나 조직적 특성, 정부의 수준과 규모 등의 차이와는 관계 없이 위기관리 시스템의 전통적이고 핵심적인 기능은 위기의 완화, 준비, 대응, 복구라는 다양한 활동들을 조정하고 유기적인 연결고리를 만드는 것이라는 점이다(Kreps, 1991: 30-54).

별 위기관리 시스템의 내용과 특징을 살펴보면 다음과 같다.

첫째, 완화 단계(mitigation)는 위기가 실제로 발생하기 전에 위기 촉진 요인을 미리 제거하거나 위기 요인이 가급적 표출되지 않도록 억제 또는 완화하는 과정을 의미한다(김형렬, 1997: 400; Petak, 1985: 3; McLoughlin, 1985: 166). 즉 위기 완화 또는 위기 경감 노력이란 재난 발생 이전에 재난의 피해를 경감시키려는 모든 활동으로서, 재난 발생의 위험 요인을 줄여서 재해 발생의 가능성을 낮추는 활동을 의미하며, 재난이 엄습하기 전에 재난 충격의 완화를 위해 취해지는 제반 활동이 여기에 해당된다(박광국·주효진, 1999; Godschalk, 1991).[15]

완화 단계에서 효과적인 집행을 통해 얻을 수 있는 편익으로는 인명의 구조와 부상의 감소, 재산상의 손실 예방이나 손실의 감소, 경제적 손실의 감소, 사회적 혼란과 스트레스의 최소화, 중요 시설물의 유지, 사회 기반시설 보호, 정신적 건강 보호, 정부와 공무원의 법적 책임 감소, 정부 활동을 위한 긍정적인 정치적 결과의 제공 등이 있다(Godschalk, 1991: 131). 이러한 완화 단계는 위기 복구 단계를 통해 개발된 정책이나 사업 계획들에 의해 개선될 수 있으며, 따라서 준비, 대응, 복구 단계와 직·간접적인 관련성을 지니고 있다고 볼 수 있다(Rubin & Barbee, 1985: 61-62).

둘째, 준비 단계(preparedness)는 위기 발생시의 위기 대응 단계를 위한 운영 능력을 개발하려는 활동으로 정의될 수 있다(박광국·주효진, 1999; 이재은, 2002). 또한 위기 발생시 위기로부터 개인의 생명과 재산 피해를 줄이기 위해 비상조치 계획과 훈련 과정을 개발·연습하고 위기관리에 필수적인 인적·물적 자원을 비축하고, 위기 관련 부서들 간에 필요한 협조 체제를 사전에 준비하는 단계이다(McLoughlin, 1985: 166; Petak, 1985: 3; 김영수 외, 1993: 16).

준비 단계는 구체적으로 다음과 같은 활동들로 구성되어 있다(Clary, 1985: 20; McLoughlin, 1985: 166; Petak, 1985: 3). 첫째, 위기 대응 단계를

---

15) 위기 완화 단계는 세 가지 주요 목표를 추구하는 전략으로 이해할 수 있다. 첫째, 전략의 목표는 위험의 성질을 변화시키려는 것이고, 둘째, 손실 우려가 있는 취약성을 감소시키려는 것이며, 셋째, 위험에 대한 국민들의 노출을 감소시키려는 것이다(Godschalk & Brower, 1985: 64-65).

집행하는 과정에서 활용하게 될 중요 자원들을 미리 확보한다. 둘째, 위기 발생 지역 내외에 있는 다양한 위기 대응 기관들의 사전 동의를 확보한다. 셋째, 위기로 인한 재산상의 손실을 줄이고 국민들의 생명을 보호할 위기 대응 활동가들을 훈련시킨다. 넷째, 위기 대응 계획을 사전에 개발하고 위기를 관리하는 데 필요한 계획이나 경보 체계 및 다른 수단들을 준비하는 일련의 활동이다.

위기 준비 단계에서 특히 주의해야 할 영역으로는 위기가 발생하기 이전에 각 위기관리 분야 간의 조정과 협조를 이루는 것이 필요하다는 점이다. 그리고 위기 발생 이전의 정상 상태로 신속하게 복귀하기 위해서는 지속적・연속적 과정으로서의 위기 준비 단계가 과학적 지식과 계획에 의해 합리적으로 이루어져야 함은 물론 위기 대응 단계와 연계되는 것이 필요하다(Kreps, 1991: 33-36).

셋째, 대응 단계(response)는 실제로 위기가 발생한 경우 위기 관련 담당 기관들이 수행해야 할 각종 임무 및 기능을 적용하는 활동 과정으로 파악할 수 있다. 대응 단계는 완화 단계, 준비 단계와 상호 연계함으로써 제2의 손실이 발생할 가능성을 감소시키고, 위기 복구 단계에서 발생할 수 있는 문제들을 최소화시키는 위기관리 시스템의 실제 활동 국면을 의미한다(Drabek, 1985: 85; Petak, 1985: 3).[16]

대응 단계에서 좀더 효율적으로 위기에 대응하기 위해서는 집권화되고 공식적인 의사결정 구조보다는 유연한 의사결정 구조를 유지하는 것이 중요하다(Mileti & Sorensen, 1987: 13-21). 그리고 조직구성원들의 구체적인 역할을 사전에 부여해 놓는 것이 필요하다. 특히, 위기관리 업무를 일상 업무로 수행하고 있거나 관련이 있는 조직보다는 관련이 없는 조직의 경우에 위기에 대비해 조직구성원 각자의 업무 정의를 하는 것이 더욱 요구된다(박광국・주효진, 1999; 이재은, 2002).

넷째, 복구 단계(recovery)는 위기로 인한 혼란 상태가 상당히 안정되고

16) 대응 단계는 완화 단계나 준비 단계와 독립되어 있는 것이 아니라 상호 밀접하게 연계되어 있다. 그러므로 위기에 대한 대응은 인위재난, 대규모 자연재난, 그리고 사회재난을 막론하고 대응 단계에서는 전체적 차원에서 위기를 파악・대응하기 위한 통합 위기관리 체계의 확립이 필요하다(Drabek, 1985: 85; McLoughlin, 1985: 170).

응급적인 인명구조와 재산의 보호 활동이 이루어진 후에 위기 발생 전의 상태로 회복시키기 위한 여러 활동을 말한다. 또한 위기 피해 지역의 주민을 비롯한 모든 지역공동체가 위기 이전의 정상 상태로 회복될 수 있도록 도와 주는 일체의 활동이 여기에 해당된다.[17] 복구 단계는 위기로 인한 희생자의 정신적·물적 피해에 대한 단기적·임시적 응급 복구와 장기적·항구적 원상 복구를 행하는 단계로 볼 수 있다(Petak, 1985: 3; 김형렬, 1987: 71; 김영수 외, 1993: 19; 김영규, 1997: 157).

이 같은 위기 복구 단계에 속하는 구체적인 활동에는 생존 지원 체계인 전력망 수리, 임시 가옥·식량·의복 제공 등이 포함된다(Waugh, 1994: 254). 그리고 위기 복구 단계에서 활동하는 주체로는 중앙정부, 지방정부 그리고 민간 부문이 있으며, 이들은 각각 개별적으로 활동을 하기보다는 서로가 혼합되고 함께 공동으로 기능을 협조할 때 효율적으로 복구 활동을 수행할 수 있다(Perry, 1985: 8-14). 또한 위기 준비 단계와 위기 대응 단계의 집행은 위기 유형별에 따라 차이가 있을 수 있지만, 이들 모두에서 복구 과정은 동일한 것으로 간주할 수 있다.[18]

2 상호작용 적응적 접근법

공공의 안전(public security)을 보장해 주는 것은 정부의 필수적인 기능이다. 행정 실무적 관점에서 공공의 안전에 대한 보장은 위협과 위기, 그리고 재난으로부터 국민을 보호하는 행정 시스템의 작동과 밀접하게 관련되어 있다(Comfort, 2002). 대통령훈령 39조에 의해 작성된 「미 행정부 기관

17) 위기 복구 단계의 활동은 피해지역이 원상 복구를 하는 데 필요한 원조 및 지원 활동으로 전형적인 배분정책의 영역에 속하는 활동으로 볼 수 있다(Petak, 1985: 3).

18) 루빈(Rubin, 1991: 224-259)은 1980년대 초 위기 복구 단계에 있는 14개 지역에서 수행된 연구에 기초해 성공적인 복구와 관련된 주요 구성 요소들을 개관하고 성공적인 복구전략을 제시하고 있다. 먼저, 필수적인 요소로는 개인적 리더십, 활동 능력, 활동 내용에 대한 지식을 예시한 후, 효과적인 복구전략을 제시하고 있다. 첫째, 해당 지방정부가 지니고 있는 자원들을 활용할 뿐만 아니라 주정부와 연방정부의 재정적 및 기타 자원의 지원 확보 방안에 대해 친숙해야 한다. 둘째, 공공관리자들은 희생자와 그 가족들뿐만 아니라 위기관리 활동가들과 자원봉사자들의 복구 활동을 지원해 주는 것이 필요함을 지적하고 있다.

간 국내 테러리즘 운영계획안(U.S. Government Interagency Domestic Terrorism Concept of Operations Plan: CONPLAN 2001)」은 위기를 관리하고 이에 따른 책임을 할당하면서 행정부로 하여금 두 종류의 기능을 수행하도록 하고 있다.

CONPLAN에 의거해, 위기관리(crisis management)는 주로 미국과 그 국민에 대해 적대적인 행동을 기도하는 자들을 적발하고 기소하는 법 집행 기능과 관련되어 있는데, 법무부가 주무부처의 역할을 맡고 있다. 법무를 중심으로 해서 FBI, CIA, 주류·담배·총기통제국(Bureau of Alcohol, Tobacco and Firearms: ATF), 이민국이 이에 관여한다. 이들 기관들은 위기 예방을 위해 노력하지만 실제 안전에 대한 위협이 일어날 때까지 많은 경우 법에 의해 제약을 받는다. 이들 기관이 주로 사용하는 정책 수단은 순기능적 사회의 조성과 및 안전을 위협하는 비정상적이거나 일탈적 행위를 찾아내는 것과 관련되어 있다(Klein, 1993). 따라서 여기서는 전문적 조사나 정보 교환이 중시된다. 그리고 결과관리(consequence management)는 중대한 사고에 의해 손실을 경험한 피해자들에 대한 구호와 복구에 치중하는 위기관리 기능으로서 연방위기관리청(Federal Emergency Management Agencies: FEMA)이 주무부처의 역할을 담당하며, 이를 중심으로 26개 연방기관이 관여하고 있다.[19] 이들 기능도 역시 조직 관리자로 하여금 현명한 결정을 내릴 수 있도록 정교하게 설계된 지식 기반 체계를 구축해 주는 데 역점을 둔다.

지난 9·11 사태에서도 볼 수 있듯이, 공공안전 시스템의 실제 성과가 의도한 효과를 내지 못하는 이유는 크게 다섯 가지로 볼 수 있다(Comfort, 2002). 구체적으로 보면 유관 부서 간의 공유 가치의 정도, 시스템에 대한 위협의 정확한 평가, 시스템 운영을 효과적으로 지원하는 기술적 하부 구조, 역동적 사건에 기관이 유연하게 적응하게 해 줄 수 있도록 하는 조직의 정책이나 절차, 그리고 조회(inquiry)나 정보 공유를 수용하는 조직문화 등을 들 수 있다. 위기 발생시 이러한 조건의 미충족은 조직 실패로 귀결될 가능성이 크다. 컴포트(L. K. Comfort)는 9·11 사태에 대한 분석을 통해

19) 구체적으로 보면, 9개 연방기관, 12개의 응급 지원의 핵심 기능을 수행하는 미국적십자사, FEMA에 대해 2차적 기능을 수행하는 16개의 기관으로 되어 있다.

시스템의 위협에 대한 정확한 평가가 다섯 가지 요인에 의해 충족되지 못했다고 평가한다. 그 이유를 구체적으로 보면 첫째, 테러 분자들의 행위에서의 불확실성의 정도는 다른 어떤 위협에 비해서 높고 광범위하다.

둘째, 테러리즘은 다른 위험과는 달리 지능적인 인간들에 의해 자행되는 경향이 있다. 즉 테러 분자들은 그들의 의도와 이를 분쇄하려는 정부기관을 무력화하기 위해 끊임없이 학습하고, 적응하며 그들의 과업을 수정해 나가려고 노력한다.

셋째, 테러 분자들 공격의 직접 표적은 민간인이지만 정부도 간접적 표적이 된다. 테러 분자들의 주요 목적은 공격 대상의 민간인들에게 그들의 정부가 무능하다는 것을 보여 주려고 하는 데 있다.

넷째, 테러 분자들은 기존의 정부를 무력화하려는 의도에서, 사회의 일상적 기능들을 파괴의 도구로 사용하려고 기도한다. 즉 9·11 테러시 민간 항공기를 납치해서 고층 빌딩에 대해 미사일 공격을 한 것은 바로 이러한 점을 보여 준 극명한 예라고 할 수 있다.

마지막으로, 테러리즘의 만연성과 무차별 공격은 사회의 '공유된 위험(shared risks)' 상황을 만들어 주고 있다. 이러한 공유된 위험 조건은 정부의 테러리즘 대응에 중요한 대안적 관점을 제공해 준다. 위험이 공유되듯이, 그러한 위험을 평가하고, 완화하며 대응하는 책임도 공유되어야 한다. 공유된 책임에 대한 인식을 하게 되면 테러리즘에 대응하는 주체도 정부뿐만 아니라 개인, 가정, 민간 및 비영리 단체로까지 확대되어야 한다.

그리고 세 가지 요인, 즉 기술적 하부구조, 조직의 유연성, 정보 공개에 대한 문화적 개방성의 초기 조건은 테러 분자의 위협에 대한 부정확한 평가에 의해 영향을 받게 된다.

이러한 점에서 위기관리를 위한 현재의 정부 기능은 복합적 적응 시스템(complex adaptive system)으로 전환될 필요가 있다. 역동적 사회에서 개인의 자유와 공공의 안전 간에 적정 함수를 찾아내는 것은 대단히 어렵다고 볼 수 있다. 9·11 사태 이후 국토 안보를 위한 공공 담론은 바로 이러한 긴장 관계를 잘 설명해 준다. 적응적 복잡 시스템은 현재 정부가 취하고 있는 조치와는 다른 대안적 관점을 가지고 있는데, 즉 조직 성과의 연속선상에서 질서를 유연성에 연계시키려고 노력한다. 이 시스템은 새로이 유입되는 정보에 입각해 자율적으로 조직화된 행위(self-organizing behavior)를 역동적 변화에 대응하기 위한 추진력으로 인지한다(Kaufmann, 1993). 공유된 정보에 입각해 상호 적응을 해 나감으로써 시스템은 변동의 충격을 쉽게 흡수하기 위해 자원을 할당하고 실패에 덜 취약하게 된다. 카우프만에 의하면, 모든 시스템은 혼돈에서 질서의 연속선상에서 움직이게 되는데 시간이 갈수록 중심으로 이동하는 경향을 보여 준다고 한다. 혼돈의 경계(edge of chaos)는 바로 혼돈과 질서의 연속선상의 아주 좁은 지역에 위치하는데 여기에 놓인 시스템은 정확한 정보 공유를 통해 외부 환경 조건의 변화에 가장 창조적으로 대응할 수 있게 되며, 여기서 시스템은 실패의 위험성을 줄일 수 있게 된다. 복잡 사회 시스템에서 조직 간 행위를 위한 필수 요건은 바로 정보 공유의 양과 효과성에 달려 있으며 이러한 능력은 바로 집단적 학습과 적응을 조장하게 된다. 다시 말해, 변화 감지 능력은 바로 행위를 위해서는 절대적으로 필요하다 그것이 없으면 개인이나 조직은 그들의 평가와는 모순된 정보에 종종 갇혀 버리게 된다. 컴포트에 의하면, 통제 장치는 법적 행위의 조건을 규정하지만 이러한 조건 하에서 정보의 탐색, 교환, 학습이 이루어지게 되면 지능적인 적대 세력에 대해 역동적인 모습으로 적응적 반응을 보여 줄 수 있다. 실제, 테러 분자들의 위협은 단지 그것이 알려지지 않았을 때 효과가 있다. 미지의 위협을 막기 위한 통제 전략은 비효과적이며 일상 생활을 영위하는 시민들에게 불편함만 초래할 수 있다. 정부 성과의 초점을 통제에서 조사(inquiry)로 전환하는 것은 불확실성을 극복하는 전혀 다른 대안이 될 수 있다.

통제 수단은 기존의 알려진 상태를 유지하는 데 초점을 두는 데 반해 조사 기법은 운영 시스템의 잠재적 실패점을 탐구하려고 노력한다. 초프라와 고엘(Chopra & Goel, 1999)은 붕괴 커브(fragility curve)라는 개념을 사용하고 있는데, 이에 따르면 다리 붕괴는 갑자기 오는 것이 아니라 오랜 시간을 두고 다리가 받는 여러 가지 복합적 스트레스가 누적되어 어느 시점에 붕괴로 이어진다는 것이다. 이러한 개념을 조직 시스템에 적용해 보면, 어떤 한 수준의 사건을 방지하기 위해 고안된 안전 시스템은 다른 수준의 운영에서 나타나는 다른 유형의 위협에 지속적으로 노출되었을 때 필연적으로 취약성을 드러낼 수밖에 없게 된다.

컴포트(Comfort, 2002)는 9·11 사태에서의 행정 시스템의 취약성을 경험적으로 분석해 보았는데, 그에 따르면, 공공안전 시스템의 상당 부분은 잘 작동되었으며, 특히 테러 공격의 대응에서 성과는 높은 것으로 나타났다. 하지만 테러 공격이 일어나기 전에 위협을 확인하는 어려운 작업은 주로 CONPLAN 하에서 위기관리 기능을 수행하는 조직에 부여되어 있었다. 왜냐하면 개별 행정기관들은 테러 공격의 상호 연계성을 파악하는 데 실패함으로써 결과관리에 관여하는 조직들로 하여금 잠재적 위험에 대비하도록 경계심을 주지 못했기 때문이다. 현재 CONPLAN이 가지고 있는 가장 큰 문제점은 위기관리와 결과관리의 통합을 촉진하는 조직 절차를 확립하지 못했고, 이에 따라 기관들 간의 신속한 정보 교환과 환류를 지원하는 기술적 정보 인프라망을 구축하지 못한 데 있다. 위기관리와 결과관리 간의 통합은 기관 상호작용에서의 변동을 의미할 뿐 아니라 동시에 개별 기관의 문화와 운영 방식에서의 의미 있는 변화를 요구할 수 있다. 지금까지 법 집행기관의 운영은 속성상 상당한 비밀과 익명성을 요구받는 상태에서 이루어진 관계로 심지어 같은 업무를 다루는 기관에서조차도 정보 공유를 상상할 수가 없었다. 현재 상이한 지방정부 혹은 주정부 차원에서 동일한 불순분자에 의해서 자행되는 경미한 위반의 지속적인 행위도 정보 공유 시스템의 미비로 인해 연방정부 차원에서 관심을 가지기가 어렵게 되어 있다.

일반적으로 공격 위협을 감지하지 못하도록 만드는 네 가지 요인이 있다(Comfort, 2002).

첫째, 안전 조치에 책임을 맡고 있는 정부기관들은 상당한 정도 폐쇄적이고 위계적인 시스템으로 운영됨으로써 활발한 정보 공유를 하는 것이 어렵게 되어 있다. 반대로 테러 분자들은 고도로 유연하고 네트워크화된 조직으로 운영됨으로써 신속한 정보 공유와 긴밀한 조정 활동을 하는 것이 가능하게 되었다.

둘째, 공공 안전을 보호하는 데 책임을 맡고 있는 기관들 사이의 의사전달과 조정에 관한 경험적 연구에 의하면 적응적 학습에 결정적인 정보 탐색과 공유가 빈번하게 일어나지 않는 것으로 나타났다. 설령 정보 공유가 일어난다고 하더라도 정부 부문은 정부 부문 간에, 민간은 민간 부문 간에, 그리고 비영리단체는 비영리단체 간에 정보를 공유하는 형태를 띠고 있었다.

셋째, 9·11 공격 이후 상당한 수의 조직들이 대응 체제에 관여했음에도 불구하고 위기관리에 관여하는 기관들은 전국에 흩어져 있는 기관들로부터 보내온 정보를 가지고 포괄적인 위기관리 계획을 입안할 수가 없었다. 의사소통 기술과 조정력을 향상시키는 능력의 개발은 공공의 안전 서비스 질을 증대시키는 것과 밀접하게 관련되어 있다.

끝으로, 위험 저감에 대한 책임이 사회 내 모든 주체들 간에 고르게 분포되어 있지 않는데 문제점이 있다. 오히려 이것은 주로 정부의 기능으로 간주되어서는 안 되며 위험을 공유하고 있듯이 위험을 확인하고 저감하는 노력도 정부, 민간, 시민단체, 개인들 간에 공유되어야 한다.

따라서 위기관리의 효과성을 극대화하기 위해서는 첫째, 정부기관, 민간조직, 비영리조직 간뿐만 아니라 정부기관 간 혹은 정부기관 내 위기관리 학습 능력과 환경 적응력을 제고할 수 있는 체계적 프로그램을 개발할 필요가 있다.

둘째, 공공 안전에 대해 세부 책임을 지고 있는 공공기관들 사이에 의사소통, 조정, 정보 공유의 증대가 이루어질 수 있도록 조직설계가 이루어져야 하며, 이를 위해 정부 기능들 사이의 복잡성과 상호 관계를 보여 줄 수 있는 지도가 개발될 필요가 있다.

셋째, 공공의 안전과 개인의 자유 사이에 지속적인 상호 균형이 유지될 수 있도록 공공 부문, 민간 부문, 그리고 비영리 조직 간 지원 기능의 상호 의존성이 상세히 기술되어야 한다.

넷째, 정부 부문, 민간 부문, 비영리기관 간에 정보 공유, 의사소통, 조정을 지원할 수 있는 정보 인프라 구축에 충분한 예산을 투자해야 한다.

3 거버넌스적 접근법

테러리즘과 같은 위기는 한 국가 내에서만 일어나는 문제라고도 볼 수 있으나, 현실적으로 테러리즘이 국가 간의 경계를 무시하고 있고, 또한 불특정 다수에 대한 대규모 피해를 전제로 발생한다는 점에서 거버넌스 관점에서의 테러리즘 방지를 위한 협력 체계가 필수적이라고 할 수 있다. 즉 최근 행정학의 새로운 패러다임으로 논의되고 있는 파트너십, 네트워크 등의 거버넌스 접근법에 의한 위기관리 시스템 구축 방안을 모색할 필요가 있다는 것을 의미한다.

파트너십의 핵심적 내용은 공동 책임성과 협력(co-operation)이다. 파트너십은 파트너 관계의 대상에 따라 크게 두 가지로 구분해 볼 수 있다. 하나는 공공 부문과 공공 부문 간에, 다른 하나는 공공 부문과 민간 부문 간에 파트너 관계를 맺을 수 있다. 전자는 정부 간 협력이고 후자는 민관 협력으로 불린다. 물론 이 둘 사이에도 더 세분화될 수 있다. 즉 중앙정부와 중앙정부 간, 중앙정부와 지방정부 간, 지방정부와 지방정부 간, 중앙정부와 민간 부문 간, 지방정부와 민간 부문 간 등으로 나눌 수 있다.

파트너십이 행정에서 중요한 관리 전략으로서 각광을 받고 있는 것은 사회의 속성이 변화해 네트워크 사회가 도래했기 때문이다(Castells, 1996). 네트워크 사회에서는 복잡한 상호 작용과 관계가 특징이며, 이러한 복잡한 관계를 유지하는 최선의 대안적 전략은 파트너십이다. 네트워크 사회에서는 전통적으로 구분해 온 중앙과 지방, 시장과 계층제 또는 공공 부문과 민간 부문 간의 구분은 더 이상 설득력이 없어졌으며, 현대 사회에서 공공과 민간 영역의 행위 주체들 간의 상호의존성은 더욱 확대되고 있다. 이에 따라 공공과 민간 영역으로 명명되어 온 전통적인 조직 체계가 변모하고 있다.[20]

세계화·분권화의 진전과 더불어 국민국가를 중심으로 한 기존의 단층적인 거버넌스만으로는 사회 문제 또는 정책을 효과적으로 해결하기 어렵게 되었으며, 이제는 초국가적 국제기구, 국민국가, 지방 및 지역을 단위로 하는 다층적 네트워크 체제 또는 다층적 거버넌스(multi-level governance)를 구축할 필요가 있다(이종수·운영진 외, 2001: 106; 안병영, 2000:

20) 이러한 네트워크 사회의 특성을 요약하면 크게 상호의존성과 복잡성이라고 할 수 있다(이종열·박광국·주효진, 2003). 즉 네트워크 사회에서는 공사 영역 간의 경계가 불분명해질 뿐만 아니라 여러 조직들 간에 상호의존성이 증가한다. 따라서 정부의 어떤 정책이나 사업이 목표를 달성하기 위해서는 여러 관련 행위자들로부터 협력이 요구되며, 이러한 조직 간의 상호의존성은 또한 복잡성을 낳는다. 그리고 복잡성은 공동의 목표 달성을 의해 필수불가결한 자원을 가지고 있는 여러 행위 주체 간의 상호작용과 협상 과정의 결과이다.

13-20). 특히 테러리즘의 경우 더욱 한 국가 또는 한 지역에 국한되지 않고 발생하며, 또한 국가 간의 경계가 중요한 의미를 가지지 못하기 때문에 이러한 다층적 거버넌스의 구축이 더욱 필요하다고 할 수 있다.

우선적으로 국가를 초월하는 지구적 문제를 해결하기 위해서는 국가 간 협력 체제인 글로벌 거버넌스를 구축할 필요가 있다. 테러리즘의 경우 세계화가 더욱 심화됨에 따라 기존의 개별 국가 단위의 정책 결정 체제나 방지 시스템으로는 효율적으로 대응할 수 없기 때문에 전 세계적 차원의 협력적 해결 방안이 필요하게 된다. 이 글로벌 거버넌스는 국가가 대외적으로 다양한 국제기구, 다른 국가와 국제적인 비정부조직 등과 관계를 맺으면서 국제 사회의 변화와 도전에 대응하는 측면이라고 할 수 있다(정무권, 2000). 그리고 중앙정부의 권한과 책임이 지방정부에 이양되는 수직적 분권화에 대응하기 위해서는 정부 간 거버넌스를 구축할 필요가 있다. 일반적으로 지방정부로의 권한과 책임이 이양되면 국가 간 정책 조정의 필요성이 증대되는 바, 정부 간 거버넌스는 이러한 요구에 대응하기 위한 제도적 장치라고 할 수 있다(이종수 · 운영진 외, 2001: 107). 특히 테러와 같은 위기 발생의 경우 1차적으로 테러가 발생하는 지역의 대응과 복구가 가장 중요하다는 것을 감안할 때 중앙정부와 지방정부, 그리고 각 지방정부 간의 협력 체계가 아주 중요하다고 할 수 있으며, 이를 위해서는 무엇보다도 정부간 거버넌스의 구축이 필요하다는 것을 알 수 있다.

4 가외성 접근법

미국 9 · 11 사태 이후 항공기 테러 방지에 대한 관심이 고조되었는데 그 이유는 항공기 산업에 관여하는 조직은 위계적 조직이 아니라 수많은 유형의 회사, 노동조합, 그리고 계약자를 포함할 뿐 아니라 동시에 지방정부, 주정부, 연방정부 차원에서 운영되고 있는 특징을 갖고 있다(Frederickson & LaPorte, 2002). 특히 상업적 항공 안전 시스템은 이른바 고난도 신뢰조직(high-reliability organizations)으로 불리는 독특한 제도적 특징을 갖고 있다. 여기에는 죄수의 상습적 범행이나 마약 거래 퇴치와 같은 불가능한 임무를 수행하는 오류허용조직(error-tolerant organizations)에서부터 항공관제나 혹은 핵발전소와 같은 오류회피조직(error-adverse organizations)까지 다양한 조직이 포함된다(Hargrove & Glidewell, 1990).

우리가 접하고 있는 대부분의 행정학 문헌들은 공공조직에서의 목표 측정의 어려움, 모호한 정치적 메시지, 제한된 자원, 시행착오를 통한 학습 등을 이유로 오류허용조직에 관한 연구가 주류를 이루어 왔다(March & Olsen, 1995). 이에 입각해 제한된 합리성, 점증주의, 혼합주사모형, 상황이론, 효율성 이론 등이 주목을 받아왔다. 그런데 이들 이론의 특징은 질서에 관한 규칙 발견을 통해 조직 효과성의 극대화를 추구했지만 동시에 어느 정도의 조직 실패를 당연한 것으로 간주해 왔다. 하지만 전통적인 조직이론은 근본적인 불확실성에 직면해 안전을 보장해 주는 절차 유지에 많은 비용을 사용해야 하는 HROs와 같은 아주 특수한 조직 문제를 다루는 데는 많은 한계를 드러내고 있다(Whitford, 2001).

9·11 사태 이후 미국 의회는 항공안전법(Aviation Security Act)을 통과시켰으며 부시 대통령이 이에 서명함으로써 교통안전청(Transportation Security Administration: TSA)이 설립되었다. TSA는 이전에 각 상업 항공사가 수행하던 모든 탑승객과 수화물에 대한 검색을 할 수 있는 권한을 부여해 주었다. 9·11 사태 이전에 항공사는 능률성 추구에 역점을 두면서 이들 기능을 저임금, 최소한의 자격 요건 충족, 비숙련 근로자들로 구성된 회사에 외주를 주는 경향이 강했다. 적어도 이러한 법안의 통과와 기구의 설립은 전통적 조직설계와 의사 결정의 합리성 측면과 부합되는 측면을 가지고 있다고 볼 수 있다. 왜냐하면, 통제의 합리성에 관한 전통적 행정이론은 중복(duplication)과 중첩(overlapping)은 회피되어야 할 절대 명제였기 때문이다. 이러한 전통적 행정이론은 최근까지도 광범위한 외주 계약(contracting out)과 성과와 결과의 측정이라는 용어로 약간 수정되었을 뿐 여전히 관료제를 통한 통제가 논리적 주류를 이루고 있다. 페로(Perrow, 1984)는 정상사고(normal accidents)이론에서 통제 시스템의 하위 요소들은 복잡한 방식으로 상호작용을 하기 때문에 전체 시스템의 실패를 가져올 확률을 높이기 때문에 이러한 상황 하에서는 집권화되고 일사불란한 조직기구가 전체 시스템을 통제할 필요가 있다고 주장한다.

하지만 통제의 합리성에 관해 앞의 이론보다는 덜 정교화된 구조화된 가외성 이론(structured redundancy)이 있다(Landau, 1969; Landau & Chisholm, 1995). 랜다우(Martin Landau)가 제창한 가외성 이론에서는 조직 내 모든 부분은 결함을 가질 수밖에 없으며 따라서 사고에 취약할 수밖에 없는 내재적 한계를 지니고 있다고 본다. 그렇다면 우리는 전체 조직을 하위 요소보다도 더 강하며, 더 믿을 수 있고, 더 효과적인 것으로 설계할 수 있을까에 대해 랜다우는 중복을 통해서만 가능하다고 주장한다. 결국 가외성 이론의 요체는 바로 전체 시스템의 하위 요소는 느슨하게 연결되어 있으며(loosely coupled), 각자는 독립적으로 기능하고 있다고 보는 데 있다. 한 하위 요소에서의 실패는 다른 하위 요소에 의해 보완되기 때문에 전체 시스템의 실패로 바로 귀결되지는 않는다. 오류 통제를 목적으로 하는 조직구조와 합리적 의사 결정에 대한 이런 상반된 관점의 논리적 정당성에 대한 검증은 바로 특정 가설이 참이냐 혹은 거짓인가와 관련되어 있다. 설명의 편의를 위해 [그림 10-1]에서처럼 비행기 탑승과 화물 적재의 사례를 하나 들어보기로 하자.

[그림 10-1] 승객 탑승과 화물 적재

		올바른 의사 결정	
		탑승과 적재	탑승과 적재 거부
실제 의사 결정	탑승과 적재	올바른 의사 결정 안전한 운행	2종 오류 사고 혹은 비행기 납치
	탑승과 적재 거부	1종 오류 자원의 낭비 비능률적인 운항	올바른 의사 결정 비행기 납치의 회피

승객이 반드시 탑승해야 하고 수화물도 적재되어야 한다는 가설을 상정해 보자. 이 경우 가설이 참이고 승객이 탑승했다면 이 때에는 완벽한 공항 안전이 확보된다. 그러나 승객 탑승과 수화물 탑재가 이루어지지 못하면 1종 오류가 발생하며 시간과 비용면에서 손실이 있게 된다. 동일한 가설 하에서 승객이 테러분자이고 수화물에 폭탄이 있었다면 이 때는 2종 오류가

발생하게 된다. 9·11 사태에서 보듯이, 이러한 유형의 오류는 커다란 재앙을 가져올 수 있다. 전통적 행정이론과 가외성 행정이론 모두 2종 오류를 방지하는 데 초점을 모으고 있다. 9·11 사태 이후 항공안전법의 통과와 TSA의 설립, 승객 및 화물 처리 시스템의 연방화는 전통적 행정이론에 입각한 조치로 볼 수 있다. 그러나 하이만(Heimann, 1993)의 챌린저 우주선 폭발 사고에 관한 논문에서 양쪽 관점에 대한 지나친 강조는 오히려 역효과를 초래할 수 있다고 주장한다. 우주 프로그램의 초기 단계에서 NASA는 가외성과 품질관리를 통해 2종 오류를 방지하는 데 역점을 두어 왔다. 하지만 후기 단계에 와서 과정을 간소화하고, 중복을 없애며, 경비를 줄이는 데 치중함으로써 1종 오류를 방지하는 쪽으로 초점이 이동되었다. 챌린저 폭발 사고 이후로 다시 2종 오류를 방지하는 쪽으로 초점이 전환되었다.

고난도 신뢰(high-reliability) 개념은 전통적 행정이론 대 가외성 이론 간의 논쟁으로부터 복잡 시스템에서 핵심 부서가 어떻게 엄격한 신뢰성 기준을 가지고 기능해 줄 수 있는가에 관심의 초점을 이동시키고 있다. 고도 신뢰조직의 내적 및 외적 속성을 분석해 봄으로써 우리는 테러 방지를 위한 정책적 시사점을 찾아낼 수 있다. 고난도 신뢰조직의 내적 속성은 두 가지 지상명제(imperatives), 즉 충분한 재정 및 인적 자원과 강력하고 공유된 사명감을 필요로 한다. 조직 및 관리적 차원에서의 몇 가지 속성들이 시스템 운영의 내적 속성을 결정하게 되는데, 그 주요한 속성을 보면, 기술적 능력, 고도의 기술 수준 유지, 정기적이고 지속적인 훈련, 구조화된 가외성, 운영 팀을 포함한 의사결정 과정의 유연성, 빠른 속도의 운영 요구에 부응하기 위한 협의적이며 분권화된 권위 체계, 오류의 발견과 보고, 그리고 시스템 개선을 위한 부단한 탐구에 대해 보상하는 체계 구축 등이 있다(LaPorte, 1996). 이와 동시에 고난도 신뢰조직의 외적 속성은 다양한 형태의 하향식 거버넌스, 정책 결정, 그리고 감독권으로 나타날 수 있는데, 구체적으로 보면, 정부 구조, 고난도 신뢰 시스템에 대한 이사회의 관심, 고난도 신뢰조직에 이해 관계 집단의 참여, 외부 영향으로부터 시스템과 기술을 보호하고 급변하는 환경으로부터 완충 작용을 해 주는 메커니즘의 존재, 적정 시간에 신뢰할 만한 운영 정보를 획득할 수 있는 경로의 활용 가능성 등을 들 수 있다.

그런데 고난도 신뢰조직에서는 일반적으로 정부 사업평가와 과업성과 측정 세계에서의 논리가 적용되지 않는 경향이 있다.[21] 왜냐하면 이러한 조직에서는 효과적인 승객과 화물 안전 시스템이 없었다면 어느 정도의 2종 오류가 발생했을 것인가를 추정하는 것은 거의 불가능하다고 볼 수 있다. 오히려 여기서는 조직의 효과성과 미래에 가능한 사업 투자 간에는 역관계가 존재할 수도 있다. 고난도 신뢰조직에서의 오류는 분명히 가시적이고 재앙적이기 때문에 이러한 오류는 오히려 사업 투자의 가능성을 증대시키지 감소시키지는 않는다. 이러한 사실은 9 · 11 사태 이후 항공 안전에 엄청난 투자가 이루어진 것을 보면 알 수 있다. 이러한 상태에서 만일 오류가 있다면 그것은 1종 오류일 것이다. 9 · 11 사태의 끔찍한 기억이 국민의 뇌리에서 생생히 남아 있는 한 2종 오류를 범하지 않으려는 집단적 노력이 계속해서 존재하게 될 것이다. 하지만 시간이 지나면서 이러한 사건은 잊혀지게 되고 수많은 정책 사업들이 경쟁적 시스템 하에서 움직이게 되면 항공 안전을 위한 투자를 줄이려는 압력이 있게 될 것이다(Kee & Shannon, 1992). 고난도 신뢰조직에서는 단기적이고 합리성에 바탕을 둔 비용 · 편익분석은 적절하지 못하며 오히려 유보적 합리성(reserve rationality)이 더 필요할지 모른다.

이 밖에도 성공적인 고난도 신뢰조직의 재원 감소 문제를 해결하기 위해서는 전통적 행정이론이 해답을 제공해 줄 수 있다. 즉 수익자 부담 원칙과 특별 재원이 그것인데 이것을 가지고 TSA는 충분한 재원을 확보할 수 있다. 그렇지 않고 만약 TSA가 일반 재원을 가지고 다른 운송 수단과 경쟁한다면 재원 확보는 어려울 수 있다. 설령 승객과 수화물 안전을 위한 재원이 충분하다고 하더라도 여전히 항공산업의 능률성과 안전성 사이에 균형 문제가 존재할 수 있다. 시간이 지나면서 2종 오류가 더 이상 발생하지 않을 때 자연히 초점은 1종 오류를 방지하는 쪽으로 옮아갈 수 있다. 이럴 경우에 대비해 TSA는 정치적으로 신뢰받고, 고로 전문적이며 믿음직한 고난도 신뢰조직으로 태어나지 않으면 안 된다. 결국 가외성 조직도 능률성이라는 또 다른 가치와 상생(相生)하는 관계를 설정할 필요가 있다.

---

21) 이러한 논리는 바로 조직 효과성의 제고가 더 많은 프로그램 투자로 이어질 수 있다는 것이다.

제 5 부

뉴테러리즘 방지 정책의 효과성

제 11 장 우리 나라의 뉴테러리즘 방지정책

제 1 절 국내의 테러리즘 방지정책

우리 나라는 북한의 테러리즘에[1] 대해서만 군사적으로 대처해 오다가, 1981년 서울이 1988년 제24회 올림픽 개최지로 확정되는 것을 계기로 뮌헨 올림픽과 같은 비극을 방지하기 위해서,[2] 1982년 대통령훈령 제47호를 통해 마련된 대(對)테러리즘 활동지침이 지금까지 대테러리즘 활동의 토대가 되어 왔다.

이제까지 우리 나라는 북한이 테러리즘을 그들의 대남정책의 수단으로 이용해 왔기 때문에 여러 차례에 걸쳐 많은 피해를 당해 왔다. 특히 1980년대에 들어서면서 북한에 의한 테러리즘 위협이 증대되자 한국 정부는 1982년 대통령훈령 제47호를 통해 대테러리즘 활동지침을 마련했다.[3]

1) 국가정보원에 따르면, 북한은 테러를 한반도 적화 통일을 위한 혁명적 행위로 미화하여 1968년 청와대 습격 사건과 울진·삼척 무장공비 습격 사건, 1983 미얀마 아웅산 묘소 요인 암살 폭탄 테러, 1987년 대한항공 858기 폭발 사건 등 국내외에서 총 550여 건의 각종 대남 테러를 자행한 것으로 나타나고 있다.

2) 제20회 뮌헨올림픽 기간 중 아랍 테러리스트 조직인 검은 구월단의 무장 테러리스트들이 이스라엘 선수촌에 잠입해 선수와 임원들을 인질로 잡고 대치극을 벌이는 과정에서 17명의 무고한 사람들이 희생을 당했다.

3) 대통령훈령 제47호 국가 대테러 활동지침(1982.1.21)은 2005. 4. 1 개정에 따라 지휘 체계

[그림 11-1] 국가테러 대응 체계

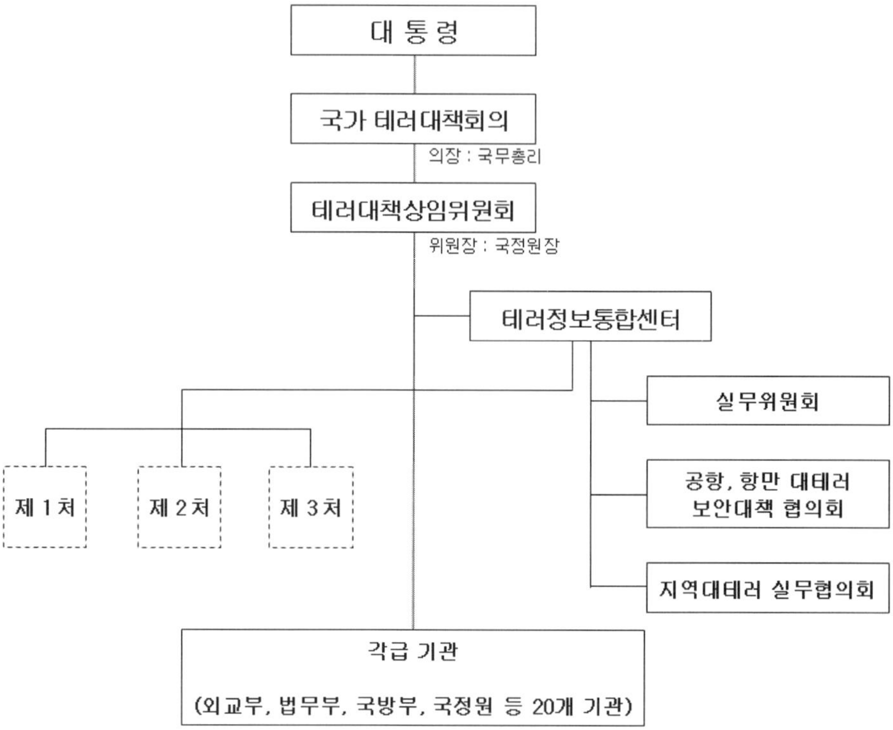

또한 각 부처 내에도 대테러리즘 전담기구를 운영하는데, 외교통상부는 외교통상부훈령 제142호에 따라 국외에서 발생하는 테러리즘의 처리를 위해 차관을 본부장으로 하는 비상대책본부와 제2차관보를 위원장으로 하는 대테러리즘 대책위원회를 설치했으며, 행자부는 행자부훈령 제710호에 따

를 국무총리가 주재하는 '테러대책회의'와 '테러대책상임위원회'. '테러정보통합센터'로 체계화하고 상임위원회는 국가안전보장회의(NSC) 상임위원 멤버인 통일부 장관, 국방부 장관, 외교통상부 장관, 국가정보원장, 국무조정실장, 행자부 장관, 경찰청장, NSC 사무처장 등 3명을 추가해 8명으로 구성하게 된다. 상임위는 정기적으로 월 1회 회의를 갖고 주요 현안에 대해 결정하는 역할을 하게 되며 위원장은 위원 중에서 대통령이 지명한다. 훈령의 개정을 통해 기관별로 수행하는 관계 기관의 대테러 활동을 일사불란하게 지휘·통제할 수 있도록 테러정보통합센터를 발족했고, 모든 테러 관련 기관의 정보 역량을 결집해 테러 관련 정보관리 체제를 확립, 최근 국가안보 위협 요인으로 대두되고 있는 테러에 신속히 대처할 수 있는 계기를 마련했다.

라 국내에서 발생하는 테러리즘에 효과적으로 대처하기 위해 경찰청장을 위원장으로 하는 대테러리즘협의회를 설치했다. 또한 건교부는 건교부훈령 제725호에 따라 항공 및 해상 테러리즘에 대비한 비상대책본부를 설치했고, 공항 및 항만에서의 테러리즘 예방과 저지를 위해 국정원 공항 및 항만 보안실장이 의장이 되는 공항・항만대테러보안대책협의회를 두었다.[4]

우리 나라에서 9・11 이전의 대테러리즘 기구는 위원회 형식으로 조직되었기 때문에 사태 발생시에만 편성・운용되고, 법적 제도적 기반이 아직 구축되어 있지 않아 구속력을 발휘할 수 없었다. 또한 생물, 화학, 방사능, 사이버 등의 뉴테러리즘에 대한 대비 태세도 부족했다. 따라서 9・11 테러 이후 서둘러 대비 태세를 정비한 결과 테러방지법의 입법화를 추진하고 있고, 또한 2005년 4월 1일 국무총리를 의장으로 하는 대테러대책회의 산하에 탐지, 조기경보, 정보 수집, 수사 등 대테러 활동에 관한 기획・조정 업무를 총괄하는 테러정보통합센터를 두고 국외・국내 일반, 방사능, 군사시설, 생물・화학・항공・해양 등 8개 분야별 대책본부로 구성되는 체계를 구축하고 있다. 지역에 대한 효과적인 활동을 위해 지역대테러실무협의회를 두었다. 그리고 신고 접수 체계를 단순화하고 자원 동원 관리 체계를 정비해 만일의 사태에 효과적으로 대응할 수 있도록 했다.

이와같이 9・11 이후 우리 나라 대테러 주요 유관 기관별 임무를 살펴보

---

4) 각 부처별 대테러리즘의 임무는 다음과 같다. ① 외교통상부는 국외 테러리즘 대응책 수립 및 시행, 대테러리즘 국제조약 체결, 각국 정부 및 주한 외국 공관과의 협력 체제 구축 등, ② 행정자치부는 국내 테러리즘 대응책 수립 및 시행, 주요 인사에 대한 보호, 대테러리즘 특공대 편성 및 운용, 대테러리즘 전문요원 양성, 대테러리즘 전술의 개발 및 장비 확보, 인터폴과의 정보 협력 체제 유지 등, ③ 법무부는 테러리스트 잠입 저지 대책 마련, 위조 여권의 식별 기술 개발 및 장비 확보, 출입국 사찰 업무 개발, 전문 사찰요원 양성 등, ④ 국방부는 군 특공대 편성 및 운용, 대테러리즘 전술 개발 및 장비 확보, 대테러리즘 작전 지원 태세 완비 등, ⑤ 건설교통부는 대항공 및 해상 테러리즘 대응책 수립 및 시행, 현장관리 전문조직 편성 및 운용, 항공 및 선박의 안전 운항 관리 및 납치 방지 국제협약 체결과 국제기구 가입, ICAO와의 항공기 납치 상황 및 정보 교환 방안 강구 등, ⑥ 관세청은 테러리즘 자행을 위한 물품의 반입 저지 대책 확립, 무기 및 폭발물 탐색 기술 개발과 장비 확보, 전문요원 양성 등, ⑦ 국가정보원은 테러리즘 관련 정보 수집 및 전파, 대테러리즘 기본운영계획 및 세부활동지침 수립과 시행에 관한 기획 및 조정, 위기 관리 능력 개발 및 대테러리즘 정보・기술・장비・교육훈련 지원, 테러리즘 관련 국제 정보 협력 체제 구축 등이다.

면 <표 11-1>과 같다.

〈표 11-1〉 대테러 주요 유관 기관별 임무

기 관	임 무
외교통상부	• 국외 사건에 대한 종합적 예방·대응 대책의 수립 및 시행 • 국외 사건 대책본부의 설치·운영 및 관련 상황의 종합 처리 • 국제적 대테러 협력을 위한 국제조약 체결 및 국제가구 가입에 관한 업무 주관 • 각국 정부 및 주한 외국 공관과의 외교적 대테러 협력 체제 유지 • 대테러 대사직 신설
법무부	• 테러분자의 잠입 저지 대책 수립·시행 • 위·변조 여권 등의 식별 기법 연구·개발 및 필요 장비 등 확보 • 출입국 심사 업무의 과학화 및 전문 심사요원의 양성·확보 • 테러와의 연계 혐의가 있는 외국인의 출입국 및 체류 동향 파악·전파 • 테러 사건에 대한 법적 처리 문제 검토·지원 및 수사 총괄 • 테러 사건에 대한 전문 수사 기법의 연구 개발
국방부	• 군사시설 테러사건대책본부의 설치·운영 및 관련 상황 종합 처리 • 대테러특공대 및 폭발물처리팀 편성·운영 • 국내·외에서의 테러 진압작전 지원 • 대테러 전술의 연구·개발 및 필요 장비의 확보 • 대테러 전문교육·훈련 지원 • 화생방방호사령부를 육군본부 소속에서 국방부 산하로 승격하고 신종 테러 대응 기능 부여
보건복지부	• 생물테러 대비 물자 비축 및 관리 • 생물테러사건 대책본부 설치·운영 및 관련 상황의 종합 처리 • 생물테러 가능 병원체의 분리·이동·각종 실험에 관한 안전관리 • 생물테러에 대한 신속한 신고 체계 구축 • 역학조사 전문 인력 확보 등 신속 대응 능력 유지
행정자치부	• 무력테러사건 대책본부의 설치·운영 및 관련 상황의 종합 처리 • 대테러특공대 및 폭발물처리팀의 편성·운용 • 협상실무요원·전문요원 및 통역요원 양성·확보 • 중요 인물 및 시설, 다중 이용시설 등에 대한 테러 방지 대책의 수립·시행 • 테러사건 관련 소방대책 강구 및 화재 진압, 인명구조·구급 활동 • 테러와 연계된 혐의가 있는 국내 체류 외국인에 대한 동향 관찰 • 대테러 전술의 연구·개발 및 필요 장비의 확보 • 국제경찰기구 등과의 대테러 협력 체제 유지 • 경찰청 경비교통국 경비2과에 대테러 담당계 신설

건설교통부	• 항공기테러 방지대책의 수립·시행 및 관련 업무 종사자 대응 능력 배양 • 항공기테러사건 대책본부의 설치·운영 및 관련 상황의 종합 처리 • 항공기테러사건 발생시 폭발물 처리 등 초동 조치를 위한 전문요원 양성·확보 • 항공기의 안전 운항 관리를 위한 국제조약 체결, 국제기구 가입 등에 관한 업무 지원 • 항공기 피랍 상황 및 정보 교환 등을 위한 국제 민간 항공 기구와의 항공 통신정보 협력 체제 유지 • 항공안전본부 신설
과학기술부	• 주요 원자력 시설에 대한 방호 체계 구축·운영 • 방사능테러 사건대책본부 설치·운영 및 관련 상황의 종합 처리 • 방사능 테러 대비 인프라 구축 및 지방자치단체 등 유관 기관 지원 • 국제기구와 협력 체계 유지 및 국제적 핵물질 유통 감시 체제 구축
환경부	• 화학테러 관련 정보 수집 및 관련 기관 전파 • 화학테러 사건대책본부 설치·운영 및 관련 상황의 종합 처리 • 유독화학물질 관리 체계 구축 및 산하기관·단체에 대한 지도·감독 • 유독화학물질 제조·사용·운반 업체에 대한 지도·감독 • 취·정수장 등 공공기반시설에 대한 점검
관세청	• 총기류·폭발물 등 테러물품의 반입 저지 대책의 수립 및 시행 • 테러물품에 대한 검색 기법 개발 및 필요 장비 확보 • 전문 검색요원 양성·확보 • 조사감시국 산하 감시과 신설
해양수산부	• 해양테러 예방 대책의 수립·시행 및 관련 업무 종사자의 대응 능력 배양 • 해양테러사건 대책본부의 설치·운영 및 관련 상황 종합 처리 • 대테러특공대 편성·운용 및 폭발물 처리 등 초동 조치를 위한 전문 요원의 양성 및 확보 • 해양 테러 사건에 대비한 대테러 전술의 연구·개발 • 해양 안전관리를 위한 국제조약 체결, 국제기구 가입 등에 관한 업무 지원 • 국제경찰기구 등과의 해양 대테러 협력 체제 유지
국가정보원	• 테러 관련 정보의 수입·작성 및 배포 • 국가의 대테러 기본운영계획 및 세부활동계획의 수립과 그 시행에 관한 기획·조정 • 국제적 대테러 정보 협력 체제 유지 • 대테러 능력 배양을 위한 위기관리 기법의 연구 발전, 대테러 정보·기술·장비 및 교육훈련 등 지원 • 공항·항만 등 국가 중요 시설의 대테러 활동 추진 실태 확인·점검 및 현장 지도 • 국가 중요 행사에 대한 대테러·안전 대책의 수립과 그 시행에 관한 기획·조정 • 대테러지원실 구성 및 운영에 관한 사항 • 기타 대테러 업무에 대한 기획·조정

제 2 절 국가 간 테러리즘 방지정책

미국 9·11 테러 이후 한국의 대(對)테러정책에도 많은 변화를 가져왔다. 즉 9·11 테러 이후 한국은 국제 평화와 인류의 안전을 위해 테러리즘이 근절되어야 한다는 입장을 일관되게 천명하고,[5] 이를 위한 국제 사회의 반테러 노력에 적극 참여한다는 방침 하에 유엔 안전보장이사회 결의 1373호의 중요성을 인식해 관련 부처와의 긴밀한 협조 하에 동 결의를 이행하고자 최대한 노력을 기울이고 있다. 2001년 12월 외교통상부 내에 대테러 및 아프간 문제 담당대사직을 신설했으며, 현재 테러 대응 체제를 입법화하기 위해 테러 문제에 대한 총괄적인 법률인 '테러방지법(가칭)'의 제정을 추진 중에 있다.

또한 한국 정부는 2001년 10월 9일 유엔의 테러자금 조달 억제협약에 서명했고, 동년 11월 28일 발효된 '범죄 수익 은닉의 규제 및 처벌 등에 관한 법률'에 의해 테러집단에 제공되는 자금 및 그 대가 등에 대한 몰수, 추징 및 보전 조치가 가능하며, 테러 범죄에 대한 자금 조달 및 기타 인적·물적 지원 행위는 기타 관련법에 의해 테러 범죄의 공범으로 처벌이 가능하게 되었다. 또한 탈레반 관계자 등에 대한 영수 허가지침의 시행(2001. 10. 9)으로 안보리 결의 1267호(1999. 10. 15)와 관련해 안보리위원회가 발표한 테러리스트 명단(2001. 3. 8, 2001. 10. 8, 2001. 10. 19, 2001. 11. 9)에 대해 자금 동결 조치를 시행하고 있다.

테러범 처벌을 위해서 국제형사사법공조법(Act on International Judicial Mutual Assistance in Criminal Matters, 1991)에 근거해, 형사사법 공조 조약이 체결된 국가와는 동 조약에 의해, 조약이 체결되지 않은 국가와는 상호 보증에 의해 테러 범죄 관련 정보·자료의 국가 간 교류 및 수사 공조·지원 등을 시행하고 있으며, 범죄인 인도 관련 각국과 체결한 범죄인

---

5) 9·11 테러가 발생하자 김대중 대통령은 9월 12일 미국 사태에 대한 특별담화문 발표를 통해 인류의 생명과 안전을 위협하는 테러행위를 강력히 규탄하면서 테러로부터 인류를 자유롭게 하기 위한 모든 노력에 동참할 것이라고 언급하면서 비상경계령을 지시했다.

인도 조약을 통해 테러리즘의 사전 억제 및 사후 처벌을 도모하고 있다.

또한 2001년 11월 28일 '특정 금융거래 정보의 보고 및 이용 등에 관한 법률' 시행과 동시에 설립된 금융정보분석원(Korea Financial Intelligence Unit)을 통해 범죄 자금과 관련한 혐의 거래(suspicious transactions) 정보를 외국의 금융정보 분석기구와 교환하고 있다.

한국은 아세안지역안보포럼(ARF) 의장 명의 반테러선언(2001. 10. 15), 아・태경제공동체(APEC) 정상회의 반테러선언(2001. 10. 21), 아세안과 한・중・일(ASEAN+3) 정상회의시 의장 언론 성명을 발표하는 데 적극적인 역할을 담당했으며, 2001년 유엔총회 의장국으로서 유엔 총회 및 안보리에서 테러 관련 결의안 채택에 주도적인 역할을 했다. 한국은 총 13개의 테러리즘 관련 국제협약 및 의정서 당사국이다.[6]

9・11 사태와 관련해 우리 나라는 미국의 대테러전 관련 해・공군 수송지원단과 육군 의료지원단 등 450명 규모의 비전투원 및 수송 수단을 지원했다.[7] 또한 아프가니스탄 난민구호 및 주변국들에 대한 경제 지원을 위한 총 1,200만 달러 규모의 긴급 지원을 제공했고, 2002년 1월 도쿄에서 개최

---

6) 한국이 가입한 13개의 국제협약 및 의정서는 ① 항공기 내에서 행한 범죄 및 기타 행위에 관한 협약(1971. 2. 19 가입), ② 항공기의 불법 납치 억제를 위한 협약(1973. 1. 18 가입), ③ 민간 항공의 안전에 대한 불법적 행위의 억제를 위한 협약(1973. 8. 2 가입), ④ 국제 민간 항공에 사용되는 공항에서의 불법적 폭력행위의 억제를 위한 의정서(1990. 6. 27 가입), ⑤ 외교관 등 국제적 보호 인물에 대한 범죄의 예방 및 처벌에 관한 협약(1983. 5. 25 가입), ⑥ 인질 억류 방지에 관한 국제협약(1983. 5. 4 가입), ⑦ 핵물질의 방호에 관한 협약(1982. 4. 7 가입), ⑧ 가소성 폭약의 탐지용 표지에 관한 협약(2001. 12. 31 가입), ⑨ 폭탄테러 억제를 위한 국제협약(2004. 2. 17 가입), ⑩ 항공 안전에 대한 불법행위의 억제를 위한 협약(2002. 9. 10 가입), ⑪ 대륙붕 상에 소재한 고정 플랫폼의 안전에 대한 의정서(2002. 9. 10 가입), ⑫ 테러자금 조달 억제 협약(2004. 2. 17 가입), ⑬ 핵테러행위의 억제를 위한 국제협약(2005. 9. 14 가입) 등이다.

7) 2001년 10월 8일 김대중 대통령은 미국의 아프가니스탄 공격과 관련한 특별 담화문을 통해 테러는 그 어떠한 명분으로도 용납할 수 없는 인류 공동의 적이고, 테러에 대한 미국의 행동을 지지하며 의료지원단 파견, 수송자산 제공, 반테러 국제 연대 적극 참여 등 협력 조치를 발표했다. 이의 일환으로 해군은 상륙함인 향로봉함을 포함한 170명 규모의 해군 수송지원단이 인도양 지역에서 군수품 수송 업무를 담당케 했고, 공군은 C130 수송기 4대를 포함 조종사 정비사 및 지원 요원 150명이 김해에 주둔하면서 김해-디에고가르시아 간 물자 공수를 담당했다. 육군은 130명 규모의 육군의료지원단은 아프가니스탄과 이웃하고 있는 키르기즈스탄에 배치되어 다국적군에 대한 의료 지원과 전쟁 난민 및 지역 내 민간에 대한 구호 활동을 담당하고 있다.

된 아프가니스탄 재건회의에서 아프가니스탄 재건 지원을 위해 2년 반 동안 4,500만 달러의 지원을 공약했다. 이와같이 한국 정부는 대테러 관련 국제회의에 적극 참여해 우리의 대테러 정책을 설명하고 국제 공조에 참여하고 있다.[8)]

8) 그 일례를 들면 일본 외무성과 경찰청 주관으로 2002년 3월 19일부터 22일까지 도쿄에서 개최된 아시아 대테러회의에 참가했고, 미국과 말레이시아 공동 주최로 2002년 3월 25일부터 26일까지 하와이에서 개최된 테러자금 차단 관련 아세안지역 안보포럼(ARF) 워크숍에 참가해 테러 예방 및 장기적 차원의 테러 근절책을 논의했다. 2002년 4월 17일부터 19일까지 태국에서 태국과 호주가 공동 주최로 개최한 ARF테러 예방 워크숍에 참석해 우리의 대테러 국제 협조 사항과 2002월드컵 개최 관련 테러 예방과 대책에 관해 설명했으며, 2001년 11월 ASEAN+한・중・일 정상회의 합의에 따라 한・중・일 간 경찰 당국자 협의회 구성을 위한 제1차 회의를 2002년 4월 23일 서울에서 경찰청 주관으로 개최해 2002월드컵 관련 국제 범죄 공동 대응 방안과 마약조직 범죄 및 신종 범죄 공조 수사 체제 강화 방안, 그리고 한・중・일 경찰협의회 운영 방안을 논의했다. 또한 2002년 5월 14일 서울에서 최근 한・일 대테러 대사회의를 개최해 테러 대책에 관한 한・일 간 협력을 강화했고, 테러 문제에 더욱 효율적으로 대응하기 위한 방안과 월드컵 관련 테러 대책, 유엔 및 아세안 지역안보 포럼 등에서의 테러 방지 대책, G-8 국가 간 테러대책 협력 동향 등에 대해 의견을 교환했다. 2002년 5월 17일 브루나이에서 개최된 제9차 ARF고위관리회의(SOM)에서 사이버 테러리즘에 대한 보고서를 제출한데 이어 2002년 6월 20일부터 21일까지 방콕에서 개최된 유럽안보협력기구(OSCE)와 태국 간 인간안보회의에 참석해 사이버 테러리즘 위협과 OSCE의 역할이라는 제목의 발표를 통해 사이버 테러의 위험성을 제기하고 유럽과 아시아 간의 대테러 협력 방안에 대해 설명했다.

제12장 우리 나라 뉴테러 방지 시스템 현황

제1절 법·제도적 측면

우리 나라의 테러와 관련된 종합적인 법률은 아직 존재하지 않으며, 지난 미국의 9·11 테러 사건 이후 테러방지법(가칭)의 제정을 추진하고 있다. 우리 나라의 테러와 관련된 법들을 살펴보면 검역법, 경비업법, 재난 및 안전관리기본법, 민방위기본법, 전염병예방법, 항공안전 및 보안에 관한 법률, 범죄 수익 은닉의 규제 및 처벌 등에 관한 법률, 특정 금융거래 정보의 보고 및 이용 등에 관한 법률, 정보통신망 이용 촉진 및 정보 보호 등에 관한 법률, 원자력시설 등의 방호 및 방사능 방재대책법, 항공운송사업진흥법, 비상대비자원관리법 등등이 있고, 이 밖에 국제해상보안규칙, 국가대테러 활동지침, 대테러 군사활동지침, 국가안전보장회의 운영 등에 관한 규정, 비상기획위원회규정 등이 있다. 그리고 이러한 관련법들을 분석해 보면 대부분 4단계의 단계별 위기관리 시스템과 모두 관련되어 있다는 것을 알 수 있다. 또한 여러 법들 중에서 가장 기본적인 법은 재난 및 안전관리기본법으로 되어 있다.

재난 및 안전관리기본법 이전의 재난관리법은 1990년대 중반 성수대교 붕괴, 상인동 가스폭발, 삼풍백화점 붕괴사고 등 대형의 인위재난들이 잇따라 일어남에 따라 국민의 생명과 재산을 보호하기 위해 국가 및 지방자치단체의 재난관리 체계를 확립하고, 재난의 예방 및 수습과 긴급구조구난 등 재난관리에 필요한 사항들을 규정하기 위해서 1995년 7월 18일 제정되었다. 기존 재난관리법의 내용을 보면 크게 재난 예방, 재난 수습, 긴급구조구난, 응급 조치 등으로 이루어져 있다.

첫째, 재난 예방의 내용을 보면 재난관리법 제11조에서는 각급 재난관리 책임기관의 장에게 재난의 발생을 사전에 예방하기 위해 i) 재난의 예방·경보 및 정보 전달 체계의 구축, ii) 재난 발생에 대비한 교육·훈련, iii) 재난 발생의 위험이 높은 분야에 대한 안전관리 체계의 구축 및 안전관리규정의 제정 등이 포함되어 있다. 또한 재난관리법 제12조와 제13조에서는 안전관리 체계 및 안전관리규정 그리고 재난 위험시설을 수시로 정비·보완하고 재난 발생시의 위험성을 해소하기 위한 장·단기 계획의 수립과 시행을 조치하며, 필요하다고 인정할 경우 당해 기관의 장에게 시정 조치나 보완을 요구할 수 있게 되어 있다.

둘째, 재난 수습의 내용을 보면 중앙정부나 기초 및 광역자치단체에서 재난이 발생하거나 발생할 우려가 현저한 때에는 재난의 예방 또는 수습에 필요한 조치를 효과적으로 수행할 수 있도록 하기 위해 시·도지사는 시·도 사고대책본부를, 시장·군수·구청장은 시·군·구 사고대책본부를 설치할 수 있게 하며, 중앙사고대책본부장과 지역사고대책본부장은 효율적인 재난의 수습이 이루어질 수 있도록 재난관리 책임기관의 장과 지방행정기관의 장에게 행정 및 재정상의 조치, 소속 직원의 파견, 그리고 기타 필요한 업무 협조를 요청할 수 있게 하고 있다(재난관리법 제14조, 제15조, 제17조).

셋째, 긴급구조구난의 내용을 보면 긴급구조구난 대책의 총괄·조정, 긴급구조구난기관 간의 역할 분담, 긴급구조구난기관이 행하는 긴급구조 구난 활동의 지휘·통제 등에 관한 업무를 행하기 위해 중앙긴급구조구난본부와 지역긴급구조구난본부를 두고, 각 본부장은 재난정보의 수집·전파, 신속한 지휘 및 상황관리를 위해 상시 상황실을 운영하도록 하고 있으며, 재난 발생시에는 관계 기관의 장에게 소속 직원의 파견을 요청할 수 있게 하고 있다(재난관리법 제20조, 제21조, 제22조).

넷째, 응급 조치의 내용을 보면 지방자치단체장은 재난이 발생하거나 발생할 우려가 있다고 인정하는 경우에 민방위대원의 동원·준비를 명하거나 관할 구역 안의 경찰서장, 재난관리 책임기관의 장 또는 군부대의 장에게 긴급조치를 위해 출동이나 기타 필요한 조치를 취해 줄 것을 요청할 수 있으며, 인명 또는 신체에 대한 위해를 방지하기 위해 필요한 때에는 당해 지역 안의 주민들에게 대피할 것을 명하는 등 긴급 조치를 취할 수 있게 되어 있다(재난관리법 제33조, 제34조, 제35조, 제39조, 제40조).

테러와 관련된 법들 중에서 가장 기본법이었던 기존의 재난관리법의 경우 대부분의 내용이 주로 대응 및 복구 단계와 관련되어 있어 사전 단계인 완화와 준비 단계에 대한 내용들이 상대적으로 소홀하게 다루어지고 있다는 것을 알 수 있다. 또한 인위재난이 발생할 경우를 대비하기 위해 마련된 법안이지만 테러와 같은 위기가 발생할 것에 대비한 구체적인 내용들이 언급되고 있지 않고, 대부분 아주 일반적인 내용들만을 언급하고 있어 실제로 위기가 발생했을 경우 실효성이 매우 낮은 문제점이 있었다. 이러한 문제를 보완하기 위해 2004년 3월에 재난 및 안전관리기본법이 제정되었다.

제 2 절 조직 · 기구적 측면

2005년 4월 1일 대통령훈령 제47호에 따라 대테러리즘 활동지침을 개정해 국무총리를 위원장으로 하는 대테러리즘 대책위원회와 테러대책 상임위원회, 테러정보통합센터로 체계화하고, 하부조직으로 실무위원회(위원장: 행자부장관)를 두고, 또한 각 부처 내에도 대테러리즘 전담기구를 운영하고 있는데, 외교통상부는 외교통상부훈령 제142호에 따라 국외에서 발생하는 테러리즘의 처리를 위해 차관을 본부장으로 하는 비상대책본부와 제2차관보를 위원장으로 하는 대테러리즘 대책위원회를 설치했다. 또한 대테러 대사직 신설과 무력 테러의 경우에는 경찰청 경비교통국 경비2과에 대테러 담당계 신설과 대테러특공대 및 폭발물처리팀이 신설되었으며, 항공기의 안전을 위해 항공안전본부를 신설했다. 그리고 행정자치부는 행자부훈령 제710호에 따라 국내에서 발생하는 테러리즘에 효과적으로 대처하기 위해 경찰청장을 위원장으로 하는 대테러리즘협의회를 설치했고, 건설교통부는 건교부훈령 제725호에 따라 항공 및 해상 테러리즘에 대비한 비상대책본부를 설치했다. 또한 공항 및 항만에서의 테러리즘 예방과 저지를 위해 국가정보원은 공항 및 항만보안실장이 의장이 되는 공항·항만보안대책협의회를 두고 있다.

그리고 테러 발생 종류에 따른 기구들을 분석해 보면, 생물 테러는 보건복지부를 중심으로 국립보건원 내에 2001년 생물 테러 전담 부서가 신설되어 백신 개발과 조기 탐지 기술 확보를 위한 연구 인력을 확충했다. 화학테러는 화생방 방호사령부를 육군본부 소속에서 국방부 산하로 승격하고 신종 테러 대응 기능을 부여했으며 환경부를 중심으로 화학물질안전관리센터가 신설되었다. 방사능 테러는 과학기술부를 중심으로 방사능 테러 사건 대책본부를 신설하는 한편, 원자력안전기술원장을 본부장으로 하는 방사능방호기술지원본부가 설치되었으며 관세청 조사감시국 산하에 감시과를 신설했다.

테러리즘 발생시 사건 현장 관리를 위한 현장 대응조직으로는 평화적인 사건 처리를 위한 협상팀, 물리적인 힘을 동원해 진압하는 특공대팀 그리고 지원팀이 있다. 협상팀은 테러리즘 사건 현장에서 평화적인 협상에 의해 사건을 해결하기 위한 대응조직으로 협상에 필요한 전문적 자질을 갖춘 전문가가 포함되어 있다. 특공대 팀은 평화적인 협상에 의해 사건의 해결이 불가능하고 인질들의 생명이 위급한 상황에서 최후의 수단으로 활용하기 위한 대응조직으로 경찰과 군에 각각 대테러 특공대가 설치되어 있다. 즉 이들 대테러리즘 특공대는 어떠한 상황 하에서도 목표물을 정확하게 적중시키는 사격술, 특공무술, 폭발물 탐지 기술을 습득하고, 인질 납치, 항공기 납치, 공공건물 점거 상황 등 실제 상황과 똑같은 상황을 상정해 진압훈련을 반복함으로써 테러리즘 발생에 대비했으며, 특공대원은 선발 과정에서부터 강인한 체력과 정신력을 갖춘 정예요원을 선발해 고도의 훈련을 실시함으로써 세계적인 대테러리즘 특공대로 인정받았다.

테러 발생 이후 복구 단계의 경우에는 피해의 규모에 따라 중앙에 행정자치부 장관을 본부장으로 하는 중앙재난대책본부 또는 자치단체장을 위원장으로 하는 시도재난대책본부가 구성되고, 이를 중심으로 관련 유관 기관과 긴밀한 협조 하에 복구사업이 추진된다. 또한 해외에서 발생한 재난의 경우에는 정부합동 해외재난대책지원단이 구성되어 운영된다.

제 3 절 프로그램적 측면

우리 나라의 테러리즘과 관련된 위기관리 시스템의 프로그램은 4단계 위기관리와 어느 정도 구분되어 운영되고 있다. 따라서 프로그램적 측면에서는 4단계 위기관리 시스템으로 구분해 분석해 보면 다음과 같다.

1 완화 단계

완화 단계에 해당하는 프로그램으로는 크게 국제 공조의 강화와 국가 위기관리 기본지침 제정을 들 수 있다.

첫째, 국제 공조의 강화이다. 한국 정부는 2001년 10월 9일 유엔의 테러자금 조달 억제협약에 서명했고, 동년 11월 28일 발효된 범죄 수익 은닉의 규제 및 처벌 등에 관한 법률에 의해 테러 집단에 제공되는 자금 및 그 대가 등에 대한 몰수, 추징 및 보전 조치가 가능하며, 테러 범죄에 대한 자금 조달 및 기타 인적·물적 지원 행위는 기타 관련법에 의해 테러 범죄의 공범으로 처벌이 가능하게 되었다. 또한 탈레반 관계자 등에 대한 영수 허가 지침의 시행(2001. 10. 9)으로 안보리 결의 1267(1999. 10. 15)과 관련해 안보리 위원회가 발표한 테러리스트 명단(2001. 3. 8, 2001. 10. 8, 2001. 10. 19, 2001. 11. 9)에 대해 자금 동결 조치를 시행하고 있다.

테러범 처벌을 위해서 국제형사사법공조법(Act on International Judicial Mutual Assistance in Criminal Matters, 1991)에 근거해, 형사사법 공조 조약이 체결된 국가와는 동 조약에 의해, 조약이 체결되지 않은 국가와는 상호 보증에 의해 테러 범죄 관련 정보·자료의 국가 간 교류 및 수사 공조·지원 등을 시행하고 있으며, 범죄인 인도 관련 각국과 체결한 범죄인 인도조약을 통해 테러의 사전 억제 및 사후 처벌을 도모하고 있다.

또한 2001년 11월 28일 특정 금융거래 정보의 보고 및 이용 등에 관한 법률 시행과 동시에 설립된 금융정보분석원(Korea Financial Intelligence Unit)을 통해 범죄자금과 관련한 혐의 거래(suspicious transactions) 정보를 외국의 금융정보 분석기구와 교환하고 있다.

한편 2005년 9월 14일~16일간 유엔총회 기간부터 현재까지 100개국이 서명한 핵테러 억제 협약(미발표)에도 가입하는 등 국가 간 테러리즘 방지 정책에 적극 참여하고 있다.

둘째, 국가안전보장회의 사무처(NSC)는 2005년 6월 국가 위기관리에 대한 체계적 시스템을 구비하기 위해 국가위기관리 기본지침을 제정하고 위기 유형별 「표준 매뉴얼」을 작성(33권)한 후, 각 부처 및 기관의 구체적인 대응 조치를 위한 「실무 매뉴얼」(278권)을 작성했다. 또한 각종 위기 현장에서 즉각적인 대응 역할을 수행하는 지자체와 관련 기관이 사용하는 「현장조치 행동매뉴얼」(2,339권)도 2006년 11월에 작성 완료 1,271개 기관에서 활용하게 되어 위기관리 활동 방안과 기준을 명확하게 했다.

'테러' 위기관리 표준 매뉴얼은 국내 일반 · 화학 · 생물 · 방사능 · 군사시설 · 항공 · 해양 · 국외 테러별로 8개 유형별 매뉴얼로 구성되고, 국외 테러 관련 사항으로 파병부대 유발 사태 위기 대응 실무 매뉴얼과 재외국민 보호 위기 대응 실무 매뉴얼 등이 있다.

2 준비 단계

준비 단계에 해당하는 프로그램들은 대부분 테러 발생의 종류별로 구분할 수 있으며, 각각의 테러에 따라 준비 단계에 해당하는 프로그램들이 차이가 있다.

1) 무력 테러

(1) 교육 강화

유관 기관과 합동으로 무력 테러 종합 모의훈련의 실시로 총체적 대응 능력을 제고하고, 경찰특공대의 전술훈련을 강화하는 한편, 심리분석 · 협상 사례 등에 대한 연구로 유형별 협상 기법을 개발한다.

(2) 시설 · 장비 개선

서울특공대 청사 신축, 건물 종합훈련장 · 탐지견 훈련센터 · 항공기 테러

훈련장 신축, 인천특공대 시뮬레이션 사격장 설치 등 경찰특공대의 훈련시설을 보강하고, EOD 출동 차량, 폭발물 처리 로봇, 내부 탐색경 등 특수차량·장비와 MP-5기관 단총, 저격총 등 특수총기 및 개인 장비와 같은 대테러 장비를 확충한다. 이와 함께 현행 5개의 제독(除毒)부대를 21개로 증편하고, 112타격대와 특공대에 제독 임무를 부여한다. 이를 위해 화생방 방호 및 제독 장비를 확대 보급하고, 화생방 테러 대응부대를 증편한다.

(3) 중요 정보·첩보 수집 활동 강화

인터폴, 해외주재관 등을 통한 정보 수집 활동 강화와 외국 대테러 관계기관과 긴밀한 협조로 신속한 대응 체제를 구비하는 등 국제기구 및 주요국가와 공조 대응 체제를 유지하고, 주한 외국공관 등 관계 기관과 협력 체제를 공고히 함으로써 국내 정보 협력 체제를 강화한다.

(4) 국내에서의 탐지·예방 활동 강화

재외공관 및 국제 공항과 항만의 입국 규제 활동을 강화하고, 국제 테러·범죄 용의자의 국내 체류 동향 감시 철저, 입국 목적이나 국내 체류지 등이 불분명한 외국인 및 테러 지원 국가인 동향을 감시하는 한편 불순 혐의점을 추적·확인하는 등 국제 테러·범죄조직의 국내 침투 저지에 주력한다. 또한 공항과 항만의 보안 검색 장비를 최대한 활용해 폭발물 반입을 차단하고 테러를 목적으로 한 물품의 불법 사용과 유통을 색출하는 단속 활동을 전개하는 등 안보 위해물품 밀반입과 불법 유통을 차단한다. 그리고 경호 안전관리 대상자 등 위해 요소의 특이 동향을 추적해 집중 관리하는 등 요인 경호와 국가 중요 행사시에 안전 활동을 강화한다. 이와 함께 외부 위해 요소의 접근을 차단하고 유형별 세부 대응 요령을 숙달시키는 등 항공기 및 주요 시설의 테러·사고를 방지한다.

2) 생물 테러

(1) 정보 수집 및 연구개발 강화

세계보건기구(WHO), 미국 질병통제 및 예방센터(CDC), 일본 전염병연구소(NID) 등 국제기구 및 유관 기관과 정보 공유 체계를 구축해 국제적 생물 테러 관련 정보 공유 체계를 구축한다. 또한 생물 테러 병원체에 대한 안전실험 시설을 설치하고, 국립보건원에 생물 테러 병원체의 진단 예방 및 치료 관련 첨단 분석 장비 및 시설을 확보하고, 산·학·연 공동 연구개발 체계를 구축함으로써 탄저,[9] 천연두[10] 백신 등의 개발을 추진한다.

(2) **생물 테러 대비 인프라 구축**

탄저 및 페스트 예방·치료제를 확보하고, 천연두 백신과 보툴리즘 중독증 항독소의 비축을 추진하는 한편 역학조사반 및 실험실 요원에게 방호복 등 보호 장구를 지급하는 등의 생물 테러 대비 물자를 비축한다. 그리고 전담 조직의 신설 및 연구 인력 확충과 전담 요원에 대한 전문교육을 실시하고 있다.

(3) **조기 탐지 체계 구축**

생물 테러 주의보 발령 등을 위한 주의·위기·비상 3단계의 조기경보 체계를 구축하며, 생물 테러 가능 전염병 5종(탄저, 천연두, 보툴리즘중독증, 페스트, 바이러스성 출혈열)에 대해서는 즉시 신고하도록 조치하고, 10여 개 주요 도시 시·도 보건환경연구원 및 응급의료센터, 대학병원 간 생물 테러 감시 네트워크를 구축하는 등 이중 감시 체계를 구축한다.

(4) **비상진료 대책 수립**

환자 발생 규모에 따른 상황별 대책 마련을 위한 모의 훈련을 실시하고, 그 결과를 민방위 재난관리계획에 반영한다.

(5) **홍보·교육 강화**

병원체 관리 안전 교육을 실시하고, 일반 국민, 의료인, 보건요원, 119 대원 및 경찰관 등을 대상으로 사태 발생시 국민행동요령, 의료인을 위한 전

---

9) 탄저 백신은 국립보건원 개발 기술을 민간 기업체에 제공하고 공동 연구를 통해 2006년까지 상용화를 추진했으며 2002년도 개발비 예산은 6억 원이었다.

10) 정부는 생물 테러에 대비 천연두 예방 백신을 확보해 역학조사 필수 요원을 중심으로 접종을 시작할 계획이다. 이 병은 19세기 이전에는 많은 사망자를 냈으나 영국의 의사 제너(Edward Jenner)가 예방백신 종두를 보급하면서 격감해 1980년 세계보건기구(WHO)가 퇴치를 선언했다. 이에 따라 우리 나라에서도 1993년 제1종 전염병에서 제외했다. 9·11 테러 이후 탄저균 테러가 나오면서 천연두를 이용한 테러가 발생할 것이라는 관측이 많아지면서 2002년 5월 법정 전염병으로 재지정되었다(영남일보, 2003. 3. 4).

염병 진단 지침, 역학조사 지침, 검체 수거 요령 등 대상별 지침서를 보급하는 한편 교육인적자원부와 협력해 초·중·고등학생들을 대상으로 생물테러 대비 교육을 실시한다.

〈표 12-1〉 조기경보 단계별 체계

구분	등급	피해 규모	형 태	주요 조치	비 고
주의단계	2급	탄저균 확인 또는 환자 발생 없음.	백색가루 살포 또는 우편물 등 탄저균 또는 매개체 살포 의심	• 우편물 전달 또는 백색가루 살포 경위 조사 • 가검물 수거 및 검사 의뢰 • 폭로 장소 사람 등 방역 소독 • 대국민 예방 홍보 강화	페스트, 보툴리누스: 국외 테러 의심 환자 발생시에도 동일 적용
	1급	생물 테러 확인		• 상동 • 해외정보 수집 강화 • 공항 등 검역 강화 • 비상 체계 확대(상황실 및 실험실 요원 증원)	
위기단계	2급	재외공관 또는 교포에게 환자 발생		• 상동 • 감염 경로 및 폭로/접촉자 조사 • 환자 치료 지원 • 비상대응 체제 점검(가상 시나리오)	페스트: 감염쥐 또는 쥐벼룩 확인, 국외 테러 의심 환자 발생 보툴리누스: 국외 테러 의심 환자 발생 또는 국내 원인 불명 식중독 증가
	1급	탄저균 확인	우편물 이외 환풍기 등 다른 매개물 확인	• 상동 • 전국 의료기관에 치료제 비치 • 우체국 등 노출 가능 공공요원에게 개인 방호장비 지급 • 감염 및 폭로 의심자에 대한 예방 화학요법 실시 • 비상 체제 확대	
비상단계	3급	산발적 혹은 소규모 (30명 이내)	우편물	• 상동 • 감염 및 폭로 의심자에 대한 예방 화학요법 실시	페스트, 보툴리누스: 국내 테러 의심 환자 발생 두창: 국내외 두창 환자 발생
	2급	중규모 (100~1,000명)	건물 환풍구 살포	• 상동 • 환자 분산 치료 • 발생 가능 건물 소개	
	1급	대규모 (2,000명 이상)	경기장 살포	• 상동 • 환자 분산 치료	

자료: 관계 부처 합동(2001. 12. 29). 「테러방지 정부종합대책」.

3) 화학 테러

(1) 정보 수집 강화 및 관리 체계 구축

각 부처의 해외 파견관을 국제기구 및 외국 유관 기관과의 연락 창구로 지정해 정기적으로 화학 테러 관련 정보를 수집하고 수집된 정보는 테러정보통합센터 및 환경부에 제출하도록 한다. 그리고 화학 테러 대응정보망 구축을 위해 화학물질안전관리센터를 설치·운영한다.

[그림 12-1] 화학물질안전관리센터 조직도

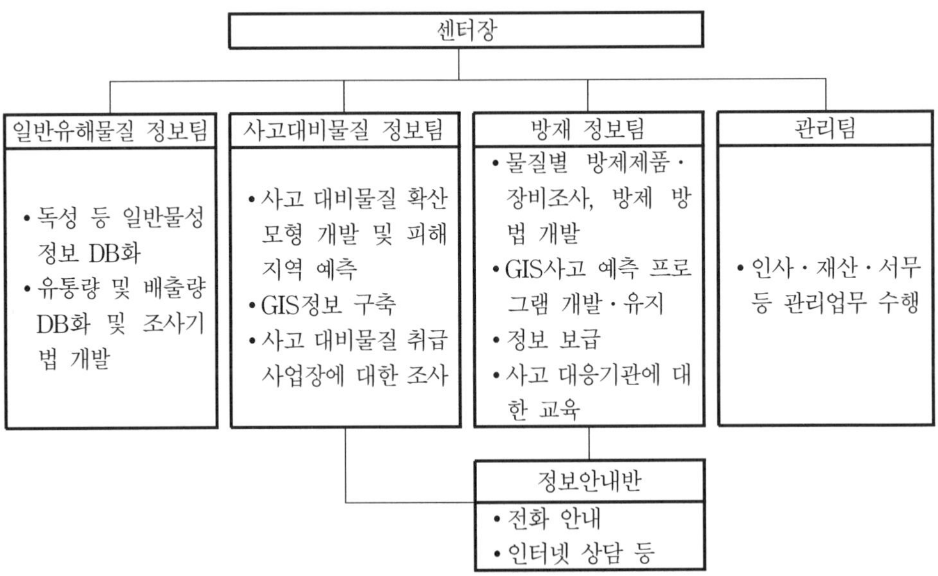

자료: 관계 부처 합동(2001. 12. 29).「테러방지 정부종합대책」.

(2) 화학테러 예방 시책 강화

테러 용도로 사용 가능한 물질을 사고 대비 물질로 추가 선정해 관리하고, 유독물 제조·사용시설에 대한 잠금 장치 및 경비를 강화하는 한편 유독물 운반 차량의 운행 경로를 파악해 유독물 탈취를 사전에 예방한다. 또한 유사시 취·정수장 등 공공기반시설에 대한 점검 및 경비를 강화하고,

외국에서 반입되는 물품에 대해 생화학 무기 포함 여부에 대해 검색을 강화한다.

(3) 과학적인 화학 테러 대비 체제 구축

경찰청 생화학테러부대, 행정자치부 화생방기동대 등 전문 대응 조직을 확충하고, 유사시 1시간 내에 현장 대응이 가능하도록 시・군・구 단위의 초등 대응조직 및 합동조사팀을 편성한다. 그리고 대응요원의 보호 장비 및 긴급 방제장비와 해독제 키트(kit) 등의 장비도 확충하며, 취・정수장 수질경보 시스템 및 비상 급수 체계를 정비한다.

또한 화생방 테러 발생에 대비해 지방청 교관요원을 육군화학학교에 위탁해 전문화교육을 실시한다.

(4) 국민행동요령 홍보 및 교육・훈련

화학 테러 징후 감지 요령과 신고 및 대피 요령에 대한 홍보를 강화하고, 관련 기관 합동으로 분기별 1회 모의훈련을 실시하는 한편 각 기관 대응요원에게 화학물질별 세부 대응 요령 등에 대한 정기교육을 실시한다.

4) 방사능 테러

(1) 사전 예방 조치 강화

미국・국제원자력기구(IAEA) 등과 협조해 테러리스트들의 물질 취득 방지 협조 체제를 구축하는 등 국제적 핵물질 유통에 대한 감시를 강화하고, 원자력발전소, 연구시설, 방사성동위원소(RI) 사용 기관 등에 대한 출입통제 및 시설 경비 강화로 원자력 시설에 대한 방호 체계를 점검하는 한편, 원자력 시설 주변에 대한 비행 제한 조치를 실시한다.

(2) 방사능 테러 대응 방재 체제 구축

원자력 시설에 대한 테러 발생 및 방사선 비상 상황 발생시 중앙정부의 제반 방사능 방재대책을 총괄 관리하기 위해 방사능중앙통제상황실을 과학기술부에 설치해 운영하며, 방사능중앙통제상황실에서는 한국원자력안전기술원의 방사능방재 대책기술 지원 전산화 시스템(CARE)과 연계한 사고정보관리 시스템을 구축한다.

(3) 국가 방사능 감시 체계 강화

전국 환경 방사능 감시를 위해 지방방사능측정소(10개소) 및 무인감시소(7개소)를 설치·운영하며, 원자력 사업자 및 군 방사능 감시망과 연계한 종합감시 체계를 구축한다.

(4) 방사능 테러 대비 인프라 구축

원전 소재지 지방자치단체의 방사능 방재시설과 장비를 확충하는 등 방사선 측정 장비 및 방호장구를 확충하며, 방사능 방재에 대한 교육과 훈련을 강화한다. 그리고 긴급시 방사선 비상진료 체계를 구축한다. 그리고 원자력 시설 등의 방호 및 방사능 방재에 관한 법률을 제정한다.

3 대응 및 복구 단계

모든 테러의 발생시에는 신고 접수를 112 또는 119로 일원화하고, 각 기관 간 비상연락망 체계를 구축해 신속한 상황 전파와 대응을 유도하는 한편, 신고 접수시 합동조사팀이 출동과 함께 현장지휘소를 설치한다. 또한 테러 유형별로 대응 시나리오에 따라 현장 통제, 인명구조, 주민 대피, 오염지역 제독 등 신속하게 대응한다. 즉 초동 단계에서부터 진압 후 사후 처리 단계에 이르기까지 단계별로 준비된 매뉴얼에 따라 조치를 취한다.

그리고 이러한 단계별 위기관리 시스템의 프로그램에서 복구 단계의 프로그램들은 아래의 절차에 따라 운영된다.

1) 사고대책본부의 구성

테러의 발생으로 인한 재난에서 그 규모가 대통령이 정하는 규모일 때에는 주무부처의 장을 중심으로 하는 중앙재해대책본부를 설치하고, 해외에서 발생한 재난의 경우 주무부처가 불분명한 때에는 외교통상부 장관이 본부장이 된다. 그리고 중앙재난대책본부가 구성된 경우에는 반드시 해당 지역 자치단체장을 본부장으로 하는 시도재난대책본부를 구성한다.

본부장은 사고 수습을 위해 필요한 경우 관할 구역 안의 지방행정기관에 행정 및 재정상의 조치나 기타 필요한 업무 협조를 요청할 수 있고, 이 경우 요청받은 지방행정기관의 장은 특별한 사유가 없는 한 이에 응해야 한다.

[그림 12-2] 단계별 위기관리 매뉴얼

- 초동 단계
  - 상황 파악 보고 및 전파(유관기관 즉시, 차상급 관서 5분 이내)
  - 현장 조치
    - 상황 발생 첩보시 즉각 출동
    - 차단·봉쇄 및 인명구조
    - 사태 확산 방지
  - 합동조사(테러 사건 여부 판단)
- 대응 단계
  - 현장지휘본부 운영
    - 현장통제 및 정보 수집
    - 진압작전 계획 수립
    - 협상 개시 및 진행
  - 대책본부
    - 유관 기관 협조 및 지원
    - 협상팀 지원
    - 유관 기관, 국제경찰기구와 정보 협력 조치 등
- 진압 단계
  - 공격 태세 점검: 공격·저격조 등 위치 선정
  - 공격 작전 개시 및 전개, 범인 검거 등 사건 종결
- 사후 처리 단계
  - 테러범 및 인질조사
  - 2차 사건 발생 방지(수색 등 안전 조치)
  - 주요 시설 공·항만 경계 강화
  - 부상·사망자 후송 및 유가족 통보
  - 처리 상황 종합 보고

자료: 국가정보원 자료 재구성.

2) 특별재난지역의 선포

재난 및 안전관리 기본법의 규정에 의한 대규모의 재난과, 재난이 발생한 당해 시·도의 행정 능력이나 재정 능력으로는 재난의 수습이 현저히 곤란하다고 인정되는 재난 및 당해 재난으로 인해 피해를 입은 주민·기업 또는 기관·단체에 대한 정부 차원의 행정·재정 및 경제상의 지원이 필요하다고 인정되는 재난, 사회의 안녕 질서 및 산업경제 활동에 중대한 영향을 미치는 재난 등에 대해서는 특별재난지역으로 선포할 수 있다.

3) 합동조사단 구성

재난의 수습 과정에서 재난 상황에 대한 전문적인 조사 활동을 위해 필요한 경우에는 합동조사단을 구성할 수 있으며, 조사단을 편성하는 때에는 관계 재난관리책임기관의 장에게 재난 상황의 조사에 관해서 전문 능력이 있는 소속 공무원 및 직원의 파견을 요청할 수 있다.

4) 재난보고

중앙본부장 및 지역본부장은 재난이 발생한 때부터 재난의 수습이 완료될 때까지 중앙위원회의 위원장이 정하는 바에 따라 주기적으로 재난 발생 일시·장소 및 원인, 재난으로 인한 피해 내역, 재난의 수습을 위한 각종 조치의 내용, 수습계획 및 수습 상황 등을 보고해야 한다.

제 4 절 정책적 시사점

우리 나라 위기관리 시스템을 법·제도적 측면에서 보면, 먼저 위기관리의 모든 단계를 제도적으로 통합관리할 수 있는 기능이 절대 미흡하다. 특히 완화와 준비 단계에 대한 법과 정책이 부재한 실정으로 관련 부서 간 연계·협조가 단절되어 있어 사전 예방이 소홀히 취급되고 있는 실정이다. 또한 현재 대통령 훈령으로 되어 있는 '국가대테러활동지침'에 의거 대테러 업무를 수행하고 있으므로 각종 사회단체 등 국민 여론 수렴으로 명문화를 고려할 필요가 있다. 그리고 최근 국가정보원에서 가칭 '테러방지법'을 제정 추진중이었으나, 인권위, 변협, 각종 사회단체 등에서 인권 침해 논란 소지가 있다는 문제 제기가 있어 법 보완 등을 위해 현재 잠정 중단된 상태인 것을 볼 때 인권 유린 소지를 미연에 방지하기 위해 외국 '테러 관련법' 등 제도를 면밀히 검토, 분석하는 일이 우선적으로 이루어져야 할 것이다. 이러한 분석을 통해 우리 실정에 맞는 테러의 정의, 범위 등을 추상적이고 모호하지 않게 명확히 규정해야 할 것이다.

조직 기구적 측면에서에서는 일반적으로 위기관리 시스템을 4단계로 구분하는데, 테러리즘과 같은 위기에서는 1단계에 해당하는 완화 단계(위기 징후 인지 등)는 잘 나타나지 않는다고 본다. 즉 9·11 테러와 같이 장기간에 걸쳐 치밀하게 테러를 준비하고 1시간 이내에 상황이 종료되는 예와 같이 최근 테러는 테러 발생의 단계와 동시에 대형 사고로 전개되는 경우가 많다. 특히 우리 나라의 경우 사전 인지 단계가 가장 취약한 것으로 판단된다. 따라서 이러한 문제점 해결을 위해 우선적으로 테러와 같은 위기 징후 포착을 위한 관련 부처 간 정보 교환의 의무화 및 통합 정보관리 시스템 구축이 시급히 이루어져야 한다. 과거와 같이 국정원·검찰·경찰 등과 같은 정부조직이 이른바 '정보 권력'을 독점함으로써 폐쇄적으로 단독 수행하는 것은 한계가 있기 때문이다. 또한 극히 보완이 필요한 사항을 제외하고는 국민들의 합의를 바탕으로 한 개방형 업무 추진으로 전환해야 할 것이다. 즉 국민 참여는 물론 관련 부처 간 유기적으로 연계·대응할 수 있는 통합 관리 시스템 구축·운영이 필요하며, 이를 위해 중앙정부 내의 각 부처 간, 중앙과 지방 간, 정부와 국민 간 등을 수직·수평적으로 협조·지원·조정할 수 있는 기능을 수행할 수 있는 컨트롤 타워(예: 미국의 국토안보부)를 설치하는 방안도 적극적으로 고려해 볼 필요가 있다.

프로그램적 측면에서는 현재 테러 예방·대응·수습·복구를 위한 전담조직이 부재한 상태에서 분야별·상황별 발생 실태에 따라 체계적인 합동 대처가 현실적으로 이루어지지 않고 있다. 또한 짧은 시간 내 발생하는 테러에 대한 대처 시간이 부족하고, 생물 또는 화학물 테러 등과 같은 무기 사용에 대한 새로운 대처 방식이 필요함에도 불구하고 현실적으로는 이루어지지 않고 있다. 그리고 평상시 테러리즘에 대한 전문성 부족과 업무 한계의 모호성으로 부처 간 협조보다는 책임 회피 등 업무 기피에 따른 적기(適期) 대응을 실기(失機)할 우려가 예상되며, 특정 단계를 적시하는 데는 한계가 있다고 판단된다. 이러한 문제점들을 해결하기 위해서는 우선적으로 위기관리 시스템에 대한 재정비가 필요하다. 즉 테러의 긴박성에 대처하기 위한 대응 체계(조직 기구)의 재정비가 필요하고, 또한 동시 다발적 테러 대비 조직 · 기구 설치와 재정비 및 테러 무기(무력, 화생방 등)를 동시에 사용한 테러에 대한 대응 체계, 전담기구 등 조직 · 기구가 필요하다.

제 13 장 선진국의 뉴테러 방지 시스템 현황

제 1 절 미국 테러 방지 시스템

1 9 · 11 이전

미국은 1960년대 이후 가장 빈번하게 테러리스트의 공격 목표가 되어 왔으며, 1990년대에 이르러서도 그 양상에는 변함이 없다. 1992년부터 1995년까지 4년 동안에 발생한 전 세계 총 테러리즘 건수 1,552건 가운데 25.45%인 395건이 미국을 목표로 자행되었다. 그뿐만 아니라 1988년부터 1995년까지 테러리즘으로 사망한 미국인은 249명이며 부상자는 1,177명에 이른다(US Department of State, 1992-1995).

미국은 국가 이익에 반하는 국제 테러리즘이 증가했음에도 불구하고 국내에서 대규모의 테러리즘이 빈번하지 않았기 때문에 국제 테러리즘에 대한 대책 마련에 소홀했다는 평가를 받고 있다(U.S. Congress, 1977: 66). 이는 국제 테러리즘의 발생이 미국과 직접적으로 관계가 없다는 인식이 있었기 때문이었다. 그러나 국제 테러리즘이 미국의 지속적인 관심사가 되어 왔다는 것은 부인할 수 없다.

닉슨 행정부는 1972년 독일 뮌헨 올림픽대회 기간 중 이스라엘 선수 숙소에 팔레스타인 테러리스트들이 침입해 이스라엘 선수들을 인질로 잡고 대치하는 사건이 발생함으로써 진압 과정에서 다수의 희생자가 발생한 사건 이후 테러리즘 근절을 위한 노력의 일환으로 테러리즘 근절을 위한 각료실행위원회를 구성했다. 포드 대통령은 테러리즘 진압을 위한 각료위원회를 조직했다(Celmer, 1987: 17-19).

카터 행정부는 위의 두 위원회를 국가안전보장회의(National Security Council)의 특별조정위원회(Special Coordination Committee)가 지휘·감독하도록 하는 한편, 항공기 납치, 인질, 공공 건물 점거 등과 같은 테러리즘 사건을 전담키 위한 특수부대인 델타포스(Delta Force)를 1977년 창설했다(Livingstone, 1981: 123).

레이건 행정부가 등장한 이후 국가안보 결정지시(National Security Decision Directive)를 통해 테러리즘에 대한 강경 노선을 더욱 강화시켰다. 헤이그(Alexander M. Haig) 전 국무장관은 "소련과 동구 공산권 국가, 그리고 리비아가 국제 테러리스트들에게 훈련을 지원하고 있다"고 지적하고, 국제 테러리즘에 대응하기 위한 첫 단계로 테러리즘 방지 관련 법안을 마련했다. 이 법안들은 테러리스트를 검거하거나 정보를 제공하는 사람에게는 50만 달러까지의 보상을 규정하고 있으며, 반면에 테러리즘을 지원하는 사람에게는 10년 이하의 징역 또는 10만 달러의 벌금을 물도록 엄격히 규정하고 있다. 특히 레이건 행정부는 인질 석방을 위한 몸값 지불이나 복역 중인 동료 테러범의 석방 요구에 대해 결코 굴하지 않을 것임을 대외적으로 천명했고, 국무성에서도 인질 석방을 위한 금전적 흥정은 없다는 것을 재천명하는 등 과거 어느 때보다 강력한 대테러리즘 지침을 마련했다(Sayre, 1982: 3).

이와 같은 미국의 대테러리즘 정책의 골격은 카터 행정부에 의해서 수립된 대테러리즘 계획이며, 이 계획은 대테러리즘 정책 마련과 특정 테러리즘 사건을 처리하기 위한 3단계 개념으로 구성되어 있다. 1단계는 국가정책 지휘 단계로 국가안보회의 특별조정위원회는 위기시에 대통령을 보좌하고 미 정부의 대테러리즘 계획을 지휘·감독한다. 2단계로는 대테러리즘 계획에 대한 모든 요소를 조정하기 위해 대테러리즘 집행위원회와 대테러리즘 실행단 등의 2개의 연락 단체가 구성되어 대테러리즘 기획 조정 및 정책 개발을 위한 모든 지침을 제공한다. 3단계는 작전 단계에 포함되는 기본 요소로, 첫째는 예방책 마련으로 이는 국제적 방문과 외교를 통해 테러를 지원하는 국가가 없도록 하고, 국제법 하에서 테러리즘은 이유 여하를 막론하고 용납될 수 없다는 여론 조성 노력을 말하며, 둘째는 테러리즘을 저지하기 위한 공공 및 민간 부문의 주요 공격 목표에 대한 빈틈없는 방어를 통한 저지이며, 셋째는 테러리즘의 구체적 주요 행위에 대응해서 적극적인 대테러리즘 작전의 실시를 통한 대처이고, 넷째로 위의 세 가지 계획 요소에 대한 지속적인 지원을 위한 정보 및 방첩 노력을 의미한다. 특히 대테러리즘 계획에 대한 모든 요소를 조정하기 위해 대테러리즘 집행위원회와 대테러리즘 실행단과 같은 두 개의 연락 단체가 구성되어 있어 이 단체들은 대테러리즘 정보 및 정책 개발을 위한 모든 지침을 제공하고 있다.

한편 미국의 대테러리즘 정책기구는 지휘 감독 기능을 대통령에게 집중시키고 대응 전담 책임은 국내 사건의 경우 법무부의 연방수사국이, 국외 사건은 국무부의 테러리즘 진압처(Office for Combatting Terrorism)가, 그리고 항공 테러리즘과 관련된 사건은 교통부의 연방항공청(FAA)이 맡도록 되어 있으며, 국방성은 특수부대를 지원하고 중앙정보부(Central Intelligence Agency: CIA)는 국제 테러리스트 조직에 관한 정보 수집, 대테러리스트 장비 개발과 기술을 지원하는 등 각 부처 간에 상호 협조하도록 구성되어 있다(Celmer, 1987: 29-56).

또한 미국은 국제 테러리즘에 대처하기 위한 기본 정책 방향으로 강력한 불양보 정책(no concession policy)을 고수하고 있다. 이는 인질 석방 대가로 몸값의 지불이나 작전 중 체포된 테러리스트의 석방을 행하지 않을 것이라는 정책 의지의 표현으로 어떠한 희생을 치르더라도 테러리스트들이 인질 납치를 통해서 그들이 원하는 목적을 달성할 수 없도록 하겠다는 것을 명백히 선언하고 있다. 이러한 정책의 시작은 1973년 수단에서 미국의 외교관이 아랍 테러리스트에게 인질로 잡혀 살해당한 사건이 계기가 된 것으로, 당시 닉슨 대통령은 테러리스트의 협박에 매번 굴복하거나 협상하는 것은 오히려 테러리즘을 조장하는 결과를 초래하므로 테러리스트와의 협상은 없다고 선언했던 것이다. 즉 미국의 불양보 정책은 "테러리스트에게 양보는 더 많은 정치 목적 달성을 위한 테러리즘만을 유발시킬 것이다"라는 신념에 기초한다. 또 다른 하나의 기본 방향은 국제 협약 체결을 통해 테러리즘을 억제하는 것이다. 이는 국제협약을 통해서 테러리스트를 기소하거나 본국 송환이 가능하도록 함으로써 엄중한 처벌을 하는 것이다.

클린턴 행정부 역시 테러리즘의 피해를 극소화시킬 수 있는 최선의 방법은 강경한 대응이라는 인식을 가지고 정책을 구사했는데, 기본적인 정책 방향을 보면 첫째, 테러리스트와의 협상 불가이고, 둘째, 테러리스트에 대한 엄격한 법 적용 및 처벌이며, 마지막으로 테러리즘을 조장하고 테러리스트 단체를 지원하는 국가에 대해 강력한 제재를 한다는 것이다. 강경한 대테러리즘 정책을 보장하기 위해 미국은 대테러리즘 특수부대로서 육·해·공군의 지원병으로 구성된 특수부대인 델타포스를 보유하고 있으며, 이 밖에도 국내 사건을 전담하는 연방조사국의 SWAT(Special Weapons and Tactics) 그리고 해병특수부대, 공군특수작전팀, 육군의 레인저 부대 및 해군의 SEAL 등이 있다.

미국 정부는 대테러리즘 훈련 지원 계획(anti-terrorism training assistance program)에 따라 우방 국가에게 대테러리즘 훈련을 제공하고 있는데, 지금까지 50여 개국의 6,000명 이상이 훈련을 받은 것으로 알려지고 있으며, 라빈(Yitzhak Rabin) 수상의 암살과 일련의 테러리즘으로 고통받고 있는 이스라엘 정부에 대테러리즘 장비를 구입하는 데 10억 달러를 지원했다.

2 9·11 이후

9·11 테러 사건 이후 미국의 대테러 대응 체계의 변화는 두 가지 측면에서 살펴볼 수 있는데, 첫째는 그 동안 미국은 국제 테러에 초점을 맞추어 대응 체계를 구축했으나 9·11 이후 미국 본토 보호를 위해 새로운 대응 체계를 구축했다. 즉 대테러정책에 대한 대통령 자문과 정책 조정을 위해 국토안보위원회(Homeland Security Council)를 설치하고 집행기관으로서 국토안보부(DHS)를 설치하는 등 대응조직의 변화를 들 수 있다. 둘째, 애국법(Patriort Act 2001)을 비롯한 19개의 법률을 입법하는 등 테러 예방·저지와 테러리스트 색출·처벌을 강화하기 위한 여러 가지 법률적 입법 조

치를 취한 것이라고 할 수 있다.

1) 국토안보부와 국토안보위원회 설치

부시 대통령은 사건 직후인 2001년 10월 8일 국토안보국과 국토안보위원회 설치에 관한 대통령령 제13228호를 공포한 후 2003년 1월 24일 국토안보국을 국토안보부[1])로 승격했다. 국토안보부는 미국 영토 내에서 발생하는 테러로부터 국가의 안전을 확보하기 위한 제반 활동(탐지, 대비, 저지, 테러 대상에 대한 보호, 대응, 복구, 사건 처리)에 대한 정책을 개발하고 그 실행에 필요한 정부기관 조정권을 행사한다. 그리고 국토안보부의 소관 사항에 대해 대통령을 보좌하고 자문에 응하며 정부 각 부처 집행 사항을 협의·조정하기 위해 국토안보위원회를 신설했다.

국토안보위원회는 대통령을 의장으로 부통령, 재무·국방·법무·보건복지·교통부 장관과 연방위기관리청장, FBI 국장, CIA 부장, 대통령안보보좌관을 위원으로 하고 있으며, 그 외 대통령이 지명하는 정부 각 부처의 관계자를 포함하고 있다. 또한 필요한 경우 대통령 비서실장, 부통령 비서실장, 대통령 국가안보보좌관, 예산관리청장 등에게는 모든 분과위원회에 출석해 발언할 수 있으며, 또한 국무·농업·내무·에너지·상무·보훈부 장관과 환경보호청장, 대통령 경제정책보좌관·국내정책보좌관, 행정부 각 부처 고위공직자들은 소관 사항에 대해 위원회에 출석할 수 있게 했다.

특히 국토안보위원회는 정책 조정을 위해서 기능별 분과위원회를 구성하도록 했는데 ① 탐지·정찰·정보, ② 계획·교육·훈련·평가, ③ 법집행(수사), ④ 대량 살상 무기, ⑤ 기간산업·국경·해상·공공안전 보호, ⑥ 국내 교통, ⑦ 연구·개발, ⑧ 의료, ⑨ 대응 및 사건 처리, ⑩ 경제, ⑪ 공보 등 11개 분과위원회를 두고 있다. 그리고 위기관리청장(the director of FEMA)이 국가안전보장위원회(NSC)와 국토안보위원회(HSC)의 사무를 함께 처리하게 함으로써 두 위원회 간의 협조와 협의를 가능하게 하고 있다.

또한 2004년 12월에는 '국가비상대응계획'을 발표, 국토안보부가 기존 22

---

1) 국토안보부는 대통령 직속기관으로서 장관에 초대 국토안보국장으로 6선 의원으로 펜실베이니아 주지사에 재선된 리지(Thomas Ridge)를, 부장관에 잉글랜드 전 해군참모총장을 임명했다.

개 본토 방어 유관 부서를 통합하고 테러와 자연재해 등 국가 재난을 동시에 효율적으로 대처하는 국가재난 관리대책을 발표했다. 다음은 국가 재난 발생시 미 연방정부의 사건 발생 지원 과정[2]을 살펴본 것이다.

(1) 국토안보부의 위협 모니터링 및 초기 대응

국토안보부 국토안보상황본부(HSOC)는 지속적으로 주요 재난과 비상상황에 대한 모니터링을 실시하고, 위험에 대한 경계경보를 상향 조정해야 할 경우 국토안보부는 추가 상황 파악을 위해 직접 혹은 여타 연방 부처에 요청해 연락관 혹은 유관 인력을 주(州)긴급상황본부(EOC)로 파견할 수 있다. 지역비상대응조정본부(RRCC)도 일부 혹은 전체가 가동된다. 추가 인력·장비 등을 지원하기 위한 이동지원센터도 필요 지역에 설치된다.

(2) 발생한 사건에 대한 해당 지역·주정부의 대응

각 지역 정부기관은 동원 가능한 자원을 활용해 사건에 대처해 나가는 동시에 주(州)정부의 비상 대응 유관 기구에 상황을 전파한다. 주정부도 상황을 평가해 자체 보유 복구 자원의 이동을 결정하고, 연방재난관리청(FEMA)의 해당 지부에 주정부의 대응 활동을 통보한다.

(3) 지역비상대응조정본부의 가동

재난 혹은 비상 사태 선포 후, 지역비상대응조정본부(RRCC)는 초기 비상지원팀(ERT-A)의 투입 등 지역 및 현장의 초기 대응 업무를 조정한다. 만약 주(州)의 대응 역량이 부족한 경우 국토안보부는 국가 차원의 대규모 비상대응팀인 ERT-N을 투입할 수 있다.

(4) 국가비상대응조정본부의 가동

긴급 지원 기능(ESF, 사건 발생시 필요한 복구 지원 기능을 요소별로 사전 분류)을 수행하는 부처들의 대표와 국토안보부 산하 FEMA의 지원 요원들로 구성된 국가비상대응조정본부(NRCC)는 초기 대응 임무를 개시하고 지역비상대응조정본부(RRCC)에 FEMA의 지원을 전달한다.

---

2) 미 국토안보부 발표, 미국가비상대응계획(2004) 재구성.

(5) 연방조정관(FCO) 및 연방수석조정관(PFO)

국토안보부 장관에 의해 지명되는 FCO는 연방 정부부처 간의 지원 업무의 조정을 관장한다. 국토안보부 장관이 임명한 PFO는 장관의 대리인으로서 연방 부처 간의 사건관리 활동 전반을 총괄하게 된다.

(6) 비상사태 지원을 위한 각 행정부처의 대응

비상대응팀(ERT)은 사건이 발생한 주정부와 협력, 합동현장 사무소(JFO)와 함께 현장의 사태 대응 업무를 진행한다. 긴급 지원 기능(ESF)을 담당하는 주무 부서들은 각 주(州)가 사태에 효과적으로 대응할 수 있도록 현지 상황 및 필요 사항을 확인한다. 연방 부처들은 국토안보부 산하 연방재난관리청(FEMA)이 부여한 임무 혹은 자체적인 권한에 따라 비상사태 대응에 필요한 가용 자원을 제공한다.

(7) 부처 간 사건관리그룹의 역할

부처 간 사건관리그룹(IIMG)은 다양한 업무 진행 및 정책 이슈와 관련된 전략적 업무 조정과 구체적 실행 방안의 틀을 구성하기 위해 소집된다. 국토안보상황본부(HSOC)는 부처 간 사건관리그룹을 지원하며, 합동현장사무소(JFO)와 협력한다.

(8) 복구 활동의 개시

모든 긴급 응급 조치들이 취해지면, 복구 활동이 본격 개시된다. 복구 및 피해 경감을 지원하는 연방·주(州)의 행정기관들은 해당 주의 필요 물자 등 요구 사항을 파악한다.

(9) 피해자들에 대한 주정부의 공공 지원 활동

지방정부 및 비영리 민간기관을 대상으로 피해자들에 대한 정부의 공공 지원 개요 및 신청 방법에 대한 브리핑이 실시된다. 공공 지원을 신청하기 위해 개별 피해 정도와 복구 비용 등을 기재한 소정의 서류를 접수해야 한다.

(10) 합동현장사무소의 연방 복구자원 조정 활동

합동현장사무소(JFO)의 피해 완화 담당관은 사건 대응·복구 활동이 진행되는 동안 각 주정부가 보유하고 있는 피해 경감 계획에 따라 피해를 최소화할 수 있는 방안을 검토한다. 연방재난관리청(FEMA) 및 주정부 관계자들은 각 지역이 처한 위협의 종류와 각 주정부의 복구 우선순위 및 피해 완화 계획 등을 고려해 해당 지방정부 관계자들과 접촉, 초기 복구 작업에 우선적으로 포함되어야 할 사안들을 논의한다.

(11) **합동현장사무소의 철수**

합동현장사무소에서의 부처 간 상시 협력 체제 필요성이 줄어들면, 비상대응팀(ERT)은 연방 자원의 선별적 운용 등 현장 폐쇄를 위한 계획 수립・이행에 착수한다.

2) CIA・FBI의 변화

9・11 테러 이후 CIA와 FBI의 조직에 변화가 일어났다. FBI의 경우 과거 12개 지부에 설치되었던 지역합동테러대책반을 전국 56개 지부에 설치했고, 워싱턴 본부에 중앙합동테러대책반을 설치했으며, CIA 전문 분석요원 25명을 지원받아 자체 정보분석 능력을 강화했다. CIA는 1986년 적극적・공격적으로 테러 예방・저지・와해 공작을 수행하기 위해 설치했던 대테러센터(Counter Terrorist Center: CTC)의 참여 기관 수를 9・11 이후 10기관에서 15개 기관으로 확대했으며, 인력도 대폭 보강했다.

3) 애국법의 입법

2001년 10월 26일 제정된 애국법(Patriot Act 2001)의 주요 내용은 다음과 같다.

(1) **테러 용의자에 대한 감청 확대**

테러범 색출을 위해 신분증 위조 범죄, 여권 위조 범죄, 입국 비자 신청서류 위조 범죄, 출입국 사범 은신・미신고・지원 범죄 등 테러범이나 그 지원자가 범할 수 있을 것으로 추정되는 범죄 행위를 감청 대상 범죄로 확대 지정하고 감청 대상자가 외국인인 경우 감청 기간을 120일까지 연장할 수 있으며, 감청을 통해 얻은 자료를 안보 분야에 종사하는 일반 공무원까지 제공할 수 있도록 규정하고 있다. 또한 테러 혐의자에 대해서는 감청 영장을 집행하고도 대상자에게 그 사실을 통보하지 않을 수 있도록 했으며, 통신 감청 영장의 지역적 집행 범위를 전국으로 확대해 대상자가 어디로 가든지 끝까지 추적하면서 감청할 수 있게 규정했다.

(2) **테러자금 유통 차단**

돈 없이는 테러를 하지 못한다는 인식 하에[3] 무려 46개 조항을 테러자금 차단·색출에 할애하고 있다. 즉 모든 금융기관은 외국인이나 외국 단체의 계좌에 대해서 언제든지 자금 세탁 여부를 확인할 수 있도록 통제 체계를 갖추어야 하고, 외국계로서 실체가 분명하지 않은 금융기관은 미국 내에 은행 계좌를 개설할 수 없으며, 테러자금에 관한 금융거래 정보를 금융기관·법집행기관·규제기관이 모두 공유할 수 있도록 규정하고 있다. 이 밖에도 금융기관에게 모든 거래자의 신원 자료를 반드시 보관하도록 강제하면서 심지어 지하 금융 종사자에게까지 테러자금으로 의심 가는 금융 거래에 대해서는 보고를 의무화하면서 위반시 처벌 규정을 두었다.

(3) **이민관계법 개정**

미·캐나다 국경 검문을 강화하기 위해 국경순찰대와 관세청, 이민국 직원의 수를 증가시키고 법무부 장관에게 국경 근무자의 자격을 심사할 권한을 부여했으며, 국경 근무자에게 FBI의 지문 자료를 포함 출입국자에 대한 전과 기록 등 개인 기록을 열람할 수 있도록 규정하고 있다. 또한 외국인 유학생에 대한 감시를 철저히 하고, 항공 기술학교, 어학 연수생, 직업학교 유학생에 이르기까지 법무부 장관이 지정하는 모든 학교의 외국인 유학생에 대해 동향을 감시하도록 규정하고 있다.

(4) **형사소송 절차의 특례**

법무부 장관의 권한으로 테러 혐의로 의심이 가는 이민법 제212조와 제237조 위반자에 대해서는 구금할 수 있으며 7일 이내에 추방하거나 형사범으로 기소하도록 규정함으로써 사실상 영장 없는 구금을 허용했다. 테러

3) 실제 미국은 테러리스트들의 재정 근원을 근절시키기 위해 세계적인 연대 강화 노력을 기울였다. 그 결과 196개국이 미국의 이러한 노력에 지지했고 142개국이 테러리스트들 관련 자산을 동결시켰다. 이러한 조치들로 인해 실제 테러리스트들과 연계된 혹은 연계 의혹이 있는 자산 153건 3,300만 달러가 동결되었다.

범죄에 대해서는 공소 시효마저 폐지하고 법정 최고형에 처할 것을 명시적으로 규정했다. 또한 테러범으로 복역 후 출소한 자에 대해서는 수년간 혹은 사망시까지 감시하도록 규정했다.

(5) 테러 피해자·대테러 활동 종사자에 대한 보상

9·11 테러 사건으로 사망 혹은 상해를 당했거나 실업자가 된 자와 그 가족에게 피해를 보상하고 대테러 활동에 종사한 공공 안전요원의 피해에 대해서도 보상할 것을 규정하고 있다.

4) 9·11 조사 특별위원회 구성

부시 대통령은 2002년 11월 27일 9·11 테러를 조사할 특별위원회 구성법에 서명함으로써 미국 역사상 최악의 테러를 정부가 왜 사전에 방지하지 못했는지 등을 독자적으로 조사할 수 있는 길을 마련하고 키신저(Henry A. Kissinger) 전 국무장관을 위원장으로 임명했다. 9·11 테러 조사 특별위원회는 1년 6개월간 항공 안전과 정보 등 각종 문제들을 조사해 9·11 테러가 일어나게 된 상황, 향후 미국의 안보를 강화하고 개선할 방안 등을 발표했다.

부시 대통령은 2002년 11월 25일 미국 내 항구의 안전과 입항 선박에 대한 감시 강화를 골자로 하는 해양수송안전법(Maritime Transportation Security Act), 380억 달러의 예산과 17만 명의 직원을 거느리는 국토안보부 신설법, 그리고 11·26일에는 테러 행위로 발생하는 손해에 대해 정부가 이를 보상해 주는 테러보험법(Terrorism Insurance Act) 등에 연이어 서명함으로써 미국 국가 안보의 취약점을 보완하기 위한 각종 조처를 취했다(중앙일보, 2002. 11. 28).

5) 정보개혁법의 제정

미국은 2005년 12월 17일 국가정보장(DNI)직 신설 및 국가대테러센터(NCTC) 설치 등을 골자로 하는 정보개혁법을 제정해 국가정보 시스템을 테러 대응을 위한 새로운 체제로 전환했다.

정보개혁법의 주요 내용은 국가정보장은 장관급으로 정보공동체 수장으로 대통령에 대한 최고 정보보좌관으로 국가정보 프로그램의 총괄 조정자로서의 역할을 수행한다. 분야별 책임자(4명 이하)를 두고 정보공동체 내 15개 정보기관에 대한 조정·통제권을 행사하며 국가정보장의 정치적 중립성 보장을 위해 집무실을 백악관 밖에 위치하도록 규정했다.

국가정보장의 주요 임무·기능으로는 국가정보 프로그램의 우선순위 결정, 부문 정보기관들의 첩보 수집·분석 활동에 대한 지도·감독과 부문 정보기관에 대한 인사권·예산권 행사 등이다.

국가정보장 직속으로 국가대테러센터(NCTC), 국가비확산센터(NCPC), 국가정보센터(NIC) 및 정보공동체 합동위원회·사생활보호위원회를 신설했다.

[그림 13-2] 미국의 테러 체계도

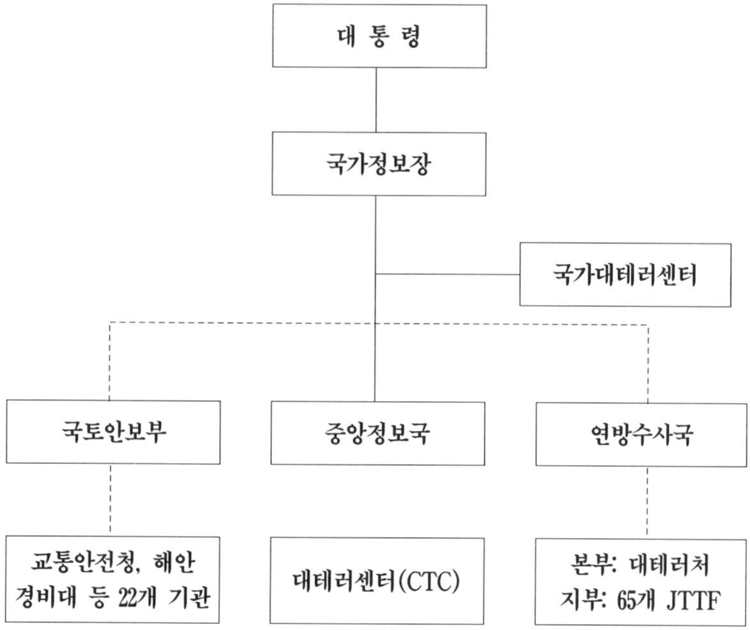

자료: 미 국토안보부(2005) 재구성.

[그림 13-1] 미국의 행정부 내 대테러 정보 순환 체계도

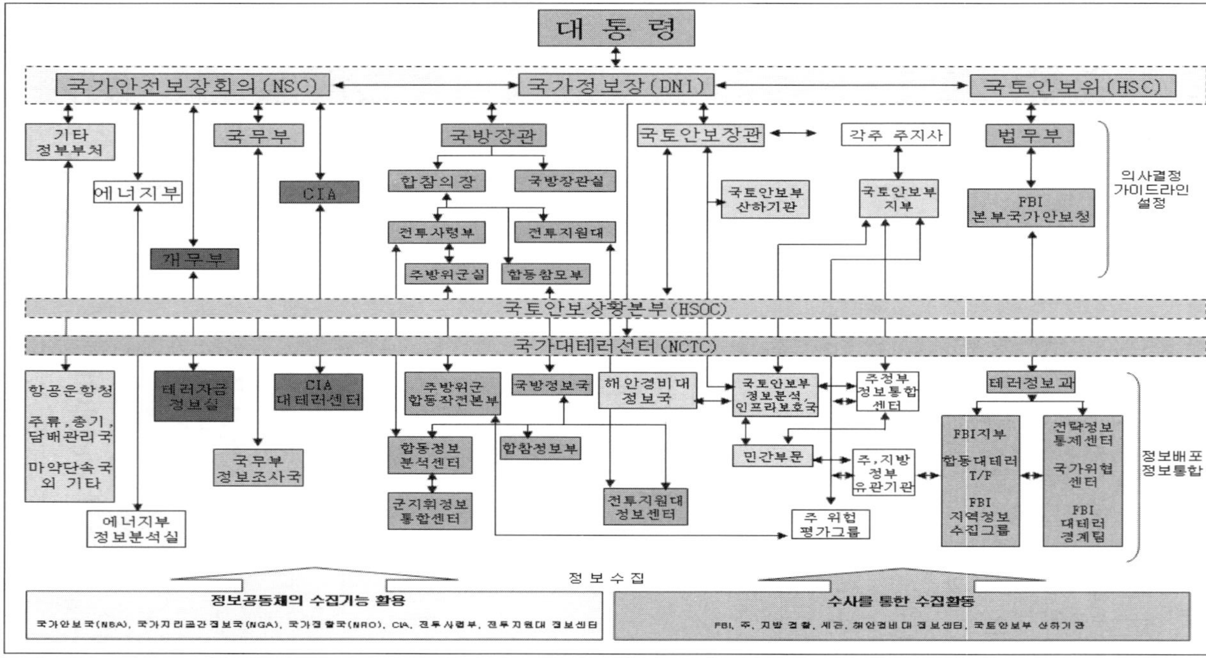

자료: 미 국토안보부(2005) 재구성.

제 2 절 영국 테러 방지 시스템

1 9·11 이전

영국은 1970년 초부터 유럽에서 급증하는 테러리즘과 북아일랜드의 분리 독립을 주장하며 테러리즘을 자행하는 IRA(Irish Republican Army)에 대응하기 위해 법적 조치를 취해오고 있다. 특히, IRA에 의해 자행된 버밍엄 펍(Pub) 폭발 사고로 21명이 사망하자 1974년에 테러리즘 방지법을 제정해 공포했다. 이 법은 IRA와 기타 테러리스트 단체에 소속되거나 직·간접의 지원을 하는 행위를 처벌하도록 규정하고 있으며, 테러리스트 단체에 대한 불고지죄를 범죄 행위로 규정하고 최장 5일 내의 범위에서 영장 없이 체포할 수 있도록 하고 있다(Walker, 1986: 34-119).

영국 정부는 이러한 법적 대응과 함께 코브라(COBRA)로 알려진 테러리즘 대책본부를 구성해 테러리즘 발생시 위기관리를 하고 있다. 또한, 런던 경시청에 테러리즘 전담 기구인 스코틀랜드 야드(Scotland Yard)를 내무부 장관 직속으로 두고 유사시에 대비하고 있다.

1970년대 초에는 SAS 내에 대테러리즘 전담 특공대를 만들었으며, 1977년에는 인질 구출 작전에서 성능이 입증된 바 있는 신경 무능화 작용탄(stun grenade)을 전력화함으로써 대테러리즘 능력을 대폭 강화하기도 했다. 그뿐만 아니라 SAS의 엘리트 대원과 특수 장비 등을 우방국 인질 구출 작전에 지원하는 등 국제 협력 강화를 통해 국제 테러리즘에 적극적으로 대응하고 있다. 실례로 1977년 6월 네덜란드 아센(Assen)에서 발생한 몰루카 독립운동자들의 열차 인질납치 사건의 해결과 1977년 10월 18일 독일의 모가디슈 공항 인질 구출작전에 영국 정부가 제공한 신경 무능화 작용탄이 성공적인 작전에 중요한 역할을 했다.

해양국가인 영국은 해병대 내에 대해상 테러리즘 기동대(task force)를 구성해 해상 테러리즘에도 적극적으로 대비하고 있다. 특히, 해병대는 북해의 석유 시추선의 점거에 대비해 규칙적으로 순찰을 하는 등 유사시에 대비하고 있으며, 유사한 목적으로 창설된 노르웨이, 네덜란드의 기동대와 합동훈련을 주기적으로 실시하고 있다.

로커비 상공에서 발생한 팬암 여객기 폭파 사건 이후 영국 정부는 자국 항공기 및 자국 주재 외교시설 등 공격이 예상되는 테러리스트 공격 목표에 대한 경계를 강화하는 한편 테러리즘을 배후에서 조종하고 있는 국가에 대한 정치·경제 제재 조치를 가하는 정책도 적극 시행하고 있다.

2 9·11 이후

영국 정부는 영국도 국제 테러범들의 공격 대상에서 예외가 아니라는 점을 중시하고 이에 대한 대비책 마련에 주력하고 있다.[4] 9·11 테러 이후 영국에서는 10월 15일 경찰·세관·교통경찰 및 기타 관계 당국에 더 큰 권한을 부여하는 것을 내용으로 하는 대테러법 개정안을 긴급 발표했는데, 그 주요 내용은 인종적·종교적 증오를 교사하는 행위도 범죄로 규정하고 영국 내 단체가 해외에서 증오를 교사하는 것도 기소 대상이 되며 형량도 최고 7년으로 강화했다. 또한 테러 자금의 흐름을 차단하기 위해 국립범죄

4) 영국 정부 관계자들은 기자 회견을 통해 가장 가능성이 높은 테러 공격의 형태는 교통수단에 대한 것으로 비행기를 이용해 정교하지 못한 화학전을 시도하거나 고성능 폭약을 이용해 재래식 폭탄 테러를 가할 것으로 보고 있다고 발표했다. 즉 소수의 알 카에다 테러범들이 영국 내에서 활동중이며, 이들은 경계령 발동이나 구체적인 경고를 할 정도의 구체적인 정보를 밝히지는 않지만 영국에 대한 위협이 최근 수 개월간 변치 않고 있다고 말했다. 이들은 알 카에다 자체가 앞으로 수년간 다른 형태로 변화할 것이나 그 배경에 있는 이념은 변치 않을 것이라고 말하고 "장기전에 돌입할 것"이라고 전망했다. 또한 "우리는 단기적인 대테러 전쟁을 통해 이들을 2년 만에 제거할 수 있을 것으로 낙관할 수 없다"고 말하고 "합리적인 예비 조치는 국가적 대응 능력을 개선하는 노력을 지속하는 것"이라고 덧붙였다. 이 관계자들은 알 카에다가 현재는 보유하고 있지 않은 것으로 보이는 화학 및 생물학 무기를 앞으로 5년간에 걸쳐 획득할 수 있을 것으로 보고 있다고 말했다. 이들은 앞으로 예상되는 테러 공격에 화학전 물질이나 핵보다는 "성능 좋은 구식 폭약"이 사용될 가능성이 더 크다며 지나치게 극단적인 상황을 가정해 일반 국민이 공공 장소에 주차된 차량 폭탄이나 폭발물이 가득한 비닐봉지 등을 신고하는 것을 잊지 않도록 해야 한다고 말했다. 한편 토니 블레어(Tony Blair) 총리는 이 날 의회 질의 응답을 통해 영국에 대한 테러 위협은 "현실적이며 심각하다"고 말하고 알 카에다에 타격을 주고 일부 공격을 무산시키는 데 "상당한 성공"이 있었다고 밝혔다(연합뉴스, 2002. 12. 19).

수사대 내에 대테러금융수사반을 창설하는 법안 및 화생방 테러 등과 관련 허위 사실을 유포하는 행위도 엄벌하는 긴급 법안의 제정을 추진했다.

그리고 2001년 2월 개정된 대테러법(Terrorism Act 2000)에서 과격 민간단체의 폭력 행위와 사이버 공간에서의 파괴적 행위도 테러로 규정하는 등 테러 개념을 포괄적으로 확대해 영국을 기반으로 자행되는 모든 국제 테러 활동에 대한 단속이 가능하도록 했으며, 테러 사건에 동원된 군병력에 일정 범위의 사법 경찰권을 부여하는 한편, 테러 범죄 관련 사실을 알고도 신고하지 않았을 때에는 처벌할 수 있도록 했다. 또한 테러 혐의자는 영장 없이 체포해 1주일간 불기소 상태로 구금하고, 테러를 사주·방조한 자에 대해 재산 압류·체포할 수 있도록 하는 등 강력한 권한을 부여했다.

또한 2003년 6월 영국 정부는 9·11 및 발리 테러 사건을 계기로 테러 종합분석 업무에 대한 필요성이 대두됨에 따라 MI-5 산하에 정보합동분석센터(JTAC: Joint Terrorism Analysis Center)를 설치해, 국내외 테러정보의 분석·평가·배포 및 테러 경보 발령 그리고 중점 수집 분야의 지정 등을 수행하도록 했다.

제 3 절 독일 테러 방지 시스템

1 9·11 이전

독일은 1972년 9월 검은 9월단에 의한 뮌헨올림픽 경기장의 테러 사건을 비롯해 주로 좌익 계열 단체인 적군파(RAF: Red Army Faction)에 의한 테러가 빈발하면서 테러 범죄에 대한 법적 대응책으로서 여러 번에 걸친 형사실체법 및 형사절차법의 개정을 시도했고,[5] 통일 이후에는 극우단체에

5) 독일은 특수범죄에 대한 입법 조항을 종국적으로 일반형사법에 편입시키는 특징을 지니고 있어, 우리 나라의 경우 주로 형사특별법 그 자체로서 존속되는 것과 크게 다르다. 뮌헨올림픽 이후 마련된 대표적인 입법 사례를 들면 1974년 12월 30일의 제1차 개정 형사소송법의 보완법을 비롯해 1976년 8월 18일의 형법, 형사소송법, 법원조직법, 연방변호사

의해 외국인에 대한 테러가 빈발하자 1993년 6월에 외국인이 테러로 인해 피해를 입은 경우 보상을 받을 수 있도록 하는 외국인 테러피해보상법을 제정했다. 이러한 법률에서 반영된 대테러 입법의 구체적인 중요 내용은 다음과 같다.

1) 형법에서의 주요 내용

(1) 테러단체조직죄 신설

독일은 1976년 대테러대책법을 통해 독일 형법 제129a조에 테러단체조직죄를 신설했으며, 1986년 이를 개정했는데 그 주요 내용은 그 목적 또는 활동을 개인의 자유에 대한 범죄 행위[6] 또는 공안을 해하는 범죄 행위[7]를 수행하는 데 두는 단체를 설립한 자 또는 그러한 단체에 구성원으로 가입해 활동한 자는 1년 이상 10년 이하의 자유형에 처한다는 것이다. 이 조항이 신설됨으로써 우선적으로 테러 단체의 초기 활동 단계에서 이를 범죄화하여 쉽게 처벌할 수 있는 토대가 마련되었다. 그리고 테러 단체에 가입해 적극적으로 위의 범죄들을 범한 경우뿐만 아니라 테러 단체를 선전 또는 지원하는 행위도 형사 처벌되고 있다.[8] 이 입법의 또 다른 중요한 의미는 이 조항으로부터 독일이 특별입법을 통해 투쟁하고자 하는 테러 행위의 범위와 그로부터 법적 테러 개념을 도출할 수 있는 데에 있다. 더 나아가 이 조항은 테러 범죄의 근거 조항으로서 특별한 테러 대책의 법 조항을 다른 형사실체법이나 형사절차법에 삽입할 때 이 조항을 지적함으로써 입법 기술상의 편의를 제공하기도 한다.

법 및 행형법의 개정에 대한 법, 1978년 4월 14일의 형사소송법의 개정에 관한 법, 1989년 6월 16일의 형법, 형사소송법 및 집회법의 개정과 테러 범죄에서 공범증인규정의 도입에 관한 법률 등의 제정이 있었다(손동권, 2003: 126-127).

6) 제211조의 모살(謀殺), 제212조의 고살(故殺), 제220조의 a. 민족모살(民族謀殺), 제239조의 a. 약취강도, 제239조의 b. 인질 등이 이에 해당한다.

7) 중요한 작업시설의 파괴(제305조의 a), 방화(제306조 내지 제308조), 폭발물(제311조 1항)이나 핵에너지에 의한 폭발(제310조의 b 제1항), 방사선의 악용(제311조의 a 제1항), 인명에 위험한 일수(溢水)의 초래(제312조), 궤도 해상 항공교통 방해(제315조 제1항), 공익사업의 방해(제316조의 b 제1항), 항공기 또는 선박 납치(제316조의 c 제1항) 또는 공공에 위험한 독물 혼입(제319조) 등이 이에 해당한다.

8) 행위자가 주모자 또는 배후 조종자인 경우에는 3년 이상의 자유형에 처하고, 제1항에 적시된 단체를 지원하거나 선전한 자는 6월 이상 5년 이하의 자유형에 처한다.

(2) 테러 범죄에 대한 세계주의적 처벌

독일 형법은 제129조 a에서 규정하고 있는 테러 행위 중에서 민족 모살(제220조 a), 핵에너지 폭발(제310조 b), 폭약 폭발의 초래(제311조), 이온화 광선의 악용(제311조의 a), 항공 교통에 대한 공격(제316조의 c 제1항) 또는 구속력 있는 국가 간의 조약에 의거해 소추되어야 할 범죄에 대해서는 자국의 이익과 아무런 관련이 없다고 하더라도 세계주의적 관점에서 처벌하겠다고 선언하고 있다. 이러한 테러 범죄에 대한 세계주의적 처벌 규정은 독일이 테러 범죄를 인류 공동의 적으로 단정하는 문명 국가임을 과시하는 것이고, 테러범에 관한 각종 국제법상의 특칙을 적용받을 수 있는 법적 근거를 마련한 것이다.

(3) 계획범죄불고지죄

독일 형법은 계획 범죄의 불고지를 규정한 제138조에 제2항을 신설함으로써 테러 단체 조직의 불고지 행위를 처벌하도록 하고 있다. 이는 테러 범죄가 실행되기 이전에 그 범죄 계획을 알고 있는 자로 하여금 관계 기관에 의무적으로 고지케 함으로써 테러 범죄를 사전에 방지하고자 하는 취지이다.

2) 절차법에서의 주요 내용

(1) 구속 사유 없는 구속

일정한 중범죄의 경우에는 도주 또는 증거 인멸의 우려라는 구속 사유가 없더라도 피의자를 구속할 수 있는 예외를 인정하고 있다.

(2) 영장 없는 주거 수색

테러단체조직죄 및 이 조항에 규정된 범죄의 하나를 범했다는 유력한 혐의자가 어떤 건물의 입실 혹은 내부에 있다고 믿을 만한 사유가 있는 때에 그 자의 체포 목적으로 건물의 입실 혹은 내부의 수색을 허용하는 것이다.

(3) 검문소 설치

테러단체조직죄와 동조에 기술하고 있는 테러 범죄들 및 총포 휴대 강도에 대해서 그 범죄자를 체포 또는 범행의 파악에 도움이 되는 증거를 확보하는 데 필요하다고 인정되는 때에는 노상·광장 및 누구나 출입할 수 있는 공공 장소에 검문소를 설치할 수 있다. 해당 검문소에는 그 범죄에 관계가 없는 사람도 신원의 확인을 받고 소지물의 수색을 받지 않으면 안 된다. 검문소의 설치는 법관의 명령에 의해 하는 것이지만 검사 및 그 보조자도 지체의 위험이 있는 때에는 그 권한을 가진다.

(4) 신원 확인

테러 혐의자의 신원을 확인하기 위해 일정 기간 동안 그의 자유를 박탈할 수 있게 한 것이다. 즉 독일 형소법은 범죄의 혐의를 받은 자에 대해 검사 및 경찰관은 영장 없이 신원 확인에 필요한 조치를 취할 수 있다. 피의자는 검사의 소환에 대해 출석할 의무가 있고 출석을 거부할 경우에는 검사는 그를 구인할 수 있다.

(5) 외부와의 접견 교통의 차단

테러 범죄자를 검거해 구속해도 그가 외부의 단체원 내지 투옥된 공범자와 내통해 계속적으로 계획을 세우고 지령을 내리는 경우에는 그의 구속 자체가 아무런 대테러 대책이 될 수 없다. 따라서 독일은 1976년과 1978년의 대테러대책법에서 구속 피의자의 접견교통권을 예외적으로 제한할 수 있는 규정을 신설했고, 테러 범죄에 대한 변호인의 제척 조항도 신설했다.

2 9·11 이후

미국의 9·11 테러 사태 이후 독일은 국제 테러리즘이 전 세계적인 위협으로 발전되었고, 그 폭력의 범위, 범죄인들의 네트워크화, 장기적으로 국경을 초월하는 전략으로 인해 종래보다 더 발전된 입법 조치가 불가피함을 인식했다.

이러한 인식에 근거해 독일 정부는 수많은 기존의 보안 관련 법률을 새로운 테러 위협 상황에 적응하도록 개정하는 것을 내용으로 하는 대테러대책법을 2002년 1월 9일 제정했다. 이 법률은 2001년 중에 발표된 제1차, 2차 대테러 조치를 근거로 제정된 것이다. 그 내용은 크게 두 가지 방향으로 나눌 수 있다.

하나는 연방헌법수호법, MAD(Militärischen Abschirmdienst)법, BND

법, 연방국경수비법, 연방범죄수사청법, 외국인법 및 외국인 관련 법률의 시행령을 각각 개정하는 것이었다. 이러한 법률 개정의 목적은 각 보안기관에 필요한 권한을 부여하는 것, 행정기관 사이에 자료 교환을 개선하는 것, 테러 형사범이 독일로 입국하는 것을 미리 차단하는 것, 비자 발급에서 신원 확인 조치를 개선하는 것, 국경 통제의 가능성을 개선하는 것, 국내에 거주하는 과격주의자를 쉽게 파악하는 데에 있다.

다른 하나의 방향으로는 보안심사법, 여권법, 신분증법, 단체법, 연방중앙등록법, 제10사회법률, 항공법의 관련 부분, 에너지보안법을 각각 개정하는 것이었다. 그 개정의 목적은 보안에 민감한 활동 분야에서 심사를 강화하는 것, 여권과 주민등록증에 생체 인식 장치를 설치하기 위한 법적 기반을 조성하는 것, 독일에서의 과격 외국인 단체의 활동을 조속히 저지하는 것, 컴퓨터 자료 검색시 더 효과적으로 사회적 자료를 사용할 수 있게 하는 것, 민간 항공기에서 무기 사용을 경찰에게 보장하는 것, 무제한적인 에너지 공급을 보장하는 것에 있다.

이와같이 독일에서는 테러대책법 이외에도 9·11 이후에 많은 부분에서 테러리즘을 방지하기 위한 입법 조치들이 이루어졌다.[9)]

---

9) 그 예를 들어 보면 다음과 같다. ① 결사법: 과격단체가 부당하게 종교 특권을 누리지 못하도록 조치하고, 독일연방 내에서 극렬 종교단체의 설립 및 활동을 전면 금지시키면서 시범적으로 이슬람 근본주의 그룹인 Kalifen von Koeln의 활동을 금지시켰다. ② 형법: 외국의 테러조직 구성원들에 대해서도 수사 처벌이 가능하도록 했다. ③ 헌법보호청: 국제법적 질서 및 평화 공존에 반대하는 테러리스트들의 행위를 감시하며, 테러리스트들의 자금원을 추적하기 위해 은행, 우체국, 항공사 등에 관련 정보를 요청할 수 있도록 했다. ④ 연방국경수비대: 항공기 내 안전요원의 탑승과 승객에 대한 정지와 신분 확인을 위한 질문 등의 운영 문제를 책임지게 했다. ⑤ 연방범죄수사청: 외국 테러조직의 추종자들에 대한 수사 및 데이터네트워크와 관련된 중범죄에 대한 조사와 내부 안전을 목적으로 한 기술적 수단의 투입 등과 같이 그 직무 범위를 확대했다. ⑥ 보안심사법: 생명 또는 방위에 중요한 시설에서 안전에 쉽게 영향을 미칠 수 있는 위치에서 일을 하거나 이를 하게 될 사람들에 대해서 보안 검증을 통해 그의 신뢰성을 조사할 수 있도록 했다. ⑦ 항공법: 민간항공기 내에서의 경찰관을 위한 무기 사용의 허용, 항공교통에 종사하는 인원들에 대한 신원조사를 강화하며 특히 공항 내 보안구역 출입 인원들의 신뢰성을 1년 단위로 재조사하도록 했다. ⑧ 외국인법: 자유 민주질서 훼손 및 정치적 폭력행위 조장 등 외국인에 대한 주내국 내 체류 및 입국을 거부하는 조건들을 구체적으로 명시했다. ⑨ 난민심사법: 난민심사 과정에서 출생지가 의심스러운 경우 난민신청자의 국적 검사를 위해 언어 분석을 시행할 수 있고 지문을 향후 10년간 보관하고 경찰의 범죄 조회에 이용할 수 있

제 4 절 일본 테러 방지 시스템

1 9·11 이전

일본에서는 테러리즘을 "국가의 비밀공작원 또는 국가 이외의 결사·단체 등이 그 정치 목적 수행상 당사자는 물론 당사자 이외의 주위 민간에 대해서도 그 영향력을 미치기 위해 비전투원 혹은 그에 준하는 목표에 대해 계획적으로 행사하는 불법 폭력의 행사"로 정의하고 있다.

일본은 자국 내 과격파 테러 활동과 국제 테러조직이 일본인과 일본의 재산에 대한 공격, 특히 항공기 납치가 1960년대에 빈번하게 발생함에 따라 이에 대응하기 위해 1970년에 '항공기 탈취 등에 관한 처벌에 관한 법률'을 제정해 항공기 납치범에게 무기 또는 7년 이상의 징역에 처하도록 했다.

1974년에는 '항공의 위험을 발생시키는 행위 등의 처벌에 관한 법률'을 제정해 불법으로 업무 중인 항공기 내에서 폭발물, 총기, 도검을 소지하고 들어간 자는 3년 이상의 징역형에 처하도록 했으며, 1977년에는 '인질에 의한 강요 행위 등의 처벌에 관한 법률'을 제정했다(제성호, 1988: 170-172). 일본은 테러범들의 국제적 규제를 위해 '국제수사공조법'을 1980년에 제정해 국제 수사 공조에도 노력을 기울이고 있다. 아울러 미국과 '범죄 인도에 관한 협약'도 체결했다(정형근, 1991: 246).

도록 했다. ⑩ 외국인등록법: 비자 발급 여부를 결정하기 위해 외국인중앙등록소 내 데이터 축적을 강화하며, 경찰 등이 동 중앙등록소의 자료를 손쉽게 활용할 수 있도록 했다. ⑪ 여권 및 신분증법: 컴퓨터 기술을 활용한 생체 인식 기술을 각종 증명서에 활용하기 위한 법적 토대를 갖추었으며, 기존의 증명사진 이외에 생체 특성을 개인 증명서에 암호화하여 저장할 수 있도록 했다. ⑫ BND법: 연방정보부는 BND부장 또는 그 대리인이 서면으로 신청서를 제출해, 개별 사건별로 은행, 금융기관, 신용회사 등에 은행 계좌, 계좌 소유자 및 관련자, 자금 흐름 등의 정보를 테러리스트들의 활동과 연관되었거나 또는 독일의 국가 안보에 위협을 초래할 수 있는 경우에 한해 무료로 요구해 활용할 수 있다.

2 9·11 이후

일본은 9·11 이후 타국의 전쟁을 통해 자국의 이익을 극대화시켜 온 역사적 경험을 십분 활용해 이번 미국의 반테러 공격에 최대의 수혜국으로 등장했다. 즉 지역적 안보에서 미국의 군사적 파트너 내지는 보조 역할을 수행해 왔던 일본으로서는 미국이 주도하는 반테러를 위한 국제적 활동에 실질적인 동맹 역할을 함으로써 미·일 신안보동맹의 국제적 역할이 확산되는 기회를 얻게 된 것이다.

일본은 9·11 테러 직후인 9월 25일 경찰청에 사이버 및 화생방 공격에 대비한 국제테러대책본부를 설치했고, 2001년 10월 8일 총리를 본부장으로 하는 긴급테러본부 설치를 발표했으며, 방위청은 기존의 방위력 증강 계획 중 게릴라 공격 대처를 위한 특수부대 창설 계획을 앞당겨 500명 규모의 테러 전담 특수부대를 조기 창설한다는 방침을 결정했다. 아울러 미국 테러 사건 후 일본 정부의 긴급 발의로 10월 29일 의회를 통과해 11월 2일 발효된 테러대책특별조치법에 따라 국제 사회의 반발에도 불구하고 미국 대테러 전쟁에 자위대를 참여시키고 있다. 아울러 자위대법을 개정해 그 동안 경찰이 담당해 온 주일 미국과 자위대 시설 경비를 자위대가 담당하도록 했다. 그리고 '공중 등 협박 목적의 범죄 행위를 위한 자금 제공 처벌에 관한 법률'을 제정하려고 하고 있다. 여기서는 테러의 정의를 공중 등 협박 목적의 범죄 행위로 간주하고 있는데 이는 공중·국가·지방자치단체 또는 외국 정부 등(외국정부, 지방자치단체 또는 조약 기타 국제 약속에 의해 설립된 국제기관을 포함)을 협박할 목적으로 행해지는 범죄 행위[10]를 말한다.

---

10) 범죄행위의 종류로는 ① 살인, 흉기 사용 등에 의한 상해, 약취·유괴, 인질, ② 운항중인 항공기의 운항에 위험을 발생시키는 행위, 운항중인 선박의 운항에 위험을 발생시키는 행위, 폭행 또는 협박을 사용하거나 해서 운항중의 항공기 또는 선박을 강취하거나 제멋대로 그 운항을 지배하는 행위, 폭탄 등의 방법에 의해 항공기 또는 선박을 파괴하고 그 외 중대한 손상을 주는 행위, ③ 폭발물을 폭발시키거나 방화 그 외 중대한 위해를 가하는 방법으로 전차 등의 공용 또는 공중의 이용에 제공되는 운송용 차량, 공원 등의 공공시설, 일정의 인프라시설·에너지 관련 시설, 그 외의 건조물 등을 파괴하고, 그 외 중대한 손상을 주는 행위를 들고 있다.

이 법에 의한 테러범의 처벌을 보면 사정을 알면서도 공중 등 협박 목적의 범죄 행위의 실행을 용이하게 할 목적으로 자금을 제공하는 자는 10년 이하의 징역 또는 천만 엔(円) 이하의 벌금에 처하며 미수범도 처벌하고(제2조), 공중 등 협박 목적의 범죄 행위를 실행하고자 하는 자가 그 실행에 사용할 목적으로 자금 제공을 권유・요청하거나 또는 기타 방법에 의해 자금을 수집한 때에는 10년 이하의 징역 또는 천만 엔 이하의 벌금에 처하며 미수범도 함께 처벌한다(제3조).

또한 최근 미국이나 유럽의 경우 테러 대책의 일환으로 포괄적으로 법률을 정비하고 있는데, 주요 정비 내용은 테러 방지를 위해 여러 수사기관에 각종 권한을 부여하는 것이다. 일본의 경우 테러 대책을 목적으로 하는 포괄적인 법률은 존재하지 않는다. 이 때문에 일본에서 테러에 대한 대응은 형법, 형사소송법의 규정에 의할 수밖에 없다. 예컨대 항공기 납치에 관해서는 '항공기 강취(强取) 등의 처벌에 관한 법률'이나 폭발물 단속 벌칙 및 화약류 단속 등 개별법 규정에 따라 대응할 수밖에 없는 것이 일본의 현실이다.

세계적인 규모로 동시다발로 발생하는 테러 사건에 대비하기 위해서는 타국과 공동 보조 하에 법을 정비해야 하는데, 9・11 테러 발생 후 일본에서 이루어진 법령의 정비는 다음과 같다(日本 警察廳, 2003).

첫째, 테러 방지 관련 조약의 체결 및 서명이다. 유엔 등 국제기관에서는 테러 행위의 방지 및 처벌에 관한 국제 협력 체제를 구축하기 위해 12개의 테러 방지 관련 조약이 채택되었다. 지금까지 유엔총회 등에서 각국에 대해 이들 조약의 조기 체결을 요구해 왔는데, 동시다발 테러 사건 후인 2001년 9월 20일에 발표된 G8 수뇌 성명에서 이들 조약에 대해 가급적 빠른 시일 내에 체결하도록 강하게 요청한 바 있다. 일본에서는 동시다발 테러 사건 이전에 이미 10개의 조약에 관해서는 체결을 끝낸 상태였는데, 전술한 테러 사건 이후 나머지 2개의 조약에 대해서도 체결을 서둘러 10월 30일 '테러리스트에 의한 폭탄 사용의 방지에 관한 국제조약'의 체결을 위해 필요한 국내 관련법 정비에 관련된 법률을 국회에 제출했으며, 같은 날 '테러리즘에 대한 자금 공여의 방지에 관한 국제조약'에 서명했다.

둘째, '테러리스트에 의한 폭탄 사용 방지에 관한 국제조약'의 체결에 따른 관계 7개 법률의 개정이 이루어졌다. '테러리스트에 의한 폭탄 사용 방지에 관한 국제조약의 체결에 따른 관계 법률의 정비에 관한 법률'은 153회 국회에서 만장일치로 성립했다. 동법에는 폭발물 단속 벌칙, 사린 등에 의한 인신 피해의 방지에 관한 법률 등 7개 법률에 관해 각각 벌칙의 신설이나 적용 범위의 확대, 국외범 처벌 규정의 신설 등이 이루어졌다. 이 국내법이 정비됨에 따라 2001년 11월 16일 일본은 '테러리스트에 의한 폭탄 사용의 방지에 관한 국제조약'을 체결했다.

셋째, '테러리즘에 대한 자금 공여 방지에 관한 국제조약' 체결을 위한 관계 법률의 성립이다. '테러리즘'에 대한 자금 공여의 방지에 관한 국제조약은 체결국에 대해 하이재크나 폭탄 테러, 기타 테러 행위에 사용되는 자금을 제공 또는 수집하는 행위를, 그 자금이 실제로 테러 행위의 실행에 이용되었는지에 관계 없이 범죄화하는 것을 의무화한 것이다. 일본은 이 조약 체결에 관련해 제154회 국회에서 두 개의 법률을 새로이 성립시켰으며, 외국환 및 외국무역법의 일부를 개정했다.

그리고 반테러에 관한 새로운 법의 제정을 추진하고 있다. 즉 일본 정부는 국제적인 테러조직에 맞서기 위한 대책 강화 차원에서 자산 동결 등의 조치가 담긴 '반(反)테러 활동 법안(가칭)'의 제정을 추진중이라고 「요미우리(讀賣)신문」이 2003년 1월 20일 보도했다. 새로운 법안은 테러 관련 단체로 인정된 국·내외 단체들에 대한 자산 동결 및 몰수 조치 권한을 정부에 부여하고, 정보 수집 및 수사 권한 강화 등을 명문화하게 될 것으로 알려졌다. 정부에서 검토중인 테러 관련 단체의 범주는 테러 행위 및 준비 행위를 한 단체, 테러조직에 자금과 정보 제공 등 지원 행위를 계속적으로 행한 단체 등으로 좁혀지고 있다. 또 새로운 법안에는 테러 관련 단체의 소유 자산 전체 동결 및 몰수, 테러 관련 단체의 해산, 새로운 구성원 모집 금지 등 활동 제한, 테러 행위 관여 여부에 관계 없이 테러 관련 단체 외국인 구성원의 입국 거부 및 국외 추방 등을 담는 방안도 검토되고 있다. 그러나 일각에서는 테러 대책은 기본적 인권 제약 등과 연결되기 때문에 어디까지나 현행법 테두리 안에서 대책을 강구하지 않으면 안 된다는 신중론도 만만치 않게 제기되고 있다(중앙일보, 2003. 1. 20).

또한 2004년 8월 관방성 장관을 본부장으로 법무·외무·재무·후생·

노동·경제산업 장관을 위원으로 하는 국제테러대책추진본부를 구성해 우리 나라의 대테러대책위원회와 같은 역할을 수행하고 있다.

제 5 절 캐나다, 프랑스, 이스라엘 테러 방지 시스템

1 각 국가별 특징

3개국(캐나다, 프랑스, 이스라엘) 모두 내각제의 정부 구조를 가지고 있으며, 내각제에서는 행정부가 정책이나 전략 개발에 주도적인 역할을 한다. 의원내각제에서 총리는 의회에 의해 선출되며, 행정부를 총괄한다. 그리고 의원내각제에서는 의회와 집행부가 '권력의 융합(fusion of power)'에 토대를 두는 상호 의존의 관계를 갖는다(Bagehot, 1961).

캐나다는 지방정부의 권한이 강한 국가이고, 프랑스와 이스라엘은 중앙정부의 권한이 강력한 국가이다. 중앙정부와 지방정부의 권력 분배 정도는 테러에 대한 대응 구조를 다르게 하는데, 이 결과 테러에 대한 대응은 국가

〈표 13-1〉 각국의 테러 개념 정의

캐나다	프랑스	이스라엘
'안전정보부'는 테러에 대한 명확한 정의를 내리지 않고 있지만 "캐나다 안보에 대한 위협"을 테러로 보고 있음. 이러한 위협으로 국내외에서 정치적 목적을 달성하기 위해 캐나다 국민 또는 재산에 대해 위협이나 심각한 폭력 행위를 행사하는 행위를 포함하고 있음.	형법에 의하면 모든 형사사범 중에서 "협박이나 공포를 이용해 공익을 저해하는 개인이나 집단의 행위"로 정의함. 프랑스 관리들에 의하면 이 정의에 정치적 동기 여부가 언급되어 있지 않지만 정치적인 동기 또는 주의·주장이 없다면 테러 행위로 간주되지 않을 것이라고 함.	법률에는 테러에 관한 정의가 없지만 '테러방지명령'에 의하면 "테러는 이스라엘 국민에 대한 형법상의 범법 행위를 행하고 테러단체와 연계를 유지해야 한다"라고 정의하고 있음. 그러한 테러 단체는 사상자를 유발하는 폭력 행위를 자행하거나 협박 등을 사용하는 단체를 의미.

자료: 국방부(2003) 자료 재구성.

에 따라 중앙경찰이 주도하기도 하고 지방경찰이 주도하기도 한다.

<표 13-1>은 각 국가들의 테러에 대한 개념을 정리한 것이다.

2 각국의 테러관리 시스템

3개국의 대테러 대응 체계는 유사성이 많다고 볼 수 있다. 각국은 특히 단독 부처가 대테러 활동을 주도하고 있으며, 국가 차원의 대테러 전술 개발과 활동의 조정을 위해 부서 간의 협의체를 두고 있다.

이들 국가는 정보 수집 및 인력 그리고 보안 대책 등을 통합해 테러 발생을 예방하는 정책을 가지고 있다. 그리고 테러범을 처벌할 때는 일반 형법을 적용하며, 이와 함께 대테러 관련 특별법을 두어 특별 수사나 기소, 가중 처벌이 가능하도록 하고 있다. 또한 3개국 모두 행정부에서 대테러 기관에 대한 감독권을 가지고 있다.

1) 법 · 제도적 측면

3개국 모두 테러 사건에서 자행된 살인, 인질 납치, 공중 납치 등과 같은 범죄 행위의 기소시에 일반형법을 적용하고 있다. 캐나다의 경우 테러 행위를 일반범죄로 취급하는 것은 그 테러 행위로부터 정치적 요소를 제거함으로써 그 테러 행위가 노리는 효과를 약화시킬 수 있다고 한다.

또한 각국은 테러 행위에 적용할 다양한 특별법을 제정함으로써 테러에 대한 법률상의 정의와 개념을 확정하고 특별 수사나 기소 절차를 가능케 하거나 형량을 가중할 수 있게 하고 있다. 프랑스에서는 위협과 공포를 통해 공공 질서의 심각한 혼란을 야기할 목적을 가진 개인 · 조직과 고의적인 연계가 있는 특정 범죄 행위를 테러 행위로 간주하고 있다. 이스라엘은 일반형법과는 별도로 테러 행위를 규제하는 두 개의 중요한 법률을 가지고 있는 바, 이들 법률을 테러조직의 지원 등과 같은 다수의 범죄 행위 유형을 규정하고 있다.

2) 조직 · 기구적 측면

각 국가들은 수사 · 정보뿐만 아니라 외무 · 국방 · 보건 업무 등의 업무

〈표 13-2〉 각국의 대테러 관련 법령

캐나다	프랑스	이스라엘
대테러 관련 주요 법령		
'안보사범단속법'(1984) 및 '안전정보부법'(1984)	형법 및 형사소송법 제II장(테러리즘) 1·2절	'국방 및 비상조치법'(1945) 및 '테러방지명령'(1948)
기타 대테러 관련 법규		
'보사범단속법'상 테러 사건의 희생자가 국제적인 보호 대상이라면 캐나다 안보를 위협하는 형사사건으로 보고 주 또는 지방경찰이 아닌 연방경찰이 수사 및 기소권을 행사. 그러나 아직도 특정한 사건들은 '안보사범단속법'이 아닌 형법에 따라 기소	프랑스는 특정한 형사사범, 즉 테러와 관련된 폭력 행위, 항공기 납치 또는 폭발물 사용 등에 대해서는 형법이 정한 최고의 형벌을 선고	영국의 영향을 받은 '국토방위 비상사태법'은 주로 점령지역에서의 재산 몰수 등 행정절차에 관한 법이며 '테러방지명령'은 이스라엘 국가 형성 초기에 제정된 것으로 테러 단체 구성원 및 지원 세력에 의한 형사법상의 금지 사항뿐만 아니라 사법절차 및 행정절차 등을 모두 망라하고 있음.

자료: 국방부(2003) 자료 재구성.

까지도 테러 관련 활동으로 보고 있으며, 총리를 대테러 업무의 최고 책임자로 볼 수 있다. 총리 산하에는 대테러 정책을 수립, 조정하는 협의체를 두고 있다.

〈표 13-3〉 각국의 대테러 정책 조정기구

캐나다	프랑스	이스라엘
'추밀원'이 수상과 각료에게 테러 문제에 관한 자문을 제공. 이 추밀원은 국내 대테러 정책은 법무부와, 국외 대테러 정책은 외교부와 협의를 거쳐 수립·시행	'대테러 유관 기관 연락위원회'가 대테러 정책을 수립하는 최고기구로 총리를 위원장으로 하여 내무·국방·법무·외교부 장관을 위원으로 운영. '대테러 업무 조정반'은 작전을 조정하는 내무·국방 산하 기관들로 구성되어 있으며 실무 차원의 조정 기능을 수행	'대테러국'이 유관 기관들과 긴밀한 협조를 거쳐 대테러 관련 정책을 수립. 이 '대테러국'은 대테러 관련 유관 기관 관계자들로 구성되며 수상에게 직접 보고

자료: 국방부(2003) 자료 재구성.

〈표 13-4〉 각국의 대테러 활동 주무기관

캐나다	프랑스	이스라엘
법무부가 대테러 관련 정보 수집 및 수사 활동을 주도. 법무부 장관의 지시에 따라 '안전정보부'가 테러 정세 평가서를 작성하며 '연방경찰'은 테러 사건 발생시 수사 기능을 수행	내무부가 대테러 유관 기관을 조정하며 산하에 경찰·'국토감시국'·'중앙정보총국'이 소속	'보안정보부'가 경찰·국경수비대 등 대테러 유관 기관을 조정. 국방부는 점령지역 내 경찰 기능을 담당. 군 소속인 '민간지원사령부'는 이스라엘 전역의 민간인 대테러 대책을 지원

자료: 국방부(2003) 자료 재구성.

이들 3개국 모두 사건 현장 책임자가 경찰·소방·의료·기타 응급 지원을 포함하는 모든 대응 요소들을 통제하도록 함으로써 일사불란한 사건 현장 지휘가 가능하도록 하고 있으며, 각 국가들은 테러리즘에 대한 예방을 위한 정책 및 전략을 강조하고 있다. 특히 국내 테러리스트들의 정보를 수집하는 보안·정보기관을 가지고 있으며, 국내 정보기관은 수사기관들과는 별도로 설치하고 있다.

〈표 13-5〉 각국의 대테러 업무 감독기관과 기능

캐나다	프랑스	이스라엘
행정부		
'추밀원'이 대테러 관련 정보 수집 및 대응 활동 등에 관한 감독과 조정 업무를 전담. '추밀원' 보안·정보 조정관이 유관 기관의 일상적인 활동을 감독	각 부처 대테러 고위 관계자가 참여하는 '대테러 유관 기관 연락위원회'를 운영	1999년에 신설된 '국가안보회의'가 대테러 등 보안 관련 모든 사안에 대해 광범위한 감독권을 행사
입법부		
1998년에 신설된 상원의 '보안정보특별위원회'가 대테러에 관한 감독 기능을 수행함. 또한 사안이 발생할 때마다 임시위원회를 구성해서 대테러 업무를 평가하고 있음.	대테러 업무와 관련해서 감독할 사안이 발생할 경우 위원회를 구성해 심도 있는 심의를 실시	외교·국방위원회 내에 '정보소위원회'를 설치, 상설 운영

자료: 국방부(2003) 자료 재구성.

이들 국가들에서 대테러 활동에 대한 감독기관을 살펴보면 다음과 같다.

먼저 행정부의 대테러 업무 감독에 대해 살펴보면, 테러에 대한 대책과 자원의 효과적인 사용 및 적법성에 대한 감독은 주로 대테러 업무를 수행하는 관련 부처 장관들이 책임을 지고 있다. 대테러 업무의 감독 행위는 일반적 조직관리 기능에 해당된다. 즉 독립적이고 분리된 관리 기능이 아닌 것이다. 그리고 이들 국가의 입법부는 대테러 활동에 대해 지속적·독립적인 감독을 하지는 않고 있다. 이들 국가들은 국가의 안보 활동에 대한 입법적 조사 활동을 수행하고 있으나, 이러한 활동들이 일반적으로 테러 관련 활동에 초점을 두지는 않고 있다.

3) 예산 측면

이들 국가들 중 어떠한 국가도 대테러 관련 단일 정책 예산을 지출하고 있지는 않다. 왜냐하면 대테러 예산 지출은 수사, 정보 활동 그리고 국방 예산 등과 같이 더 넓은 분야의 회계에 포함되어 있기 때문이다.

각국들은 정보기관을 통해 수집된 테러 정보를 가지고 테러 위협을 평가하고 있다. 한정된 예산의 제약 하에서 이 평가는 자원을 배정하는 기준이 된다. 즉 이들 국가들은 테러 공격이 실제 발생할 가능성에 근거해 자원을 배정하는 것이다. 또한 3개국 모두 테러에 관련된 새로운 프로그램을 개발하기보다는 기존의 대응 능력을 최대화시키려 노력하고 있다. 즉 테러 관련 예산을 무조건 적으로 늘리지 않고 기존의 예산을 유지하면서 대응 능력의 효율화를 가져올 수 있도록 하고 있다.

제 6 절 정책적 시사점

1 21세기 테러리즘의 변화 양상

첫째, 테러조직의 변화 가능성이다(한동만·여운기, 2002; Waugh, 1990; Spicer, 2002). 21세기 테러의 특징은 강대국을 위한 대리전이 아니라 바로 초강대국을 겨냥한 전면적 투쟁의 성격을 보여 줄 것이다. 현재 활동하고 있는 냉전의 유산물인 20세기형 테러 및 게릴라 조직들은 소련 공산주의의 붕괴 후에도 아직까지 지역성의 한계를 벗어나지 못하기 때문에 미국은 이들에 대한 관심을 접어두었다. 오히려 미국은 그들의 투쟁 및 혁명 활동을 위해 개입하는 불법 마약 밀매에 더욱 관심을 가진다. 문제는 이러한 이해의 상충이 항상 내전 상태의 국가들과 세계 최대의 마약 소비국인 미국 사이에 정책적 우선순위를 놓고 갈등을 일으키곤 한다. 즉 미국은 마약과의 전쟁을 위해 반대급부로 군사 원조를 추진하는데 이것이 지역 분쟁의 새로운 불씨를 제공하고 있다. 그러나 그러한 불씨는 빈 라덴과 같은 극단적 반미 성향의 과격단체와 국제 테러 네트워크를 형성할 경우 전통적 테러조직들이 지역성을 넘어 국제적 시야를 넓힘으로써 21세기는 '테러리즘의 세계화'가 주요 이슈가 될 것이다.

둘째, 테러 재정의 변화 가능성이다(제성호, 2003; Waugh, 1990). 테러 목적을 달성하기 위한 전통적 테러 재정의 가장 중요한 요소는 테러 지원국들의 후원이었다. 그러나 21세기 테러조직들은 그들의 활동자금을 확보하기 위해 마약조직과의 연계는 물론 마약 밀매에 직·간접적으로 개입하는 경향을 보이고 있다. 이에 따라 테러조직과 범죄(마약)조직의 연계이다. 21세기 새로운 권력자로 등장한 이러한 연계는 이미 1980년대 초반부터 나타나기 시작했다. 전형적인 예가 콜롬비아 도시게릴라였던 M-19와 메데진 카르텔의 합작품인 1985년 대법원 청사 점령, ETA와 메데진 카르텔의 연계에 의한 1989년 콜롬비아 항공기 폭파 사건 등이다. 1990년대 들어 테러조직들의 재정은 단시일 내에 가장 많은 불법자금을 획득할 수 있는 직접적 마약 밀매로 전환했다. 콜롬비아의 FARC, 페루의 센데로 루미노소, 중동의 하마스와 헤즈볼라의 헤로인 밀매, 아프간 탈레반의 아편 밀매 개입이다. 이들은 이러한 불법 마약 밀매를 초국가적 범죄조직들과 연계해 판매망을 확보하고 있다. 테러조직들은 이로부터 불법 무기시장에서 미제 스팅거 미사일 등을 구입한다.

21세기 테러의 이러한 현상은 결국 '테러'와 '범죄'의 구별을 모호하게 만들고 있다. 더욱이 1990년대 미국의 '마약과의 전쟁', 그리고 21세기 '테러와의 전쟁'에 따른 군사화는 테러, 범죄, 전쟁의 경계선을 불분명하게 만들면서 테러리즘의 개념적 정의에 대한 전통적 불일치를 더욱 가속화시키는 요인이 될 것이다. 그러므로 테러리즘 개념에 대한 모호성은 곧 정책의 혼란으로 이어질 수 있다.

2 우리 나라 테러 방지 시스템 구축을 위한 정책적 시사점

테러 예방의 최선은 예방 정책이고 이를 위해 장기적이고 포괄적인 대응책을 마련하는 것이다. 이를 위해 선결 과제로 전 세계가 점차 인터넷을 통해 동질화되어 가는 새로운 초국가적 문화 구조 혹은 사이버 세계화 과정에 대한 명확한 이해가 필요하다. 이를 바탕으로 우리의 대테러 정책의 기본 방향은 21세기 테러의 가장 중요한 특징인 테러의 지역성을 넘은 테러의 세계화 경향에 비추어 당분간 반테러 국제 공조의 기본 틀 안에서 우리의 국가 안보와의 합치점을 찾아야 한다. 다시 말하면, 한국의 특수성과 국가 이익이 고려되는 포괄성을 지닌 방향으로 재정립해야 한다.

이를 위해서는 미국 의회의 9·11 테러 진상보고서가 우리의 정책 수립에 큰 참고가 될 것으로 생각된다. 즉, 미국 의회의 상하원 정보위원회는 2003년 7월 24일 900쪽 분량의 9·11 테러 진상보고서를 발표했는데, 그 주요 내용은 정보기관의 구조적 결함이 시정되지 않는 한 미국의 테러 방지 노력은 계속해서 위협을 받을 것이라고 경고하고, 가능한 한 빨리 효율적인 해결책이 강구되어 실행되어야 할 것이라고 지적하고 있다.[11]

---

11) 그 주요 내용을 보면 다음과 같다. ① 미 정보공동체가 오사마 빈 라덴(Osama bin Laden) 및 동 조직의 활동에 대해 방대한 양의 가치 있는 정보를 축적했으나 9·11 테러와 관련한 정확한 시기와 장소, 방법 등에 대한 정보는 확인하지 못했다. ② 정보공동체는 2001년 봄과 여름에 빈 라덴과 알 카에다가 가까운 미래에 미국의 국익에 반하는 공격을 할 것이라는 것을 암시하는 정보를 입수했으나, 이를 소홀히 취급했다. ③ 정보공동체는 1998년부터 2001년 여름까지 미국 내에서 테러 공격 가능성을 암시하는 정보를 지속적으로 입수했으나, 정보 관계자들은 이러한 공격이 해외에서 일어날 것을 암시하는 것이었다고 잘못 판단했다. ④ 정보공동체는 적어도 1994년부터 2001년 여름까지 테러리스트들이 항공기를 무기로 이용할 것을 숙고중임을 암시하는 정보를 입수했으나 그 정보에 대한 구체적인 평가는 이루어지지 않았다. ⑤ 정보공동체는 9·11 테러와 관련한 정보를 입수했음에도 불구하고 그 정보의 공유, 외국 정부와의 협조 등등 충분한 대응 조치를 취하지 않는 등 이용 가능하고도 중요한 정보를 충분히 활용하는 데 실패했다. ⑥ 결과적으로 정보공동체는 항공기 납치범의 입국 거부, 구금 등 조치를 취하지

이러한 미국의 9·11 테러의 경우를 살펴볼 때 우리가 고려해야 할 사항은 우선 무엇보다도 먼저 대테러 업무를 전담할 부서가 필요하고, 그 다음으로 각종 정보기관 간의 네트워크 구축을 통한 신속한 정보 교류가 필요하다는 점이다. 이와 함께 지적할 수 있는 것은 최신 통신기술을 자유자재로 활용할 수 있는 인력과 장비의 확보가 필요하다는 점이다. 이 밖에도 반테러 국제 공조의 일환으로 테러 대비 예산의 확보와 유엔을 통한 반테러 결의안의 적극 지지 등이다. 그리고 세계적인 테러 지원 국가라고 할 수 있는 이슬람 국가들과의 외교 강화가 필수적이다.

21세기의 테러 대응책은 단순한 테러 그 자체에 대한 접근 방식보다는 하나의 테러 행위에 보이지 않게 작용하는 불법 마약, 부패 행위, 돈세탁 등이 포함된 좀더 포괄적이고 통합적인 대책이 필요하다. 테러 예방의 직접적 정책으로 현재 정부가 추진하고 있는 대테러기본법(가칭)의 조기 제정과 함께 실질적 관련 기관인 정보기관의 첩보 기능 강화이다. 전자는 각종 관련법(형법, 국가보안법, 항공기운항안전법, 범죄인인도법 등)을 통합함은 물론 돈세탁방지법, 금융실명제, 부패방지법 등의 부수적 법안도 강화할 필요성이 있다. 후자는 컴퓨터화된 사회일수록 인간 첩보(HUMINT) 기능의 확대가 필요하다.

이 밖에도 테러리즘과 초국가적 범죄조직을 전문적으로 연구하는 기관이나 학교의 설립, 공공과 언론에 대한 교육 등이 필요하다. 한 마디로 새

못함으로써 9·11 테러 음모를 분쇄할 기회를 놓치고 말았다. ⑦ 9·11 테러와 관련된 조사를 통해 9·11 이전에 정보공동체의 대테러 노력을 방해한 많은 체계적 결함이 있었음이 드러났으며, 이러한 결함이 시정되지 않으면 미국의 대테러 노력은 계속 위협을 받을 것이다. ⑧ 향후 9·11 테러와 같은 테러 공격 가능성을 최소화하기 위해서는 가능한 빨리 효율적인 해결책이 마련되어 실행에 옮겨져야 한다. ⑨ 정보공동체의 구체적 결함으로는 9·11 이전 미국을 목표로 한 테러리스트들의 위협에 대처할 준비가 되어 있지 않았고, 빈 라덴의 위협에 대처할 종합적인 대테러 전략을 가지고 있지 못했으며, 냉전 이후 정보공동체의 예산이 감소되거나 현상 유지되었음에도 불구하고 대테러 예산은 상당히 증가되었으나 정보공동체의 예산 관행 및 절차상의 이유 등으로 제대로 집행되지 못했다. 또한 대테러 노력에는 기술의 지원이 중요하나 정보공동체는 새로운 기술 역량의 개발 및 실행에 적극적이지 못했으며, 전략적 분석력이 미약하고 외국어 번역 등 외국어 구사 능력이 있는 인력이 부족했고, 현대의 최신 통신기술 활용에도 취약함으로써 시의 적절한 통신첩보 생산에 어려움을 겪는 한편 지나치게 정보 수집에 조심스러워 FBI 등 국내 정보기관과의 정보 교류도 소홀히 했다는 점 등이 지적되었다.

로운 적에 대항하기 위해서는 새로운 정책적 시각과 그에 따른 새로운 투자가 필요하다.

제14장 한국형 뉴테러 방지 시스템 구축

이 장에서는 우리 나라의 테러 방지 시스템 구축 방안을 마련하기 위해 계량분석을 실시했다. 계량분석을 위해 4단계의 단계별 위기관리 시스템에 맞추어 설문지를 작성했으며, 설문 문항 구성의 타당도와 신뢰도를 높이기 위해 2003년 12월과 2004년 2월 두 차례에 걸쳐 우리 나라에서 테러와 관련된 위기관리를 담당하는 14개 정부 부처의 관련 담당 공무원들을 대상으로 예비조사(pilot test)를 실시했다.[1]

테러 방지 시스템 구축 방안과 관련해 이 분석에서는 자연재난과 관련된 평가 요인이나 세부 평가 변수들을 배제하고 인위재난 속성과 관련이 있는 변수들만을 추출했다. 왜냐하면 테러리즘으로 인한 위기는 자연재난이 아니라 인위재난이기 때문이다. 따라서 이러한 테러리즘 방지를 위해서 4단계의 단계별 시스템인 완화, 준비, 대응, 복구 단계별로 어느 정도의 시스템이 이루어져 있는지를 평가해 보았다. 이러한 각 단계별로 설정한 평가 요인과 측정 문항들을 살펴보면 다음과 같다.

첫째, 완화 단계에서 제시되는 평가 요인은 안전 기준의 설정, 테러리즘 요인의 제거, 위험에의 노출 감소가 설정될 수 있다.

둘째, 준비 단계에서는 대응을 위한 사전 훈련의 실시, 유관 기관들 사이

1) 1차에서는 13명, 2차에서는 16명의 공무원들을 대상으로 예비조사를 실시했다. 예비조사에서는 각 설문 문항에 대한 타당도와 신뢰성을 중심으로 이루어졌으며, 개별적인 접촉뿐만 아니라 3~5명씩 집단별로 토론과 자문회의를 실시했다.

〈표 14-1〉 설문 구성을 위한 기준과 측정 문항

단계	평가 요인	하위 평가 변수	측정 문항
완화	테러리즘 발생 가능성 분석	• 규모	• 소규모 • 중규모 • 대규모
		• 요인	• 국제정치적 • 문화적 • 사회·경제적 • 기술적
		• 대상	• 항공기·해상 • 기간 시설 • 다중 이용시설 • 요인 암살 및 납치
		• 주체	• 북한 • 국내 불만 세력 • 외국 테러집단
		• 방법	• 폭탄 • 생물학 • 화학 • 방사능
	테러리즘 기준 설정	• 테러방지법령의 제·개정 • 테러 발생 요소 규제	• 테러리즘 관련 법령 등 • 각 기관별 테러리즘 운영 지침
	테러리즘 요인 제거	• 테러리스트 분석 및 관리 • 테러리즘 대상시설물 안전점검 • 발생 가능 테러리즘 파악/조치	• 테러리즘 대상 시설물의 안전점검/진단 • 다중 이용시설 방호계획 수립 • 테러 유형별 대응 프로그램 작성
	위협 노출 감소	• 위협시설물 이력관리 • 대민 홍보 및 경보	• 테러리즘 대상 시설물 데이터베이스 구축 • 테러리즘의 유형에 대한 예측분석 • 국가 간 정보 교류
준비	대응을 위한 훈련 실시	• 테러리즘 유형별 대응 및 교육 훈련 실시 • 표준 운영 절차의 확립	• 테러리즘 방지를 위한 교육 및 홍보 • 테러로 인한 구조물 붕괴·화재 대비 교육훈련 • 테러 발생시 업무 수행 절차 수립
	사전 조정/협조 확보	• 유관 기관의 확인 • 유관 기관 간의 조정과 협조 체계 구축	• 공공/민간 부문 대응조직 확인 • 대응기관 간 연락망 및 협조 사항 확인
	대응을 위한 자원 확보	• 인적·물적 자원 목록 구비 • 자원 보유 기관의 확인 • 자원의 수송 및 통제 계획 수립	• 조직의 분화 • 사전경보 시스템 구축 • 관련 전문가, 기술자, 장비 확보 • 관련 부처 간 긴밀한 협력 체제 구축 • 예산 확보
대응	대응기관 간 협조/조정	• 실제 상황 하에서의 작동 상태 • 위기상황실 운영 • 관련 기관과의 의견 조정 및 의사 결정 • 대응기관 집행 및 문제점 확인 • 대응 목표와 기관별 역할 명확성	• 유형별 주관 부서 확정 • 현장정보의 수집·분석·전파 • 기관별 상황실 운영요원 확보 • 군·경·관 등 대응조직 긴급출동 • 현장지휘소/사고대책본부 운영
	피해자 보호/관리	• 구조·탐색 및 응급의료 활동 • 사상자 확인 및 구급 활동 • 수용시설의 확보 및 관리	• 응급구조단 및 의료단 가동 • 사망·부상·이재민 확인 및 집계 • 인근 병원 및 대형 건물 확인
	현장 수습 및 관리	• 현장 교통통제 및 질서 유지 • 주변 위험시설물의 관리 • 긴급 복구계획 수립 • 테러리즘 상황의 파악	• 현장 지휘소 설치 및 병력 배치 • 지리정보 시스템(GIS) 구축 • 붕괴시설/건축의 잔해 제거 • 유관 기관 간 테러리즘 대응 상황 파악
복구	복구 상황 점검/관리	• 단·중·장기 복구계획 수립 • 피해자 보상 및 배상관리 • 복구 우선순위 결정	• 복구 관련 예산 확보 방안 수립 • 대상자 선정 및 보상·배상 기준 마련 • 공공시설물 우선 복구
	피해 파악/긴급 지원	• 피해 상황의 집계 • 긴급 지원물품의 제공	• 인명 피해, 재산 피해 신고, 집계 • 임시가옥, 식량, 의복, 담요 등 제공
	원인분석 및 평가	• 테러리즘 발생 원인 및 문제점 조사 • 개선안 및 유사 위기 방지	• 학습효과 분석 • 방지정책의 효과성 분석 • 테러리스트 수사 및 발생 원인 분석 • 책임자 및 책임기관 평가 및 감사

의 사전 업무 조정 및 협조의 확보, 그리고 자원의 확보가 평가 요인으로 제시될 수 있다.

셋째, 대응 단계에서는 테러리즘이 발생한 경우 대응기관들 사이의 원활한 협조와 조정, 테러리즘으로 인한 피해자의 보호와 관리, 테러리즘 발생 현장에서의 현장 수습 및 관리 등이 평가 요인이 된다.

넷째, 복구 단계에서는 복구 상황의 점검 및 관리와 테러리즘의 발생으로 인한 피해의 파악 및 긴급 지원, 테러리즘 발생의 원인 분석 및 평가와 개선안의 마련이 평가 요인으로 제시될 수 있다.

최종적으로 완성된 설문을 우리 나라에서 테러와 관련된 위기관리를 담당하는 14개 정부 부처[2]의 관련 담당 공무원들을 대상으로 무작위 추출을 통해 설문조사를 실시했다.[3] 총 설문지 회수율은 93.8%(배부 130부, 회수 122부)로 나타났고, 자료 분석은 사회과학 통계 패키지 프로그램인 SPSS (version 12.0)를 이용했다. 그리고 분석 결과의 신뢰도와 타당도를 높이기 위해 공무원과 정부 산하연구기관, 언론인 등 여러 방면의 위기관리 시스템 전문가들과 광범위한 직접면담(interview)을 수행했다. 특히 위기관리 시스템과 관련된 모든 정부 부처에서 근무하는 다양한 직급들을 가진 공무원들을 대상으로 1차적으로 대면접촉(face to face)을 통한 직접면담을 했으며, 추가적으로 전자우편(e-mail)을 통해 수시로 의견 교환을 했다.

정성적 분석에서는 우리 나라의 위기관리 시스템에 대한 현황을 중심으로 분석을 수행했고, 먼저 우리 나라의 국내 및 국가 간 테러리즘 방지정책에 대해 분석했으며, 둘째로 위기관리 시스템을 법・제도, 조직기구, 프로그램 측면으로 구분해서 중점적으로 분석했다.

설문조사를 통한 계량적 분석에서는 단계별 위기관리 시스템에서 선정한 각 요인들 간의 관계를 검증하기 위해 다양한 분석 방법이 사용되었다.

---

2) 국방부(합참 포함), 행정자치부(소방본부 포함), 해양수산부, 환경부, 과학기술부, 법무부, 식품의약관리청, 건설교통부, 관세청, 통일부, 산업자원부, 보건복지부, 경찰청 등이다.

3) 먼저 우리 나라 정부 부처 중에서 위기관리를 담당하는 부처를 확인한 후, 각 부처들마다 실질적으로 위기관리를 담당하는 부서를 확인했다. 이러한 과정을 거친 후 각 개별 부처의 위기관리 담당 부서마다 특정한 1인을 연구자가 직접 만나 이 연구에 대한 이해를 구한 후 각 설문지에 대한 응답을 부탁했다. 또한 각 부처마다 내부인의 도움을 받아 실효성 있는 설문조사가 이루어질 수 있도록 했다.

첫째, 위기관리 시스템 전반에 대한 인지도 분석을 위해서는 평균과 표준편차를 이용해 기술통계 분석을 실시했다. 기술통계 분석은 수집된 자료에 대한 특성을 가장 효과적으로 설명할 수 있는 요약치를 찾아내는 데 적합한 분석 방법이다.

둘째, 상황 변수에 따른 차이 분석에서는 먼저 테러 방지 프로그램의 수준에 대해 현재와 미래에 어느 정도의 차이(gap)가 있는지를 분석했으며, 그리고 성별과 테러 교육 경험 유무에 따라 각 요인별로 어떠한 차이가 나타나는지를 검증하기 위해 T-test를 이용했다.

셋째, 위기관리 시스템 역량 강화를 위한 영향력 분석에서는 단계별 위기관리 시스템에서 역량 강화를 위해 어떠한 프로그램들을 강화되어야 하는지를 확인했으며, 또한 위기관리 시스템 역량 강화를 위해서 각 단계별 위기관리 시스템이 어느 정도의 영향력을 미치는지를 다중회귀분석을 통해 검증했다.[4] 그리고 이를 위해 척도 구성을 위한 기초적 분석으로서 요인분석(factor analysis)과 신뢰성분석(reliability analysis)을 실시해 각 요인들의 타당성과 신뢰성을 분석한 뒤 하위 영향 요인들을 범주화했다.

분석을 위해 배부된 130부의 설문지 중에서 122부가 회수되었으며, 회수된 설문지의 조사 대상자들에 대한 인구통계학적 특성을 살펴보면 <표 14-2>와 같다.[5]

조사 대상자의 인구통계학적 특성을 보면 남성이 여성보다 훨씬 많고, 연령은 40대가 가장 많았으며, 30대가 그 다음 순이었다. 공직에서 근무한 경력은 20년 이상인 사람이 가장 많았으며, 그 다음이 10년 이상 15년 미만인 것으로 나타났다. 또한 테러와 관련된 업무와 관련되어 근무한 경력에

4) 다중회귀분석은 여러 독립변수들과 종속변수 간의 관계를 검증하기 위한 것으로서, 종속변수를 예측하는 회귀모형을 만들고 회귀모형의 적합성을 검증하는 동시에 각 독립변수가 회귀모형에 기여하는 상대적인 비율을 파악할 수 있다. 따라서 여기에서는 다중회귀분석을 실시하되 독립변수들을 동시에 투입하는 방식(enter)을 이용했다.

5) 설문조사에 응답한 14개 정부 부처 설문 응답자들의 수를 보면, 환경부·법무부·경찰이 각각 6명으로 가장 적었으며, 행정자치부(소방본부 포함)가 12명으로 가장 많은 것으로 나타났다. 또한 공무원들의 직급 경우에는 각 정부 부처들마다 테러 업무를 담당하는 공무원들의 수가 10명 내외라는 점과 설문 응답자들의 요청이 있어 설문 응답자들의 익명성을 보호하는 차원에서 인구통계학적 변수에서 제외했다.

〈표 14-2〉 조사 대상자의 인구통계학적 특성

변 수	구 분	표본 인원(%)
성 별	남	110(90.2)
	여	11(9.0)
	무응답	1(0.8)
연 령	20대	6(4.9)
	30대	31(25.4)
	40대	60(49.2)
	50대	23(18.9)
	무응답	2(1.6)
테러 업무 근무 경력	5년 미만	56(46.0)
	5년 이상 ~ 10년 미만	8(6.5)
	10년 이상 ~ 15년 미만	5(4.1)
	16년 이상 ~ 20년 미만	2(1.6)
	20년 이상	1(0.8)
	없음	49(40.2)
직무 관련 테러교육 경험(횟수)	1회	13(10.7)
	2회 ~ 4회	26(21.3)
	5회 ~ 9회	11(9.0)
	10회 이상	6(4.9)
	없음	66(54.1)

대해서는 전체 응답자 중에서 5년 미만인 사람이 전체 응답자의 46%로 가장 많은 것으로 나타나, 공무원 인사 규정상 2년 이상인 경우 순환보직이 이루어진다는 점을 감안할 때 전체적으로 테러와 관련한 근무 경력이 다른 보직 기간과 비교해 볼 때 다소 길지 않은 것으로 나타났다. 그리고 직무와 관련해 테러 교육을 받은 경험에 대해서는 전체 응답자의 49.1% 정도가 경험이 있다고 응답했으며, 교육 횟수에 대해서는 평균적으로 1.77회 정도 경험한 것으로 분석되었다.

제1절 테러 방지 시스템 인지도 분석

1 테러 발생 가능성에 관한 인식도

우리 나라에서 테러가 발생할 경우의 테러 규모에 대해 조사 대상자들은 요인 암살과 같이 한두 사람을 대상으로 자행되는 소규모 테러보다 10인 이상의 특정인들을 대상으로 자행되는 중규모 테러와 50명 이상의 불특정 다수를 대상으로 자행되는 대규모 테러가 발생할 가능성이 조금 더 높을 것으로 인식하고 있었다. 또한 테러가 발생할 경우 북한이나 국내 사회 불만 세력보다 외국의 테러 세력에 의해 일어날 가능성이 더 높은 것으로 인식하고 있었다. 이러한 설문 결과에 대해 위기관리를 담당하는 공무원들은 최근에 일어난 미국의 9·11 테러나 인도 발리 휴양지 테러 등과 같은 불특정 다수에 의한 대규모 테러에서와 같이 우리 나라도 현재 미국을 위주로 한 외교적 관계로 인해 불특정 다수를 대상으로 한 중·대규모의 테러가 발생할 가능성이 더욱 높아질 것으로 인식하고 있었다.[6] 즉 이러한 가능성은 우리 나라의 이라크 파병과 같은 대외적인 환경들이 외국의 테러 세력에 의한 테러 가능성을 더욱 높일 수 있다고 직접면담에서 밝히고 있었다. 또한 한국이 선진국으로 급부상하는 과정에서 전 세계의 이목을 집중시키는 이벤트가 많아지고, 마약과 같은 테러조직의 자금 루트에 한국이 동남아-한국-일본, 중국-한국-일본과 같이 중간 매개 지점이 됨으로써 국제 테러조직이 테러를 일으킬 가능성이 더욱 높아지고 있다고 할 수 있다(김석용·김병조, 1995).

6) 최근 일본 정부에서는 2003년 한 해 동안 전 세계 테러리스트와 게릴라의 공격은 총 3,213건으로 이 중 46%에 해당하는 1,478건이 아시아에서 발생했다고 발표했다. 그 다음으로 중동이 801건, 구소련과 동유럽 지역이 295건, 서유럽이 192건으로 뒤를 이었다. 또한 아시아 지역에서의 테러와 관련된 사건이 더욱 증가할 가능성이 많으며, 테러의 특성상 불특정 다수가 피해의 대상자가 될 가능성이 많다고 경고했다(이데일리뉴스, 2004. 4. 29).

〈표 14-3〉 테러 발생 규모에 대한 인식도

설 문 문 항		평 균	표준편차
테러 발생시 테러 규모	소규모 테러	2.25	1.21
	중규모 테러	2.51	1.17
	대규모 테러	3.01	1.36

테러가 발생할 경우 그 원인에 대해서는 국가 간 정치적·이념적 갈등 등에 의한 국제 정치적 요인에 의해 발생할 가능성이 가장 높은 것으로 인식하고 있었다.[7] 그 다음으로 빈부 격차, 노사 갈등 등으로 인한 사회·경제적 요인과 국가·지역 간 문화 갈등 등으로 인한 문화적 요인에 의해 발생할 가능성이 높을 것으로 응답했다.[8]

또한 대상물에 대한 테러 발생 가능성에 대해서는 백화점, 호텔, 놀이공원 등의 다중 이용시설에 대한 테러 발생 가능성이 가장 높은 것으로 나타났으며, 그 다음으로 항공기 테러(납치, 공중 폭파, 미사일 공격, 항공시설 공격 등)와 국가 기간시설(원자력발전소, 철도 등)에 대한 테러 발생 가능성이 높은 것으로 나타났다.

그리고 테러 수단으로는 폭탄 테러가 발생할 가능성이 가장 높은 것으로 인식하고 있었으며, 그 다음으로 화학 테러가 발생할 가능성이 높은 것으로 응답했다.[9]

---

7) 홍순남(1990)과 김석용·김병조(1995)는 가장 대표적으로 민족주의/분리주의 테러리즘에 의한 테러가 탈냉전 시대에 점증하고 있다고 주장했다.

8) 테러리즘의 발생 원인을 제거하기 위해서는 군사적 수단뿐만 아니라 외교적·경제적 수단을 통한 협력을 병행해 나가야 하며, 테러 확산 차단의 방안 중 하나로서 빈부 격차, 정보 격차(digital divide)가 해소되도록 노력해야 한다. 또한 전 인류적인 가치와 민주주의의 확산을 통해 테러리즘의 지지 기반에 대한 종교적·정치적 지지를 약화시켜 나아가는 등 테러 근원의 해소를 위해 국제 협력을 강화해야 한다(한동만, 2002b; Hoffmann, 2002).

9) 최근 국제 테러의 특징 중의 하나가 불특정 다수를 대상으로 한 대규모 피해를 발생시키기 위해 고성능 폭발물과 생화학 물질 등의 대량 살상무기를 사용하는 것이다(김태진, 2003: 54).

2 테러리즘 방지를 위한 준비 정도

1) 법 · 제도, 조직, 프로그램 측면에서의 준비 정도

현재 테러리즘 방지를 위해 법 · 제도, 조직기구, 프로그램 측면에서 어느 정도 준비되어 있는지에 대해서는 모두 부정적인 응답을 보였으며, 특히 프로그램 측면에서의 준비 정도가 가장 낮은 것으로 나타났다. 이러한 분석 결과에 대해 부분의 위기관리 담당 공무원들은 정부가 조직 개편을 단행할 때마다 위기관리와 관련된 공무원들을 최우선적으로 감축하고, 이를 통해 인건비를 절약하는 모습을 보임으로써 위기관리 딤딩 공무원들을 인적 자원 또는 인적 자본으로는 전혀 인정하지 않는 모습을 정부가 보여 주고 있다면서 아주 강한 불만을 나타내고 있었다.[10] 또한 우리 나라의 경우 아직 테러에 대한 위험 인식 수준이 그다지 높지 않기 때문에 테러 방지를 위한 프로그램 측면에 대한 준비가 아주 낮은 것을 당연시하는 반응을 보였다.

〈표 14-4〉 법 · 제도적 측면에서의 테러리즘 방지 준비 정도

설 문 문 항	평 균	표준편차
법 · 제도적 측면	2.81	1.11
조직기구적 측면	2.88	1.09
프로그램적 측면	2.54	1.06

통합적인 테러방지법의 제정에 대해서는 아주 필요하다는 응답을 보였다. 하지만 테러 관련 전문가들과 언론사 기자들은 통합적인 테러법 제정과 같은 테러와 관련된 새로운 입법 조치는 국민의 기본권을 제약하거나 새로운 재정 부담을 가지게 하는 등 국민의 입장에서 보면 새로운 부담이

10) 또한 현재 우리 나라에서 재난 혹은 위기관리 부서는 한직으로 인식되고 있어 공무원의 전문성을 함양하는 데 많은 제약 요인이 되고 있다고 했으며, 우선적으로 이러한 패러다임의 전환이 필요한 것으로 나타났다.

될 수도 있으므로 이에 대해 신중히 고려할 필요가 있다고 주장했다.[11]

그리고 미국의 국토안보부와 같은 테러 전담부서의 신설에 대해서도 필요한 것으로 인식하고 있었다.[12] 또한 테러 전담부서와 재해 · 재난부서의 통합 운영에 대해서는 평균 정도의 응답을 보여 통합 운영에 대해서는 좀 더 신중할 필요가 있다는 반응을 나타내었다.

〈표 14-5〉 테러방지법과 테러 전담기구 신설 및 통합 운영에 대한 인식도

설 문 문 항	평 균	표준편차
통합적인 테러방지법 제정의 필요성	4.07	0.87
테러 전담부서 신설의 필요성	3.62	1.11
재해 · 재난부서 통합 운영의 필요성	3.20	1.15

2) 테러 유형별에 따른 주도적 역할 수행 담당 부처

각 테러 유형별로 테러를 방지하기 위해 각 단계별 위기관리 시스템에서 가장 주도적인 역할을 수행해야 하는 담당 부처에 대해서는 테러 유형에 관계 없이 대부분이 국가정보원과 경찰청이 가장 주도적인 역할을 해야 하는 담당 부처로 인식하고 있었으며, 특히 복구 단계의 경우에는 건설교통부의 역할이 아주 중요하다는 응답을 보였다.[13]

첫째, 항공기 테러(납치, 공중 폭파, 미사일 공격 등)의 경우에는 단계별로 관계 없이 국가정보원과 건설교통부가 가장 주도적인 역할을 수행해야

11) 또한 현재 통합테러방지법이 제정되지 못하는 가장 큰 이유로 개인에 대한 인권 침해 문제 때문이기도 하지만, 이와 함께 내부적으로 부처 간 이기주의도 큰 원인으로 작용하고 있다고 관련 공무원이 직접면담에서 밝히고 있었다.

12) 현재 국무총리 산하에 '대테러정책위원회'가 비상설 기구로 되어 있으나, 실효성 측면에서 볼 때 많은 한계가 있는 것이 사실이다. 따라서 종합적인 테러 방지정책이 기획되고 집행될 수 있도록 이를 총괄하는 통제조정본부(control tower)가 필요하다고 주장했다. 또한 이러한 통제조정본부로서의 기능을 하기에 현재의 정부기관들 중에서는 국가정보원과 국가안전보장회의(NSC)가 가장 적당하다는 의견이 많았다.

13) 위기관리 담당 공무원들과 전문가들은 테러 하면 당연히 국가정보원과 경찰청이 주도적인 역할을 해야 한다는 인식을 가져오게 된 가장 중요한 계기로 1988년 서울올림픽에 대비해 테러전담반을 구성할 때 현재의 국가정보원과 경찰청이 가장 주도적인 역할을 담당했기 때문이라고 했다.

하는 담당 부처로 인식하고 있었다.

둘째, 해상 테러(해적, 항만시설 공격 등)의 경우에는 단계별로 관계 없이 해양수산부가 가장 주도적인 역할을 수행해야 한다는 응답을 보였으며, 그 다음으로 완화와 준비 단계에서는 국가정보원, 대응 단계에서는 국방부, 복구 단계에서는 건설교통부가 주도적인 역할을 수행해야 하는 담당 부처로 인식하고 있었다.

셋째, 국가 기간시설 테러(원자력 발전소, 철도 등)의 경우에는 완화 단계와 준비 단계에서는 국가정보원과 과학기술부가 가장 주도적인 역할을 수행해야 하는 담당 부처라는 응답을 보였다. 그리고 대응 단계에서는 경찰청과 국가정보원, 복구 단계에서는 건설교통부와 과학기술부가 가장 주도적인 역할을 수행해야 하는 담당 부처로 인식하고 있었다.

넷째, 다중 이용시설에 대한 테러(백화점, 놀이공원 등)의 경우에는 완화 단계와 준비 단계에서는 경찰청과 국가정보원이 가장 주도적인 역할을 수행해야 하는 담당 부처라는 응답을 보였다. 그리고 대응 단계에서는 경찰청과 소방본부, 복구 단계에서는 경찰청과 건설교통부가 가장 주도적인 역할을 수행해야 하는 담당 부처로 인식하고 있었다.

다섯째, 요인 암살 및 납치의 경우에는 단계별로 관계 없이 국가정보원과 경찰청이 가장 주도적인 역할을 수행해야 하는 담당 부처로 인식하고 있었다.

3) 테러 방지를 위한 감사(평가) 및 인센티브 시스템

테러 방지를 위한 감사 및 평가에 대해서는 먼저, 테러 방지를 위한 정책의 효과성 여부에 관해 정기적으로 연말에 자체감사(평가)를 받느냐는 질문에 대해 전체 응답자의 31.9%만이 “그렇다”는 응답을 보였으며, 테러 방지를 위한 정책의 효과성 여부에 관해 정기적으로 연말에 외부감사(평가)를 받느냐는 질문에 대해서도 29.8%만이 “그렇다”는 응답을 보였다. 또한 외부감사를 받는 경우에는 주로 국가정보원을 통해 받는 것으로 나타났다. 따라서 테러 방지를 위한 정책의 효과성 여부, 즉 정책감사가 자체감사(평가)뿐만 아니라 외부감사(평가)가 이루어지는 정도가 아주 적은 것으로 나타나 이에 대한 대책이 아주 시급한 것으로 나타났다. 또한 외부감사의 경우에도 테러 관련 외부 전문가들을 포함한 '테러방지감사(평가)위원회'를 통해 객관적인 평가 시스템 개발을 고려해 볼 필요성이 있다.

또한 테러 방지를 위한 인센티브 시스템에 대해서는 우선, 효과적인 테러 방지 정책을 입안하고 개발하는 부서에 대해서 기관장이 포상을 하는 인센티브 시스템을 가지고 있느냐는 질문에 대해서는 전체 응답자의 18.1%만이 "그렇다"는 응답을 보여 아직까지 인센티브 시스템이 거의 마련되어 있지 않다는 것을 알 수 있다. 또한 공무원이 우수 테러 방지정책 프로그램을 개발했을 때 포상을 개인(평균값: 3.37)보다는 소속 부서(평균값: 3.76)로 하는 것을 더욱 효과적이라고 인지하고 있는 것으로 나타났다. 따라서 공무원들의 동기 부여적 측면, 특히 국민들의 생명과 직접적으로 연관되는 업무를 담당하는 위기관리 업무를 담당하는 공무원들을 대상으로 한 인센티브 시스템이 아주 시급히 마련될 필요가 있는 것으로 분석되었다.[14]

제 2 절 테러 방지 상황 변수에 따른 차이 분석

1 테러 방지 프로그램 수준에 대한 현재와 미래의 차이 분석

기존의 대부분의 정책이나 사업 프로그램에 대한 평가에서는 현재 시점에서의 수준을 중심으로 한 평가가 주류를 이루었다. 하지만 이 연구에서는 테러와 같은 위기관리가 시간이 지날수록 더욱 중요해지고, 또한 현재 수준보다 테러 방지 프로그램의 수준이 더욱 높아져야 할 것으로 예상했다. 따라서 테러 관련 업무를 담당하는 공무원들의 경우 테러 방지 프로그램에 대해 현재의 수준은 어느 정도라고 인식하고 있으며, 우리 나라의 여러 가지 상황을 고려할 때 미래의 수준은 어느 정도가 될 것이라고 예상하고 있

14) 현재 각 정부 부처별로 테러를 담당하는 인력이 아주 소수라는 것을 감안할 때 개인에 대한 인센티브 제도보다는 소속 부서를 대상으로 한 인센티브 제도가 더욱 효과성이 높을 것이다.

는지를 파악해 보았다. 또한 이러한 현재와 미래 수준의 차이 분석을 통해 실질적으로 제한된 예산과 인력을 단계별 위기관리 시스템에서 어느 단계에 우선적으로 지원해야 할 것인지에 대한 시사점을 얻을 수 있을 것으로 판단된다.

1) 현재 테러 방지 프로그램의 수준 분석

단계별 위기관리 시스템에 따라 현재의 테러 방지 프로그램들에 대한 수준을 분석해 보면 <표 14-6>과 같다.

<표 14-6>에서도 보듯이 각 단계별로 차이 없이 현재 테러 방지 프로그램 수준이 전반적으로 매우 낮은 것으로 나타났다. 특히 테러 전문가의 채용과 테러 방지 예산의 충분성 측면, 그리고 테러 방지 예산 지출의 경직성 측면에서 테러 프로그램 수준이 더욱 낮은 것으로 나타나 이에 대한 개선이 시급한 것으로 나타났다. 또한 각 테러 방지 프로그램들마다 전반적으로 준비 단계에서의 수준이 가장 낮은 것으로 나타나 단계별 위기관리 시스템에서 준비 단계에 제한된 예산과 인력을 우선적으로 지원할 필요성이 있는 것으로 분석되었다.

〈표 14-6〉 단계별 위기관리 시스템에 따른 현재의 테러 방지 프로그램 수준

설 문 문 항	완화 단계		준비 단계		대응 단계		복구 단계	
	평균	표준편차	평균	표준편차	평균	표준편차	평균	표준편차
부처 내 테러 전담조직의 분화 정도	2.07	1.18	1.92	1.22	1.95	1.25	1.87	1.21
부처 간 테러 전담조직의 협력 정도	2.18	1.22	1.99	1.27	2.02	1.29	2.01	1.29
테러 전담 인력의 확보 정도	1.64	1.03	1.48	1.00	1.60	1.10	1.56	1.10
테러 방지 교육·훈련 프로그램	1.98	1.20	1.77	1.19	1.81	1.24	1.77	1.21
테러 전문가의 채용 정도	1.61	1.08	1.45	1.04	1.52	1.09	1.53	1.10
외부 테러 전문가·전문집단과의 교류	1.86	1.21	1.67	1.19	1.73	1.21	1.75	1.23
테러 방지 예산의 충분성 정도	1.58	1.05	1.43	1.02	1.50	1.04	1.53	1.17
테러 방지 예산 지출의 경직성 정도	1.74	1.09	1.55	1.08	1.59	1.10	1.58	1.12

2) 미래 테러 방지 프로그램의 수준 분석

단계별 위기관리 시스템에 따라 미래의 테러 방지 프로그램들에 대한 수준을 분석해 보면 <표 14-7>과 같다.

<표 14-7>에서도 나타나듯이 각 단계별로 차이 없이 미래의 테러 방지 프로그램 수준도 전반적으로 매우 낮을 것으로 예상하고 있어 현재와 비교해 볼 때 크게 향상될 가능성이 없는 것으로 인식하고 있었다. 특히 테러 전문가의 채용과 테러 방지 예산의 충분성 측면, 그리고 테러 방지 예산 지출의 경직성 측면에서 테러 프로그램 수준은 현재뿐만 아니라 미래에도 다른 테러 방지 프로그램에 비해 더욱 낮을 것이라는 응답을 보였다. 또한 미래에는 각 테러 방지 프로그램들마다 전반적으로 준비 단계와 복구 단계의 수준이 가장 낮을 것이라고 예상하고 있어 단계별 위기관리 시스템에서 준비 단계와 복구 단계에 제한된 예산과 인력을 우선적으로 지원할 필요성이 있는 것으로 분석되었다.

따라서 전체적으로 현재의 테러 방지 프로그램 수준과 비교해 볼 때 테러 관련 업무를 담당하는 경우 정부의 테러 방지 프로그램에 대한 지원에 대해 신뢰성을 가지고 있지 않은 것으로 나타났으며, 또한 현재와 미래 모

〈표 14-7〉 단계별 위기관리 시스템에 따른 미래의 테러 방지 프로그램 수준

설 문 문 항	완화 단계		준비 단계		대응 단계		복구 단계	
	평균	표준편차	평균	표준편차	평균	표준편차	평균	표준편차
부처 내 테러 전담조직의 분화 정도	2.53	1.39	2.38	1.45	2.39	1.51	2.33	1.49
부처 간 테러 전담조직의 협력 정도	2.61	1.47	2.47	1.57	2.48	1.58	2.44	1.58
테러 전담 인력의 확보 정도	2.22	1.32	2.04	1.34	2.13	1.39	2.09	1.38
테러 방지 교육·훈련 프로그램	2.51	1.46	2.35	1.52	2.37	1.53	2.30	1.49
테러 전문가의 채용 정도	2.07	1.31	1.92	1.33	1.98	1.37	1.94	1.36
외부 테러 전문가·전문집단과의 교류	2.39	1.43	2.19	1.46	2.23	1.49	2.19	1.50
테러 방지 예산의 충분성 정도	2.16	1.29	1.98	1.31	2.03	1.35	2.02	1.37
테러 방지 예산 지출의 경직성 정도	2.32	1.34	2.11	1.36	2.14	1.40	2.11	1.42

두 단계별 위기관리 시스템에서 준비 단계에 제한된 예산과 인력을 우선적으로 지원해야 한다는 데 공통적인 의견을 보이고 있었다. 그리고 테러 전문가들의 외부채용 역시 공직사회의 개방형 임용제를 통해 최대한 빠른 시간 내에 이루어질 필요성이 있는 것으로 분석되었다.

2 성별에 따른 요인별 차이 분석[15)]

1) 테러리즘 방지를 위한 법·제도, 조직, 프로그램 측면의 준비 정도

현재 테러리즘 방지를 위해 법·제도, 조직, 프로그램 측면에서 성별에 따라 준비 정도가 어떠한 차이가 있는지를 분석한 결과 전체적으로 준비 정도가 낮은 것으로 나타났으며, 그 중에서도 프로그램 측면에 대한 위기관리 시스템의 준비 정도가 가장 낮은 것으로 인식하고 있었다. 또한 통계적으로 유의미하지는 않았지만 남성이 여성에 비해 상대적으로 법·제도, 조직, 프로그램 측면에서 준비 정도가 높은 것으로 인식하고 있었다.

〈표 14-8〉 법·제도, 조직, 프로그램 측면의 준비 정도에 대한 성별 간 차이 분석

설 문 문 항	남 성		여 성		t값	자유도 (df)	유의도 (p-value)
	평균	표준편차	평균	표준편차			
법·제도 측면	2.87	1.07	2.23	1.13	1.84	119	0.110
조직 측면	2.92	1.08	2.38	1.05	1.57	119	0.150
프로그램 측면	2.58	1.06	2.10	1.10	1.44	119	0.190

* $p<0.1$, ** $p<0.05$, *** $p<0.01$

그리고 통합적인 테러방지법의 제정과 미국의 국토안보부와 같은 테러 전담부서의 신설, 그리고 테러 전담부서와 재해·재난부서의 통합 운영에 대해서 남성이 여성에 비해 더욱 필요한 것으로 인식하고 있었으나, 통계적으로는 유의하지 않은 것으로 나타났다.

15) 테러 업무 근무 경력, 연령에 따른 요인별 차이 분석에서는 통계적으로 유의미한 결과가 나타나지 않았다.

〈표 14-9〉 테러방지법, 테러 전담부서 신설 및 통합 운영에 대한 성별 간 차이 분석

설 문 문 항	남 성		여 성		t값	자유도 (df)	유의도 (p-value)
	평균	표준 편차	평균	표준 편차			
통합적인 테러방지법 제정의 필요성	4.08	0.87	3.91	0.94	0.62	119	0.534
테러 전담 부서 신설의 필요성	3.65	1.10	3.45	1.13	0.57	119	0.569
재해·재난 부서 통합 운영의 필요성	3.22	1.15	3.09	1.22	0.35	119	0.729

* p<0.1, ** p<0.05, *** p<0.01

2) 단계별 위기관리 시스템 테러 방지 역량 정도

첫째, 완화 단계에서의 테러 방지 역량 정도에 대해서는 남성이 여성에 비해 상대적으로 약간 높게 인지하고 있는 것으로 나타났으나, 전체적으로 평균 이하인 것으로 나타나 역량 강화가 필요한 것으로 분석되었다. 또한 테러 방지를 위한 표준 운영 절차(SOP) 정립에 대해 남성이 여성에 비해 조금 높다는 응답을 보였으며, 0.05 수준에서 통계적으로 유의한 것으로 나

〈표 14-10〉 완화 단계 테러 방지 역량 정도에 대한 성별 간 차이 분석

설 문 문 항	남 성		여 성		t값	자유도 (df)	유의도 (p-value)
	평균	표준 편차	평균	표준 편차			
테러 방지 요원을 비롯한 모든 유관 부서 공무원과의 업무 협조	3.11	1.04	2.82	0.98	0.87	119	0.377
유형별 테러리즘에 대한 사전 대비	2.97	1.06	2.36	0.81	1.85	119	0.067
테러 방지를 위한 표준운영절차(SOP) 정립	2.86	1.10	2.09	0.94	2.25	119	0.026**
테러 기관 역량 개선을 위한 구체적 계획의 입안	2.72	1.06	2.09	0.70	1.91	119	0.057*
테러 완화를 위한 자체 프로그램 개발 또는 보유	2.64	1.16	2.36	1.03	0.75	119	0.453
국제적 테러 방지를 위한 국가 간 기구·정보 교류	2.69	1.17	2.45	1.04	0.64	119	0.521

* p<0.1, ** p<0.05, *** p<0.01

타났다.

이러한 분석 결과에 대해 대부분 일상적인 업무의 경우에는 업무를 수행하면서 부분적인 수정과 보완이 가능하기 때문에 표준 운영 절차(SOP)의 중요성이 약간 낮을 수 있다는 인식이 공직사회에 있으나, 테러리즘의 경우에는 불시에 발생하는 것이 특징이므로 평상시에 위기관리와 관련된 표준 운영 절차의 정립이 명확할 필요성이 있다는 데 대해서 대부분의 공무원들이 공감하고 있었다.

둘째, 준비 단계에서의 테러 방지 역량 정도에 대해서는 테러 방지 요원에 대한 훈련과 교육, 그리고 관련 부처 공무원과 일반 국민에 대한 홍보교육에 대해 여성이 남성에 비해 상대적으로 더욱 낮다는 응답을 보였으며, 0.05 수준에서 통계적으로도 유의한 것으로 나타났다. 이러한 분석 결과에 대해 테러리즘으로 인한 피해는 모든 국민들을 대상으로 발생함에도 불구하고, 관료사회에서 위기관리와 관련된 교육의 경우에는 대부분이 남성들만이 교육에 참가하고 있으며, 이러한 남성 중심적 사고로 인해 여성들이 위기관리 교육에서 배제되는 경우가 많기 때문에 여성 공무원들이 더욱 교육의 중요성을 강조하는 것이라고 직접면담에서 밝히고 있었다.

〈표 14-11〉 준비 단계 테러 방지 역량 정도에 대한 성별 간 차이 분석

설 문 문 항	남 성		여 성		t값	자유도 (df)	유의도 (p-value)
	평균	표준편차	평균	표준편차			
계획의 점검과 부단한 개선	3.12	1.14	2.73	0.65	1.12	119	0.266
장비의 점검·수리	2.95	1.11	2.82	0.75	0.37	119	0.711
테러 방지 요원에 대한 훈련과 교육	2.93	1.11	1.91	0.83	2.94	119	0.004***
관련 부처 공무원과 일반 국민에 대한 홍보교육	2.69	1.03	1.91	0.70	2.46	119	0.015**

* $p<0.1$, ** $p<0.05$, *** $p<0.01$

셋째, 대응 단계에서의 테러 방지 역량 정도에 대해서도 전체적으로 낮다는 응답을 보였으며, 여성이 남성에 비해 상대적으로 더욱 낮게 인식하고 있었다. 하지만 0.05 수준에서 성별 간의 차이가 통계적으로는 유의하지

〈표 14-12〉 대응 단계 테러 방지 역량 정도에 대한 성별 간 차이 분석

설 문 문 항	남 성		여 성		t값	자유도 (df)	유의도 (p-value)
	평균	표준편차	평균	표준편차			
테러 방지 계획의 실제 상황에서의 작동 상태	2.92	1.09	2.36	0.92	1.62	119	0.107
계획시 예측하지 못했던 결과에 대한 확인 및 이에 따른 적응 조치의 수정 여부	2.84	1.03	2.27	0.90	1.75	119	0.082*
공식적인 조정이 이루어질 수 있도록 대응 단계 노력에 대한 신속한 평가	2.84	1.07	2.55	0.93	0.87	119	0.387

* $p<0.1$, ** $p<0.05$, *** $p<0.01$

않은 것으로 나타났다.

넷째, 복구 단계에서의 테러 방지 역량 정도에 대해 기본적인 생존 지원 시스템 작동에 대해서는 여성이 남성에 비해 역량이 조금 높은 것으로 인식하고 있었으나, 향후 테러 예방을 위한 재난 경험의 학습 효과와 향후 효과적인 테러 대응 체제를 위한 복구 경험의 활용에 대해서는 여성이 남성에 비해 낮은 것으로 인식하고 있었다. 하지만 0.05 수준에서 성별 간의 차이가 통계적으로는 유의하지 않은 것으로 나타났다.

〈표 14-13〉 복구 단계 테러 방지 역량 정도에 대한 성별 간 차이 분석

설 문 문 항	남 성		여 성		t값	자유도 (df)	유의도 (p-value)
	평균	표준편차	평균	표준편차			
기본적인 생존 지원 시스템 작동	2.75	1.13	2.82	0.87	-0.18	119	0.857
향후 테러 예방을 위한 재난 경험의 학습 효과	2.73	1.13	2.36	0.92	1.03	119	0.305
향후 효과적인 테러 대응 체제를 위한 복구 경험의 활용	2.56	1.16	2.27	1.10	0.80	119	0.428

* $p<0.1$, ** $p<0.05$, *** $p<0.01$

3 테러교육 경험 유무에 따른 요인별 차이 분석

1) 테러리즘 방지를 위한 법 · 제도, 조직, 프로그램 측면의 준비 정도

현재 테러리즘 방지를 위해 법 · 제도, 조직, 프로그램 측면에서 테러교육 경험 유무에 따라 준비 정도의 차이를 분석한 결과 전체적으로 모든 측면의 준비 정도가 매우 낮은 것으로 나타났으며, 이에 대한 개선이 시급한 것으로 분석되었다.

또한 테러 교육을 경험한 공무원들이 법 · 제도, 조직, 프로그램 측면에서의 준비 정도가 약간 낮은 것으로 인식하고 있는 것으로 나타났으나, 통계적으로 유의미한 차이는 없었다. 하지만 교육에 참여한 공무원들을 대상으로 한 직접면담에서 대부분의 공무원들이 교육을 경험할수록 테러리즘에 대비한 우리 나라의 법 · 제도, 조직, 프로그램이 더욱 미비하다는 것을 실감했다는 의견이 지배적이었다.

〈표 14-14〉 법 · 제도, 조직기구, 프로그램 측면의 준비 정도에 대한 테러 교육 경험 유무 차이 분석

설 문 문 항	유경험		무경험		t값	자유도 (df)	유의도 (p-value)
	평균	표준편차	평균	표준편차			
법 · 제도 측면	2.65	1.14	2.77	1.03	1.08	121	0.300
조직 측면	2.78	1.18	2.90	0.93	0.32	121	0.740
프로그램 측면	2.32	1.09	2.62	0.89	1.33	121	0.350

* $p<0.1$, ** $p<0.05$, *** $p<0.01$

통합적인 테러방지법의 제정과 미국의 국토안보부와 같은 테러 전담부서의 신설, 그리고 테러 전담부서와 재해 · 재난부서의 통합 운영에 대해서는 테러 교육 경험이 있는 공무원들이 더욱 필요한 것으로 인식하고 있는 것으로 나타났다.

〈표 14-15〉 테러방지법, 테러 전담부서 신설 및 통합 운영에 대한 테러교육 경험 유무 차이 분석

설 문 문 항	유경험		무경험		t값	자유도 (df)	유의도 (p-value)
	평균	표준 편차	평균	표준 편차			
통합적인 테러방지법 재정의 필요성	4.02	0.87	3.92	0.98	2.26	121	0.109
테러 전담 부서 신설의 필요성	3.62	1.06	3.57	1.12	0.17	121	0.841
재해 · 재난 부서 통합 운영의 필요성	3.13	1.10	3.50	1.12	1.24	121	0.293

* p<0.1, ** p<0.05, *** p<0.01

2) 단계별 위기관리 시스템 테러 방지 역량 정도

첫째, 완화 단계에서의 테러 방지 역량 정도에 대해서는 테러 교육 경험 유무에 관계 없이 전체적으로 낮게 인식하고 있는 것으로 나타났으며, 통계적으로는 유의미하지 않는 것으로 분석되었다. 또한 통계적으로 유의미하지는 않지만 테러 방지 요원을 비롯한 모든 유관 부서 공무원과의 업무 협조, 유형별 테러리즘에 대한 사전 대비, 테러 방지를 위한 표준 운영 절차(SOP) 정립에 대한 준비 정도에서는 테러 교육 경험이 있는 공무원들이 테러 교육 경험이 없는 공무원들보다 상대적으로 약간 높게 인식하고 있는 것으로 나타났다.

테러 교육 경험이 있는 공무원들 대부분이 우리 나라와 같이 현재 여러 기관이 대테러 업무에 간여할 경우 담당기관들 간 책임의 한계를 명확히 밝혀두는 것이 우선적으로 이루어져야 한다고 밝히고 있었다. 그리고 테러 기관 역량 개선을 위한 구체적 계획의 입안, 테러 완화를 위한 자체 프로그램 개발 또는 보유, 국제적 테러 방지를 위한 국가 간 기구 · 정보 교류에 대한 준비 정도에서는 테러 교육 경험 유무에 관계 없이 모두 낮게 인식하고 있는 것으로 나타났다. 하지만 테러 교육 경험이 있는 공무원들의 경우에는 완화 단계에서는 기본적으로 테러 방지를 위한 구체적 계획 수립과 프로그램 개발 부문에 투자를 하는 것이 타당하다고 주장하면서, 이는 곧 테러 방지를 위한 연구개발(R&D)에 대한 투자가 아주 필요하다는 것을 의미하는 것이라는 의견을 직접면담에서 제시했다.

〈표 14-16〉 완화 단계 테러 방지 역량 정도에 대한 테러 교육 경험 유무 차이 분석

설 문 문 항	유경험		무경험		t값	자유도 (df)	유의도 (p-value)
	평균	표준편차	평균	표준편차			
테러 방지 요원을 비롯한 모든 유관 부서 공무원과의 업무 협조	3.07	1.10	3.03	1.06	0.14	121	0.866
유형별 테러리즘에 대한 사전 대비	2.95	1.00	2.85	1.05	0.20	121	0.819
테러 방지를 위한 표준운영절차(SOP) 정립	2.89	1.02	2.72	1.11	0.29	121	0.752
테러기관 역량 개선을 위한 구체적 계획의 입안	2.73	0.96	2.58	1.06	0.25	121	0.779
테러 완화를 위한 자체 프로그램 개발 또는 보유	2.89	1.05	2.42	1.09	2.08	121	0.129
국제적 테러 방지를 위한 국가 간 기구·정보 교류	2.76	1.12	2.60	.099	0.23	121	0.794

* p<0.1, ** p<0.05, *** p<0.01

둘째, 준비 단계에서의 테러 방지 역량 정도에 대해서는 테러 교육 경험 유무에 관계 없이 전체적으로 준비 정도를 낮게 인식하고 있었으며, 특히 관련 부처 공무원과 일반 국민에 대한 홍보교육에 대해서는 다른 설문 문항에 비해 테러 교육 경험이 있는 공무원들이 더욱 낮게 인식하고 있는 것으로 나타났으며, 0.1 수준에서 통계적으로 유의미한 것으로 나타났다. 이

〈표 14-17〉 준비 단계 테러 방지 역량 정도에 대한 테러 교육 경험 유무 차이 분석

설 문 문 항	유경험		무경험		t값	자유도 (df)	유의도 (p-value)
	평균	표준편차	평균	표준편차			
계획의 점검과 부단한 개선	3.11	1.02	3.00	1.32	0.07	121	0.935
장비의 점검·수리	3.00	2.03	2.91	2.24	0.10	121	0.904
테러 방지 요원에 대한 훈련과 교육	2.87	1.03	2.74	1.25	0.09	121	0.915
관련 부처 공무원과 일반 국민에 대한 홍보교육	2.92	1.07	2.52	0.99	1.85	121	0.094*

* p<0.1, ** p<0.05, *** p<0.01

러한 분석 결과에 대해 테러 교육을 경험한 공무원들은 테러와 관련된 교육과 훈련을 경험해 보고서야 테러리즘에 대한 중요성을 더욱 인식할 수 있었으므로 공무원들뿐만 아니라 일반 국민들에 대한 교육과 홍보교육이 아주 필요하다고 했다.

셋째, 대응 단계에서의 테러 방지 역량 정도에 대해서도 테러 교육 경험 유무에 관계 없이 전체적으로 낮다는 응답을 보였다. 하지만 0.05 수준에서 통계적으로는 유의미하지 않은 것으로 분석되었다.

넷째, 향후 테러 예방을 위한 재난 경험의 학습 효과에 대해서는 테러 교육을 경험한 공무원들이 상대적으로 높게 인식하고 있었으며, 0.1 수준에서 통계적으로도 유의미한 것으로 나타났다. 이러한 분석 결과에 대해 테러 교

〈표 14-18〉 대응 단계 테러 방지 역량 정도에 대한 테러 교육 경험 유무 차이 분석

설 문 문 항	유경험		무경험		t값	자유도 (df)	유의도 (p-value)
	평균	표준편차	평균	표준편차			
테러 방지 계획의 실제 상황에서의 작동 상태	2.76	1.06	2.87	1.05	0.36	121	0.702
계획시 예측하지 못했던 결과에 대한 확인 및 이에 따른 적응 조치의 수정 여부	2.76	1.01	2.75	1.00	0.12	121	0.887
공식적인 조정이 이루어질 수 있도록 대응 단계 노력에 대한 신속한 평가	2.70	1.02	2.83	1.04	0.19	121	0.826

* $p<0.1$, ** $p<0.05$, *** $p<0.01$

〈표 14-19〉 복구 단계 테러 방지 역량 정도에 대한 테러 교육 경험 유무 차이 분석

설 문 문 항	유경험		무경험		t값	자유도 (df)	유의도 (p-value)
	평균	표준편차	평균	표준편차			
기본적인 생존 지원 시스템 작동	2.81	1.02	3.00	1.24	0.72	119	0.489
향후 테러 예방을 위한 재난 경험의 학습 효과	2.91	1.12	2.51	1.27	1.75	119	0.082*
향후 효과적인 테러 대응 체제를 위한 복구 경험의 활용	2.81	1.08	2.74	1.32	0.25	119	0.779

* $p<0.1$, ** $p<0.05$, *** $p<0.01$

육을 경험한 공무원들은 교육을 통해 테러리즘에 대한 인식도가 많이 바뀐 것처럼 재난의 경우에는 경험을 통한 학습 효과가 아주 높을 것이라고 주장했다.

제 3 절 테러 방지 위기관리 시스템 역량 강화에 대한 분석

1 단계별 위기관리 시스템별 테러 방지 역량 정도

테러 방지를 위해 단계별 위기관리 시스템에 대한 준비 정도에 대한 분석 결과 4단계 모두 평균 이하인 것으로 나타나 역량 강화가 필요한 것으로 나타났다. 특히 그 중에서도 복구 단계에 대한 역량 강화가 가장 필요한 것으로 나타났으며, 그 다음으로 완화 단계에 대한 역량 강화가 필요한 것으로 나타났다.

첫째, 완화 단계에서의 테러 방지 역량 강화를 위해서는 가장 먼저 테러 완화를 위한 자체 프로그램 개발 또는 보유가 가장 필요한 것으로 나타났으며,[16] 그 다음으로 테러기관 역량 개선을 위한 구체적 계획의 입안과 국

〈표 14-20〉 완화 단계 테러 방지 역량 정도에 대한 인식도

설 문 문 항	평 균	표준편차
테러 방지 요원을 비롯한 모든 유관 부서 공무원과의 업무 협조	3.06	1.07
유형별 테러리즘에 대한 사전 대비	2.89	1.08
테러 방지를 위한 표준운영절차(SOP) 정립	2.77	1.13
국제적 테러 방지를 위한 국가 간 기구·정보 교류	2.65	1.18
테러기관 역량 개선을 위한 구체적 계획의 입안	2.64	1.07
테러 완화를 위한 자체 프로그램 개발 또는 보유	2.60	1.16

16) 우리 나라의 경우 테러와 관련된 자체 프로그램이 거의 완비되지 있지 않은 반면에 미국의 경우에는 핵전쟁이나 국가 안보에 직접적 타격을 줄 수 있는 테러가 발생할 경우를 대비해 '아마겟돈(Armageddon) 계획'을 20년간 정례적으로 훈련을 실시해 오고 있는 것으로 최근에 밝히고 있다(경향신문, 2004. 4. 8).

제적 테러 방지를 위한 국가 간 기구·정보 교류가 필요한 것으로 나타났다.

둘째, 준비 단계에서의 테러 방지 역량 강화를 위해서는 가장 먼저 관련 부처 공무원과 일반 국민에 대한 홍보교육이 가장 필요한 것으로 나타났으며,[17] 그 다음으로 테러 방지 요원에 대한 훈련과 교육, 장비의 점검 및 수리가 필요하다는 응답을 보였다.

〈표 14-21〉 준비 단계 테러 방지 역량 정도에 대한 인식도

설 문 문 항	평 균	표준편차
계획의 점검과 부단한 개선	3.06	1.14
장비의 점검·수리	2.91	1.11
테러 방지 요원에 대한 훈련과 교육	2.81	1.15
관련 부처 공무원과 일반 국민에 대한 홍보교육	2.60	1.10

셋째, 대응 단계에서의 테러 방지 역량 강화를 위해서는 가장 먼저 계획 시 예측하지 못했던 결과에 대한 확인 및 이에 따른 적응 조치의 수정 여부에 대한 역량 강화가 필요한 것으로 나타났으며, 그 다음으로 공식적인 조정이 이루어질 수 있도록 대응 단계 노력에 대한 신속한 평가가 필요한 것

〈표 14-22〉 대응 단계 테러 방지 역량 정도에 대한 인식도

설 문 문 항	평 균	표준편차
테러 방지 계획의 실제 상황에서의 작동 상태	2.84	1.11
공식적인 조정이 이루어질 수 있도록 대응 단계 노력에 대한 신속한 평가	2.79	1.09
계획시 예측하지 못했던 결과에 대한 확인 및 이에 따른 적응 조치의 수정 여부	2.76	1.05

17) 대부분의 공무원들이 우리 나라의 경우 테러 발생에 대한 홍보교육이 일반 국민들뿐만 아니라 공무원들까지도 거의 이루어지지 않는다고 밝히고 있었다. 따라서 테러의 본질에 대한 공무원과 국민들을 대상으로 한 교육이 필요하며, 이를 위해서는 매스미디어를 활용한 홍보교육이 가장 좋은 매개체가 될 수 있을 것이다. 즉 매스미디어가 가지고 있는 대중성이라는 측면이 테러 억제를 위한 중요한 교육용 매체가 될 수 있는 것이다(김석용·김병조, 1995; 최효찬, 2001; Schlesinger, Murdock, & Elliot, 1983).

으로 나타났다.

넷째, 복구 단계에서의 테러 방지 역량 강화를 위해서는 가장 먼저 향후 효과적인 테러 대응 체제를 위한 복구 경험의 활용이 필요한 것으로 나타났고, 그 다음으로 향후 테러 예방을 위한 위기 경험의 학습 효과가 필요하다는 응답을 보였다.[18]

〈표 14-23〉 복구 단계 테러 방지 역량 정도에 대한 인식도

설 문 문 항	평 균	표준편차
기본적인 생존 지원 시스템 작동	2.74	1.13
향후 테러 예방을 위한 위기 경험의 학습 효과	2.67	1.14
향후 효과적인 테러 대응 체제를 위한 복구 경험의 활용	2.52	1.17

2 위기관리 시스템 역량 강화를 위한 영향력 분석

테러리즘 방지를 위한 위기관리 시스템의 역량 강화를 위해서 4단계의 위기관리 단계 중에서 어느 단계의 위기관리 단계가 가장 많은 영향을 미치는지를 확인해 보기 위해 회귀분석을 적용했다. 또한 이를 위해 우선적으로 요인분석과 신뢰도분석을 통해 타당성과 신뢰성을 검증했다.

1) 요인분석

이 연구에서 설문 문항들의 타당성을 확인하고, 또한 설문 문항들에 대한 요인구조를 파악하기 위해 요인분석을 실시했다.[19] 따라서 이 연구에서

18) 위기관리에 대한 전문가들의 공통적인 의견이 우리 나라의 여러 가지 위기가 발생하면 그것에 대한 대응과 복구에 집착해, 그 위기 발생 이후 각 단계별 위기관리가 어떻게 이루어졌으며, 어떠한 시행 조치들이 부족했는지에 대한 체계적인 기록화가 부족하다는 것이었다. 따라서 다른 선진국들처럼 발생한 위기나 사건들마다 여러 분야의 전문가들로 이루어진 T/F를 구성해 정밀한 분석이 이루어진 기록물이 만들어지는 것이 정례화될 필요성이 있다.

19) 요인분석은 측정 자료가 연구의 분석틀과 일치하는지를 검토함으로써 수렴타당성과 판별타당성을 확인할 수 있다. 다시 말해서 요인분석 결과 하나의 요인 내에 묶여진 측정 항목들은 동일한 개념을 측정한 것으로 간주할 수 있으며, 각 요인은 서로 상이한 개념으로 판단할 수 있다.

는 요인분석이 요인들을 구성하는 각 문항들의 요인구조를 명확히 밝히는 것이 주된 목적이며, 또한 이론적으로 구성한 각 요인들은 선행 연구를 통해 검증된 문항들 위주로 설문 문항을 구성한 것이므로 각 요인군별로 구분해 요인분석을 실시했다.

요인분석에서는 주성분분석(principle component analysis)을 사용해 요인모형을 추정했고, 요인 회전 방식은 직각 회전 방식들 가운데 하나인 배리맥스(varimax) 방법을 이용했다. 또한 고유치(eigen value)가 1 이상인 요인만을 추출하는 카이저(Kaiser)의 기준을 적용했으며,[20] 요인적재치(factor loading)의 경우에는 아주 엄격한 기준을 적용해 0.65 이상인 것만을 추출했다.[21]

단계별 위기관리 시스템에 포함되는 설문 문항들을 분석한 결과 첫째, 완화 단계(6문항)에서 요인적재치가 0.82~0.92에 있었으며, 고유치는 4.62였고 전체 분산의 79.6%를 설명했다. 둘째, 준비 단계(4문항)에서는 요인적재치가 0.83~0.93이었고, 고유치는 3.10이었으며 전체 분산의 77.4%를 설명했다. 셋째, 대응 단계(3문항)에서는 요인적재치가 0.95~0.96이었고, 고유치는 2.75이었으며 전체 분산의 91.6%를 설명했다. 넷째, 복구 단계(3문항)에서는 요인적재치가 0.94~0.96이었고, 고유치는 2.70이었으며 전체 분산의 89.7%를 설명했다.[22]

---

20) 고유치(eigen value)가 1보다 큰 것은 하나의 요인이 1개 이상의 분산을 설명해 준다는 것을 의미한다. 따라서 고유치가 1 이상인 경우를 기준으로 해서 요인수를 결정했다. 또한 고유치가 1보다 작다는 것은 1개의 요인이 변수 1개의 분산도 설명해 줄 수 없다는 것을 의미하므로 요인으로서의 의미가 없다고 볼 수 있다(이종열·이재호, 1999: 32; 주효진, 2003: 93).

21) 요인적재치 또는 요인부하값의 기준에 대해서는 여러 가지 주장이 있다. 그 중에서 가장 보편적으로 요인적재치를 사용하는 기준에 대한 논의를 보면 양병화(1998: 324-327)는 요인회전 후의 요인행렬에서 요인에 포함된 문항들의 유의미성을 판단하는 기준을 0.30으로 낮게 잡을 수도 있으나, 엄격한 요인분석을 수행하는 경우 가급적 기준을 0.50 이상으로 높게 만드는 것이 명확한 요인구조를 만드는 데 도움이 된다고 보고 있다. 그리고 한동효(2002: 175)는 요인부하값의 유의성 기준은 표본의 수에 따라 다르게 나타나므로, 일반적으로 유의 수준 0.05에서 표본 수가 50개일 경우에는 요인부하값이 0.75 이상, 표본이 100개일 경우 0.55 이상, 150개일 경우 0.45 이상, 250개일 경우 0.35 이상, 350개일 경우 0.30 이상은 되어야 한다고 주장하고 있다.

22) 요인분석에서 변수쌍들 간의 상관 관계가 다른 변수에 의해 어느 정도 설명되는가를 나타내는 KMO(Kaiser-Meyer-Oklin) 측도도 완화 단계 0.89, 준비 단계 0.76, 대응 단계

그리고 위기관리 시스템의 역량 정도를 측정하기 사용한 설문 문항들(6문항)을 분석한 결과 요인적재치가 0.77~0.86이었고, 고유치는 4.72이었으며, 전체 분산의 67.5%를 설명했다.[23]

2) 신뢰도분석

측정 항목의 신뢰도분석은 일반적으로 요인분석을 실행해 몇 가지 요인을 추출한 후 이들 요인들이 동질적인 변수들로 구성되어 있는지를 살펴보고자 할 때 사용한다. 또한 경험적 연구에서는 측정의 신뢰도를 확보하는 것이 필요 조건이므로 이 연구에서도 요인분석에서 추출된 요인군별로 크론바흐 알파(Cronbach's α)를 이용해 복수의 문항으로 측정된 개념들에 대한 측정 문항의 내적 일관성과 신뢰도를 검증하기 위해 신뢰도를 분석했다.[24]

<표 14-24>에서와 같이 각 요인군들의 신뢰 계수(α)를 통한 신뢰도분석 결과를 살펴보면, 독립변수와 종속변수 중에서 대응 단계의 신뢰 계수가 0.95 이상으로 아주 높게 나타났다. 또한 전체적인 신뢰 계수가 모두 0.90 이상으로 높게 나타났기 때문에 측정 항목들의 구성은 아주 적절하다고 할

〈표 14-24〉 측정 설문 문항의 신뢰도분석

요인 구분	완화 단계	준비 단계	대응 단계	복구 단계	위기관리 시스템 역량 강화
신뢰 계수 (Cronbach's α)	0.94	0.90	0.95	0.94	0.92
문항 수	6	4	3	3	6

0.77, 복구 단계 0.77로 높게 나타나 요인분석을 위한 변수들의 선정이 아주 좋은 것으로 나타났다. 또한 요인분석모형의 적합성 여부를 나타내는 바틀렛(Battlett)의 구상검정치(sphericity)에서도 요인분석의 사용이 적합하며 공통 요인이 존재하는 것으로 나타났다.

23) KMO(Kaiser-Meyer-Oklin) 측도는 0.91로 아주 높게 나타나 요인분석을 위한 변수들의 선정이 아주 좋은 것으로 나타났다. 또한 바틀렛의 구상검정치에서도 요인분석의 사용이 적합하며 공통 요인이 존재하는 것으로 나타났다.

24) 일반적으로 각 요인군별로 크론바흐 알파값이 0.5 이상, 개별 문항 수준인 경우 0.9 이상 정도면 신뢰도가 높다고 할 수 있다(노형진, 2001: 555).

수 있다.[25]

3) 회귀분석

위기관리 4단계가 위기관리 시스템 역량 강화에 미치는 영향을 분석하기 위해 다중회귀분석(multiple regression analysis)을 실시했다. 다중회귀분석은 여러 독립변수들과 종속변수 간의 관계를 검증하기 위한 것으로서, 종속변수를 예측하는 회귀모형을 만들고 회귀모형의 적합성을 검증하는 동시에 각 독립변수가 회귀모형에 기여하는 상대적인 비율을 파악할 수 있다. 따라서 여기에서는 다중회귀분석을 실시하되 독립변수들을 동시에 투입하는 방식(enter)을 이용했다.

<표 14-24>는 완화 단계, 준비 단계, 복구 단계, 대응 단계의 단계별 위기관리가 위기관리 시스템 역량 강화에 영향을 주는 다중회귀분석 결과로서 종속변수에 대한 전체 설명력은 74.1%[26]이고 분석모형의 F값이 0.01의 수준에서 통계적으로 유의미한 것으로 나타나 회귀모형의 적합성이 높다고 볼 수 있다. 또한 다중회귀분석에서 분산팽창 요인(VIF)의 값이 5.095 이하, 공차(tolerance)가 0.196 이상으로 모두 나타났으며,[27] 더빈-왓슨(Durbin-Watson)값[28]도 1.636으로 나타나 다중공선성의 문제는 나타나지 않는다고 볼 수 있다.

분석 결과를 구체적으로 살펴보면 완화 단계와 준비 단계의 위기관리가 0.01 수준에서, 대응 단계 위기관리가 0.1 수준에서 통계학적으로 유의미한 변수로 나타났다. 위기관리 시스템 역량 강화에 영향을 미치는 독립변수들

---

25) 문항별로 분석한 신뢰 계수(α)도 0.97로 나타나 각 문항별 신뢰도도 아주 높은 것으로 나타났다.

26) 설명력의 값이 1에 가까울수록 독립변수의 설명력이 크고 추정된 회귀식의 적합도가 높은 것으로 평가할 수 있으며, 반대로 0에 가까워질수록 설명력이 약화되고 적합도도 떨어지게 된다. 또한 경영학 분야에서는 실용적인 목적으로 어떠한 경영전략을 수립하기 위해 다중회귀분석을 이용할 경우 통계적 유의도와 더불어 설명력이 최소한 0.1(10%의 설명력) 이상이 되어야 하는 것으로 보고 있다(양병화, 1998: 38).

27) 분산 팽창 요인(VIF)의 값이 10 이상이 되거나 또는 공차(tolerance)가 0이거나 0에 아주 접근한 경우 다중공선성이 있는 것으로 판단한다.

28) 일반적으로 더빈 왓슨의 d통계치가 2에 접근하면 오차항의 자기상관이 없다고 할 수 있다.

의 상대적 영향력을 표준화된 회귀계수(β)의 값을 통해서 살펴보면, 완화 단계의 위기관리(β=.304)가 가장 크게 영향을 미치는 것으로 나타났고, 그 다음으로는 준비 단계의 위기관리(β=.316), 대응 단계의 위기관리(β=.191)의 순서로 영향력이 있는 것으로 나타났다. 따라서 분석 결과를 볼 때 사전 예방적 단계인 완화 단계와 준비 단계의 위기관리가 위기관리 시스템 역량 강화에 가장 큰 영향을 미치는 것으로 나타났다. 즉 이러한 분석 결과는 효과적인 테러리즘 방지를 위한 위기관리 시스템을 구축하기 위해서는 사전 예방적 단계가 아주 중요하며, 이 단계의 역량 강화를 위해 제한된 예산과 인력을 우선적으로 투입할 필요성이 있음을 보여 준다.

〈표 14-25〉 위기관리 시스템 역량 강화에 대한 회귀분석 결과

모 형	비표준화 계수		표준화 계수	t값	유의도
	B	표준오차	베타(β)		
완화 단계	0.304	0.091	0.346	3.351	0.001
준비 단계	0.277	0.092	0.316	3.024	0.003
대응 단계	0.158	0.081	0.191	1.958	0.053
복구 단계	0.064	0.049	0.082	1.315	0.191

* R = .866 R2 = .750 조정된 R2 = .741 F = 87.756

먼저 법·제도, 조직기구, 프로그램적 측면에서의 준비 정도에 대한 분석 결과를 요약해 보면 <표 14-26>과 같다. 분석 결과를 보면 위기관리 시스템의 효과성을 제고하기 위해서는 우선적으로 프로그램적 측면에 제한된 예산을 우선적으로 투입해 새로운 프로그램의 개발과 활성화를 이루는 것이 필요한 것으로 나타났다.

첫째, 우리 나라 위기관리 시스템을 법·제도적 측면에서 보면, 먼저 위기관리의 모든 단계를 제도적으로 통합관리할 수 있는 기능이 절대적으로 미흡하다. 특히 완화와 준비 단계에 대한 법·제도가 부재한 실정으로 관련 부서 간 연계·협조가 단절되어 있어 사전 예방이 소홀히 취급되고 있는 실정이다. 그리고 현재 개별법으로 구성되어 있는 위기 관련 법률 조항의 경우 아주 추상적이고 모호하게 규정되어 있다. 따라서 우리 나라의 경

우에도 통합적인 테러방지법이 필요하다고 할 수 있으며, 테러방지법을 제정할 경우에도 우리 실정에 맞는 테러의 정의, 범위 등을 추상적이고 모호하지 않게 명확히 규정해야 할 것이다.

둘째, 조직기구적 측면에서는 일반적으로 위기관리 시스템 4단계에서 1단계에 해당하는 완화 단계(위기 징후 인지 등)가 매우 취약한 것으로 판단된다. 따라서 이러한 문제점 해결을 위해 우선적으로 테러와 같은 위기 징후 포착을 위한 관련 부처 간 정보 교환의 의무화 및 통합 정보관리 시스템 구축이 시급히 이루어져야 한다. 즉 국민 참여는 물론 관련 부처 간 유기적으로 연계·대응할 수 있는 통합관리 시스템 구축·운영이 필요하다.

셋째, 프로그램적 측면에서는 우선적으로 테러에 대한 위험 인식의 제고를 위해 공무원뿐만 아니라 국민들을 대상으로 한 교육과 홍보가 확대되어야 한다. 또한 테러 전문가의 양성을 위해 테러 관련 공공조직들과 여러 대학기관들 간에 교육 프로그램들을 공유할 필요가 있다. 그리고 테러 관련 퇴직 공무원들을 활용해 공무원들의 테러에 대비한 교육 수준을 향상시켜 전문가로서의 자질을 가질 수 있도록 한다.

〈표 14-26〉 법·제도, 조직기구, 프로그램 측면의 준비 정도에 대한 분석 결과

각 측면에서의 준비 정도에 대한 준비 정도	분석 결과(평균값 순위)
조직기구적 측면에서의 준비 정도	1
법·제도적 측면에서의 준비 정도	2
프로그램적 측면에서의 준비 정도	3

※평균값 순위가 높을수록(3-2-1순) 준비 정도에 대한 강화가 우선적으로 필요함을 의미함.

단계별 테러리즘 방지를 위한 역량 정도에 대한 분석 결과를 요약해 보면 <표 14-27>과 같다. 분석 결과를 보면 4단계 모두 역량 강화가 매우 필요한 것으로 나타났으며, 특히 그 중에서도 복구 단계에 대한 역량 강화가 가장 많이 필요하며, 그 다음으로 완화 단계에 대한 역량 강화가 필요한 것으로 나타났다.

〈표 14-27〉 단계별 위기관리 시스템 역량 수준에 대한 분석 결과

단계별 위기관리 시스템 역량 수준 분석 내용		세부 분석 결과 (평균값 순위)	전체 분석 결과 (평균값 순위)
완화 단계	모든 유관 부서 공무원들과의 협조	1	3
	유형별 테러리즘에 대한 사전 대비	2	
	표준운영절차(SOP) 정립	3	
	구체적 계획의 입안	5	
	자체 프로그램 개발 또는 보유	6	
	국가 간 기구·정보 교류	4	
준비 단계	계획의 점검과 부단한 개선	1	1
	장비의 점검·수리	2	
	테러 방지 요원에 대한 훈련과 교육	3	
	공무원과 일반 국민에 대한 홍보교육	4	
대응 단계	계획의 실제 상황에서 작동 상태	1	2
	예측하지 못했던 결과에 대한 확인 및 수정	2	
	대응 노력의 신속한 평가	3	
복구 단계	기본적인 생존 지원 시스템 작동	1	4
	위기 경험의 학습 효과	2	
	복구 경험의 활용도	3	

※평균값 순위가 높을수록(3-2-1순) 역량 강화가 우선적으로 필요함을 의미함.

제 4 절 테러 방지 위기관리 시스템 효과성 제고 방안

1 법·제도적 측면

1) 통합테러방지법의 제정

테러 방지 정책은 종합행정이라고 할 수 있다. 이를 위해 포괄적인 테러 방지법 제정이 필요하며, 이는 범세계적 반테러 전쟁에 동참하는 것이라고

할 수 있다(김태진, 2003: 77; 손동권, 2003: 143; 제성호, 2003: 113-115).[29] 설문조사의 분석 결과에서도 나타나듯이 통합적인 테러방지법에 대해 아주 강하게 필요한 것으로 인식(평균값: 4.07)하고 있는 것으로 나타나, 현재의 개별법으로 이루어져 있는 위기 관련법들에 대한 통합법의 제정이 필요하다는 것을 알 수 있다.

이러한 통합테러방지법에 대한 다른 나라들의 사례를 보면, 미국은 9·11 테러사건 이후 테러 예방 차원에서 수사권을 강화하고, 테러 관련 정보 공유를 확대하는 한편, 테러 억제를 위한 인권 침해도 가능하도록 애국법(Patriot Act)을 제정했다. 또한 영국은 2000년 2월 반테러법(Anti-Terrorism Act)을 제정해 불고지죄, 테러자금 몰수, 영장 없는 체포 등 수사기관의 권한과 처벌을 강화한 데 이어, 2001년 12월 반테러법을 개정한 '반테러 범죄 및 보안법(Anti-Terrorism, Crime and Security Act)'을 마련해 수사기관에 테러 혐의 외국인의 긴급 구속, 계좌 감시권을 부여했다. 캐나다는 2001년 11월 반테러법(Anti-Terrorism Act)을 제정, 테러 예비·음모·방조·교사·범인 은닉 행위 등에 대한 처벌을 강화했다. 일본은 '테러대책특별조치법'을 제정하고, '생물병기에 관한 법률'을 개정하는 조치를 취했다.

이처럼 다른 나라들의 사례에서도 나타나듯이 테러방지법 제정은 이미 대세로 자리잡고 있다는 것을 알 수 있다. 또한 테러방지법 제정은 9·11테러 직후 채택된 유엔 안전보장이사회 결의의 요구이기도 하다.[30] 그리고 법치주의에 입각한 대테러 행정, 즉 테러의 법적 규제에 대한 합법성, 투명

29) 미국 정부는 자국과 자국민에 대한 테러를 응징하기 위해 다섯 가지 제재 수단을 사용해 왔다. 첫째는 정치적 압력으로서, 이는 외교력을 동원해 대상국을 국제 사회로부터 고립시키는 것이다. 둘째는 경제적 제재로 대상국을 테러 지원국에 포함시켜 무역·금융 등의 분야에 압력을 가하는 것이다. 셋째는 군사력 사용으로 군사력을 사용해 직접 보복 공격을 하는 것이다. 넷째는 비밀공작으로 테러조직에 대한 정보 수집을 통해 와해공작을 전개하는 것이다. 다섯째는 법집행(law enforcement)으로 테러범을 체포해 미국 법정에 기소, 범인의 형사 처벌을 모색하는 것이다. 최근에는 특정 국가의 지원을 받지 않는 테러조직이 준동하고 있어 비밀공작 활동과 법집행이 가장 효과적인 제재 수단으로 사용되고 있다(제성호, 2003: 84-85).

30) UN에서는 9·11 이후 테러 근절을 위해 국제 공조를 결의하고 테러 방지를 위한 국제 협약의 가입과 법령 제정 등을 강력히 권고하고, 회원국을 대상으로 이행 여부에 대한 실사를 진행하고 있으며 비협조적인 국가에 대해서는 경제 제재 등을 고려하고 있다.

성, 예측 가능성을 제고하는 한편, 국제적인 반테러 입법 추세에 적극 부응하는 차원에서 볼 때 우리 나라도 조속한 시일 내에 종합적인 테러방지법 제정을 추진할 필요성이 있다.[31] 또한 테러방지법안의 내용에는 구체적으로 최근 UN의 결의안에 의한 테러 행위에 대한 자금 조달 방지, 테러 지원 단체의 금융자산 동결, 테러 범죄 및 후원자 등에 대한 은신처 제공 거부, 테러 행위에 대한 형법상 적절한 처벌, 테러 수사 국제 공조, 테러리스트 이동 금지 등에 관한 내용 등이 포함되어야 할 것이다. 그리고 대테러리즘에 대한 정의, 대테러리즘 업무의 기본 지침, 유관 기관과의 업무 협조와 책임 문제, 테러리스트에 대한 수사 및 재판 문제, 테러 관련 희생자 보상 문제 등도 포함하는 것을 고려해야 할 것이다(최진태, 2001; 손동권, 2003; 제성호, 2003).

2) 가외성과 능률성의 조화

테러 방지를 위한 위기관리 시스템을 구축하기 위해서는 행정 이념적 측면에서 가외성(redundancy)을 강조해야 한다. 여기서 의미하는 가외성은 한 기능이 여러 기관에 혼합된 중첩성(overlapping)과 동일 기능이 여러 기관에서 독립적으로 수행되는 중복성(duplication) 등을 포괄하는 개념이라고 할 수 있다(백완기, 1992). 이러한 가외성에 대해 랜다우(Landau, 1969)는 가외성을 가지는 조직은 신뢰성을 증진시킬 수 있다고 주장한다.[32] 즉 가외성을 강조하는 조직화의 경우에는 관료제의 전문화 원칙에는 어긋난다

---

31) 손동권(2003: 143)은 현재 제기되고 있는 우리 나라 테러방지법(안)에 대한 비판은 테러범에 대한 엄격 대책 그 자체보다는 그 법률에 반영된 테러 대책 주무부처에의 권한 집중과 그 남용에 대한 불신 내지 의구심에서 비롯되었다고 본다. 즉 테러 대책 주무부처에 대한 일반 국민의 불신이 제거되지 않는 이상 그 법의 필요성에도 불구하고 실체법과 절차법에 걸친 강력한 테러방지법의 제정은 당분간 실현되기 어려울 것이다. 따라서 인권 침해 우려가 있다고 지적되는 실체법적 처벌 조항과 형사소송법적 특례 조항은 장래의 입법 과제로 남기고, 현 단계에서는 오직 테러 예방 활동에 필요한 국가 대테러 대응 체계의 구축, 테러의 수단으로 악용될 수 있는 각종 안전물질의 안전관리, 국제행사·시설 장비의 보호, 국제 테러 분자에 대한 규제 등 국가 대테러 업무에 관해 법적 근거를 부여하는 입법 조치만이라도 하루속히 실현되어야 한다고 주장한다.

32) 예를 들면, 두 개의 브레이크가 설치된 자동차의 경우 고장 확률이 각각 1/10이면 두 브레이크가 동시에 고장날 확률은 1/100(1/10×1/10)에 지나지 않는다는 것이다(Bendor, 1985).

고 할 수 있으나, 어느 한 기관이 제대로 기능을 하지 못하는 경우 다른 가외적 기관이 이를 대치할 수도 있다는 점에서 자기조직화를 위한 창의성, 대응성, 신뢰성 및 융통성을 확보해 줄 수 있는 것이다. 김영평(1991)도 가외성의 확보는 관료제에 경쟁 원리를 도입하게 되어 궁극적으로 관료제의 신뢰성을 증진시킨다고 주장했다.[33] 이러한 관점에서 테러 발생으로 인해 발생하는 국민들의 생명과 재산 피해를 최소화하기 위해서는 가외성과 능률성의 조화를 통한 행정 이념을 추구할 필요가 있다는 것을 의미한다.[34]

3) 전문직업주의의 확립

테러리즘 방지 정책과 같은 위기관리 정책의 경우에는 일반적인 행정과 달리 더욱더 높은 전문성이 요구된다. 따라서 일반행정가(generalist)가 아니라 전문가(professionalist)가 필요하며 궁극적으로는 전문주의 직업정신이 요구된다. 이를 위해 우선 적극적으로 외부 전문가의 개방형 임용제가 확대될 필요가 있다. 또한 관련 부처 공무원들 간의 고위직뿐만 아니라 하위직 공무원들에 대한 적극적인 인사 교류가 이루어질 필요가 있으며, 자연스럽게 의사소통과 정보 공유를 통해 협력적 네트워크 체계가 구축될 수 있을 것이다. 그리고 공무원들 간의 인사 교류뿐만 아니라 테러리즘을 연구하는 민간기업 또는 대학연구소와의 연구 인력들에 대한 상호 인사 교류를 통해 테러리즘에 대비한 전문성을 더욱 제고할 수 있을 것이다.

2 조직기구적 측면

1) 자생적 시스템 모형을 이용한 통합적 대응 체계의 구축

테러 전담부서의 신설과 기존의 재해·재난부서의 통합 운영에 대해 긍정적으로 인식하고 있는 것으로 설문조사의 분석 결과에서도 나타났듯이

---

33) 현대 사회에서는 필요한 지식과 기술의 범위가 너무나 광범위하여 모든 조직구성원들이 모든 부문에 정통하기란 불가능한 일이기 때문에, 과연 어느 정도의 가외성을 확보하는 것이 바람직한가 하는 문제가 대두된다(이창원·강제상·이원희, 2003: 19).

34) 프레드릭슨과 라포트(Frederickson & LaPorte, 2002)는 가외성 조직도 능률성이라는 또 다른 가치와 상생하는 관계를 설정할 필요가 있다고 주장한다.

테러리즘에 대비한 통합적인 대응 체계의 구축이 필요하다고 볼 수 있다. 따라서 국가 위기관리 측면에서 테러 업무를 총괄 수행할 수 있는 범정부적 대응 체계 구축 및 전담기구를 설치·운영하는 방안을 고려하며, 이러한 통합적 대응 기구를 자생 시스템 모형을 이용해 만들 필요가 있다. 즉 정부조직 측면에서 통합적 위기관리가 가능하도록 통합기구 또는 통합적 기능을 수행할 수 있는 위원회 형태로의 정부조직 개편을 모색하는 데 자생적 시스템 모형을 이용하는 것을 고려할 수도 있을 것이다.[35] 자생적 시스템 모형(Viable System Model: VSM)은 전체 조직을 하나의 시스템으로서 인식하고 조직을 구성하는 모든 단위 조직들과 모든 구성원들도 또 다른 실체를 구성하는 실체로서 이해하는 것이다(유재언, 2003; Beer, 1979). 즉 자생적 시스템 모형에서 언급하는 자생조직(또는 자생 시스템)에서는 조직 내 하부 단위들의 자율성을 강조한다. 단위 조직 또는 조직구성원들의 자율성이 보장되어야 환경의 변화에 대처할 수 있는 능력이 키워져 조직구성원들이 자율적으로 문제를 해결하고 학습할 수 있기 때문이다. 따라서 자생적 시스템 모형은 조직 단위와 조직구성원이 수평적으로 상호작용해 의사 소통을 원활하게 하는 수평적 조직구조를 의미한다.

이러한 테러리즘을 관리하는 정부조직에 대한 통합 논의의 배경에는 9·11 테러에서 경험한 명백한 가르침으로 강하고 유연한 정부의 필요성이며, 그 이유는 강하고 유연한 정부가 정부 부처 내의 여러 기관들의 업무를 효율적으로 관리하고 개인, 비영리조직, 기업 등과 효과적인 네트워크 관계를 통한 거버넌스 체계를 구축할 수 있기 때문이다. 그리고 이러한 거버넌스 체제 속에서도 정부만이 테러리즘과 싸우기 위해 전체적인 자원을 유통 또는 분산할 수 있으며, 다른 어떤 조직들보다 위기관리에 대한 노력이 더욱 크다고 할 수 있다(Kirlin & Kirlin, 2002: 83).[36]

35) 한동만(2002a: 33)도 대테러리즘 조직은 테러를 예방하고, 조직 간의 유기적인 협조 체제를 구축하는 총괄적인 기구가 필요하며, 현재보다 더욱 강력한 리더십과 통제력을 발휘할 수 있고, 상황별·기관별로 분산된 체제를 통합하는 효율적인 총괄기구가 설치되어야 한다고 주장한다.

36) 정부는 개인이나 비영리조직, 기업의 사회 활동을 위한 행동에 대한 제도적인 배경을 제공해야 하며, 군대를 동원하는 등의 위기 상황에 직접적인 행동을 할 수 있는 능력을 가져야 한다는 것을 의미한다.

우리 나라의 경우 현재 대테러 업무가 정부 각 부처별로 구분되어 있을 뿐, 통합적인 대응 기구가 마련되지 못하고 있는 실정이다.[37] 하지만 이에 반해 외국의 경우에는 9·11 테러 사건을 계기로 국가 대테러 활동을 강화하며 국가 대테러 정책을 체계적으로 수립·시행하고 테러 사건 발생시 신속한 진압 및 대응 조치 강구 등을 위해 대테러 기획조정 기관을 설치하거나 추진중에 있다(박영일, 1994).

미국은 1986년 레이건 대통령의 지시에 따라 FBI 등 14개 유관 기관과 합동으로 CIA 대테러센터(Counter Terrorist Center: CTC)를 설치해 정보공동체의 대테러 활동 조정 및 정보 수집·분석 등 활동을 수행했다. 또한 최근에는 국토안보부를 신설해 국가 대테러 종합대책 추진을 위한 전담기구를 설치해 운영하고 있다.

영국은 9·11 테러 사태와 같은 대규모 테러 공격에 효율적으로 대처하기에는 대테러 대응 태세가 부적합하다면서 국가 차원의 대테러 활동을 효과적으로 지휘, 통합·조정할 수 있는 국가 대테러 기구와 같은 중앙조직 신설을 권고하는 의회보고서를 발표했다(김태진, 2003). 즉 테러 공격 등 국가 위기 사태 발생시 수습 활동에 참여하는 각종 국가기관 및 민간단체의 활동을 통합 조정할 수 있는 국가 대테러기구(National Counter-Terrorism Service: NCTS)와 같은 중앙기구 창설을 추진하고 있다.

캐나다는 안전정보부(CSIS)가 대테러국을 설치, 연방경찰 등과 협조 하에 대량 살상무기 확산 방지 등 대테러 활동에 주력하고 있으며, 일본은 공안조사청이 대테러 활동을 주도하며, '정보교류회의' 등을 통해 경찰청, 내조실, 방위청, 외무성, 해상보안청 등 유관 기관 간 대테러 활동을 수행하고 있다.

외국의 사례에서도 보았듯이 현재 각 부처별로 나뉘어 있는 테러 업무를 총괄할 수 있는 조정 기구가 필요하며, 이러한 조정 기구는 미국의 국토안

37) 김석용·김병조(1995)는 현재의 조직 체계에서 가장 큰 문제가 되는 것이 군과 경찰이 별도로 테러 전담기구를 가지고 있는 것이라고 주장했다. 왜냐하면 경찰은 기본적으로 테러를 범죄로 보고 법이라는 테두리 안에서 대응하려고 하며, 군은 테러를 저강도 분쟁의 일환으로 보고 군대나 특수조직을 활용하려고 하기 때문이다. 이러한 현상에 대해 피터(Peter, 1994)도 범죄학적 모형과 전쟁 모형의 구분은 명확히 이루어져야 하며, 이에 대한 처방도 다르다고 주장했다.

보부 사례에서와 같은 각 단위 조직들 간 협력 관계의 불일치 문제를 최소화할 수 있는 조직기구로 만들어져야 한다. 다시 말하면 자생 시스템 모형에서 주장하는 각각의 자율적인 조직 단위(하부조직)가 독립성을 갖기 위해서는 반드시 자체적으로 책임과 업무 영역을 창조하고, 이와 더불어 상위 체계의 생존과 발전을 위해 상호 연결되고 조정되어야 하는 것이 필요하다는 것이다(Beer, 1985).[38] 즉 조직의 각 부분은 그 자체로서 또 하나의 완결된 전체 조직이 되며, 조직의 전체는 더 큰 수준에서 보면 더 큰 조직의 작은 조직 단위가 되는 개념이라는 것이다. 따라서 테러와 관련되어 통합적인 대응 체계가 하나의 조직기구로 구성될 경우에도 기존의 단위 조직들의 업무 영역과 책임성을 최대한 보장해 주면서 각각의 조직들 사이의 조정과 협조 관계를 어떻게 극대화시켜 나가느냐에 초점을 두어야 할 것이다.

2) 거버넌스 협력 체계의 구축

테러리즘 방지를 위한 부처 간 테러 전담조직의 협력(평균값: 2.18)뿐만 아니라 부처 내 테러 전담조직의 분화 정도(평균값: 2.07)에 대해서도 부정적인 것으로 설문조사 분석 결과에서 나타났다. 또한 외부 테러 전문가나 전문집단과의 교류(평균값: 1.86)에 대해서는 아주 부정적으로 인식하고 있는 것으로 나타났다. 따라서 이러한 분석 결과를 볼 때 거버넌스 측면에서 정부(중앙정부, 지방정부)와 대학의 테러 방지 관련 학과, 연구소 그리고 테러 관련 산업체 간의 수평적 협력 체계 구축이 우선적으로 이루어져야 한다.[39] 즉 테러 방지를 위해 관련 유관 기관들 간의 정보 공유 및 의사 소통이 필요하다. 따라서 유관 기관들 간의 개방적 의사 소통 체계를 중심으

---

38) 자생 시스템 모형에 기초한 통합구조는 조직이 환경 변화 또는 운영상의 필요에 따라 지속적으로 적용한다는 점에서 스스로 진화하고 학습한다고 할 수 있으며, 또한 자생 시스템 모형은 단위 조직의 자율권을 확보하여 상의하달식 목표가 아닌 조직 스스로의 판단에 의한 목표를 설정하게 함으로써 단위 조직 및 조직구성원들이 자발적으로 아이디어를 개발할 수 있도록 한다.

39) 제성호(2003: 115)도 현대의 테러 양상이 조직화·국제화·대규모화되고 있는 추세에 있음을 고려할 때 국가적 차원에서 전 정부기관이 노력을 해도 완전무결한 테러의 예방과 억제는 불가능하다고 보고 있다. 따라서 테러 억제에 관한 한 부처이기주의는 금물이며, 유관 기관 간에 긴밀한 협조와 반테러 역량의 극대화가 요구된다고 주장했다.

로 협력 체제 구축이 필요하다.[40]

또한 이를 위해 공무원들의 테러 방지를 위한 교육 연수와 훈련이 이루어져야 하며, 정부와 민간과의 적극적인 인사 교류가 이루어질 필요가 있다. 그리고 테러리즘이 국제화되고 있고 테러의 특성상 다른 국가들 간의 정보 공유가 아주 중요하다는 것을 감안할 때 테러에 대한 효과적인 국제 협력 체제를 통한 안보 협력 체제를 구축할 필요성이 있다. 즉 앞으로 대테러 국제 협력이 성공을 거두기 위해서는 첫 번째로 테러와의 전쟁을 중단없이 수행할 수 있는 정치적 의지가 유지되어야 하며, 두 번째는 법적·제도적 측면에서의 능력 보강을 통해 국제 공조 및 협력을 강화해 나감으로써 대테러전의 수행 능력을 증대시켜야 한다(한동만, 2002a: 34). 따라서 테러리즘 방지를 위한 국가 간 거버넌스인 글로벌 거버넌스의 강화를 통한 다자 안보 협력이 필요하다는 것이다.[41] 이러한 다자간 협력 안보의 가장 중요한 목표는 여러 국가들이 주요 관심사들에 대해 의견을 교환할 수 있는 채널을 확보하는 것이며, 상호 안심의 정도를 증대시켜 나가는 것이다. 또한 각국 대표들이 모여 안보 협력 체제를 통해 정보 교환 및 상대방의 의도를 명확하게 파악할 수 있다면 그것은 국가 활동의 투명성 증대와 분쟁 발생을 사전에 방지하는 예방 외교의 차원에서도 매우 중요한 의미를 가지게 된다(한동만, 2002b: 109). 그리고 다자 안보 협력 체제(multilateral security cooperation)는 테러리즘과 같은 초국가적 위기(transnational crisis)에 효과적으로 대응하기 위해 관련 국가 간 이해 상충의 소극적인 조정을 넘어 공동 이익의 실현을 위한 실효성을 극대화하기 위한 것이라고 할 수 있다.

---

40) 예를 들면 자발적 실행 공동체의 활성화와 유관 기관들 간의 정책협의체의 활성화가 필요하며, 이러한 공동체 형태의 조직이 성공하기 위해서는 우선적으로 각 부처의 권위주의 조직문화에 대한 개선이 필요하다.

41) 오툴과 핸프(O'Tool, Jr. & Hanf, 2002)는 테러는 단일 국가의 능력으로써는 대처하기 어렵기 때문에 국제 협력에 대한 요구가 급속히 증가하고는 있지만, 중심 기구의 부재(absence of central authority), 불완전한 정보(imperfect information), 높은 거래비용(high transaction cost)이 국가 간 협력을 원만히 성취하지 못하게 한다고 보고 있다. 따라서 이러한 어려움을 타파하기 위해서 국제적인 레짐(international regime)을 설립해야 한다고 주장한다.

3) 상호작용 적응적 위기관리 시스템의 구축

공공의 안전(public security)을 보장해 주는 것은 정부의 필수적 기능이며, 또한 공공의 안전에 대한 보장은 위협과 위기, 그리고 재난으로부터 국민을 보호하는 행정 시스템의 작동과 밀접하게 관련되어 있다. 그러나 9·11 사태에서는 유관 부서 간의 공유 가치의 정도, 시스템에 대한 위협의 정확한 평가, 시스템 운영을 효과적으로 지원하는 기술적 하부 구조, 역동적 사건에 기관이 유연하게 적응하게 해 줄 수 있도록 하는 조직의 정책이나 절차, 그리고 정보 공유를 수용하는 조직문화 등의 조건들이 충족되지 못해 공공 안전 시스템의 실제 성과가 의도한 효과를 내지 못하는 가장 주요한 원인이 되었다(Comfort, 2002).

따라서 위기관리의 효과성을 극대화하기 위해서는 상호작용 적응적 위기관리 시스템이 구축되어야 한다. 설문조사의 분석 결과에서도 나타나듯이 대응, 복구 단계 위주의 사후적·소극적 위기관리에서 벗어나 완화, 준비 단계를 중시하는 사전적·적극적 위기관리로의 패러다임에 대한 전환이 필요하다. 또한 단계별 위기관리 시스템에서 완화, 준비, 대응, 복구 단계가 각각 독립되어 있는 것이 아니라, 상호 밀접하게 연관되어 있으면서 상호 유기적인 관계를 유지함으로써 상호작용적 위기관리가 이루어질 때 위기관리의 궁극적 목적인 국민의 생명과 재산을 안전하게 지켜 줄 수 있을 것이다.

3 프로그램적 측면

1) 교육과 홍보를 통한 테러 위험 인식의 제고

테러에 대한 위험의 인식도가 낮다는 설문조사의 분석 결과에서도 나타나듯이 공무원과 국민들을 대상으로 테러에 대한 교육과 홍보가 필요하다. 즉 테러에 대한 교육과 홍보를 통해 테러 위험에 대한 인식의 제고가 필요하다.[42] 이를 위해 먼저 테러의 본질에 대한 교육과 홍보가 이루어져야 할

42) 현재 우리 나라는 화학물질 취급에 대한 엄격한 규제나 총기 휴대 금지 등으로 인해 테러 청정 지역으로 분류되고 있으며, 이에 따라 국민들의 테러에 대한 경각심이 다른 나라에 비해 떨어지는 편이라는 의견이 위기 관련 담당 공무원들 사이에서 지배적이었다.

것이다. 즉 테러가 발생하면 정부는 국민들에게 그 사실을 정확하게 알려 주어야 하며, 그 요점은 테러리즘이란 이상주의가 아니라 범죄이며 따라서 테러리스트들은 범죄인이라는 것을 명백히 부각시키는 것이다. 왜냐하면 테러리즘을 없애기 위해서는 국민 각자의 테러 방지에 대한 확고한 의지가 선행되어야 하기 때문이다(김석용 · 김병조, 1995; 최효찬, 2001; 김태우 외, 2002).

미국의 경우에는 9 · 11 테러 이후 테러 예방 및 테러 등 비상사태 발생 시 민관 행동 요령 등 정보를 정부 및 민간 웹사이트에에 등재하고, 테러 관련 의심스러운 행동 등 테러 정보를 핫라인(hot line) 및 인터넷을 통해 FBI 등 연방 및 주정부 유관 기관에 신고해 줄 것을 당부하는 등의 대국민 홍보를 실시하고 있다(www.resdy.gov; www. fema.gov). 또한 미국 대부분의 주 및 지방정부들도 웹사이트를 통해 시민들에게 테러에 대한 경각심을 가지고 의심스러운 행동을 신고해 줄 것을 당부하며, 이러한 내용들을 여러 언론매체들과 인터넷 웹사이트 등을 통해 지속적인 홍보를 실시하고 있다.

미국의 경우를 보더라도 테러 위험에 대한 교육에서 가장 중요한 매체가 매스미디어라고 할 수 있다. 물론 테러조직 자체가 매스미디어를 통해 자신의 정치적 목적을 알리려고 하기 때문에 매스미디어가 테러리즘을 보도하는 경우 이에 대한 자기 절제가 필요하다(Wardlaw, 1982). 그러나 매스미디어가 가지고 있는 대중성은 다른 면에서 테러 억제를 위한 중요한 교육용 매체가 될 수 있다는 점을 고려할 때 이를 이용한 교육과 홍보가 가장 좋은 방법이라고 할 수 있다.[43]

2) 민 · 관 · 산 · 학 협력 체계의 강화

최근 대테러리즘에 대비하기 위해 신형 장비 등이 개발되고 현장에 배치되면서 장비 만능주의에 빠지는 경향이 있다(최진태, 2001). 하지만 첨단 테러리즘 장비도 중요하지만 무엇보다 중요한 것은 인적 자원이라는 것을

43) 슐레징거, 머독과 엘리엇(Schlesinger, Murdock & Elliott, 1983)은 현재 매스미디어 중에 가장 영향력이 있는 텔레비전에 대해 '반란자의 친구'가 될 수도, '정부의 수단'이 될 수도 있다면서 그 이중성을 지적하고 있다.

간과해서는 안 된다. 현재 국내에는 실질적으로 대테러리즘 전문가가 거의 전무한 실정이다. 즉 국내에서는 대테러리즘과 연관이 있는 경찰대학, 국방대학, 육군대학 등에서 한 과목의 일부분으로 테러리즘에 대한 교육을 하고 있을 뿐이다. 이에 반해 미국과 영국 등지에서는 학부 과정은 물론이고 대학원에서까지 테러리즘에 대한 교과목이 개설되어 교육이 이루어지고 있다. 미국의 카플란(Kaplan)대학교에는 '테러리즘-국가안보관리 과정'을 개설해 1주에 8시간을 수업하고 있으며, 1주 1시간 온라인 세미나(on-line seminar)에는 학생들이 반드시 참여하도록 하고 있다. 교과 과정을 보면 대테러 국가정책과 위기관리 기법을 중심으로 이루어져 있으며, 위기관리 기법의 경우에는 우발 사건 대비 계획, 현장관리 기법, 작전정보 수집 활동, 인질 협상, 대(對)언론 관계 등 아주 실무적인 내용들로 이루어져 있다.

따라서 이러한 외국 사례들을 볼 때 우리 나라에서는 우선적으로 국책대학에 테러리즘 관련 교과목을 신설해 전문 인력을 적극적으로 양성하도록 해야 하며,[44] 또한 테러리즘 연구를 위한 연구기관을 설립해 테러리즘에 관한 연구 결과를 정책에 적극적으로 활용하는 방안을 강구해야 한다. 미국의 경우 테러리즘을 연구하는 연구소들이 많으며, 특히 랜드(RAND)연구소는 미국 대테러리즘 정책 수립에 실질적으로 많은 기여를 하고 있다.[45]

3) 잉여 인력의 효과적 활용

위기관리 분야의 경우 현실적으로 업무를 담당한 공무원들이 다른 분야에 비해 부족한 상황을 감안할 때, 이 분야에서 퇴직한 공무원들을 공무원들과 국민들을 대상으로 한 교육 및 홍보 분야에 자원봉사자 형태로 적극적으로 활용하는 방안을 모색할 필요가 있다. 즉 최근에 대두되고 있는 지식

44) 단기적인 관점에서 국방대학원의 경우에는 군 장교들의 전문교육뿐만 아니라 고급공무원들의 교육도 담당하고 있으므로, 이들을 대상으로 테러리즘에 대한 전반적인 이론 교육을 통해 실무에서 관련 업무를 할 수 있는 전문성을 제고하는 방법을 고려해 볼 필요가 있다.

45) 최근 미국 남가주대학(USC)에서는 국토안보부의 예산 1,200만 달러를 지원받아 HB Center(Homeland Security Center for Risk and Economic Analysis of Terrorism)를 설립해 향후 3년간 테러에 대한 종합적인 연구를 수행할 예정이며, 이 연구에는 뉴욕주립대학교, 위스콘신대학교, 캘리포니아 버클리대학교 등의 연구진도 참여할 계획으로 되어 있다.

경영의 관점에서의 인적 자원관리(Human Resource Management: HRM)에서는 '지식 창고'로서의 인간의 중요성이 더욱 부각되고 있는 것과 맥을 같이한다고 할 수 있다. 따라서 인적 자원의 개념을 비용(cost)의 관점에서 이윤창출센터(profit center)의 관점으로의 변화가 있어야 함을 의미하는 것으로, 잉여 인력의 효과적 활용이라는 차원에서 테러 관련 업무를 담당한 퇴직 공무원들을 중앙 또는 지방 공무원교육원 또는 위기 관련 교육의 특강을 위한 강사로 활용하는 방안 등을 이러한 관점에서 고려해 볼 수 있다. 그리고 테러리즘 방지를 위한 위기관리 시스템을 구축하기 위해서는 우선적으로 테러 분야에 대한 예산에 대한 확보가 필요하며, 장기적인 관점에서 현재의 테러 방지 분야 예산을 OECD 국가 수준으로 확대해야 할 것이다.

제 6 부

뉴테러리즘 사례 분석

제15장 미국 9·11 테러 사건

제1절 9·11 테러의 개요

1941년의 진주만 피습 이후 9·11 테러를 통해 처음으로 본토가 공격받은 미국은 엄청난 충격과 파장을 낳았다. 게다가 세계 최강 대국 미국의 중심부인 워싱턴과 뉴욕 그리고 펜실베이니아 등지에서의 동시 다발 뉴테러리즘은 미국 국민들에게 경악 그 자체로 받아들여졌다. 그뿐만 아니라 미국의 자존심에 커다란 상처를 주었음이 틀림없다.

2001년 9월 11일 오전 8시경에 아랍계로 보이는 테러리스트들에게 아메리칸 항공소속 보잉 767기가 납치되었다. 테러리스트들은 LA로 떠나던 여객기를 뉴욕으로 향하도록 협박했다. 그 후 여객기는 8시 48분경(미국 뉴욕시간) 뉴욕 맨해튼의 110층 세계무역센터(WTC) 쌍둥이 빌딩 가운데 북쪽 건물 상층부에 보잉사 여객기 1대가 충돌하면서 큰 폭발음과 함께 화재가 발생했다. 이어 18분 후에는 남쪽 건물에도 보잉기 1대가 날아와 충돌하면서 큰 폭발이 발생했으며 이 건물은 1시간 후에 완전히 붕괴되었고, 남쪽 건물이 붕괴된 지 30분 후에 북쪽 건물도 폭발이 이어지면서 무너져 버렸다. 테러 공격에 이용된 여객기는 보스턴 행 로스앤젤레스행 보잉 767기로 아메리칸항공(American Airlines: AA) 11편과 유나이티드항공(United

Airlines: UA) 175편이었다. 세계무역센터는 무려 5만 여 명이 상시 근무하며 하루에 15만 여 명이 출입하는 것으로 알려져 있다. 사고가 나자 쌍둥이 빌딩 곳곳에서 창문을 열고 뛰어내리는 아비규환이 벌어졌다. 목격자들은 "충돌한 비행기들이 고의로 건물들을 향해 돌진한 것 같았다"고 말했으며, 특히 CNA의 션 머타 부사장은 비행기가 "낮은 고도에서 접근해 아슬아슬한 각도로 들이받은 것 같다"고 말했다.

한편 같은 날 세계무역센터 여객기 충돌 사건이 발생한 지 30분 후에는 워싱턴의 국방부 건물인 펜타곤에 아메리카항공 소속 보잉 757기가 추락했다. 이 추락으로 인해 펜타곤의 서편을 뚫고 들어가 폭발했으며, 국방부 건물 앞에서는 차량 폭탄 테러가 두 차례나 발생했다.

또한 오전 8시경 출발한 유나이티드항공 소속 보잉 767기가 펜실베이니아 주의 서머싯 카운티 공항 북쪽에 추락해 폭발했다.

9·11 테러는 항공기 4대를 이용한 자살 동시다발 테러로서, 순식간에 미국의 정치·군사·경제적 상징물들을 공격했고, 이번 사건으로 인해 2,749명이 사망하고 수천 명이 부상했으며 약 950억 달러의 재산 피해를 낳았다.

9·11 테러 직후 부시 미 대통령은 미국 국민의 애국심에 호소하는 매우 감상적인 내용의 성명을 발표했다. 이 성명 첫머리에서 그는 "오늘 우리 국민과 우리의 일상 생활 그리고 우리의 자료는 아주 치밀하고 치명적인 테러 공격을 받았다"고 단언했다. 다음날 12일 발표된 두 번째 성명에서는 "범인들을 숨기고 보호해 주는 자들까지 색출해 응징하겠다"며 대응 수위를 높였다.

한편 미국 상·하 양원도 대테러 전쟁 지원 차원에서 부시 행정부의 군사력 사용 지지 결의안을 통과시켰다. 따라서 미국은 "단순히 범인을 잡아 단죄하는 데 그치지 않고 테러범의 은신처와 그들을 지원하는 국가를 끝장낼 것이다"라고 밝혀 이번 공격이 아프간의 탈레반 정권 전복까지 겨냥한 대규모 군사작전이 될 것임을 시사했다.

미국은 9월 20일 테러와의 전면전을 선언하고 아프간에 대해 뉴욕과 워싱턴에서 발생한 테러 사건의 배후 조종자인 빈 라덴을 즉각 인도하라고 요구했으나 탈레반 정권이 이를 거부하자 미국은 테러범의 비호 및 은신처 제공, 테러리스트 기지화 제공, 범죄인 불인도 등의 사유로 아프간을 테러 지원 국가로 지정해 2001년 10월 7일 무력 공격을 단행했다.

제 2 절 9·11 테러의 특징

미국은 자국이 테러리즘의 목표가 되고 있는 이유에 대해 미국이 세계에서 평화와 민주주의를 수호하기 위해 행동하고, 테러리즘에 대항하고 있기 때문이라고 주장한다. 반면에 9·11 테러 사건의 배후인 알 카에다는 미국은 오만한 자세로 이중 잣대를 설정해 미국에 저항하는 사람은 누구든 테러리스트로 몰아붙인다고 주장한다.

9·11 테러는 기존의 테러 사건과는 여러 가지 측면에서 차이점을 갖고 있다. 9·11 테러의 특징을 살펴보면 다음과 같다.

첫째, 9·11 테러는 역사상 그 어떤 테러 사건보다 장기간 치밀하고 완벽하게 계획되었다는 점이다. 테러리스트들은 폭발력을 높이기 위해 연료를 많이 적재한 장거리 비행기를 납치했고, 대부분 정확하게 건물에 충돌했다. 그리고 세계무역센터를 공격한 수법은 자신들의 움직임이 사전에 조기 탐지될 수 있는 기회를 최소화하고 가능하면 많은 피해자가 발생하도록 공격 효과를 극대화함으로써 과거의 실패 사례를 철저히 보완해 공격했다는 점에서 그 치밀성을 엿볼 수 있다. 또한 인명 및 재산적 피해를 높이기 위해 러시아워 시간을 노린 점도 치밀함을 보여 준다.

공학 및 항공 전문가 역시 9·11 테러 공격은 항공기·건물 구조에 관한 충분한 지식 습득 및 고도의 훈련·기술 등을 고려한 점에서 사전에 치밀하게 계획된 준비 없이는 불가능하다고 했다. 즉 제트 비행기가 폭발해 폭탄으로 작용할 때의 충격 효과는 물론 이 비행기 폭탄이 터지게 될 건축물의 구조, 충돌 방향 등을 면밀히 고려했다는 근거는 테러리스트들이 공격에 사용할 비행기 기종을 보잉 767기로 선택했다는 것, 무역센터 건물에 충돌한 비행기의 진입 각도 역시 고도로 계산된 것이었다는 것, 별개의 동떨어진 공항에서 이륙한 비행기를 거의 동시에 공중 납치한 것 등에서 찾을 수 있다.

둘째, 지금까지 항공기를 이용한 항공 테러리즘은 대부분 항공기를 납치, 공중 폭파 그리고 항공기 시설 및 승객에 대한 공격이었다. 하지만 9·11 테러의 경우는 연성 목표물을 이용해 경성 목표물을 공격한 뉴테러리즘이다. 즉 항공기 자체를 폭발물로 이용해 미국의 경제적·정치적·상징적 건물을 공격한 것이다.

셋째, 미국 전역에 엄청난 충격을 준 테러리즘이다. 9·11 테러는 단순히 인적인 피해를 목표로 한다거나 자신들의 요구 조건이 수용되도록 계획된 테러가 아니다. 9·11 테러는 미국의 경제적·정치적·군사적 건물을 공격함으로써 세계 증시와 금융에 혼란을 주고자 했고, 지구상 그 어떤 나라보다도 안전하다고 믿어 온 미국의 본토를 공격함으로써 미국 전역을 공포와 혼란으로 몰아넣었다.

넷째, 테러를 전쟁 행위로 규정했다. 자본주의의 부(富)와 힘의 상징인 미국의 중심 뉴욕과 워싱턴에 대한 공격으로 미국의 부시 대통령은 "이것은 새로운 형태의 전쟁 행위"라고 규정하고, 문명을 공격하고 죄 없는 사람들을 살해한 테러범은 반드시 찾아 징계할 뿐만 아니라 이들을 지원하는 어떤 나라도 똑같은 범인으로 인정해 보복할 것이라고 선포했다. 콜린 파월(Colin L. Powell) 미 국무장관도 9·11 테러 공격은 미국과 민주주의 문명에 대한 전쟁 행위라고 규정하고 테러범을 반드시 응징할 것이라고 역설했다.

다섯째, 9·11 테러는 정보기술 산업의 발전에 의해 첨단화·글로벌화되었다는 특징이 있다. 즉 첨단 전자 장비를 동원해 정확하고 치밀하게 테러를 자행했으며 해독이 불가능한 암호를 개발해 소프트웨어로 교신하고 테러에 필요한 자금을 모금하기 위해 웹사이트를 개설하며 테러 목표를 찾기 위해 미 정부의 네트워크를 수시로 해킹하는 등 상당히 첨단화되었다.

제 3 절 9·11 테러의 원인

9·11 테러 원인은 크게 네 가지로 나눌 수 있다.

첫째, 9·11 테러는 복합 요인에 의해 발생한 테러리즘이다. 미국은 IMF, WTO 등을 통해 자국의 방식을 국제 사회가 수용하도록 요구해 왔다. 이 점은 미국에 대한 반발을 확산하는 계기가 되었다. 또한 이슬람과 기독교의 오랜 갈등 양상도 한 가지 요인이 될 수 있다. 즉 이슬람권과 미국이 지원하는 유대교 간의 오랜 갈등이 테러라는 방식으로 나타난 것이다. 또한 부시 정부의 외교정책도 9·11 테러 발생의 한 가지 요인으로 작용했다. 부시 정권은 이슬람권에 대해 힘의 원리로 접근했고, 이에 이슬람권의 반미 성향이 더욱 심해지는 결과를 낳았다. 이러한 복합적인 요인에 의해 9·11 테러는 발생했다고 볼 수 있다.

둘째, 정보 수집의 실패에 원인이 있었다. 1980년대에 들어 미국은 영상 및 신호 정보에 대한 예산을 높이면서, 미국 정보 예산의 80%가 기술 정보 부문에 쓰였다. 이에 반해 인간 첩보 수집 공작이 예산상의 이유로 중단되면서, 미국 정보 예산 중 인간 정보에 대한 예산은 소액에 불과하게 되었다. 이러한 이유로 알 카에다와 같은 테러 단체들에 대한 동향 파악이 어려워지게 되었다.

셋째, 정보기관의 경직성도 한 가지 원인이 되었다. 미국은 권력 분립의 원칙에 따라 해외 정보를 담당하는 CIA, 국내 보안수사를 담당하는 FBI로 분리해 제도화했다. 그러나 이러한 수사기관 간의 분리는 정보 교류와 기능 조율의 어려움을 가져왔다. 수사기관 간에 효과적인 정보 교류와 조율이 선행되었다면, 9·11 테러는 사전에 탐지 및 예방이 가능했을 것이고, 효과적인 대응책을 마련했을 것이다.

넷째, 국가안보 태세에 허점이 있었다. 미국은 핵무기와 탄도미사일의 위협에 대비하기 위해 미사일 방어를 중심으로만 준비해 왔지 알 카에다와 같은 테러리스트들에 의한 공격은 대비하지 못했다. 이는 미국의 국가안보 태세에 자만과 방심이 있었음을 뜻한다.

제 4 절 9·11 테러의 분석

여기에서는 9·11 테러를 완화 단계, 준비 단계, 대응 단계, 복구 단계로 구분해 분석하고자 한다.

1 완화 단계

현대적 의미의 테러가 본격화된 것은 1960년대부터이며, 미국은 대테러리즘에 대한 국제 규칙을 제도화하는 데 앞장서 왔다. 즉 미국은 9·11 테러가 발생하기 전 이미 테러에 대한 관심이 높았다. 미국은 1992년에 이미 7개국을 테러 지원국으로 지정하고, 28개의 국제 테러조직에 대해 감시하고 있었다. 미국은 국내에서 발생할 수도 있는 각종 테러 행위를 미연에 방지하기 위해 테러 업무에 종사하는 FBI 요원을 1993년 550명에서 1999년 1,400명으로 증가시켰으며, 대테러 관련 FBI 예산도 4%에서 10% 이상으로 증가시켰다. 하지만 미국은 세계 최고의 군사력과 경제력을 보유했지만 9·11 테러 이전까지는 대테러 관련 국내·외적 규칙을 정비했을 뿐, 테러에 대한 보복에는 소극적이거나 수동적이었다(김열수, 2005).

또한 국내 안보 수사를 책임지고 있는 FBI는 범인 검거, 기소 등의 실적에만 관심이 있었을 뿐 장기간의 정보 수사 활동을 요하고 결과를 예측할 수 없는 대테러 분야에는 등한시했다. 국내 대테러 업무 주무기관임에도 불구하고 분석 업무 기피 풍조, 대테러 교육 소홀(신입 직원 교육 16주 중 3일 할당), 아랍어 등 특수어 구사자 절대 부족, 정보 시스템의 낙후 등이 문제점으로 지적되었으며, 또한 조종실 출입문 보강, 요주의 인물 검색 강화 등 항공기 테러 대비 태세 강화를 위한 현장 확인 점검을 실시하지 않는 등 예방 및 완화 단계의 문제점으로 노출되어 있었다.

2 준비 단계

준비 단계에서의 분석은 미국이 9·11 테러와 같은 재난을 당하기 전에 어떠한 문제점이 있었는가에 초점을 둔다. 당시의 국가 위기관리 체제의 경우는 안보 위기관리 체제와 재난관리 체제로 이원화되어 있었다. 즉 현재와 같은 재난관리와 테러가 통합된 체제를 갖추고 있지 못했다. 또한 9·11 테러를 대비하면서 전혀 예상치 못한 수단과 방법에 의해 테러를 당했다는 점은 미국이 테러를 대비하는 데 충분한 정보를 획득하지 못했다고 볼 수 있다(김열수, 2005). 또한 정부조직 간에도 지나친 보안으로 인해, 대테러 활동을 위해 CIA 부장이 맡고 있던 중앙정보장(DCI)이 유관 기관에 대한 실질적 권한을 행사할 수 없었다.

3 대응 단계

대응 단계의 분석에서는 9·11 테러 발생 시점부터 정부 차원의 정책 결정 과정과 조치 사항을 중심으로 살펴본다.

1) 항공기 납치 시점부터 세계무역센터 붕괴까지

연방항공청 일선 관제사들은 맨 처음 항공기(AA 11편)가 납치된 사실을 확인하고 납치 사태의 긴박성을 고려해 본부의 승인을 기다리지 않고 '항공기 전면 이착륙 금지' 조치를 단행했다. 그러나 영공 방위를 담당하고 있던 군은 테러범들이 위치를 추적할 수 있는 비행정보 발신 장치를 꺼버리는 바람에 항공기 추적에 실패한 채 이미 추락한 AA 11편이 비행중이라는 보고를 받았다. 백악관 및 연방기관들은 첫 번째 항공기가 세계무역센터에 충돌하기 전까지 납치 사태를 알지 못했으며, 부시 대통령도 8시 55분에 보고를 받는 등 국가 정보보고 체계의 문제를 드러냈다. 한편 납치된 항공기 내에서는 여 승무원들과 승객들이 항공기 전화와 휴대폰을 이용해 기내 상황을 항공사와 가족들에게 전달하는 민간 부문의 협조도 있었으나 정보의 수평적 공유가 이루어지지는 못했다.

2) 9·11 당일 긴급 조치

부시 대통령은 3시 14분경 네브라스카 주 오퍼트(Offutt) 공군 기지에서 백악관 핵심 보좌관들과 화상회의를 개최하고, 저녁 8시 30분 백악관으로 돌아와 국가안전보장회의를 개최, 알 카에다 및 지원국에 대한 공격 방안을 협의했다. 국방부는 군의 대기 상태를 강화하는 '데프콘 3'을 발령하고 FAA는 민간 항공기 비행 금지 조치를 내리며, 전국 공항만 경계 강화 조치를 단행하게 된다. 그리고 이민귀화국은 FBI와 협조해 테러 사건 연계 혐의자에 대한 대대적인 체포 활동에 착수해 총 768명을 검거했다.

4 복구 단계

복구 단계에서는 9·11 테러 이후 재난 복구 활동과 대테러전과 관련된 국제적 활동에 대한 내용에 초점을 둔다.

재난 복구는 테러로 인한 손해보험 청구액 40억 달러, 인명 피해에 대한 보험을 감안해 300억 달러의 청구액의 정부 보증과 향후 2년간 400억 달러의 긴급 피해 복구 예산을 편성해 지원하고, FEMA가 주관이 되고 기타 관련 기관·자원봉사대·일반 시민들이 참여해서 파괴된 건물 잔해에 대한 철거를 재해위기관리 매뉴얼에 따라 신속히 처리했고, 테러로 붕괴된 세계무역센터(WTC) 자리인 그라운드 제로에서는 현재 프리덤 타워와 추모 시설, 환송 터미널 공사가 한창 진행되고 있다.

그러나 9·11 테러 6주년을 맞은 현재까지도 미국 국민들의 61%가 테러로 인한 악몽의 충격을 아직도 하루에 한 번씩 떠올린다고 한다.

또한 9·11 테러 후 9월 13일 미국 정부는 파키스탄 정부에 대해 알 카에다 국경 통과 차단, 영공 개방, 미국과 동맹국에 대한 영토 출입 허용, 탈레반과 관계 단절 등 7개 항을 요구해 파키스탄 정부에 승낙을 받았고, 9월 20일 부시 대통령은 행정부에 전쟁 준비를 위한 지시 사항을 하달하고 대국민 연설을 통해 탈레반에게 빈 라덴의 신병을 인계하라고 최후의 통첩을 했다. 10월 2일 부시 대통령은 아프간에 대한 군사 공격을 최종 승인해 같은 달 8일 아프간에 대한 공격이 개시되었다. 10월 25일에는 '국가 안보에 관한 대통령훈령 제9호'를 제정해 미국에 대한 테러에 대응하기 위해 노력했다.

제16장 런던 7·7 테러 사건

제1절 런던 7·7 테러의 개요

영국의 런던 7·7 테러사건은 유동 인구가 많은 아침 출근 시간에 발생한 연쇄 폭탄 테러 사건이다. 특히 이 날은 2012년 런던올림픽 개최 소식과 스코틀랜드의 G8 정상회담으로 인해 영국민들은 축제 분위기를 즐기고 있었다. 이러한 기회를 노린 테러리스트들은 8시 20분에서 9시 47분간 런던 중심가 리버풀스트리트역 등 지하철 세 곳과 러셀광장에 있던 시내버스 등 4개소에서 연쇄 폭탄 테러를 자행한다.

8시 51분 리버풀스트리트역 지하철 승강장 폭탄 테러를 시작으로, 8시 56분 킹스크로스역 지하철 객차 폭발, 9시 17분 엣지웨어로드역 지하철 폭발, 그리고 47분 러셀광장 인근의 2층 버스를 테러했다. 파티스탄계 테러리스트들에 의해 저질러진 런던 7·7 테러는 최소 58명의 사망자를 낳았고, 700여 명이 부상당한 자살 폭탄 테러리즘이다.

제 2 절 런던 7·7 테러의 원인 및 특징

범인들은 잘못된 영국 이민 정책 때문에 영국 사회에서 적응하지 못한 채 실업과 빈곤으로 사회와 국가에 불만을 가진 아랍계 이민 2세들이었다.

또한 런던 7·7 테러의 특징으로는 폭탄 테러라는 점이다. 자생적인 폭탄 테러는 테러 공격의 대상국 안에서 태어나고 교육을 받고 자란 자국인이라는 사실 때문에 공항이나 항만을 원천 봉쇄해도 테러를 막을 수 없으며 범행 전력(前歷)이 없었다는 데서 테러 요주의 인물인지를 사전에 알아낼 방법이 거의 없다. 평범한 영국 시민인 모하메드 시디크 칸(Mohammed Sidique Khan)은 초등학교 보조교사였으며, 세흐자드 탄위르(Shahzad Tanweer)는 성공한 이민 2세로서 벤츠를 즐겨 탔다고 한다.

그리고 이번 연쇄 폭발은 무고한 민간인 살상을 목적으로 한 무자비한 공격이라는 점과 사전 경고 없이 대처할 수 있는 여유를 주지 않는 단시간에 이루어졌다는 점에서 뉴테러리즘의 특성을 그대로 나타내고 있다(김태준, 2006).

제 3 절 런던 7·7 테러의 분석

여기에서는 런던 7·7 테러를 완화·준비 단계, 대응·복구 단계로 구분해 분석하고자 한다.

1 완화·준비 단계

영국은 1990년 초 아일랜드공화군(IRA)의 테러 공격을 막기 위해 지하철에 6,000여 개의 카메라, 기차역에 1,800개의 카메라를 설치했으며, 전국의 버스정류장, 기차역, 공용주차장 등에 총 420만 개의 카메라가 설치되어 있다. 그리고 문제 인식 CCTV 범죄 예방 소프트웨어(크로마티카)는 움직임이나 보행 방향이 주변 통로 방향과 일치하지 않으면 컴퓨터는 관리자에게 경고음을 보낸다. 따라서 사건 현장을 분석해 실시간 현장을 파악함으로써 범죄 예방이나 테러 예방 및 수사에 도움을 주고 있다.

2003년 6월 영국 정부는 9·11 및 발리 테러 사건을 계기로 테러 종합분석 업무에 대한 필요성이 대두됨에 따라 MI-5 산하에 정부종합테러분석센터를 설치했으며, 이 센터는 MI-5, MI-6, 경찰 및 국방, 외교부 등 대테러 관련 11개 기관 합동 기구로서 국내외 테러정보 분석·평가·배포, 테러경보 발령, 중점 수집 분야 지정 등의 역할을 수행한다.

2 대응·복구 단계

영국은 2005년 5월 5일 총선을 계기로 테러경보를 상당(substantial)으로 설정, 테러에 대비했으나 총선 종료 후 하향 조정했다.

한편 스코틀랜드에서는 2005년 7월 6일~8일간 개최된 G8 정상회의와 관련해 런던 등 영국 전역의 경찰 12,000여 명을 스코틀랜드로 이동 배치했다. 그러나 정상회의 현장 주변 경계·강화로 인해 런던 등의 치안이 상대적으로 취약하게 되었다. 또한 사건 전 테러 관련 징후 또는 위협 첩보가 전혀 접수된 바 없어 사전 예방 활동은 이루어지지 않았다.

사건 발생 후 경찰·소방 등 7개 기관으로 구성된 런던비상대책기구협의회가 가동되어 매뉴얼에 따라 사후 수습 등 합동으로 신속 대응했으며 스코틀랜드에서 개최된 G8 정상회의에 참석한 토니 블레어(Tony Blair) 총리는 회의를 중단하고 수습 사항을 점검하는 등 관계 기관의 총체적 대응을 지시했다. 런던 경찰은 사건 당시 현장에서 이루어진 휴대전화 통신 기록을 분석하고 실종자 신고센터를 통해 접수된 10,000여 통의 신고 전화 및 사건 현장 CCTV 15,000 여개의 테이프 분석 작업을 통해 범인을 확인 체포했다.

킹스크로스역 입구 CCTV에 찍힌 테러범 4명

연번	성명(연령)	출신·성장 배경	특이 사항	사진
1	Mohammed Sidique Khan (30세, 사망) 파키스탄계	• 기호: 노래와 술 • 초등학교 보조교사 • 생후 8개월 자녀 1명 • 지하드(聖戰) 학교에서 교육	• 군사훈련차 아프간 방문(매년) • 영국 하원 의원 초청, 의사당 방문(04.7)	
2	Shahzad Tanweer (22세, 사망) 파키스탄계	• 벤츠 소유 이민가정 아들 • 대학생(체육학 정공) • 지하드(聖戰) 학교에서 교육	• 이슬라마바드 교회 폭탄테러범 접촉(2003년) • 파키스탄 테러조직 연계설	
3	Hasib Hussain (18세, 사망) 파키스탄계	• 기호 : 스포츠 • 문제 학생으로 학업 중단 후 2년 전부터 이슬람에 심취 • 지하드(聖戰) 학교에서 교육	아프간·이라크(2004년) 및 파키스탄(2005년) 방문	
4	Lindesy Germaine (19세, 사망) 자메이카계	• 백인 여성과 결혼 • 부인 영향으로 이슬람교로 개종 • 지하드(聖戰) 학교에서 교육	미국 오하이오 및 뉴저지 방문	

출처: 국가정보원 월간테러 정세(2005. 8) 재구성.

제 4 절 9·11 테러와 런던 7·7 테러의 비교 분석

런던 7·7 테러는 미국 9·11 테러와 여러 유사점과 차이점을 보이고 있다. 먼저 유사점을 살펴보면, 9·11 테러와 런던 7·7 테러 모두 러시아워 시간대를 이용했다는 점이다. 러시아워 시간대는 테러리스트들이 교통시설을 이용하기 용이하고, 인명 피해를 더욱 크게 발생시킬 수 있는 강점이 있다. 그리고 두 테러 사건은 전형적인 자살 테러로서 협상 조건도 없었을 뿐만 아니라 사전의 경고 메시지도 없었다. 즉 비밀결사적인 대량 살상과 파괴가 테러의 목적이었던 것이다.

〈표 16-1〉 9·11 테러와 7·7 테러의 비교

테러의 특징	9·11 테러(2001년)	7·7 테러(2005년)
경성 목표물	○	×
연성 목표물	○	○
다중 시설물	○	○
대량 살상무기	○	○
대규모 파괴	○	○
폭탄 사용	×	○
자살 테러 유형	○	○
인적 자원 아랍인	○	×
인적 자원 아랍 이민 2세	×(사우디인)	○(파키스탄계 이민 2세)

출처: 홍순남(2006) 재구성.

또한 뉴욕과 런던은 미국과 영국이라는 강대국의 상징이며, 세계 증시 및 금융의 중심지이다. 두 도시가 자살 폭탄 테러 공격으로 전쟁과 같은 재난을 당한 것은, 두 도시의 테러를 통해 세계 증시나 금융가의 마비를 의도한 것이다.

그 다음으로 차이점을 살펴보면, 런던 7·7 테러 사건은 파키스탄계 3명,

자메이카계 1명의 이민 2세들로서 평범한 영국 시민이 저지른 폭탄 테러라는 점이다. 반면에 9·11 테러의 경우는 테러리스트 19명 중 14명이 사우디 국적이다. 즉 테러의 인적 자원 구성이 다르다. 9·11 테러의 경우 인적 자원의 구성이 전통적 테러리즘과 같다고 볼 수 있고, 런던 7·7 테러는 아랍 이민 2세들이 자행한 뉴테러리즘적 인적 구성을 보이고 있다.

그리고 9·11 테러는 연성 목표물을 이용해 경성 목표물을 공격한 특별한 성격의 뉴테러리즘이다. 반면 런던 7·7 테러는 연성 목표물을 공격한 뉴테러리즘이다. 이에 9·11 테러는 폭탄을 사용하지 않고 항공기를 공격무기로 사용했으며, 런던 7·7 테러는 자살 폭탄 테러로 자신의 몸을 폭탄으로 사용했다.

부록

미국 위기관리 매뉴얼

(테러 공격 발생 후 대응 방법)

1. 공격 인지(Attack Recognition)

만약 테러범들이 감시 관찰에 성공해 공격 계획을 수립한 경우, 공격을 피할 수 있는 방법은 테러범들의 의도를 미리 알고 대피하는 것이다. 하지만, 아주 일상적으로 보이는 상황 하에서도 공격이 시작되기 때문에 공격 계획을 미리 안다는 것은 아주 어려운 일이다. 따라서 설령 진짜 테러 공격이 발생하더라도 생존하기 위해서는 항상 경계심을 가지고, 상황 발생시 적극적으로 행동해야 한다.

비정상적인 상황(Abnormal Situations)

- 아주 긴장해 있는 것처럼 보이거나, 의복이나 행동으로 볼 때 그 장소에 어울리지 않는 것처럼 보이는 사람
- 주변 상황을 고려해 볼 때, 이상하게도 길거나 무거워 보이는 옷을 입고 있는 사람
- 평소 자신의 통행로를 관찰하고 있는 것처럼 보이는 사람
- 자동차가 당신의 차량 앞 또는 뒷부분을 들이받는 경우
- 우회로, 차량을 이용한 도로 봉쇄, 원뿔형 표시를 이용한 도로 폐쇄, 또는 기타 차량 진입을 막는 장벽이 의심스럽게 설치되어 있는 경우. 이 때는 장애물을 피하거나 충돌하면서 도망갈 준비를 해야 한다.
- 차량 옆문으로 어떤 물체를 불쑥 내민 채 또는 밴(van) 형 차량이 옆문을 개방한 채 이동중일 때
- 고장난 차량 탑승객, 자동차 사고 피해자, 또는 도보 여행자가 도로변에서 차량 탑승을 요청하는 경우
- 의심스러운 장소에서 신호 기수, 작업자, 또는 경찰 또는 정부 당국이 설치한 것처럼 보이는 가짜 검문소 근무자가 차량을 정지시키는 경우
- 지역 주민들이 갑자기 이상하게 행동할 경우
- 총격전이 발생한 경우

2. 사건 인지 및 대응(Incident Recognition and Reaction)

재난 대비는 이제 더 이상 지진이나 태풍에 시달리는 사람들만의 걱정거리가 아니다. 재난 대비는 이제 자연재해뿐만 아니라 인간이 만든 재해까지 포함해야 한다. 긴급 상황 발생시 행동요령을 안다는 것은 준비의 중요한 요소이며, 실제 상황 발생시 엄청난 차이를 만들어 낼 수 있다.

1) 생물무기를 이용한 공격(Biological Attack)

병원체를 이용한 생물무기 공격이 발생한 경우, 공중 보건 당국은 가능한 한 신속히 대처 요령을 알려 줄 것이다. 그러나 보건 당국이 정확하게 병명이 무엇이며, 어떻게 치료해야 하며, 누가 위험한지를 알기까지는 어느 정도 시간이 소요된다. 따라서 이러한 상황이 발생하면 TV, 라디오, 인터넷을 통해 다음 사항들에 대한 공식 발표 내용을 파악해야 한다.

- 현재 관계 당국이 위험하다고 여기고 있는 지역 또는 단체에 있는지 여부
- 질병 발병의 표시나 증상
- 의약품이나 백신이 제공되고 있는지 여부
- 제공 장소에 대한 사항
- 누가 받으러 가야 하는지
- 만약 발병이 된 경우 긴급 진료소의 위치

자신을 보호할 것(Protect Yourself)

만약 자신이 있는 장소와 가까운 곳에서 특이하고 의심스러운 물질이 누출되었음을 알게 된 경우, 즉시 눈, 코와 입뿐만 아니라 피부에 난 상처까지 보호할 수 있도록 준비해야 한다.

호흡에 지장을 주지 않은 채 공기를 걸러 줄 수 있도록 천을 겹으로 접어서 입과 코를 막는다. 이러한 천으로는 두툼한 면섬유를 포함해 코와 입 위에 부드럽게 얹을 수 있는 것이면 오염물질을 걸러 줄 수 있다. 또한 현재 시중에서 쉽게 구할 수 있는 다양한 종류의 마스크도 이용할 수 있다. 이러한 것을 이용할 수 없는 위급한 경우에는 화장지 또는 종이 타월을 사용할 수 있다.

감염 방지 대책 수립(Creating a Barrier)

병원체들이 몸에서 발병되기 위해서는 호흡이나 상처난 피부를 통해 또는 음식과 함께 체내에 흡수되어야만 한다. 이러한 병원체들은 몸 속에 들어와야만 사람들을 아프게 할 수 있으므로, 자기 자신과 오염물질 사이에 장벽을 설치하는 것에 대해 생각해 보아야 한다.

증상과 청결 유지(Symptoms and Hygiene)

생물무기 공격으로 인한 비상 사태가 선포된 시기에, 만약 가족 중 누군가 아프다면 의심해 보는 게 중요하다. 하지만 이러한 것이 있다고 당연히 병원 응급실로 신속히 가야 한다거나 어떤 병의 발생이 틀림없이 생물무기 공격의 결과라고 생각할 필요는 없다. 왜냐하면 많은 질병들의 일반 증상들은 생물무기 공격에 의해 야기되는 질병 증상들과 일치하기 때문이다. 따라서 일반적인 상식에 따라 주변 청소와 청결을 유지하고 병원균의 전파를 막고, 의료 상담을 받는 게 좋다.

일반 상식(Common Sense)

가족 누군가가 병에 걸렸을 때, 이것이 테러 공격에 의한 것이든 일반적인 감염에 의한 것이든 관계 없이, 다음 사항들은 가족들이 할 수 있고, 또한 반드시 해야만 하는 기본 사항들이다.

- 건강한 습관을 유지할 것
- 잘 먹을 것
- 충분한 휴식을 취할 것
- 전염병이 발병하거나 생물무기 공격으로 비상 상황이 선포되었을 때, 많은 사람들이 있는 장소는 피할 것
- 만약 자신이 아픈 경우 질병의 전파를 막고, 주변에 있는 사람들이 아픈 경우 감염을 피하기 위해 마스크를 착용할 것

증상(Symptoms)

만약 가족 중 누군가에게서 아래 서술한 증상 가운데 하나가 나타나는 경우 병원균이 전염되지 않도록, 만약 가능하다면 다른 사람들로부터 격리

시키고, 주변 청소와 청결을 유지하고 의료 상담을 받아야 한다.

- 체온이 화씨 100도(섭씨 47도) 이상인 경우
- 멀미 증상과 구토
- 복통, 설사
- 얼굴색이 창백하거나 붉은 경우
- 두통, 기침, 귀앓이, 누런 콧물, 인후통
- 피부 발진 또는 감염
- 눈 색깔이 붉거나 보라색인 경우
- 식욕 감퇴
- 기력 상실 또는 활동력 저하

청결 유지(Hygiene)

만약 누군가 질병에 감염되었다면, 병원균이 전염되지 않도록 주변 청소와 청결을 유지해야 한다.

- 물과 비누로 손을 자주 씻을 것
- 음식과 식기류를 나누어 사용하지 말 것
- 기침이나 재채기를 할 때, 입과 코를 막을 것
- 병원균 전파를 막기 위해, 환자에게 마스크를 착용시키는 것을 고려할 것
- 다른 사람들, 특히 자신들이 부딪친 상황과 구체적 대응 요령을 이해하는 데 도움이 필요한 사람과 건강 관련 정보를 공유할 것

항생제(Antibiotics)

항생제는 생물무기 공격으로 발생한 질병 치료제로 보통 사용되고 있지만, 구체적인 의약품은 발생한 질병과 정확히 일치해야 한다. 예를 들면, 특정 항생제가 탄저병 치료제로 적당할 수는 있지만, 천연두 치료제로는 적절하지 않은 경우이다. 모든 항생제들은 부작용을 일으킬 수 있으며, 이러한 부작용은 상당히 심각할 수도 있다. 따라서 미리 가족들을 위해 적절한 것이 무엇인지 의료 전문가와 상의해야 한다.

생물무기 공격시 행동 요령

생물무기로 공격받았다고 의심되는 경우, 다음 절차를 따른다.

첫째, 생물무기를 사용한 공격은 사람들을 아프게 하거나 살해할 목적으로 병원균 또는 기타 생물학적 물질을 고의적으로 누출시키는 것을 말한다. 생물작용제는 호흡, 피부에 난 상처, 또는 음식물 복용을 통해 체내로 들어갈 수 있다. 어떤 생물 작용제는 전염병을 발병시키며 어떤 것들은 직접 접촉한 사람들만 감염시킨다.

둘째, 생물무기로 공격을 받았는지 여부가 즉시 나타나지 않을 수 있다. 물론 사람들이 생물무기 공격 징조를 알아챌 수도 있지만, 지역 보건 당국이 일련의 특이한 질병 발생 사실을 보고함으로써 명백해질 수 있다. 이러한 경우, 일반인들은 TV나 라디오 긴급 방송, 또는 인터넷이나 친구의 전화 연락을 통해 위험 발생 사실을 알 수 있게 된다.

셋째, 만약 현재 자신이 있는 장소 부근에서 특이 또는 수상한 물질이 누출된 사실을 알게 된 경우, 다음 세 가지 조치를 즉시 취해야 한다. ① 가능한 신속히 그 물질이 있는 곳으로부터 대피할 것, ② 공기를 걸러 줄 수 있도록 천을 겹으로 접어서 코와 입을 막을 것. 이 때 호흡을 방해하지 않도록 주의할 것, ③ 물과 비누로 노출된 피부를 조심스럽게 씻을 것. 그런 다음, 관계 당국에 신고할 것, ④ 침착하게 노출된 부위에서 특이 증상 발생 여부를 살펴볼 것.

넷째, 생물무기 공격이 발생했더라도, 공중 보건 당국이 대처 요령에 대한 정보를 즉시 제공하지 못할 수도 있다. 그렇더라도 TV, 라디오, 또는 인터넷을 통해 공식 발표 내용을 파악한다.

다섯째, 만약 생물무기 공격으로 비상 사태가 선포된 상황에서 가족 중 누군가 아프다면 생물무기 공격의 결과라고 미리 단정할 필요는 없지만, 의심해 보는 게 좋다. 일반적인 많은 질병들의 증상은 생물무기에 의해 발생하는 질병의 증상과 일치할 수 있다. 이 때, 주변 청소와 청결을 유지해 병원균의 전염을 막고, 의료 상담을 받아야 한다.

2) 화학무기를 이용한 공격(Chemical Attack)

화학무기를 이용한 공격은 사람과 환경을 중독시킬 수 있는 독극물 가스, 용액 또는 고체를 고의적으로 누출시키는 것을 말한다. 이러한 공격 발생시 호흡기 보호가 중요한데, 가스 마스크가 없는 경우, 누출된 장소로부터 가능한 신속하게 멀리 대피하는 것이 가장 좋은 방법이다. 그리고 대피하는 동안, 손수건이나 옷자락, 또는 천 조각 등 적절한 물건들을 이용해서 코와 입을 막아야 한다.

화학무기 공격시 행동 요령

화학무기로 공격받았다고 의심되는 경우, 다음 절차에 따라 행동한다.

첫째, 화학무기를 이용한 공격은 사람과 환경을 중독시킬 수 있는 독가스, 용액 또는 고체를 고의적으로 누출시키는 것을 말한다. 화학물질이 어떻게 퍼지느냐에 따라 다르지만, 한 번에 수많은 사람들이 중독될 수 있다.

둘째, 화학무기 공격을 당한 표시들로는 많은 사람들이 눈에 눈물을 흘리며 고통스러워하거나, 숨쉬기 힘들어하며 호흡 곤란을 느끼거나, 경련을 일으키거나, 어지러워하는 것을 들 수 있다.

셋째, 수많은 조류, 어류, 또는 작은 동물들이 고통스러워하거나 죽은 경우 또한 의심해 보아야 한다. 이 때 중독된 동물들을 만지지 말 것; 대신, 자신이 목격한 장소의 주변 상황에 대해 기록해 두었다가, 관계 당국에 신고할 것.

넷째, 만약 화학무기로 공격당한 표시들을 목격한 경우, 공격받은 지점의 크기와 형태, 중심점이 어디인지 파악할 것. 하지만, 이러한 장소에서 너무 오래 머물지 말 것; 명백하지 않은 경우, 즉시 그 장소를 떠나 관계 당국에 신고할 것.

다섯째, 만약 화학무기 공격이 자신이 일하고 있는 건물 내에서 발생한 경우, 오염된 지역을 피해서 신속하게 대피한다. 외부로 나가거나, 내부에 있는 사무실 또는 고층으로 이동할 것. 이 때, 화학작용제들은 공기보다 무거워 지표면 가까이 깔려 있다는 사실을 명심할 것.

여섯째, 만약 감염될 위험을 무릅쓰지 않고는 대피할 수 없는 경우, 가능한 화학물질 누출이 의심되는 지점으로부터 멀리 떨어진 곳에 현장 대피소(shelter-in-place)를 만든다. 만약 자신이 위험한 상태에 놓이는게 아니라면, 모든 창문과 출입문을 닫고, 냉난방 시스템의 가동을 중지시켜 오염되었을 공기의 순환을 방지할 것.

일곱째, 만약 화학무기 공격을 당했을 때, 외부에 있는 경우, 가장 빨리 그 지점으로부터 대피할 수 있는 방법을 결정한다. 어떠한 경우이든, 공격을 받은 지점보다 높은 지대로 이동할 것.

여덟째, 공격을 받았을 때 자신이 있는 장소에 따라 다르겠지만, 건물 내부로 들어가 내부를 밀폐, 대피소로 활용하는 것이 더 안전할 수도 있다.

아홉째, 만약 눈에서 눈물이 흘러내리거나, 피부가 따갑거나, 호흡이 곤란해진 경우, 또는 어떤 이유에서든 화학물질에 노출되었을 수도 있다고 생각되는 되는 경우, 즉시 옷을 벗고 온몸을 깨끗이 씻는다.

열 번째, 호스, 분수, 싱크, 또는 물이 나오는 곳을 찾는다. 만약 가능하다면, 물과 비누로 씻을 것, 이 때, 세게 문지르지는 말 것. 문지르는 경우 화학물질을 씻어내는 것이 아니라 피부 속으로 침투시킬 수 있음. 희석(물과 표백제를 10대 1 비율)한 표백제를 사용하는 것도 좋음. 만약 물을 이용할 수 없는 경우, 화석 파우더나 밀가루를 사용해 액체로 된 화학물질 제독에 사용할 것. 화학물질에 접촉되었던 피부면에 파우더나 밀가루를 뿌리고, 30초 정도 기다렸다 천이나 거즈를 사용해 부드럽게 닦아 낼 것.

열한 번째, 긴급히 의료진의 진찰을 받아야 한다.

3) 핵폭발(Nuclear Blast)

핵폭발이 있는 경우 번쩍이는 섬광과 불덩이를 볼 수 있기 때문에, 핵폭발이 있었음을 알 수 있다. 이 때 방사선에 노출되는 것을 최대한 줄이기 위해서는 엄폐물, 폭발 지점과의 거리, 시간을 염두에 두어야 한다.

제일 먼저 해야 할 가장 중요한 것은 보호해 줄 수 있는 물체 뒤로, 만약 가능하다면 지표면 아래로 몸을 숨기는 것이다. 그런 후, 어떠한 상황이 벌어졌는지 이용할 수 있는 정보를 활용해 알아보아야 한다. 만약 심각한 방사능 노출 위험이 있다면, 보건 당국이 요오드화칼륨을 복용하도록 권고할 수도 있다. 요오드화칼륨은 방사선에 특히 약한 갑상선을 보호해 줄 수도 있다. 따라서 가족을 위해 개인별 어느 정도의 양을 복용해야 하는지 미리 파악한 후, 적당량의 요오드화칼륨을 비상 대비용 구급함 속에 보관하는 것도 고려해 볼 만하다. 기타, 가정 주치의와 어떤 조치들을 취해야 할지 미리 상담해 보는 것도 좋다.

핵 폭발시 행동 요령

핵무기로 공격받았다고 의심되는 경우, 다음 절차를 따른다.

첫째, 만약 핵폭발이 발생한 지역에 있는 경우, 즉시 엄폐물을 찾아 몸을 숨긴다. 지하로 몸을 숨기는 것이 최선이나, 사정이 여의치 않을 경우 어떠한 엄폐물 또는 대피소라도 찾아 직접적인 핵폭발의 영향과 압력파로부터 몸을 보호할 것.

둘째, 엄폐로, 두꺼운 엄폐물 뒤에 몸을 숨겨야 엄폐물이 방사능을 막아주어 방사능 노출을 줄일 수 있다.

셋째, 폭발이 발생한 지역으로부터 멀리 대피할 수 있는 가장 빠른 방법을 결정한다. 침착하게 현장을 떠나는 다른 사람들과 상호 협조할 것.

넷째, 거리 유지로, 폭발 지점으로부터 멀리 떨어질수록 방사능 노출을 줄일 수 있다. 그러므로 신속히 현장에서 멀리 벗어날 것.

다섯째, 시간으로, 사건 현장에 있는 시간을 최소화할수록 방사능 노출 위험을 줄일 수 있다.

여섯째, 사건 발생시 자신이 있는 장소에 따라 다르겠지만, 건물 내부로 대피하는 것이 더 안전할 수도 있다.

4) '더러운 폭탄' 등을 이용한 방사능 공격(Radiation Attack)

'더러운 폭탄(Dirty Bomb)'이나 방사능 물질을 이용한 공격은 핵폭발과는 다르다는 사실을 명심해야 한다. 이것은 방사능 물질을 일반적인 폭발물을 이용해서 목표 지점에 퍼뜨리는 것이다. 이러한 것에 의한 방사능 오염은 핵폭발로 인한 방사능 오염보다는 영향 범위가 훨씬 적다. 하지만 폭발이 있었던 것이 명백한 반면, 방사능 오염이 발생했는지 여부는 특수 장비를 휴대한 전문가들이 현장에 출동해 확인할 때까지 명확하지 않은 문제가 있다. 따라서 방사능 오염이 의심되는 경우 노출을 최소화하고 엄폐물, 거리 유지, 노출 시간 등을 항상 염두에 두어야 한다.

방사능 물질을 이용한 공격시 행동 요령

방사능 물질을 이용한 공격을 받았다고 의심되는 경우, 다음 절차에 따라 행동한다.

첫째, 방사능 물질 공격 또는 '더러운 폭탄'은 일반적인 폭발물을 이용해 방사능 물질을 확산시키는 공격이다.

둘째, 핵폭발과는 달리, 폭발력과 방사능 오염은 일정 지역으로 제한될 것이다. 방사능에 노출되는 것을 최소화하기 위해서는 몸을 보호해 줄 수 있는 엄폐물과 거리 유지, 노출 시간을 염두에 두고 있어야 한다.

셋째, 두꺼운 엄폐물 뒤에 몸을 숨겨야 엄폐물이 방사능을 막아 주어, 방사능 노출을 줄일 수 있다.

넷째, 폭발 지점으로부터 멀리 떨어질수록 방사능 노출을 줄일 수 있으므로, 신속히 현장에서 멀리 대피한다.

다섯째, 사건 현장에 있는 시간을 최소화할수록 방사능 노출 위험을 줄일 수 있다.

여섯째, 방사능 물질을 이용한 공격이 발생했더라도, 관계 당국에서 즉시 대처 요령에 대한 정보를 제공하지 못할 수도 있다. 그렇더라도, TV, 라디오, 또는 인터넷을 통해 공식 발표 내용을 파악한다.

5) 폭발물 공격

사무실 건물 외부에서 폭발사고가 발생했다 하더라도, 무슨 일이 일어났는지 보기 위해 창문 옆으로 달려가서는 안 된다. 이 때는 즉시, 몸을 보호해 줄 수 있는 엄폐물을 찾아 몸을 숨겨야 한다. 왜냐하면 첫 번째 폭발 후 2차적으로, 어쩌면 더욱 강력한 폭발이 있을 수 있기 때문이다. 테러범들은 첫 번째 폭발물로 외부 경비망을 뚫고, 두 번째 폭발물로 목표물을 공격하는 전술을 사용할 수 있으며, 이 때 총기를 난사할 수도 있다. 또 다른 전술로는 테러범들은 첫 번째 폭발물을 유인 미끼로 사용, 긴급 출동하는 경비원이나 비상구급 요원들을 두 번째 폭발물로 죽이거나 부상을 입히기도 하기 때문이다.

도심을 걷고 있을 때, 테러범들의 폭탄 공격이 발생했다면, 폭발 지점 주변으로 고층 건물에서 깨진 유리 조각이나 파편들이 쏟아질 수 있기 때문에, 재빠르게 가장 가까운 건물 내로 들어가, 그곳에 머물러 있어야 한다. 폭발사고가 발생한 경우, 종류가 어떻든 관계 없이 가능한 신속히 다음 행동 요령에 따른다.

- 관계 당국에 신고할 것.
- 사건 현장에 있는 부상자들을 대피시킬 것. 이 때, 긴급구호 요원들의 구조 활동을 방해하지 않도록 유의할 것. 목격자들은 자연스럽게 부상자 수색 작업을 도와 주기 위해 폭발 현장에 접근할 것이다. 긴급구호 요원들은 수색 작업을 조정할 것이며, 추가 폭발 위협이나 폭발 영향으로 인한 건물 붕괴나 화재 위험 때문에 수색 참여 인원을 제한하길 원한다는 점도 명심해야 한다.
- 안전지역으로 이동할 것. 이 때 자동차, 쓰레기통과 같은 물체로부터 떨어져 있을 것.

폭발사고(Explosions) 발생시 행동 요령

만약 건물 내에 있을 때 폭발이 있는 경우

첫째, 사무실에 있는 경우, 강화목재 또는 철제, 또는 튼튼하게 만들어진 책상 밑으로 피할 것. 사정상 이렇게 할 수 없는 경우, 출입구에서 대피 장소를 찾을 것.

둘째, 가능한 신속히 건물을 벗어날 것. 만약 시간이 있다면, 긴급 대비 물품함을 휴대할 것.

셋째, 엘리베이터는 이용하지 말 것. 고층 건물에서 폭발, 화재, 또는 어떤 구조적인 손상이 발생한 경우, 엘리베이터는 폐쇄 또는 운용할 수 없게 되며, 엘리베이터 케이블이나 안전 장치들이 약해질 수 있다. 따라서 계단을 이용해야 하며, 이 때, 사고로 인해 계단 자체도 약해져 있거나, 전선이 떨어져 나와 있거나, 기타 다른 예기치 못한 위험이 있을 수 있기 때문에 조심해야 한다.

화재 발생시 행동 요령

만약 건물 내 화재가 발생한 경우

첫째, 가능한 신속히 건물에서 대피할 것. 만약 시간 여유가 있다면, 긴급 대비 물품함을 휴대하고 대피할 것.

둘째, 만약 사무실이나 복도가 연기로 가득 찬 경우, 낮은 자세로 바닥을 기면서 연기를 들이마시지 않도록 할 것. 화재로 인해 발생하는 대부분의 인체 피해는 연기 흡입으로 인한 것임을 명심할 것.

셋째, 물에 적신 천으로 코와 입을 막을 것. 이런 것은 연기를 걸러 줄 수 있음.

넷째, 닫혀져 있는 비상 출입구의 하단, 중간, 상단에 손등을 살짝 대어 볼 것. 만약 문에서 열기가 느껴진다면 비상 출입구를 절대 열어서는 안 되며, 다른 비상 출입구를 찾을 것.

다섯째, 만약 비상 출입문이 뜨겁지 않다면, 몸을 문에 기댄 채 천천히 열 것.

여섯째, 만약 비상 출입문에서 열기가 느껴지는 경우, 닫혀져 있는 상태로 둘 것. 이것은 내부에서 불이 붙고 있다는 것을 의미함; 만약 이러한 출입문을 개방하는 경우, 자신이 머물고 있는 장소까지 불이 번질 수 있음. 따라서 다른 출입 통로를 찾아야 함.

일곱째, 엘리베이터를 이용하지 말 것. 고층 건물에서 폭발, 화재, 또는 어떤 구조적인 손상이 발생한 경우, 엘리베이터는 폐쇄 또는 운용할 수 없게 되며, 엘리베이터 케이블이나 안전 장치들이 약해질 수 있음. 따라서 계단을 이용해야 하며, 이 때 사고로 인해 계단 자체도 약해져 있거나, 전선이 떨어져 나와 있거나, 기타 다른 예기치 못한 위험이 있을 수 있기 때문에 조심해야 함.

여덟째, 만약 자신의 몸 또는 옷에 불이 붙은 경우, 뛰지 말 것. 뛸 경우 불에 바람을 공급해 주는 결과를 초래해 불길을 더욱 강하게 만들어 주며, 심각한 화상을 유발할 수 있음.

아홉째, 먼저 멈추고, 바닥에 드러누운 후, 구를 것. 이것이 몸이나 옷에 불이 붙은 경우 가장 효과적인 대처 요령임. 바닥에 드러누울 경우 불은 번지기 어려워지며, 만약 두꺼운 옷이나 담요를 가지고 있는 경우 불길을 덮어서 끌 것.

열 번째, 집에 있을 때 폭발사고가 발생한 경우 미리 정해진 장소로 대피할 것.

열한 번째, 가족 모두를 확인할 것. 이와 같은 순간에 어린이들을 잘 돌볼 것. 애완동물도 확인할 것; 비상시 행동계획에 따라 동물들을 돌볼 것.

열두 번째, 불이 붙고 있는 건물에는 절대로 다시 들어가지 말 것. 설령 귀중품이나 애완동물을 남겨두고 왔다고 하더라도, 건물 내로 들어가서는 안 됨. 소방관들이 현장에 도착할 때까지 기다릴 것; 소방관들은 건물과, 만약 능력이 미친다면, 건물 내에 남겨진 어떠한 생명체라도 구하기 위해 최선을 다할 것임.

열세 번째, 소방서에 화재 신고를 할 것.

무너진 건물 파편더미에 묻힌 경우의 행동 요령

만약 무너진 건물 파편더미에 묻힌 경우

첫째, 만약 가능하다면, 손전등을 이용해 자신의 위치를 알릴 것.

둘째, 먼지를 일으키지 않도록 불필요한 행동을 하지 말 것. 가지고 있는 물건을 최대한 이용해 코와 입을 막을 것. 면 종류의 천들은 아주 좋은 필터 역할을 할 수 있음. 호흡기를 막은 천을 통해 숨을 쉬도록 노력할 것.

셋째, 구조요원들이 위치를 파악할 수 있도록 파이프나 벽을 두드릴 것.

넷째, 만약 호루라기를 가지고 있는 경우, 호루라기를 불 것. 고함을 지르는 경우 호흡기로 위험스러울 만큼 많은 양의 먼지를 들이마실 수 있기 때문에 고함은 마지막 수단일 경우에만 지를 것. 만약 휴대폰을 가지고 있고, 신호를 보낼 수 있다면, 긴급구호기관에 전화를 걸어 현재의 위치와 어떻게 갇히게 되었는지를 알려 줄 것. 만약 가능하다면, 몸을 덮고 있는 건물더미가 어떤 것인지도 알려 줄 것.

6) 납치, 항공기 납치, 인질 납치(Hijackings, Skyjackings, and Kidnappings)

만약 테러범들의 통제를 받고 있는 경우, 협상력 제고나 선전 효과를 높이기 위한 것인지, 아니면 자살 임무를 수행하기 위한 것인지 신속하게 테러범들의 목적이 무엇인지 파악해야 한다. 2001년 9월 11일 문제의 항공기들에 탑승했던 승객들은, 전통적인 관점에서 볼 때, 인질이 아니었다. 왜냐하면 테러범들은 승객들을 이용해 자신들의 협상력을 높이기 위한 수단으로 사용할 생각이 전혀 없었기 때문이다. 이러한 승객들은 단지 자살하기 위한 수단으로 사용될 운명에 처한 납치된 항공기에 탑승하고 있었을 뿐이다. 이와 같은 상황하에서는 다음에 기술될 "탈출 또는 항복(Escape or Surrender)" 편에 적시된 행동요령이 가장 유용할 수도 있을 것이다.

7) 방화와 방화용 폭발물(Arson and Firebombs)

일반적인 화재 유의 사항을 준수한다. 그러나 주차장이나 많은 사람들이 모여 있는 장소와 같이 공개된 장소에 모여 있지 말 것. 테러범들은 건물에 불을 지르거나 가짜 화재경보가 울리도록 조작해 사람들을 건물 외부로 나오게 한 후 폭발물이나 총기로 공격하는 전술을 사용할 수 있음에 유의할 것.

8) 총기를 이용한 공격과 암살(Armed Attacks and Assassinations)

만약 사무실이나 호텔 내부에 있을 때, 무장 공격이나 암살 사건이 발생한 경우, 신속히 문을 잠그고, 전등 스위치를 끈 후 전화기를 잡은 채 바닥에 엎드린다. 즉시 호텔 경비원에게 전화할 것. 건물이나 호텔 외부로의 전화 연결이 어려울 수도 있는데, 만약 경비원과 연락이 되지 않을 경우, 지역 관할 경찰에 신고할 것. 이 때 경찰에 자신이 들은 것과 주소, 건물, 층, 방 번호, 전화번호도 정확하게 알려 줄 것. 안전한 장소에 남아 있어야 하며, 만약 가능하다면, 전화기를 휴대하고 있을 것.

3. 도망, 은신 또는 대항(Escape, Evade, or Confront)

공격 발생 사실을 안 경우, 즉시 어떻게 행동할 것인지 결정해야 한다. 만약 총기를 이용한 무장 공격이거나 암살 시도인 경우, 살인 행위가 자행되고 있는 지역을 신속히 벗어나야 한다. 일반적으로 테러범들은 공격을 시작함과 동시에 탈출과 은신 작전을 함께 수행해야 하기 때문에 시간적 제약을 받고 있으며, 진행로에 놓여 있는 장애물들로 인해 함부로 총을 쏘지 못할 수도 있다. 만약 공격 목표가 된 경우, 정부 고위 공직자가 아닌 경우 이럴 가능성은 별로 없지만, 생사 여부가 달렸으므로 필사적으로 운전해 가장 가까운 곳에 있는 안전 장소로 대피해야 한다. 자동차를 급하게 운전하며 도망가는 방법은 경찰의 관심을 끌 수도 있기 때문에, 신변 안전에 도움이 될 수 있다. 만약 걷고 있었던 경우, 많은 사람들 속으로 파고들거나 빌딩 속으로 들어가 추적자들을 피하는 게 좋다. 이렇게 하여 테러범들을 피했거나 직접적인 위험에서 벗어났다고 생각되는 경우, 경찰에 지원을 요청해야 한다.

어떤 경우, 2001년 9월 11일 공중 납치되었던 항공기 승객들과 같이, 붙

잡힐 수도 있다. 이러한 항공기 내에서 대피나 도망이라는 것은 불가능하다. 이러한 승객들이 생존할 수 있는 유일한 방법은 테러범들에 맞서 싸워 다시 항공기 통제권을 회복하는 것뿐이다. 1대의 항공기는, 비록 항공기가 추락해 탑승자 모두가 사망했지만, 테러범들이 의도했던 목표물에 도달할 수 없도록 승객들이 맞서 싸움으로써 수많은 사람들의 생명을 구했었다.

1) 현 위치 내 대피 또는 다른 곳으로 이동 대피 여부 결정

만약 비상 상황이 발생할 경우, 얻을 수 있는 최대한의 정보를 활용해 상황을 파악해야 한다. 보통 중요 사건 발생시 지역 관계 당국에서 특정 사건 발생 사실과 대처 요령에 대해 발표를 하겠지만, 사정상 즉시 제공하지 못할 경우도 있다. 그렇더라도, 주변 상황을 관찰하면서 TV, 라디오 또는 인터넷을 통해 긴급 뉴스나 공지 사항을 파악해야 한다. 이 때 자신이 처한 주변 상황과 발생한 사건 종류를 고려해 제일 먼저 현 위치에 머물러 있어야 할지 아니면 다른 곳으로 대피해야 할지를 결정해야 한다. 다양한 형태의 사건 발생 대비 요령에 대해서는 이 책자 앞부분에서 이미 언급했다. 따라서 여기에서는 이러한 상황 발생 종료 후 행동 요령에 대해 서술하기로 한다.

현 위치 내 대피(Staying Put)

얻을 수 있는 최대한의 정보를 활용해 상황을 파악한다. 만약 공중에 엄청난 양의 파편 조각 또는 먼지가 보이거나 지역 관계 당국에서 공기가 심하게 오염되었다고 발표하는 경우, 현재 머물고 있는 장소에다 바로 대피할 수 있는 공간을 마련하는 게 좋다. 이러한 상황 발생에 대비해 벌써 준비하고 있을 것이므로, 이제는 미리 세워둔 계획을 이행하기만 하면 된다.

- 가족과 애완동물을 집 내부에 머물도록 할 것
- 출입문, 창문, 환기구와 벽난로 바람 조절판을 잠글 것
- 환기 팬, 냉난방 장치 작동을 중지시킬 것
- 비상 대비용 물품 보관함을 휴대할 것. 이 때 물품함의 오염 여부를 확인할 것
- 가능한 창문이 없는 집 내부에 있는 방 안으로 들어갈 것

- 모든 창문과 출입문, 그리고 환기구를 미리 준비한 각각의 사이즈별 비닐 덮개와 테이프로 밀폐시킬 것
- 현재 소지하고 있는 물품들을 융통성 있게 활용해 틈을 메워, 자신과 오염물질 사이를 차단할 것

다른 곳으로 이동 대피(Getting Away)

특정한 상황이 발생할 경우 현 위치에서 다른 곳으로 대피해야 할지를 자신이 미리 정해 놓았거나 강제 대피명령을 받는 경우가 있다. 이러한 상황 발생 대비 계획은 미리 수립해 두고 있을 것이므로, 상황 발생시 다음과 같이 행동해야 한다.

- 물품함의 오염 여부를 확인한 후 비상 대비용 물품 보관함을 휴대할 것. 집을 떠날 때 출입문을 잠글 것
- 집을 떠날 때 애완동물을 데리고 갈 것. 하지만 공중 대피소에는 맹인안내견 등 일정 업무를 수행하는 동물들의 출입만 허용한다는 사실을 염두에 둘 것
- 만약 외부 공기가 오염되었다고 믿어지는 경우, 창문과 환기구를 닫고 냉난방 장치의 작동을 중지시킬 것
- 라디오를 통해 공지 사항에 대해 귀를 기울일 것

만약 시간 여유가 있는 경우(If Time Allows)

가족 비상연락 계획에 따라 대피시 통보해 주기로 사전 지정되어 있는 사람에게 전화 또는 전자메일을 보내어 행선지를 알려 준다(만약 집을 떠나기 전에 이렇게 할 시간적 여유가 없는 경우, 자동차 안에서 휴대폰으로라도 연락해 줄 것).

- 만약 집에 피해가 발생한 경우와 지시를 받은 경우, 집을 떠나기 전 수도, 가스, 전기를 차단해 둘 것
- 함께 떠나지 못한 가족을 위해 언제, 어디로 떠났는지 메모를 남겨둘 것
- 차량 지원이 필요한 이웃이 있는지 확인해 볼 것

2) 자동차 운전 중 공격당한 경우 행동 요령(In a Moving Vehicle)

만약 자동차 운전 중에 테러 공격을 당한 경우, 다음과 같이 행동해야

한다.

첫째, 자동차 운전 중에 테러 공격이 발생한 경우, 가능한 모든 정보를 활용해 상황을 파악할 것. 만약 폭발이 있었거나 차량 운전을 어렵게 만드는 원인이 있는 경우 차를 세울 것.

둘째, 자동차를 멈추고, 주차 브레이크를 가동할 것. 만약 자동차를 정지시킬 수 없는 경우, 비상용 브레이크를 사용할 것, 자동차가 일단 멈춘 경우, 비상용 브레이크는 비상 상황이 종료될 때까지 또는 긴급구조 요원들이 도착해 도와 줄 때까지 차량의 움직임을 막아 줌.

셋째, 만약 공격 행위가 도로의 안전성을 해치는 것인 경우, 육교, 교량, 전선, 도로 표지, 기타 잠재적 위험 요인들은 피할 것. 만약 이와 같은 위험지역에서 차량이 멈출 수도 있다고 생각되는 경우, 안전한 장소라고 확신이 되는 곳까지 최선을 다해 운전한 후 길가에 세울 것.

넷째, 만약 자동차 위로 전선이 떨어진 경우, 감전당할 위험이 아주 높다. 따라서 이 때는 긴급구조 요원들이 현장에 출동해 전선을 제거할 때까지 자동차 내에 머물러 있을 것.

다섯째, 비상 상황이 발생하더라도, 지역 관계 당국에서 어떤 사건이 발생했는지, 그리고 어떻게 대처해야 하는지에 대한 정보를 즉시 제공하지 못할 수도 있다. 그렇더라도 라디오를 켜서 긴급뉴스나 공지 사항을 파악할 것.

3) 고층 건물 내에 있을 때 공격당한 경우 행동 요령(In a High-Rise Building)

고층 건물 내에 있을 때 테러 공격을 당한 경우, 다음과 같이 행동해야 한다.

첫째, 이용 가능한 모든 정보를 활용해 상황을 파악할 것. 가장 가까운 곳에 있는 비상 출입구 위치를 파악할 것.

둘째, 첫 번째 출입구 사용 불가에 대비해, 최소한 2개 이상의 비상 출입구 위치를 파악하고 있을 것.

셋째, 만약 무엇인가 위에서 떨어져 내리는 경우, 단단한 목재 또는 철제 책상 밑으로 몸을 피할 것, 만약 책상이 없고, 안전한 장소로 피할 수도 없는 경우, 출입구나 벽에 몸을 붙인 채 서 있을 것. 이럴 경우 떨어지는 파편

조각으로부터 몸을 보호할 수 있음.

넷째, 캐비닛, 책장 또는 기타 넘어져 부상을 입힐 수 있는 사무용 가구들로부터 떨어져 있을 것. 장비나 서류를 보호하려 애쓰지 말 것; 이 때는 자신과 다른 사람 보호에만 신경을 쓸 것.

다섯째, 유리 창문으로부터 얼굴을 돌려 있어야 하며, 바깥쪽 벽으로부터 떨어져 있을 것. 만약 추가적인 폭발이 있는 경우, 유리창 파편들이 내부로 날아들어 심각한 부상을 유발할 수 있으므로 조심할 것.

여섯째, 현장에서 대피 공간을 찾아야 할지, 아니면 신속하게 다른 곳으로 대피해야 할지 결정할 것. 긴급구조기관에서 지시하는 행동 요령을 듣고, 이에 따를 것.

일곱째, 만약 비상 대비용 물품 보관함이 오염되지 않은 경우, 대피시 이 물품 보관함을 휴대할 것.

여덟째, 엘리베이터를 이용하지 말 것. 고층 건물에서 폭발, 화재, 또는 어떤 구조적인 손상이 발생한 경우, 엘리베이터는 폐쇄 또는 운용할 수 없게 되며, 엘리베이터 케이블이나 안전 장치들이 약해질 수 있음. 따라서 계단을 이용해야 하며, 이 때, 사고로 인해 계단 자체도 약해져 있거나, 전선이 떨어져 나와 있거나, 기타 다른 예기치 못한 위험이 있을 수 있으므로 조심할 것.

아홉째, 계단을 이용해 내려갈 때 오른쪽을 이용할 것. 이렇게 해야 긴급구조요원들이 건물 위로 올라오는 것을 방해하지 않음.

4) 도망 또는 피랍(Escape or Surrender)

만약 테러 공격이 발생하고, 테러범들에 잡힐 우려가 있는 경우, 도망가느냐 아니면 잡히느냐 하는 중요한 결정에 직면하게 될 것이다. 이 결정을 하는 데 시간적 여유는 없다. 설령 잡히는 순간이 인질로서 겪게 될 가장 위험한 순간이기는 하나, 침착함을 잃어서는 안 된다. 이 때는 테러범들도 극도로 긴장해 있기 때문에 이들을 자극할 수 있는 갑작스런 행동은 자제해야 한다. 테러범들은 자신들이 인질들을 확실하게 통제하고 있다는 확신이 들 때까지는 인질로부터 공격받을 수도 있다는 두려움을 가지고 있기 때문에 인질의 사소한 자극에도 의도하지 않았던 폭력 행위를 자행할 수 있다. 따라서 납치범들과 눈을 마주치지 말아야 하며, 공손하며 협조적으로 행동해야 한다. 또한 감정을 억누르고 탈출하지 않을 것이며, 지시 사항을 따르고, 물리적 저항을 하지 않을 것임을 납치범들에게 확신시켜 주어야 한다.

테러범들은 인질을 잡을 계획을 아주 세심하게 수립한다. 일반적으로 자신들에게 유리한 행동 개시 조건, 시간, 장소, 그리고 주변 상황을 선택한다. 그러나 인질로 잡히는 사람 입장에서 일반적으로 도망가기 가장 좋은 기회는 비교적 공개된 장소에서 인질로 붙잡히는 혼란한 순간이다. 이 순간 동안, 납치범들은 인질들에 대한 통제를 확립하는 데 집중하게 되는데 이 때 도망갈 수 있는 기회가 생기기도 한다. 따라서 침착성을 유지하고 있어야 안전하게 도망갈 기회를 만들 수 있음을 명심해야 한다. 도망갈 기회를 노리는 동안, 다음 사항들에 대한 정보도 파악해야 한다.

- 테러범들의 외모, 억양, 계급 구조, 장비, 일상적인 행동 양식
- 테러범들의 강점과 약점들
- 탈출 시도시 영향을 줄 수 있는 조건들과 주변 지역
- 탈출 시도시 유용하게 사용할 수 있는 구금 장소 내 물품들

테러범의 인질로 잡혀 있다 탈출하는 것은 위험하다. 하지만 인질로 붙잡혀 있다 겪을 위험이 탈출로 인해 야기될 위험보다 훨씬 클 정도로 상황이 악화된 경우 탈출이 필요할 수도 있다. 남아 있으므로 해서 겪을 수 있는 예상되는 위험으로는 고문과 살해 협박이 포함된다. 탈출은 감행에 따른 위험 부담과 성공 기회, 남아 있는 인질에 미칠 악영향을 고려한 후 시도해야 한다.

만약 탈출을 포기했다면, 물리적 저항은 피해야 한다. 이 때는 납치범들에게 적극 협조할 것이라는 것을 확신시켜 주어야 한다.

참고 문헌

국내 문헌

강점용. (1992). 「국제 테러리즘의 추세와 우리 나라의 대응 방안에 관한 연구」. 석사학위 논문, 경희대 행정대학원.

고두화. (1993). 「국제 테러리즘의 예방과 관리에 관한 연구: 방지정책과 국제협력을 중심으로」. 석사학위 논문, 단국대 행정대학원.

구상회. (2002). 「테러・테러리즘」. 서울: 도서출판 동문.

권영설. (1978). 국제 테러리즘의 법적 규제. 「중앙대학교 법학논문집」, 131-147.

김강현. (2000). 「화학무기금지협약(CWC)과 생물학 무기금지협약(BWC)에 관한 연구: 한반도에 미치는 영향과 대응책을 중심으로」. 석사학위 논문, 조선대 정책대학원.

김경안・유충. (1997). 「재난대응론」. 서울: 도서출판 반.

김광득. (2001). 미국 테러전쟁의 현황과 전망. 「건설교통」, 18(12): 32-37.

김길현. (1985). 「테러의 가능성과 대응 방안에 관한 연구」. 석사학위 논문, 동국대 행정대학원.

김남덕. (1998). 「인질 테러사건의 효과적 협상을 위한 대응전략에 관한 연구」. 석사학위 논문, 동국대 행정대학원.

김남칠. (1995). 「최근 테러리즘의 실태 분석과 대책에 관한 연구」. 석사학위 논문, 동국대 행정대학원.

김두현. (2004). 「현대테러리즘론」. 서울: 백산출판사.

김명곤. (2000). 「테러용 폭발물 검측의 효율적 체계」. 석사학위 논문, 한국체육대 사회체육대학원.

김병섭・박광국・조경호. (2000). 「조직의 이해와 관리」. 서울: 대영문화사.

김보현・박동균. (1995). 위기관리 행정에 관한 지방공무원의 인식 분석, 「한국도시행정학보」, 8: 127-148.

김상범. (2002). 테러리즘의 발전 추세와 미래 양상. 「국방연구」, 45(1): 123-155.

김석용 · 김병조. (1995). 탈냉전시대 테러리즘의 특성과 한국의 대응. 「국방연구」, 38(2): 5-37.

김성환. (2002). 9 · 11 사태 이후 미 외교정책의 변화. 「외교」, 60: 27-35.

김수열. (2002). 「국제사회의 대 · 반테러: 제도화, 한계, 대안」.

김열수. (2005). 「21세기 국가위기관리체제론」. 서울: 도서출판 오름.

김영수 · 조석주. (1993). 「국가재난 대비 행정체제의 구축 방안」. 서울: 한국지방행정연구원.

김영평. (1994). 현대사회와 위험의 문제. 「한국행정연구」, 3(4).

김영평 · 최병선 · 소영진 · 정익재. (1995). 한국인의 위험 인지와 정책적 함의. 「한국행정학보」, 29(3): 935-954.

김 윤. (2000). 「Cyberspace에서의 반사회적 행태에 관한 연구: 국가안보 침해 사례를 중심으로」. 석사학위 논문, 동국대 행정대학원.

김윤종 · 송철호. (1997). 「GIS를 이용한 도시방재 시스템 구축 방안 연구」. 서울: 서울시정개발연구원.

김주덕. (1990). 「국제테러 억제를 위한 형사사법 공조 방안 연구」. 석사학위 논문, 경희대 대학원.

김찬규. (1985). 테러리즘의 정의에 관한 고찰. 「경희법학」, 20(1): 1-22.

김태기. (2001). 9 · 11 사태와 일본의 군사적 역할에 관한 고찰: '테러대책 특별조치법'을 중심으로. 「호남정치학회보」, 13: 187-202.

김태윤. (2000). 「국가 재해관리 체계 구축 방안 연구」. 한국행정연구원 연구보고서.

김태종. (1990). 「테러리즘에 대한 이해와 효율적인 대응 방안에 관한 연구」. 석사학위 논문, 연세대 행정대학원.

———. (2006). 「테러리즘: 이론과 실제」. 서울: 도서출판 봉명.

김태준. (2002). 북한의 테러와 테러리즘. 「국방연구」, 45(1): 193-227.

김태진. (2003). 국제 테러조직 동향과 대응책. 「2003년도 대테러 학술세미나 발표논문집」, 43-78.

김항욱. (1994). 「국제 테러리즘 억지를 위한 법적 고찰」. 석사학위 논문, 동국대 행정대학원.

김 혁. (2002). 「탈냉전 이후 국제 테러리즘의 새로운 동향: 분석과 대응」. 한국국제정치학회 춘계학술회의 발표 논문.

김형곤. (1996). 「미국의 적색공포(1919~1920)에 관한 연구」. 박사학위 논문, 중앙대 대학원.

김형렬. (1987). 정책집행에 있어서 위기관리에 관한 연구. 「사회과학논집」, 18. 서

울: 연세대학교 사회과학연구소, 65-87.
남궁근. (1995). 재해관리 행정 체제의 국가간 비교 연구: 미국과 한국의 사례를 중심으로. 「한국행정학보」, 29(3): 957-979.
남현우. (1994). 「북한의 테러전략 및 한국의 대테러 방안에 관한 연구」. 석사학위 논문, 경남대 행정대학원.
노완영. (1989). 「한국에서의 테러 가능성과 대응 방안에 관한 연구」. 석사학위 논문, 건국대 행정대학원.
노형진. (2001). 「한글 SPSS 10.0 기초에서 응용까지」. 서울: 형설출판사.
박광국. (1997). 재난관리 체계의 효과성 평가에 관한 연구: 공무원·주민의 의식수준을 중심으로. 「한국행정논집」, 9(3): 581-602.
박광국·주효진. (1999). 인위재난관리의 효과성 제고에 관한 연구: 상인동 가스폭발사고를 중심으로. 「정책분석평가학회보」, 9(1): 91-113.
박대원. (1987). 「테러리즘과 위기관리에 관한 연구: 폭발물 중심으로」. 석사학위 논문, 연세대 행정대학원.
박동균. (1995). 「지방정부의 위기관리 행정에 관한 연구: 서울시 인적 재난의 사전대비를 중심으로」. 박사학위 논문, 동국대학교 대학원.
박동순·유종현·김욱. (2002). 9·11 사태와 미국의 새로운 전쟁. 「외교」, 60: 77-88.
박석희·노화준·안대승. (2004). 재난관리 행정에 대한 네트워크 분석. 「행정논총」, 42(1): 103-132.
박영옥. (2001). 「전·평시 비상 대비 및 재난재해의 효율적인 관리 방안 연구」. 비상기획위원회.
박영일. (1994). 「강대국의 정보기구」. 서울: 현대문예사.
박원탁. (1985). 국제 테러리즘에의 전망. 「청람」, 1: 73-82.
박준선. (2006). 「뉴테러리즘 개론」. 서울: 백산출판사.
박 형. (2002). 국제테러의 원인과 배경: 9·11 테러-그 원인. 「국방연구」, 45(1): 71-97.
백영옥. (2001). 「전·평시 비상대비 및 재난재해의 효율적인 관리 방안 연구」.
백완기. (1992). 행정의 갈등관리 능력 제고 방안. 「지방행정」, 41(467): 71-80.
삼성경제연구소. (2001). 미 테러의 충격과 파장. 「CEO Information」, 314.
서울시정개발연구원. (1994). 「서울시 위기관리체계 구축에 관한 기초 연구」, 서울: 서울시정개발연구원.
———. (2004). 테러와 한국의 국가안보. 「세종 정책토론회 보고서」.
세종연구소. (2002). 국제질서 전환기의 국가전략. 「제7차 세종 국가전략 포럼」.
손동권. (2003). 독일의 테러대책법과 활동 방향. 「한국공안행정학회 발표논문집」,

123-143.
——— 외. (1995). 테러리즘과 그 법적 대응책. 「치안논총」. 11.
신경엽. (2002). 「테러리즘에 대한 국제법적 규제에 관한 연구」. 박사학위 논문, 경희대학교 대학원.
신창훈. (2005). 해상 테러리즘의 규제와 방지에 관한 국제법 동향과 우리 나라의 대응 방향. 「대테러전략 연구논총」.
심익섭. (2003). 경찰지방자치의 방향. 「지방행정」, 52(597): 16-23.
아시아사회과학연구원. (2001). 「테러리즘에 대한 법적 조명과 그 대응 방안」.
안경환. (1995). 테러리즘과 그 법적 대응책. 「치안논총」, 11: 387-468.
———. (1998). 「해상 테러리즘에 관한 연구: 1988년 로마협약을 중심으로」. 박사학위 논문, 경희대 대학원.
안병영 외. (2000). 「세계화와 신자유주의」. 서울: 나남.
안보 카츠야 · 시모하타 노리치카. (2003). 「사이버 테러」, 서울: 진한도서.
양병화. (1998). 「다변량 자료분석의 이해와 활용」. 서울: 학지사.
여영무. (1998). 「국제 테러리즘의 억제와 처벌에 관한 연구: 중국 민항기 납치사건을 중심으로」. 박사학위 논문, 고려대 대학원.
유 충. (1999). 「재난관리론」. 서울: 신문사.
유광의. (1996). 「항공사경영론」. 서울: 백산출판사.
———. (2001). 항공 테러와 항공 보안활동, 「한국항공대학교 논문집」. 제38집.
윤병률. (1997). 「테러리즘의 법적 규제 방안에 관한 연구: 국내 입법을 중심으로」. 석사학위 논문, 국방대학원.
이동한. (1986). 「1880년대 러시아: 혁명 초기의 테러리스와 사회민주주의자 조직」. 서울: 지양사.
이동훈. (1999). 「위기관리의 사회학」. 서울: 집문당.
이상안. (2001). 테러리즘 범죄의 사회경제적 영향 모형: 최근 미국 세계무역센터 등에 대한 테러를 중심으로. 「경찰대학 논문집」, 21: 245-280.
이상팔. (1995). 「지역주민의 위험정책 수용에 관한 연구: 원자력 폐기물 처분장 수용 과정에서 나타난 행위자, 제도: 지역공동체의 영향을 중심으로」. 박사학위 논문, 고려대학교 대학원.
_____. (1996). 위기관리체계의 지능적 실패에 의한 학습효과 분석: 삼풍백화점 사고 전 · 후의 제도 변화를 중심으로. 「한국행정학보」, 30(2): 113-127.
_____. (1997). 국가의 위기관리 능력 제고 방안: 비정규전 대테러 위기관리 체계(counter-terror crisis management system)의 영역초월 학습능력(cross-over learning capability) 향상에 관한 연구. 「안보학술논집」, 8(1): 233-307.

______. (1998). 위기관리 체계에서 영역초월학습(cross-over learning)의 촉진 · 방해요인 분석: 강릉 잠수함 침투사건 발생시 통합방위 관리 체계의 운용 사례를 중심으로. 「한국행정학보」, 32(2): 59-75.

이성우. (1996). 「행정의 위기관리 능력 제고 방안」. 서울: 한국행정연구원.

이성철. (1997). 「국제 테러리즘의 실태와 대응 방안에 관한 연구」. 석사학위 논문, 한양대학교 행정대학원.

이수민. (1991). 「국제 테러리즘에 관한 연구: 관리정책과 대응책을 중심으로」. 석사학위 논문, 단국대 행정대학원.

이수정. (2005). 인질 테러사건 발생시 인질범의 심리 특성과 변화 과정 연구. 「대테러정책 연구논총」. 국가정보원.

이수훈. (1994). 위기의 세계사회와 위기의 성격. 경남대 극동문제연구소 편, 「위기의 세계와 한국」. 서울: 나남출판.

이신화. (1995). 인종 분쟁과 난민 위기 예방을 위한 조기경보(Early Warning). 「국제정치논총」, 35(2).

이재은. (1998). 우리 나라 위기관리 대응 기능 개선 방향에 관한 연구: 위기관리 조직과 법규 분석을 통해. 「한국정책학회보」, 7(2)호: 229-252.

______. (2000). 위기관리정책 효과성 제고와 집행구조 접근법. 「한국정책학회보」, 9(1): 51-77.

———. (2000). 「한국의 위기관리정책에 관한 연구: 집행구조의 다조직적 관계분석을 중심으로」. 박사학위 논문, 연세대학교 대학원.

———. (2000). 국가위기관리와 조기경보: 미국 NGO 및 정당의 위기관리 역할. 「한국정치학회 Post-IMF Governance 하계학술회의 발표논문집」, 1-16.

이종수 · 윤영진 외. (2001). 「새 행정학」. 서울: 대영문화사.

이종열. (1998). 도시정치 권력이론의 비교론적 고찰, 「한국정치 · 정보학회지」, 1(1): 99-134.

이종열 · 박광국 · 조경호 · 김옥일. (2004). 국가위기관리 통합적 체계 구축에 관한 연구. 「한국사회와 행정연구」, 15(2): 347-367.

이종열 · 이재호. (1999). 환경영향평가제도 비교 연구. 「한국행정학보」, 33(3): 145-160.

이종철. (1998). 「한국의 대테러정책 발전 방향 연구」. 석사학위 논문, 연세대학교 행정대학원.

이중범. (1989). 국제 테러에 대한 법적 규제에 관한 연구. 「단국대법학논총」, 15: 137-155.

이창원 · 강제상 · 이원희. (2003). 재난 관련 조직 개편 어떻게 할 것인가?. 「한국행정학회 세미나 발표논문집」, 1-37.

이홍종. (2001). 테러는 자유에 대한 도전: 미국 테러 대참사 충격.「국방저널」, 334: 34-37

이황우. (1996).「대테러정책론」. 서울: 명진문화사.

_____. (1998). 국제테러 예방대책의 기본 방향.「수사연구」, 179: 20-24.

임송태 외. (1996).「재난종합관리체제에 관한 연구」. 서울: 한국지방행정연구원.

———. (1997).「재난 유형별 대응계획 수립에 관한 연구」. 서울: 한국지방행정연구원.

임한욱. (1993). 사제 폭발물의 특성과 양상(Ⅱ),「대테러연구 XVI」, 서울: 경찰청.

임혁백 외. (2000).「새천년의 한국과 세계: 국가 비전과 전략」. 서울: 나남출판.

정익재·정창무. (1996). 재난의 유형과 재난관리: 신문 사설 내용 분석.「한국행정학보」, 30(1): 93-112.

정준금. (1995). 사회적 위기에 대한 정책대응 과정 분석: 낙동강 페놀오염사건을 중심으로.「한국행정학보」, 29(1): 23-46.

정형근. (1991). 국제테러의 법적 규제에 관한 연구」. 박사학위 논문, 서울대학교 대학원.

_____. (1992).「8월의 쿠데타: 세계를 진동시킨 3일간」. 서울: 고려원.

제성호. (1989).「항공기 테러의 법적 규제」. 박사학위 논문, 서울대학교 대학원.

_____. (2003). 미국의 반테러법 실천과 한국의 입법적 대응 방향.「한국공안행정학회 대테러 학술세미나 발표 논문」, 79-122.

조성권. (2002). 21세기 새로운 테러리즘과 한국의 대응 방안.「통일로」, 161: 40-55. 안보문제연구원.

조영갑. (1996).「한국위기관리론」. 서울: 팔복원.

조용기. (2001). 테러리즘에 대한 연구.「민족법학논집」, 1: 55-70.

중앙경찰학교. (2002).「테러 및 인질 난동 초동조치 매뉴얼」. 서울: 중앙경찰학교.

채경석. (2004).「위기관리정책론」. 서울: 대왕사.

최병가. (2002).「한국의 대테러리즘과 정책대응 방안 연구: 미 테러사건과 관련하여」. 석사학위 논문, 경기대 통일안보전문대학원.

최용오. (2001). 9·11 미국 테러의 의미.「지역사회」, 39: 127-131.

최용전. (2001). 미국의 테러 참사가 우리에게 주는 교훈.「중앙민방위」, 17.

최윤수. (1992).「국가 지원 테러리즘에 관한 연구: 북한의 대남한 테러리즘을 중심으로」. 박사학위 논문, 동국대 대학원.

최은석. (1998).「국제 테러리즘의 실태분석과 대응 방안에 관한 연구」. 석사학위 논문, 동국대 행정대학원.

최진태. (1997).「테러, 테러리스트&테러리즘」. 서울: 대영문화사.

_____. (1997). 탈냉전 이후의 대테러리즘 정책대안에 관한 연구. 석사학위 논문,

연세대 행정대학원.

______. (2001). 「한국의 대테러리즘 활동 현황과 개선 방향」. 국가안전보장회의 정책보고서.

______. (2006). 「테러리즘의 이론과 실제」. 서울: 대영문화사.

최효찬. (2001). 「테러리즘과 미디어」. 서울: 커뮤니케이션북스.

하순봉. (1985). 「테러, 테러리즘, 테러리스트: 개방사회에 있어서 테러리스트의 활동과 그 대책」.

하종범. (1980). 1978년 테러 금지법. 「입법조사월보」, 123: 81-87.

한국의사정책연구원. (1995), 「각국의 테러범죄 대응책에 관한 연구: 법적 규제를 중심으로」. 서울: 한국의사정책연구원.

한국행정연구원. (1994). 「현대사회와 위기관리」. 서울: 한국행정연구원.

한동만. (2002a). 9·11 테러사건 이후 국제질서와 한반도. 「다자안보정책의 이론과 실제」, 9-48.

______. (2002b). 다자주의와 다자안보 협력. 「다자안보정책의 이론과 실제」, 105-136.

한동만·여운기. (2002). 테러리즘과 지역안보. 「다자안보정책의 이론과 실제」, 273-296.

한종욱. (2001). 테러리즘에 대한 법적 대응책의 고찰. 「경찰학연구」, 1: 146-164.

행정자차부. (2003). 「국가위기관리시스템 구축 방안」.

홍건영. (2002). 「테러리즘의 문화」. 서울: 이룸.

홍순남. (2003). 이슬람과 테러리즘. 「2003년도 대테러 학술세미나 발표논문집」, 1-42.

______. (2006). 3·11 마드리드 테러와 7·8 런던 테러의 비교분석. 「대테러연구논총」 3호, 국가정보원.

경찰청. (1996). 「경찰백서」. 서울: 서울경찰청.

———. (1997). 「경찰백서」. 서울: 서울경찰청.

———. (1998). 「경찰백서」. 서울: 서울경찰청.

———. (1999). 「경찰백서」. 서울: 서울경찰청.

———. (2000). 「경찰백서」. 서울: 서울경찰청.

———. 「대테러연구」, 제22집.

경찰통계연보. 제37호-제43호.

관계 부처 합동. (2001). 「테러방지 정부종합대책 후속조치 추진 상황」.

국가사이버안전센터. (2004). 「2003년도 사이버 침해사고 사례분석」.

———. (2004). 「국가사이버안전매뉴얼」.

국가안전기획부. (1997). 「국가대테러활동지침」. 서울: 국가안전기획부.
———. (2001). 「테러방지법(안)의 쟁점과 대안」. 서울: 국가인권위원회.
국가정보원. (2000). 「이슬람 테러리즘의 태동과 확산」. 서울: 국가정보원.
———. (2001). 「뉴테러리즘의 특징과 외국의 대테러 강화 동향」. 서울: 국가정보원.
———. (2002). 「테러방지법 내용과 제정 필요성」. 서울: 국가정보원.
———. (2002). 「테러방지법 입법 추진 배경」. 서울: 국가정보원.
———. (2005). 「미국의 국가비상대응계획」. 서울: 국가정보원.
———. (2005). 「월간 테러정세」. 서울: 국가정보원.
국방부. (1994). 「국방백서」. 서울: 국방부.
———. (1995). 「국방백서」. 서울: 국방부.
———. (1996). 「국방백서」. 서울: 국방부.
———. (1997). 「국방백서」. 서울: 국방부.
———. (2001). 「국제 테러리즘: 21세기의 새로운 전쟁」. 서울: 국방부.
———. (2005). 「국방백서」. 서울: 국방부.
———. 「국방저널」, 258-318.
국회사무처 법제예산실. (1999). 「재난관리의 일원화를 위한 법제적 검토: 소방청 신설을 중심으로」, 통권 제94호.
비상기획위원회. (2000). 「비상대비 연구논총」.
———. (2001). 「미국의 테러 참사 후 국가 및 국민 대응과 우리의 대비 방향」.
중앙119구조대. (2001). 9·11 테러 대참사와 미국의 재난관리 체계 Ⅰ. 「소방 2000년」, 137: 74-82.
———. (2001). 9·11 테러 대참사와 미국의 재난관리체계 Ⅱ. 「소방 2000년」, 138: 63-71.
———. (2001). 9·11 테러 대참사와 미국의 재난관리체계 Ⅲ. 「소방 2000년」, 139: 62-69.
행정자치부. (1999). 「재해·재난관리 체계의 종합적 개선 방안에 관한 연구」. 서울: 행정자치부.
———. (2003). 「테러 등 재난 대비 및 동절기 대책 추진 실태 점검 결과」. 서울: 행정자치부.
국민일보, 경향신문, 동아일보, 이데일뉴스, 연합신문, 영남일보, 조선일보. 한국일보. (2000-2004).

국외 문헌

Agranoff, Robert. (1990). Responding to Human Crises: Intergovernmental Policy Networks, in Robert W. Gage & Myrna P. Mandell(eds.). *Strategies for Managing Intergovernmental Policies and Networks*. New York: Praeger Publisher.

Argyris, C. & D. Schon. (1996). *Organizational Learning II*. Reading: Addison-Wesley.

Aron, Joan B. (1990). Nuclear Emergencies, in William L. Waugh, Jr. & Ronald John Hy.(eds.). *Handbook of Emergency Management: Programs and Policies Dealing with Major Hazards and Disasters*. Westport, CT: Greenwood Press.

Bagehot, Walter. (1961). *The English Constitution*, London: Oxford University Press.

Bartol, C. R. (2002). *Criminal Behavior: A Psychosocial Approach*. New Jersey: Upper Saddie River.

Beck, U. (1992). *Risk Society*(trans. M. Ritter). London: Sage.

Blight, James G., Joseph S. Nye, Jr., & David A. Welch. (1987). The Cuban Missil Crisis Revisited. *Foreign Affairs*, 66(1): 170-188.

Booth, Simon A. (1993). *Crisis Management Strategy: Competition and Charge in Modern Enterprise*. London and New York: Routledge.

Burns, Tom & G. M. Stalker. (1961). *The Management of Innovation*, London: Tavistock.

Castells, Manuel. (1996). *The Rise of the Network Society (The Information Age: Economy, Society and Culture, Volume 1)*. Malden, MA: Blackwell Publishers.

Celmer, Marc A. (1987). *Terrorism, U. S. Stategy, and Regan Policies*. London: Mansell Publishing.

Chopra, Anil K., & Rakesh K. Goel. (1999). *Capacity-Demand-Diagram Methods for Estimating Seismic Deformation of Inelastic Structures: SDF Systems*. Pacific Earthquake Engineering Research Center.

Cigler, Beverly A. (1988). Emergency Management and Public Administration. in Michael T. Charles & John Choon K. Kim.(eds.). *Crisis*

Management: A Casebook. Springfield, IL: Charles C. Thomas Publisher.

Clary, Bruce B. (1985). The Evolution and Structure of Natural Hazard Policies. *Public Administration Review.* 45(Special Issue, Jan.): 20-28.

Cline, R. S. & Y. Alexander. (1984). *Terrorism: The Soviet Connection.* New York: Crane Russak.

Comfort, Louis K. (1988). Designing Policy for Action: The Emergency Management System, in L. K. Comfort(ed.), *Managing Disaster: Strategies and Policy Perspectives.* North Carolina: Duke University Press.

———. (2002). Rethinking Security: Organizational Fragility in Extreme Events. *Public Administration Review.* 62(Special Issue): 98-107.

Douglas, M. (1997). The Depoliticization of Risk, in R. J. Ellis & M. Thompson. (eds.). *Culture Matter.* Boulder, CO: Westview Press.

Drabek, Thomas E. (1985). Managing the Emergency Response. *Public Administration Review,* 45(Special Issue, Jan.): 85-92.

Dynes, Russell R. (1970). *Organized Behavior in Disaster.* Lexington, MA: D.C. Heath and Company.

FEMA. (1999). United States Fire Administration. *Action Plan.*

______. (2000). America Burning. *Project Report.*

______. (2000). The Federal Emergency Management Agency Final Annual Performance Plan(Fiscal Year 2002). *Action Plan.*

______. (2001). A Nation Prepared Federal Emergency Management Agency Strategic Plan(Fiscal Years 2003-2008). *Action Plan.*

Frederickson, H. G. & T. R. LaPorte. (2002). Airport Security, High Reliability, and the Problem of Rationality. *Public Administration Review.* 62(Special Issue): 33-43.

Godschalk, David R. & David J. Brower. (1985). Mitigation Strategies and Integrated Emergency Management. *Public Administration Review.* 45(Special Issue, Jan.): 64-71.

Godschalk, David R. (1991). Disaster Mitigation and Hazard Management. Thomas E. Drabek & Gerard J. Hoetmer.(eds.). *Emergency Management: Principles and Practice for Local Government.* Washington, DC: International City Management Association.

Gould, Jon B. (2002). Playing with Fire: The Civil Liberties Implications of

September 11th. *Public Administration Review*, 62(Special Issue): 74-79.

Gurr, Robert Ted. (1970). *Why Men Rebel*. New Jersey: Princeton University Press.

Hargrove, Erwin C. & John C. Glidewell. (1990). *Impossible Jobs in Public Management*. Lawrence, Kansas: University Press of Kansas.

Heimann, D. (1993). Numerical Simulation of Mesoscale Structures in the Northern Alpine Foreland during Front Passages: A Precipitating Cold Frond without Pre Frontal Foehn *Meteor. Zs.*, N.F. 2; 272-284.

Hodgkinson, P. F. & M. Stwart. (1991). *Coping with Catastrophe: A Handbook of Disaster Management*. Routeledge, London: New Fetter Lane.

Hood, Christopher, R. Henry. & B. Robert. (2001). *The Government of Risk: Understanding Risk Regulation Regimes*. New York: Oxford University Press.

Hult, Karen. (1987). *Agency Merger and Bureaucratic Redesign*. Pittsburgh, PA: University of Pittsburgh Press.

Hy, Ronald John. (1990). Structural Failures, in William L. Waugh. Jr., & Ronald John Hy.(eds.). *Handbook of Emergency Management: Programs and Policies Dealing with Major Hazards and Disasters*. Westport, CT: Greenwood Press.

Kee, James Edwin, & James Shannon. (1992). *Crisis and Anti-Crisis: Why Recessions Weaken Washington and Stengthen State and Local Governments*, in Proceedings of the 84th Annual Conference on Taxation of the National Tax Association (3-10). Columbus, Ohio: National Tax Assocition.

Kegley, Jr., Charles W. (1980). *Threats, Weapons, and Foreign Policy*. Beverly Hills: Sage Publications.

Kirlin, J. J. & M. K. Kirlin. (2002). Strengthening Effective Government-Citizen Connections through Greater Civic Engagement. *Public Administration Review*. 62(Special Issue): 80-85.

Kreps, Gary A. (1991). Organizing for Emergency Management. *Emergency Management: Principles and Practice for Local Government*, in Thomas E. Drabek & Gerard J. Hoetmer.(eds.). Washington, D.C.: International City Management Association.

Landau, Martin (1969). Redundancy, Duplication and the Problem of

Duplication and Overlap. *PublicAdministration Review.*

LaPorte, Leon J. (1996). North Korean Special Operations Forces: 1996 Kangnung Submarine Infiltration. http://findarticles.com/p/articles/mi_m0IBS/ is_4_30/ai_n13822276/ pg_6.

Laquer, Walter. (1987). *The Age of Terrorism.* London: Weidenfeld and Nicolson.

Lee, Seok Hwan & Dorothy Olshfski. (2002). Employee Commitment and Firefighters: It's My Job. *Public Administration Review.* 62(Special Issue): 108-114.

Livingstone, Neil C. (1981). *State in Opposition: The War against Terrorism, Conflict.* Vol. 3, No. 2/3.

Luke, Jeffrey S. (1980). *Catalytic Leadership: Strategies for an Interconnected World.* San Francisco: Jossey-Bass.

March, James G. & Johan P. Olsen. (1995). *Democratic Governance.* Free Press.

——. (1995). *Rediscovering Institutions.* New York: Free Press.

McLoughlin, David. (1985). A Framework for Integrated Emergency Management. *Public Administration Review.* 45(Special Issue, Jan.): 165-172.

Mitroff, I. I. & C. M. Pearson. (1993). *Crisis Management.* San Francisco, CA: Jossey-Bass.

Nagel, Thomas. (1980). *The Tanner Lectures on Human Values.* Utah: University of Utah Press.

O'Toole, Jr., L. J. & K. I. Hanf. (2002). American Public Administration and Impacts of International Governance. *Public Administration Review.* 62(Special Issue): 158-169.

Perrow, Charles. (1984). *Normal Accidents: Living with High Risk Technologies.* Princeton, NJ: Princeton University Press.

——. (1989). *Normale Katastrophen. Die unvermeidbaren Risiken der Großtechnik.* German: Campus Fachbuch.

Perry, Ronald W. (1985). *Comprehensive Emergency Management: Evacuating Threatened Populations.* Greenwich, CT: JAI Press Inc.

——. (1991). Managing Disaster Response Operations, in Thomas E. Drabek & Gerard J. Hoetmer.(eds.). *Emergency Management: Principles and Practice for Local Government.* Washington, DC: International City

Management Association.

Petak, William J. (1985). Emergency Management: A Challenge for Public Administration. *Public Administration Review*. 45(Special Issue, Jan.): 3-7.

Pickett, John H. & Barbara A. Block. (1991). Day-to-Day Management, in Thomas E. Drabek & Gerard J. Hoetmer.(eds.). *Emergency Management: Principles and Practice for Local Government*. Washington, DC: International City Management Association.

Rijpama, Jos A. (1997). Complexity, Tight-Coupling and Reliability: Connecting Norm Accidents Theory and High Reliability Theory, *Journal of Contingencies an Crisis Management*, 5(1): 15-23.

Rubin, Claire B. (1991). Recovery from Disaster, in Thomas E. Drabek & Gerard J. Hoetmer.(eds.). *Emergency Management: Principles and Practice for Local Government*. Washington, DC: International City Management Association.

Rubin, Claire B. & Daniel G. Barbee. (1985). Disaster Recovery and Hazard Mitigation: Bridging the Intergovernmental Gap. *Public Administration Review*. 45(Special Issue, Jan.): 57-63.

Saaty, T. L. (1980). *The Analytic Hierarchy Process: Planing, Priority Setting, Resource Allocation*. New York: McGraw-Hill.

Sayre, Robert M. (1982). *Combating Terrorism: American Policy and Organization, Department of State Balletine*. Vol. 82, August.

Schamis, Geradro J. (1980). *War and Terrorism in International Affairs*. New Brunswick: Transaction Inc.

Schmid, Alex P. & Albert J. Jongman. (1988). *Political Terrorism: A New Guide to Actors, Authors, Concept, Data Base, Theories, and Literature*. Amsterdam. SWIDOC.

Schneider, Saundra K. (1992). Governmental Response to Disasters: The Conflict between Bureaucratic Procedures and Emergent Norms. *Public Administration Review*, 52(2): 135-145.

Settle, Allen K. (1985). Financing Disaster Mitigation, Preparedness, Response, and Recovery. *Public Administration Review*. 45(Special Issue, Jan.): 101-106.

Smith, Loran B., & David T. Jervis. (1990). Tornadoes, in William L. Waugh, Jr. & Ronald John Hy.(eds.). *Handbook of Emergency Management:*

Programs and Policies Dealing with Major Hazards and Disasters. Westport, CT: Greenwood Press.

Smith Ralph I. & James T. Catlton. (1975). *Light's Manual: Intertidal Invertebrates of the Central California Coast*. 3rd. ed. Hopkins Marine Lab.

Sorensen, J. H., D. S. Mileti & E. Copenhaver. (1985). Inter and Intraorganizational Cohesion in Emergencies. *International Journal of Mass Emergencies and Disasters*, 3(3), 27-52.

Spicer, M. W. (12002). The War Terrorism and the Administration of the American State. *Public Administration Review*. 62(Special Issue): 63-68.

Thackrah, John Richard. (1987). *Encyclopedia of Terrorism and Political Violence*, London: Routledge and Kegan Paul.

Thompson, M., R. Ellis & A. Wildavsky. (1990). *Cultural Theory*. Boulder, CO: Westview.

Tierney, Kathleen J. (1985). Emergency Medical Preparedness and Response in Disasters: The Need for Interorganizational Coordination. *Public Administration Review*. 45(Special Issue, Jan.): 77-84.

Tompson, J. D. (1958). *Organization in Action*, New York, McGraw-Hill.

Turner, Michael A. (2005). *Why Secret Intelligence Falis*. Virginia: Potomac Books.

United States Department of State. (2002). *Patterns of Global Terrorism 2001*.

USFA. (1999). *The United Fire Administration*.

Walker, Clive. (1986). *The Prevention of Terrorism in British Law*, Manachester: Manchester University Press.

Wardlaw, Grant. (1989). *Political Terrorism: Theory, Tactics, and Counter-Measures*. London: Cambridge University Press.

Waugh, Jr., William L. (1988). The Hyatt Skywalk Disaster, in Michael T. Charles & John Choon K. Kim.(eds.). *Crisis Management: A Casebook*. Springfield, IL: Charles C. Thomas Publisher.

———. (1990). *Terrorism and Emergency Management*. New York: Marcel Dekker, Inc.

———. (1994). Regionalizing Emergency Management: Counties as State and Local Government. *Public Administration Review*. 54(3): 253-258.

Weick, Karl E. (1987). Organizational Culture as a Source of High Reliability.

California Management Review, 24(2): 112-127.

Whitford, Walter G. (2001). *Repairing Damaged Wildlands: A Process-Oriented, Landscape-Scale Apporach.* Blackwell Synergy.

Wilkinson, Paul. (1986). *Terrorism and Liberal State*, London: Macmillan Press.

Winham, Gilbert R. (1988). *The Effects of Arms Control Negotiations on the Stability of Crisis Management*. Boulder, Colorado: Westview Press.

Wright, Joseph E. (1978). Organizational Prestige and Task Saliency in Disaster, in E. L. Quarantelli.(ed.). *Disaster: Theory and Resasrch Bever*.

Zimmerman, Rae. (1985). The Relationship of Emergency Management to Governmental Policies on Man-Made Technological Disasters. *Public Administration Review*. 45(Special Issue, Jan.): 29-39.

警察廳(일본). (2003). 「警察白書(2002年版)」.

消防廳(일본). (2003). 「消防白書(2002年版)」.

찾아보기

ㄹ

ㅁ

ㅂ

ㅅ

ㅇ

ㅈ

저자 소개

이창용(李昶用)

동국대학교 법정대 법학과 졸업
영남대학교 대학원 행정학 석사
영남대학교 대학원 행정학 박사
공군 소위 임관(간후 55기)
공군 공지작전학교 교관(AGOS)
국정원 공채 입사(공채 8기)
정책정보분석담당관(4급)
대구지부 정책정보과장(3급)
보안과장(3급)
정보기획과장(3급)
발전연구관(2급) (21세기정보발전기획연구단장)
감사관(2급)
제주 지부장(1급)
대구 지부장(1급)
영진전문대 행정학과 초빙교수
한남대 예우교수
NSC 자문위원(테러 부문)
인천대학교 행정학과 연구교수(현)
인천대학교 위기관리연구센터 팀장(현)
가톨릭대학교 정부혁신 · 생산성연구소 객원연구원(현)

〈주요 논문〉

21세기 국가 정보 발전 방향 연구
테러리즘 방지를 위한 한국형 위기관리 시스템 구축 방안
9 · 11 테러 원인과 대응전략
부산 APEC 대비 테러방지 대책에 관한 연구
2014 아시안게임 안전관리체계 구축 등 다수

〈표창〉

국무총리 표창
대통령 표창

뉴테러리즘과 국가위기관리

펴낸날 / 2007년 10월 10일　제1판　제1쇄 발행

지은이 / 이창용
펴낸이 / 임춘환
펴낸곳 / 도서출판 대영문화사
주소 / 서울 용산구 청파동 1가 178-2 ㊐ 140-869
등록 / 1975년 12월 26일 제3-16호
전화 / (02)716-3883, (02)714-3062
팩시밀리 / (02)703-3839
우체국 온라인 / 011353-02-009106

ISBN 978-89-7644-258-1

〔값 15,000원〕